中国法学会《医患纠纷解决机制与立法研究》课题成果CLS（2014）C22

司 法 鉴 定 研 究 文 丛

华东政法大学主办

杜志淳 主编

19

医患纠纷解决机制与立法研究

杜志淳　洪冬英　孙大明 等／著

法律出版社
LAW PRESS·CHINA

杜志淳

教授、博士生导师。曾任司法部司法鉴定科学技术研究所党委书记、所长、华东政法大学党委书记。

兼任《中国司法鉴定》主编、上海市司法鉴定理论研究会会长等。主持完成《中国罪犯DNA数据库模式库》等多项国家级、省部级科研项目。出版《中国司法鉴定制度研究》《司法鉴定法立法研究》《司法鉴定质量监控》等十余部专著。在《中国司法鉴定》《法学》《华东政法大学学报》《法制日报》等期刊、报纸发表学术论文数十篇。

先后两次荣获上海市科技进步奖二等奖，并获国家教学成果奖二等奖、上海市教学成果奖一等奖、上海市哲学社会科学优秀成果一等奖、上海普通高校优秀教材奖一等奖、司法部全国法学教材与法学优秀科研成果奖一等奖。获评全国司法行政系统先进工作者、全国司法鉴定先进个人、上海市领军人才等。

研究方向：司法制度、司法鉴定制度与管理研究。

洪冬英

法学博士，教授，博士生导师，华东政法大学研究生教育院院长，中国民事诉讼法学会理事、上海市法学会诉讼法学会常务理事，民建上海市委常委，澳大利亚悉尼大学法学院访问学者。

出版《当代中国调解制度变迁研究》《实现正义的选择与规范》等专著；在《法学家》《法学》《政治与法律》等刊物发表《论调解协议的司法审查》《论医疗侵权诉讼证明责任》《论书证复制件的证据效力》等论文30余篇。

研究方向：民事诉讼法学，证据法学。

孙大明

博士，主任法医师。华东政法大学副教授、硕士生导师。兼任上海市司法鉴定协会副会长、《Journal of Forensic Science and Medicine》编委、CNAS评审员。

在《中国司法鉴定》《中国法医学杂志》等学术刊物发表论文数十篇。出版《司法鉴定法宝》《人身损害司法鉴定指引与实务》《刑事责任能力评定研究》《法医学》《医疗纠纷司法鉴定疑难案例评析》《司法精神医学》等多部学术专著、教材。

研究方向：司法鉴定制度、法医实务、医事法。

出 版 说 明

本书是在我主持完成的中国法学会部级科研课题《医患纠纷解决机制与立法研究》[项目号 CLS(2014)C22]成果的基础上修改完善形成。本书作者由华东政法大学和中央财经大学的专业教师、博士研究生等课题组成员组成,专业涵盖诉讼法学、民商法学、司法鉴定学、法医学等相关领域,体现跨学科交叉研究的特色。本书内容涵盖我国医患纠纷当前的现状,诉讼和非诉讼解决机制运行现状及存在困境,医患纠纷解决机制中的技术鉴定、司法鉴定问题,并对完善我国的医患纠纷诉讼解决机制和调解机制、统一司法鉴定制度等提出了若干建设性建议。

本书具体撰写分工如下:

杜志淳　课题负责人,第一章、第三章、第十章

洪冬英　第二章、第六章

董春华　第四章

张纯兵　第五章

郭　华　第七章

孙大明　第一章、第八章、第九章、附录

张　敏　第三章

单卫威　第七章

本书内容丰富、观点新颖,对我国当前的医疗体制改革、医疗损害纠纷解决、构建和谐医患关系、推动医事立法等具有重要的理论指导价值。医患纠纷属于国际性难题,涉及医学、法学、伦理学、经济学、社会学等多个学科门类,其研究难度较大,限于课题组力量和时间的局限,本研究成果存有不足之处,恳请读者多提宝贵意见。同时也期望书中观点能对推动我国医疗法治建设提供帮助。

杜志淳

2019 年 9 月 3 日

目　录

第一章　我国当前医患纠纷现状

第一节　医患纠纷和相关术语演变与辨析

一、医疗事故与医疗纠纷、医患纠纷

与本书有关的专业术语或常用语包括医疗事故、医疗纠纷、医患纠纷，其他还有医疗损害、医疗过错等。本节先对前面三个专业名词进行简单介绍并加以辨析。本书主要采用“医患纠纷”这一表述方法。但在涉及一些法律法规和规范性文件时，仍会使用诸如“医疗损害”“医疗事故”等相关表述。

（一）医疗事故

在中华人民共和国立法史上，涉及“医疗事故”这一表述的法律主要集中在刑事实体法和行政法规中。长期以来，在我国民事实体法中没有关于医疗领域侵权或违约的专门性表述或规定。具体规定可见于《刑法》中的医疗事故罪，国务院的《医疗事故处理办法》（1987 年）（已废止）、《医疗事故处理条例》（2002 年）。长期的计划经济体制下，医疗争议事件并不多发，在处置方式上，更多的是采用政府监管、行政调解、行政处罚等思路和方式解决。对于行为人主观上存在故意或明显过错的，造成危害结果的，则通过刑法来追究刑事法律责任。对于患者、患方民事合法权益的维护并未得到社会的广泛关注，一般由政府的卫生行政部门在履行卫生行政管理职能过程中，一并进行调解，在性质上属于行政性调解。对于医方存在过错并导致一定不良后果的，酌情予以适当补偿。上述处理方式并不属于严格意义上的民事赔偿。

从我国医疗损害与赔偿立法的上述状况分析，长期以来，对于医疗服务领域争议事件的处理存在“重行轻民”“刑法兜底”的基本格调。该立法模式和特点与我国当时的经济模式、社会治理方式和社会文化等背景是相适应的，甚至存在一定的因果联系。

随着我国改革开放和法治建设等国家战略的不断实施和深化，我国的法治建设水平不断提高，公众的法治意识、权利意识也不断萌芽、强化，既往的立法以行政处置为主的医患争议解决机制已经远远不能满足我国社会的实际需求。大量的医患争议事件走上法庭，进入诉讼渠道。因立法缺陷和司法处置能力的相对不

足,大量的医患争议无法及时得到化解,医患双方尤其是患方的诉求长期得不到解决,医患矛盾大量转化为上访、缠访事件,甚至激化为医患之间的血腥暴力冲突和社会公共安全事件、群体事件等。此类纠纷也很快成为公众普遍关注的社会热点。

(二)医疗纠纷

医疗纠纷严格来说不属于法定概念,属于生活用语,可以看成是医疗争议事件的俗称、统称或通称。其内涵较为宽泛且不十分确定和严谨,既可能包括医疗领域的任何纠葛和纷争,也可能包括但不限于医疗服务态度、价格收费、后勤管理、护理、医疗质量投诉、医疗侵权、违约、医疗行政违法甚至犯罪等。医疗纠纷涉及的主体可能包括医—患双方、医—患—企业(药企、医疗器械企业等供应商)、患者—保险机构—医疗机构、患者—人身损害有关责任主体—医疗机构、患者—家属(或有关陪诊人、雇主等)—医疗机构,以及其他可能的情形。通常是患者向医疗机构等主体提起诉求,但也有医疗机构向患者及其家属、保险机构等提出诉求的。政府卫生行政部门对医疗机构、医务人员的行政违法行为的监管、处罚等不属于医疗纠纷的范畴,而属于行政管理的范围。

(三)医疗事故与医疗纠纷的区别和联系

医疗事故是引起医疗纠纷的常见原因。当然,医疗纠纷既可能是医疗事故引发也可能不是。而且实际上,大多数医疗纠纷经鉴定并不属于医疗事故,即医疗纠纷包含医疗事故。正确认识和处理医疗纠纷须十分慎重,在尚未进行医疗事故鉴定(又称医疗事故技术鉴定)或鉴定意见尚未出具时,不能轻率地认定医疗纠纷就是医疗事故。

从性质和内容上来讲,医疗纠纷可分为医疗事故、医疗差错、医疗意外(或称医疗误会)三类。医疗差错,是指凡在诊疗、护理工作中,由于责任心不强、粗心大意、不按规章制度和医疗常规办事,出现一般性错误,对患者产生直接或间接的不良影响,但未达到《医疗事故处理条例》中事故规定标准的,称为医疗差错。医疗意外,主要是指因医学科学技术水平所限,或因患者特异体质而出现难以预料和防范的不良后果的。因没有医疗过失行为而意外发生不良后果的,由于病人或其家属缺乏医疗知识,对突然发生的意外误认为是医务人员的责任造成的,此类纠纷同样需要进行司法鉴定,以消除患者及其家属的错误认识,解除纠纷。

(四)医患纠纷

在前述医疗纠纷的基础上,如果纠纷涉及主体局限于患者和医疗机构、医务人员之间,则可称为医患纠纷,其是目前医疗纠纷的最主要类型。

本书将主要聚焦于患者以医疗机构的医疗过错行为导致医疗损害后果而对医疗机构提出诉求的纠纷类型。

二、医疗过错与医疗损害

在当前医疗纠纷处置实践中，医疗过错已经有了特定含义，也是此类案件司法鉴定的主要鉴定内容之一。其含义应为：医疗机构在对被鉴定人（患者）的诊治过程中是否有违反法律、法规、医疗常规、伦理准则的行为。医疗过错是否存在被看作争议医疗事件是否构成医疗侵权的重要构成要件。

而“医疗损害”一词，主要是在2010年施行的我国《侵权责任法》第七章专章内容——“医疗损害责任”中被首次提及。该法将医疗领域的民事侵权诉讼正式、明确纳入民法调整范畴，在立法层面解决了医疗诉讼究竟是属于民事诉讼还是属于行政诉讼这一基本性质之争。从字面上看，医疗侵权是我国民法上侵权领域的一种类型，是发生在医疗过程中因医疗机构及其工作人员的故意、过失行为而导致患者出现身体或精神等方面损害后果的侵权行为。其内涵较为丰富，既包括损害的原因，也包含损害的后果及两者之间的因果关系。争议医疗事件是否构成医疗损害，通常需要经过技术鉴定来判断。

在实践中，医疗过错和医疗损害的表述被业内人士使用得越来越多，大有超越以往医疗事故、医疗纠纷等趋势。

三、境外相关术语

英美法系国家并没有“医疗事故”的概念，一般称“医疗渎职”（medical malpractice），是指医生在诊疗过程中违反谨慎义务造成患者损害的行为。在英国，并不认为医疗过失是一种特殊类型的民事过错，它仅仅是侵权过失一般规则在医疗事故中的适用。[1] 丹宁（Alfred Thompson Denning，1899～1999）勋爵指出：医务人员要对医疗过失负法律责任但不对医疗意外负责，因为如果将医疗过程中的一切过错都归责于医院或医生，医生就会更多地考虑自身安全，而较少考虑患者的利益，损害医患的信赖关系，进而损害社会整体利益。因此，医疗过失案件的处理完全依赖于侵权行为法的一般规则，与其他侵权案件的处理并没有实质差异。

在日本的法律中，“医疗事故”是指与医疗有关的行为的接受者——患者——作为受害人所发生的一切人身伤亡事故。它不考虑发生原因及责任所在，而只是作为一种社会现象的指称。不是由医师的过失或者说不是由医师违反注

---

〔1〕参见陈绍辉：《“医疗事故”概念考辨——以〈侵权责任法〉实施为背景》，载《医学与法学》2012年第2期。

意义务而产生的事故,即虽然按照医疗水准进行了充分的诊疗,但诊疗的结果仍然没有满足患者期待的情况,也当然包括在医疗事故内。但不是所有的医疗事故都当然是医疗过失。医疗过失,是指医师在对患者实施诊疗行为时违反业务上必要的注意义务,从而引起对患者的生命、身体的侵害导致死伤结果的情形。[1]

第二节 我国医患纠纷的类型、特点、性质

近年来,我国医患矛盾不断出现,严重影响了我国正常的医疗秩序。很多专家学者、管理人员和司法人员均对此现象进行了研究,提出了不少有益观点。张敏等[2]通过华东政法大学和南通大学司法鉴定中心 2010 ~ 2012 年受理的 100 例医疗纠纷鉴定案例的汇总分析,得出我国医患纠纷具有如下特点:

1. 涉及的患方人口学特征:40 岁以上男性组高于其他组别

本组数据中,男性 63 例,女性 37 例。10 岁以下 5 例,10 ~ 20 岁 4 例,20 ~ 40 岁 27 例,40 ~ 60 岁 41 例,60 岁以上 23 例。其中,10 ~ 20 岁年龄段发生率最低,为 4%;40 ~ 60 岁年龄段发生率最高,为 41%。本组医疗纠纷案例中,男性被鉴定人多于女性,40 ~ 60 岁年龄段发生率最高。这主要是因为男性在人口中的占比相对较多,以及 40 ~ 60 岁年龄段人群随着年龄的增长、身体各器官机能的退化及免疫力的下降,本身的疾病患有率就高于年轻组及幼年组人群。

2. 涉及的医疗机构:主要以二级以上医院为主

在 100 例医疗纠纷司法鉴定案例中,医疗主体为公立医院的 81 例,在公立医院中,主体为三级医院的 13 例,占 16.0%,二级医院 57 例,占 70.4%,二级以下医院 11 例,占 13.6%;私立医院 13 例;乡村医务室 3 例;私人诊所 2 例;校医务室 1 例。纠纷所涉疾病种类包括儿科疾病 9 例,妇产科疾病 18 例,内科疾病 16 例,外科疾病 51 例,五官科疾病 6 例。

就医疗纠纷的医疗主体来说,二级医院所占比例最高,乡村医务室、私立医院及私人诊所所占比例相对较低。这除与二级医院本身在社会医疗机构中所占比例较高有关以外,还与级别相对高的医院疑难病例较多,而二级医院相较于三级医院医疗技术水平较低,发生医疗纠纷的可能性大有关;另外,可能与患者到级别高的医院就诊,心理期望值较高,一旦治疗结果未达到心理预期,则易发生医疗纠

[1] 参见柳经玮、李茂年:《医患关系法论》,中信出版社 2002 年版,第 87 ~ 88 页。

[2] 参见张敏、孙大明:《100 例医疗纠纷回顾性分析》,载《医学与法学》2013 年第 1 期。

纷有一定关系。

3. 涉及专业：相对集中于外科、妇产科、五官科等具有手术操作性质的科室

本组医疗纠纷案例中，外科案例最多。这主要与外科所涉疾病较重且手术创伤性较重及可能出现的并发症较多，一旦手术结果的转归出现不良结果，病患没有达到内心的期望值，容易发生医疗纠纷有关。儿科疾病医疗纠纷发生的主要原因在于，新生儿疾病医疗较多及儿童往往是家庭最为重要的保护对象，家长对儿科疾病康复转归的期望值较高。妇产科疾病医疗纠纷的原因，主要与胎位不正带来的分娩难度相关。五官科疾病医疗纠纷主要集中在眼科，眼睛是人类对外界产生感性认识的重要器官，眼科手术的失败直接导致视力下降甚至失明等，稍有不慎，就会发生医疗纠纷。

另外，从文献中查阅了北京地区的数据，对之进行分析发现：[1]

1. 北京市医疗纠纷诉讼数量显著增长

2013年年底，北京市医疗卫生机构数达9984家，包括80家三级医疗机构、134家二级医疗机构。其就诊病人多且包括许多外地患者，医疗纠纷案件相对多发。北京市法院2013年一审受理的医疗纠纷案件为1152件，一审审结的医疗纠纷案件共1044件（包括896件医疗损害责任纠纷案件和148件医疗服务合同纠纷案件）。2007年北京市法院一审受理的医疗纠纷案件仅有468件，2008年为715件，2009年为885件，2010年为1004件，2011年为1040件，2012年为1097件，2013年这一数量增长到1152件，7年间增长了近2.4倍。法院受理医疗纠纷包括医疗损害责任纠纷和医疗服务合同纠纷，其中医疗损害责任纠纷是医疗过错导致患者损害并需要医疗机构赔偿的案件，而医疗服务合同纠纷主要包括多收费、欠医药费等情形。

2. 北京市医疗机构承载了全国的疑难病例，医疗纠纷诉讼发生率较高

根据《北京市2013年国民经济和社会发展统计公报》，2013年年末北京市常住人口为2114.8万人，2013年百万居民医疗纠纷诉讼案件为54.5件。如果仅限于医疗损害责任案件，则2013年百万居民医疗纠纷诉讼案件为46.8件。

卢光明等（2015年）[2]调查的北京市、山西省、河北省、黑龙江省、福建省5省（市）27所医院医疗纠纷发生率，分别是每百名执业医师5.89件、每百名医务人员1.88件、每万例次手术量21.39件和每万例次业务量0.35件。该调查的医

---

〔1〕 参见陈特、刘兰秋、范贞：《北京市2013年诉讼医疗纠纷大样本研究》，载《中国医院》2015年第1期。

〔2〕 参见卢光明等：《27所医院医疗纠纷发生率和赔付情况调查》，载《中国医院管理》2015年第6期。

疗纠纷发生率接近英国 2007～2011 年的最高水平每千名执业医师 59.6 件，高于国内文献报道千例次业务量 0.011 件的发生率水平，低于邹毅等[1]报道的东莞东华民营医院 2005～2010 年住院部各专业系统医疗纠纷发生率 9.49% 的水平。中华医院管理学会的调查结果表明，全国三级医院每年发生 10～30 例医疗纠纷的占 39.0%，30 例以上医疗纠纷占 24.5%。因此，可以看出我国部分地区医疗纠纷发生水平仍高居不下。但按二级和三级医院来划分，不同级别医院医疗纠纷发生率却没有显著差异。发达国家的医疗纠纷发生率远高于我国平均水平，也高于北京、上海、深圳等发达地区，但是发达国家很少有类似我国严重的医疗纠纷恶性事件，我国医疗纠纷解决机制仍需要不断完善，伤医事件才能得到有效遏制。

3. 医疗纠纷主要涉及二级医院和三级医院

北京市法院 2013 年一审审结的 990 件医疗损害责任纠纷案件，主要集中于二级、三级医疗机构。这一点和上海市的数据类似。

在医患纠纷解决机制方面，张妮莉等研究发现，在引入医疗纠纷人民调解之前，文献研究中各种处理方式所占比例分别为：双方协商解决 65%、卫生行政调解 23%、诉讼 19%。而在引入医疗纠纷人民调解之后，文献研究中各种处理方式所占比例分别为：双方协商解决 75%、医疗纠纷人民调解 17%、卫生行政调解 1%、诉讼 6%。因此，医患双方协商解决仍为目前医疗纠纷的主要处理方式。[2]

第三节　我国当前医患纠纷多发的原因分析

医疗纠纷作为各国当前共同面临的一个重大议题，其背后的原因也非常复杂、深刻。不同国家、地区，不同历史时期，其表现形式、严重程度及发生原因也各有差异，甚至有时候，不同人群、不同个体对医疗纠纷现象的认识也千差万别。笔者认为，就我国当前医疗纠纷的发展态势来看，说我国的医疗纠纷处于我国迄今为止历史上的最高发、频发的阶段并不过分。因此，非常有必要对其发生的原因进行专门分析。本节主要从社会因素和技术因素两大方面，针对我国目前医疗纠纷频发现象的原因进行初步探析。

一、社会因素

社会因素是医疗纠纷大量出现不可忽视的基础背景和促发动因。笔者认为，

---

[1]　参见邹毅等：《医疗纠纷管理实践与防范策略》，载《现代医院》2013 年第 1 期。

[2]　参见张妮莉、赵静：《医疗纠纷案例处理方式的 Meta 分析》，载《中国医院管理》2014 年第 2 期。

这里的社会因素至少应包含患者的认知改变、医疗资源建设相对滞后、纠纷解决机制不完善、舆论环境、医疗安全保护不力等。

（一）患者的认知因素

甘宁等在《医患认知差异与医疗纠纷成因分析》中通过分析上海3所综合医院的门急诊案例，认为医患认知差异是产生医疗纠纷的重要原因。认知改变主要包括大多数患者对医疗行业的高风险、不确定性认识不足、社会民众的经济地位提高后健康需求及期望值增加，权利意识觉醒，责任意识缺乏等。一个简单直观的参照指标就是，在改革开放以前，计划经济时期，医疗纠纷较为少见，并未成为人们普遍关注的社会现象。随着我国改革开放国策的成功实施、实现，国民的经济地位不断提升，国民对自身的健康需求也不断扩大、对医疗行业的期望值也大大提高；然而，因教育与宣传因素，大多数国民对医疗活动的高风险性、不确定性缺乏足够和清晰的认识。因而造成丰满的理想与骨感的现实之间强烈的冲突。与此同时，随着法制建设和法治进步，人们的法律意识，尤其是权利意识也逐步萌芽、觉醒，甚至一定程度上膨胀，人们对医疗行业的任何不满，动不动就法庭上见，将诉讼作为家常便饭。实际上，在医学领域，尤其是从预防医学角度来看，每个人自己才是自己身心健康的第一责任人，而不是医生等医务人员。自己首先要爱惜自己，摒弃不良生活习惯，注重劳逸结合，而不是等到身体出了问题之后，将自己交给医生，将所有责任转移到医生身上，这一点是无法实现的。尤其在当下，我国的医疗资源不管是在绝对意义上还是在相对意义上均呈现严重不足的背景下，必须强调预防疾病重于治疗疾病的全民健康理念，将每个人自己纳入健康管理的责任体系中去。我国原卫生部部长曾说过，“十几亿人的健康，绝对不能光靠打针、吃药解决”。其背后说的就是预防疾病和健康管理的重要性。

（二）医疗服务的宏观定位不明和供给不足因素

按照主流观点，我国医疗机构应该定位为公益性机构，尤其是公立医疗机构。但在实践中，绝大多数公立医疗机构因诸多因素影响与制约，均存在显著的逐利倾向。这成为医患之间出现利益冲突的重要因素。加上我国公立医院、内部科室、医务人员之间的内部管理机制并不完善，三者之间的利益冲突也日益突出，同样也增加了医患纠纷的发生率。绝大多数一线医务人员从事着超负荷的劳动、拿着微薄的工资、承受着来自各方的压力，而医院常常盲目扩张，不断采购各类大型仪器，兴建新院，甚至滋生腐败。在我国当前医疗行业的利益分配体系中，存在明显的“只见医院大楼、不见医生；只见设备和药物、不见技术和服务”现象，亟须改革，还原医疗行业作为高技术服务行业的本来面貌，尊重医疗行业的自身规律。我国各级政府许多未能承担起对公立医院的投资和管理责任。名义上的公立医院实际上是自收自支、自我发展,很容易产生与民争利的现象。对于我国的私立医疗机构,其主要聚焦于美容、整形、性病等专业领域,存在低水平重复、缺乏核心竞争力、自身管理落后等诸多不利因素,加上缺乏公平的执业环境,大多生存状态堪忧。医疗资源建设上的另一个特点是,地区之间存在严重的不平衡,这增加了患者的就医成本,也为医疗纠纷埋下隐患。

(三)医患纠纷解决机制和渠道不完善

医患纠纷具有较强的专业性和复杂性,注定此类纠纷的解决机制需要专门的程序、特有的机制才能取得良好的效能。我国以往并无解决此类专业技术服务纠纷的类似经验可资借鉴,在实践中大量的医患纠纷不能得到及时化解,在发达的媒体时代,很容易形成放大效应和示范效应。现有的医疗保险和医疗调解制度存在诸多不足,因此,我们可以借鉴国外先进的医疗纠纷调处和裁决模式,及时有效地化解医患纠纷。需要专门研究、探索,总结实践经验,研制适合医患纠纷技术化解的专门性解决机制和程序,构建相应的专门性、专业性第三方机构,诸如技术鉴定机构、调解机构、仲裁机构、公证机构、医疗社工、医疗法律援助机构等。

(四)不良涉医舆论环境因素

医疗纠纷或医疗争议本身具有相当的复杂性,一般媒体通常并不具备医疗方面的专业知识背景,如果简单从表面现象进行宣传报道,很容易对医生和医疗机构造成不良影响,导致患方提出不合理诉求,甚至漫天要价。加上部分媒体受不良因素的影响放弃作为媒体的社会责任,未能积极从科学、理性和法律角度对公众进行教育、引导,出于自己的点击率、关注度和销量等利益考量,时不时地夸大、激化医患矛盾,造成医患纠纷矛盾扩大化和激化。医疗行业的健康发展离不开良好的媒体环境,目前在高考志愿报名时,医学已经逐步从热门专业变为冷门专业,医学院校招生的生源质量和数量也在逐年下降。如果媒体行业能从积极的角度做好相应的宣传和引导,将会有利于改变当前的这些不利局面。笔者认为,医疗行业的特性注定其要吸引社会的精英阶层来从事,否则后果将会非常严重,影响会非常深远甚至难以想象。

(五)医疗场所安全保障因素

通过对近年来一些涉及医疗纠纷新闻事件的回顾不难发现,患者及其家属,甚至是“职业医闹”等人员在医疗机构设立灵堂,打骂、羞辱医务人员,甚至伤害、杀害医务人员等各类“医闹”事件频发,而鲜见有当地的公安机关等公权力部门及时出面保护医疗机构这一重要的公共卫生服务场所。医疗场所的“医闹”事件,看上去是我国医疗纠纷的结果,或者矛盾激化的表现,但实际上,如果“医闹”行为没有受到法律的及时有效惩处,行为人没有受到应有的法律制裁;相反,通过

“医闹”,行为人及有关的“黑中介”反而获得了超额赔偿,这些现象就会形成反面示范教材,在地区间和全国形成示范效应。因此,对“医闹”行为的打击处置不力,在一定程度上也是医患纠纷、医患矛盾多发、频发、“激化”的重要原因。

在此背景下,公安、卫生等部门也曾出台过一些文件,要求各地公安机关严厉打击“医闹”行为,甚至将“医闹”行为列入刑法进行规制。如原卫生部、公安部2012年4月30日联合发出的《关于维护医疗机构秩序的通告》规定:“医闹”、号贩将受治安处罚甚至被究刑责。但上述措施的实际成效仍有待进一步观察。

二、技术因素

(一)医疗服务水平严重不平衡,总体水平相对滞后,供给严重不足

随着我国经济社会的快速发展,医疗行业的发展水平也有了长足进步。但不可否认,我国医疗行业服务水平存在显著的地区、机构、医师间的差异。这些差异在我国当前医疗纠纷的发生、演变过程中起到了较为关键性的作用,是不可忽视的重要技术因素。不少患者通常都是用上级医疗机构,以及后来的诊断方法、过程、结果和治疗方案、预后等来否定之前的检查、诊断和治疗措施,以证明之前的医疗机构存在医疗过错。

我国目前在医疗行业存在分级制度。总体上,我国依据医院功能、设施、技术力量等对医院资质评定指标。全国统一,不分医院背景、所有制性质等。按照《综合医院分级管理标准(试行草案)》,医院经过评审,被确定为三级,每级再划分为甲、乙、丙三等,其中三级医院增设特等,因此医院共分三级十等。

医疗行业属于典型的知识、技术密集型行业,需要从业人员终身学习,保持对所从事领域最新知识、最新技术、最新理念的学习和把握。但目前就全国而言,医疗人才分布的不平衡与继续教育存在明显不足,导致医疗水平存在明显地区差异、个体差异。

医疗技术力量和总体水平与人们的心理预期和社会实际需求之间存在较大差距。

(二)临床医疗服务中缺少统一、明确的诊断、治疗、护理常规

迄今为止,在我国医疗实践中已经有国家卫生行政部门等制定颁布的一些具有标准、技术规范性质的行政法规、技术规范、医疗文献、图书、著作等,诸如国家食品药品监督管理总局发布、国家药典委员会编写的《中华人民共和国药典》就是其中一例。但总体上,我国尚缺乏全国统一的、权威的有关医疗技术服务的各科诊疗护理常规、规范或技术标准。这一方面直接影响了不同医疗机构及其医务人员在为患者提供医疗技术服务中的服务质量、服务标准;另一方面也为医疗争议出现埋下隐患,也给及时、准确认定医疗行为是否存在医疗过错带来困难。因

此，有必要通过医疗领域的各类行业组织、卫生行政管理机构、有关医疗科研学术机构、高资质医疗机构等，或者上述机构协同工作，尽早研制出各类服务标准，便于医患双方随时对照、执行。

（三）“重治疗轻预防”，疾病预防观念和知识、技术普及不够，健康管理的主体责任未明

从医学角度分析，医患之间的诸多矛盾、纠纷或争议也可看成是医疗服务提供和需求之间的矛盾。如果能切实减少我国人群的患病率，减少医疗服务的需求，尤其是刚性需求，准确地说是针对疾病中晚期的对症治疗、姑息治疗，将防病治病的关口前移，能切实做好疾病的预防宣教和科普工作，就能从源头上控制医患矛盾的发生机会。在我国传统医学上，历来重视医学预防，中医有“治未病”的专门论述，有大量养身和保健的知识和理论。在当代中国，非常有必要重新审视预防医学在我国医疗保健体系中的重要性，培养充足数量的预防医学专门技术人员，从事公共卫生技术服务。笔者充分相信，这一定是一项性价比、回报率非常高的卫生经济决策。在美国，从事公共卫生服务的专业技术人员在申请高等级科研课题、争取项目资金和职称晋升方面，与临床医生相比具有很大的优势。其科研成果很容易受到政府部门、保险机构、医疗机构等的重视，很快转化为卫生政策，甚至是立法。

笔者曾参加德国的一项专业培训，期间听闻德国有非常健全的医疗保健系统。虽然德国人绝大多数都有医疗保险，就医不需支付费用，但这一系统的运行也有非常详细的制度规定。比如规定你定期需要接受牙医的健康体检，你若没有任何原因未参加，而且达到一定频次时，就会留下不良记录。等你的牙齿出现问题需要治疗时，医疗保险机构可以拒绝支付你的医疗费用。而一旦自费时，德国的医疗费用是非常昂贵的，昂贵到甚至一场病就可导致一个家庭破产。这样的制度设计实际上将政府、医疗机构、保险机构、个人捆绑在一起，成为利益共同体。作为个体，在享受自身健康和免费医疗服务的同时，必须承担相应的自我保健的义务。

从我国当前的医疗形势来说，通过完善医疗保险制度设计、立法和有关制度，细化、落实每个人的自我健康管理责任，并积极提供疾病预防的知识、技术服务尤为重要。

（四）医学教育中的医患沟通能力和法律知识、人文素养欠缺

在我国的医疗人才培养方案中，对于医学生和医务人员应有的医患沟通能力和医疗活动涉及的法律知识、医疗人文素养尚未引起有关部门的足够重视。这导致不少医务人员和医疗机构忽视与患者及其家属开展充分、及时、有效的沟通。

医患沟通能力欠缺、方式欠妥导致沟通效果较差，为医患纠纷留下隐患，加上我国医学人文方面的研究、教学和实践也存在不足，这方面的教学师资力量、教学方案、考核要求等有待进一步加强和健全。

在这方面，患者及其家属对于医疗行业的高风险性、不确定性、疾病本身的预后、相关法律常识等认知缺陷，也是医患纠纷发生和激化的重要因素。

（五）面向社会大众的医学科普教育不够完善

我国虽然在学校教育中有关于健康教育等课程设置，但普遍不够重视，其教学效果收效甚微。面向社会大众的医学科普活动似乎也缺少专门机构、专门人员从事。这方面的工作因医学科普不到位而引起的认知缺陷也是医患纠纷发生的重要技术因素。

总体而言，我国除沿海发达地区以外，大部分地区的医疗水准与世界发达国家医疗水平存在显著距离。我国医疗行业的技术服务能力、医疗机构的内部管理能力、医学人才培养方式、医学科普教育、医疗法制健全、国家卫生政策导向等领域仍有很大的提升空间。

第二章　我国当前医患纠纷解决机制运行现状与存在问题

第一节　非诉讼解决机制运行现状与存在问题

目前，在司法实践中医患纠纷的非诉讼解决机制主要有医患双方的协商、调解和仲裁，其中调解又包括卫生行政部门调解、医患纠纷人民调解委员会调解。这几种解决方式动员了社会的各方力量，多管齐下，在解决医患纠纷、维护社会稳定上发挥了重大作用。但是，随着医患纠纷的日益增长，这些解决方式在发挥自身优势作用的同时，也存在一些问题与不足。

一、医患纠纷的协商解决

医患纠纷的协商又称谈判或和解，是指在医患纠纷发生后，医患双方当事人本着自愿、平等、合法的原则，在没有第三方主持和参与的情况下，直接对纠纷争议的内容进行协商并达成协议，最终解决纠纷的一种方式。协商是双方当事人积极主动地解决纠纷，不需要第三方的决策和参与，完全由当事人自行磋商，这是协商区别于其他纠纷解决方式的最大特点。在实践中，协商也是最常用、最高效的解决方式。曾有学者这样评价过协商，其在化解纠纷上是“便利、快捷和零成本”。[1] 成都市武侯区的有关调查显示，91%的医疗纠纷通过协商解决，69.5%的患者发生医疗纠纷后通常采用与医疗机构协商的方式解决，而76.2%的医院认为医疗纠纷发生后患方最经常采用的解决方式是和医院协商。[2] 协商是大部分医患纠纷发生之初的首选，这与国际上大多数国家解决医患纠纷处理方式在实践上是大体一致的。

（一）医疗纠纷协商解决的法律依据

医疗纠纷的协商解决是《医疗事故处理条例》中明确规定的解决方式之一，该条例第46条规定：“发生医疗事故的赔偿等民事责任争议，医患双方可以协商解决；不愿意协商或者协商不成的，当事人可以向卫生行政部门提出调解申请，也可以直接向人民法院提起民事诉讼。”第47条规定：“双方当事人协商解决医疗事

---

〔1〕 范愉：《非诉讼纠纷解决机制研究》，中国人民大学出版社2000年版，第170页。

〔2〕 参见林文学：《医疗纠纷解决机制研究》，法律出版社2008年版，第41～42页。

故的赔偿等民事责任争议的，应当制作协议书。协议书应当载明双方当事人的基本情况和医疗事故的原因，双方当事人共同认定的医疗事故等级以及协商确定的赔偿额等，并由双方当事人在协议书上签名。”以上内容明确规定了协商适用条件和适用方法，使其合法地位得以明确和规范。

（二）医疗纠纷协商解决的具体程序

协商解决医疗纠纷具有较大的灵活性，既没有复杂程序也没有特定的组织形式，只要医患双方同意，并且双方有协商解决纠纷的诚意，就可以进入谈判阶段。在不同的纠纷解决程序中、不同的纠纷解决阶段均可以使用，并可以与其他医疗纠纷解决方式同时使用；协商的形式多种多样，可以在吃饭聊天中完成，还可以在电话交谈中完成；时间上也没有严格的限制，短则几个小时，长则几天；协商过程自由，没有固定的流程；地点可以是在医院调解室，也可以在患者家中，还可以在约定的第三场所；适用范围广泛，医疗过程中的技术纠纷、医疗器械质量问题、医生服务态度、医院安全注意义务等方面的纠纷都可以协商解决；处理结果可以口头表述并履行，也可以形成书面的文书材料（对于医疗事故纠纷的协商需要形成书面的协议书）；协议书的内容形式也没有具体的格式要求。这些都充分体现了当事人“意思自治”的法治理念。

由于协商解决的随意性，在现实中不可避免地存在一些医疗机构采取高额赔偿的方式，要求患方保密且放弃对其合法权益的主张以逃避法律责任追究的情况，这种不公平不合理的解决办法会使双方权益失衡导致纠纷升级，最终酿成恶性事件。因此，《医疗事故处理条例》明确规定，卫生行政部门有权对医患间的协商和解进行监管。如该条例第 43 条规定：“……医疗机构应当自协商解决之日起 7 日内向所在地卫生行政部门作出书面报告，并附具协议书。”第 47 条规定：“……协议书应当载明双方当事人的基本情况和医疗事故的原因，双方当事人共同认定的医疗事故等级以及协商确定的赔偿额等……”

因此，协商解决的程序即充分的意思自治及一定的监督和管理，这使协商可以贯穿整个纠纷的解决过程，并发挥重要作用，也是大多数医疗纠纷当事人更愿意“私了”解决医患纠纷的重要原因之一。

（三）医患纠纷协商解决的利弊

1. 协商解决的优势

协商本质上讲是双方当事人直接解决医患纠纷中各种矛盾和冲突的一种方式，在医患纠纷解决中具有绝对优势，具体表现为以下几点：

第一，自治性。协商是由双方当事人自主决定和启动的，纠纷解决的时间、地点、方式、内容、程序等都是由当事人之间协商决定，充分体现了当事人的意思自治，而且在达成协议后，由于是自愿达成协议，因此一般也会积极主动履行；同时在这一过程中不需要第三方的主持和参与，也就避免了医患双方对第三方中立性和公正性的担忧，更有利于纠纷的解决，以及相关赔偿事宜的落实和进行，节省了大量的时间和经济成本。

第二，高效便捷。首先，协商解决具有灵活性，贯穿整个纠纷解决过程，在任何阶段只要双方当事人达成合意都可以进行协商，并且可以与其他纠纷解决方式交叉使用，过程十分简便。其次，协商过程中没有需要严格遵守的法定程序，这有助于实现争议的顺利解决及最终协议的达成。尤其是对于一些微小的争议，通过协商能够在很短的时间内达成一致，提高医患纠纷解决的效率，减少相应的时间成本。如面对一些情节较轻、数额较少的纠纷时，医疗机构出于尽快平息事态的考虑而不愿意与患者过多纠缠，因而更加倾向于采用协商的方式解决。[1] 最后，患者可能对相应的法律程序不是很了解，或者考虑到诉讼程序的冗繁性和高成本性，以及败诉的可能性较大，于是选择非诉讼途径来解决。比如协商，只要医生和患者双方同意，就可以很快进入谈判阶段，没有其他客观条件的限制，即使患者缺乏相应的法律、医疗知识，纠纷也可以迅速得以解决。因此，就医患纠纷而言，协商可以更好地节省当事人解决纠纷的经济成本和时间成本。

第三，社会效果好。首先，医患纠纷处理过程中，存在纠纷激化、矛盾加剧等可能性，此时若采用诉讼、仲裁等方式解决，会使纠纷完全曝光于社会，可能产生巨大的社会影响。而协商的解决方式一般都不公开进行，也没有第三方的参与，患者不必担心个人隐私被公之于众，医疗机构也不必担心因为纠纷而使声誉受损，这样能够消除双方的顾虑，使双方能够尽快解决纠纷，更加人性化。其次，医患纠纷双方当事人就争议内容直接通过谈判，一方或双方作出一定的让步，并达成协议的这一过程并未使医患双方关系破裂，反而在一定程度上弥合医患双方的心理裂缝，在协商过程中患方可以充分理解医疗工作的特殊性，医疗机构也能切实了解患者的真正需要，最终在一个相互理解、相互体谅的环境下友好地解决问题，达到双赢的状态。长此以往，能够有效地缓解医患双方的对抗程度，改变原先处理医患纠纷困难重重的状态，有利于构建和谐的医患关系。

2. 协商解决存在的问题与不足

协商解决作为医患纠纷的主要解决方式，在拥有巨大优势的同时，也不可避免地存在一定的问题与不足，主要表现在以下几个方面：

---

〔1〕 参见徐立伟：《我国医疗纠纷调解机制的现状与完善》，中国政法大学2010年硕士学位论文。

第一，医患双方地位悬殊导致的不公平性。医疗机构涉及复杂且专业的科学领域，掌握着丰富的医学知识和大量的社会公共资源，又直接参与整个诊治过程，拥有患者所有的诊疗记录；而患方一般势单力薄，缺乏对医学知识的了解，对于诊疗记录，患者一般无法全方位地了解或者即便了解也因为其专业局限而无法理解，更没有具有专业知识的第三方为其提供帮助。这些不平等使得医患双方难以建立信任，不利于纠纷的解决。当医疗事故发生时，患方一般很难得到全面且真实的诊疗信息，医方可能基于双方利益考虑不披露全部的诊疗信息，甚至隐瞒一些不当医疗行为或篡改病人病历，使患方不得不接受显失公平的协商结果；而患方总是觉得自己处于弱势，又由于身体受到伤害或是失去亲人的悲痛，容易做出一些不理智的行为，如采取围攻医生，医院内烧纸、摆放花圈，停尸医院等扰乱医院工作秩序的方式来引起社会关注，企图通过舆论力量迫使医疗机构签订有利于自己的协议。正是由于地位的悬殊、医患双方专业知识的不对等，在对事实的认定、赔偿金等问题上都容易出现分歧，而缺乏信任的双方很难作出有效的让步，从而导致协商难以进行。即使协商后达成了协议，该协议也可能是不公平或者不合理的，并且该协议也仅具有契约性质，其法律效力非常薄弱，在履行前当事人随时可以后悔，无法成为医患纠纷的终局结果，一旦医患任何一方认为赔偿不合理而再次提起诉讼，之前所作出的协商和解协议将前功尽弃。[1] 这在一定程度上会造成医患双方不必要的成本浪费。

第二，责任认定不清，监管缺失。协商解决具有高度的自治性和灵活性，往往会导致医患纠纷责任的定性不明确，以及卫生行政机关监管的缺失。虽然《医疗事故处理条例》明确规定卫生行政部门有权对医患间的协商和解进行监管，医疗机构也应在协商后向卫生行政部门作出书面报告，但是在实际运行过程中，发生医患纠纷后，若医患双方选择通过协商方式解决，达成的和解协议在内容上往往倾向于掩盖医生和医疗机构的责任，而且在协议中需要明确的医疗事故等级是由双方共同认定的，并没有经过医疗事故技术鉴定。在这一过程中，不排除一些医疗机构通过支付高额赔偿金要求患方保密且放弃对其合法权益主张的可能。同时，医疗事故报告制度不健全，在没有第三方参与的情况下，除医疗机构上报之外，卫生行政部门无法及时介入案件对其进行监管。而在实际运行中，医疗机构对医疗事故的不报、虚报、漏报等现象较为普遍，使卫生行政部门无法对纠纷进行监管。这不仅导致医疗机构及相关责任人逃脱应有的刑事责任、行政责任的追

---

〔1〕　参见王晓星、古津贤：《论医疗纠纷中的替代性解决机制》，载《医学与哲学》（人文社会医学版）2008 年第 2 期。

究,也会出现医疗机构被迫接受患方不合理要求的被动局面,影响整个医疗卫生系统的法治建设。而这些都是导致患方高额索赔及“医闹”等现象发生的潜在因素。

第三,协商解决与医疗责任保险制度冲突。医疗责任保险制度是化解医疗风险、医患纠纷的一个重要途径,我国已在逐步推行医疗责任保险制度。投保的医疗机构在发生医患纠纷后,其赔偿金额由投保的保险公司进行赔付,而无须医疗机构掏钱赔偿给患方。因此,在协商过程中医疗机构相对乐意作出让步,便会出现协议所约定的赔偿数额通常会比实际应支付数额高的现象,这样就加重了保险公司的负担。然而,从保险公司的利益角度出发,其一般不会对医患双方自行协商的赔偿金额进行赔付,导致医院不得不放弃与患方协商,而采用保险公司认可的其他方式解决纠纷,这便造成了医疗责任保险制度与医患双方协商机制难以有效衔接的局面。因此,在实践中一般都对适用协商解决的纠纷作一定的限制,例如,2015 年 1 月 1 日实施的《天津市医疗处置条例》第 18 条中规定:年索赔金额 1 万元以下的,医疗机构可以与患者或者其家属协商解决;索赔金额超过 1 万元的,医患双方当事人可以通过市医疗纠纷人民调解委员会调解解决,公立医疗机构不得与患者或者其家属自行协商解决。

二、医患纠纷的行政调解解决

医患纠纷的行政调解,是指医患纠纷发生后,由卫生行政部门居中调停,各方当事人相互协商、退让,以解决有关医疗事故民事赔偿责任的争议,并达成协议的一种纠纷解决机制。卫生行政部门的行政调解制度是一项具有中国特色的调解制度,其历史悠久,唐朝的“官府调解”就有着浓烈的行政调解意味。[1] 但在目前实践中,基于各种原因患者选择适用行政调解的比例较小。

(一)医患纠纷行政调解的法律依据

行政调解是《医疗事故处理条例》中明确规定的解决办法之一,该条例第 46 条规定:“发生医疗事故的赔偿等民事责任争议,医患双方可以协商解决;不愿意协商或者协商不成的,当事人可以向卫生行政部门提出调解申请,也可以直接向人民法院提起民事诉讼。”第 48 条规定:“已确定为医疗事故的,卫生行政部门应医疗事故争议双方当事人请求,可以进行医疗事故赔偿调解。调解时,应当遵循当事人双方自愿原则,并应当依据本条例的规定计算赔偿数额。经调解,双方当事人就赔偿数额达成协议的,制作调解书,双方当事人应当履行;调解不成或者经

---

〔1〕 参见李宗海:《论医患纠纷的法律解决机制》,安徽医科大学人文学院 2013 年硕士学位论文。

调解达成协议后一方反悔的,卫生行政部门不再调解。”

（二）医患纠纷行政调解的程序

医患纠纷行政调解的程序,必须依据《医疗事故处理条例》的相关规定进行。由当事人向卫生行政部门提出申请,需要患者提交书面的医疗事故争议申请或者医疗机构提交重大医疗过失行为的相关报告,卫生行政部门方可启动调解。在调解前,卫生行政部门需要进行医疗事故技术鉴定的,应当交由负责医疗事故技术鉴定工作的医学会组织鉴定,然后根据鉴定的医疗事故等级对医患双方的纠纷进行调解。行政调解的适用范围是医疗事故的民事赔偿责任,也就是说,只有双方对是否构成医疗事故不存在异议,仅在对民事赔偿责任有争议的情况下才能由卫生行政部门进行调解,关于纠纷的具体事实、性质等都不在调解范围内,这便排除了大量的非医疗事故纠纷被行政调解的可能。调解成功后,双方当事人就赔偿数额达成协议的,制作调解书,该调解书仅具有合同性质,没有法律强制力。对于调解的具体操作流程,如调解的设置、规则、地点、期限、参与人员等都没有具体的规定,因此,在实践中卫生行政部门的行政调解并未充分发挥其积极作用。

（三）医患纠纷行政调解的利弊

1. 行政调解的优势

卫生行政部门的行政调解作为解决医患纠纷的途径之一,其存在有一定的合理性,具体优势表现在以下几个方面:

第一,专业性。卫生行政部门作为医疗机构的监督管理部门,在实施行政管理的过程中,可以直接面对大量的医患纠纷。因此,能够及时了解医疗机构发生医疗事故的基本情况,相比于其他纠纷解决方式,更能主动、及时地发现矛盾和冲突,从而及时予以化解,防止矛盾的激化;其工作人员具有一定的专业知识和医学基础,在处理医疗事故过程中能够从专业的角度对纠纷进行针对性地调解,更加专业化,更有信服力。此外,卫生行政部门在解决纠纷的过程中能够及时发现行政管理上存在的问题及相关规章规定的不足,能够及时对政策进行调整,从而有效地预防和减少纠纷的发生。

第二,权威性。卫生行政部门作为政府代表出面解决医患纠纷,在一定程度上可以平衡患方在医患纠纷中的弱势地位,且卫生行政部门作为医疗机构的监督管理部门,一方面,其可以对医疗机构所做的违法行为进行监督管理;另一方面,其作出的调解对于医方而言有一定的威慑力,能够督促医方及时有效地履行。

第三,高效便捷。相对于诉讼来说,行政调解的程序较为灵活,没有需要严格遵守的处理程序,耗时较短且不收费,这提高了医患纠纷的处理效率,节约了医患双方的时间成本和经济成本;而且行政权具有行动力强、效能较高的特点。因此,卫生行政部门对专业管理职权范围内的纠纷进行调解时,能够体现较高的调解效率,快速解决纠纷。这些都使行政调解成为一种相对比较高效便捷的纠纷解决方式。

2. 行政调解存在的缺陷和不足

卫生行政部门的调解,肩负着改变医患纠纷严峻现状的重任,然而在实践中,通过卫生行政部门调解而得以解决的医患纠纷数量少之又少,其并没有发挥出应有的优势作用。究其原因,在于卫生行政部门的调解存在以下缺陷和不足:

第一,立法缺陷。目前,《医疗事故处理条例》是卫生行政部门调解的唯一法律依据,但是其对行政调解的规定简单且过于概括,没有具体的制度设计,在实践中缺乏可操作性。其中规定行政调解的范围局限于医疗事故,而且必须由患者提出书面的医疗事故争议申请或是医疗机构提交"重大医疗过失行为"的相关报告,卫生行政部门才能展开调解,即卫生行政部门不能依职权主动调解。而且在实践中,医疗事故只是医患纠纷中的一小部分争议,对于绝大多数不属于医疗事故的纠纷,卫生行政部门是否可以调解、如何调解尚未有明确规定。此外,有关调解机制的设置、人员组成、调解员的任职条件和职责、调解规则、具体程序、调解协议格式、调解过程中卫生行政部门的监督等都没有作出具体的规定,这就导致卫生行政部门因为没有具体的操作规范而产生不作为、越权调解或滥用职权等情况,甚至有些卫生行政部门都没有专门的医患纠纷行政调解机构,而是在各部门间"踢皮球"。久而久之,卫生行政部门的受案量越来越少,权威性也越来越低。

第二,缺乏中立性。根据国务院于1994年颁行的《医疗机构管理条例》的规定,卫生行政部门既是整个医疗卫生行业的监督管理机构也是卫生系统医疗单位的主办机构。[1] 正是这种双重身份使卫生行政部门的中立性地位备受争议。就患方而言,卫生行政部门与医疗机构的特殊关系,使患方在最开始就对卫生行政部门的中立性产生怀疑,不能完全信任卫生行政部门,即使卫生行政部门做到了公平公正,但只要调解结果不符合患者的心理预期,患方都会主观地认为其偏袒医方。此外,卫生行政部门在调解中所依据的医疗事故鉴定结论是由医学会作出的,而医学会中的鉴定专家多数来自医疗机构,患方还会质疑鉴定结论的客观性和真实性。就医方而言,卫生行政部门作为其监督管理单位,若选择行政调解,则把自己完全曝光于卫生行政部门,若是在诊疗过程中确实存在过错或过失,就有可能被认定为医疗事故,那么医疗机构就需要承担相应的责任,甚至行政或刑事处罚,而且对于卫生行政部门提出的调解建议,医疗机构基于隶属关系,不愿或不

---

〔1〕 参见宋儒亮:《医疗纠纷的法律透视》,载《探求》2001年第4期。

便提出己方的想法，也有可能影响医疗机构的利益，所以医疗机构一般情况下宁可选择私了或诉讼都不会主动申请行政调解。因此，在医患纠纷中，无论是患方还是医疗机构都无法完全信任卫生行政部门，这种抵触心理导致调解无法顺利进行，使我国医患纠纷的行政调解形同虚设。

第三，缺乏专门的调解部门。由于立法缺陷，法律并未规定由哪个部门负责日常的医患纠纷处理工作，所以很多卫生行政部门都未设立这样一个专门部门，一般都是由医政处（科）承担调解工作。对于调解员缺乏相应的培训和管理，也没有专职调解员这一职位设置。卫生行政部门工作人员拥有专业的医学知识，可以准确判断出专业的医学问题，但是在法律知识和调解技能方面，卫生行政部门工作人员并不具有这方面的优势，在解决纠纷的过程中并不能发挥其应有的作用，导致调解结果难以令人满意。同时，调解工作的开展必然会影响其他本职工作的进度，所以工作人员会以各种理由拒绝参加行政调解，这也是导致卫生行政部门不作为的原因之一。

第四，赔偿金额过低。在我国，发生医患纠纷可以选择适用《医疗事故处理条例》或《民法通则》、最高人民法院《关于审理人身损害赔偿案件适用法律若干问题的解释》，而三者对于损害赔偿的数额却有较大差别。若选择行政调解，赔偿标准则适用《医疗事故处理条例》的相关规定，相比较《民法通则》及人身损害赔偿司法解释来说，赔偿项目和相关计算方法都有明显差距，[1]而且必须在被认定为医疗事故的前提下才能予以赔偿，在实践中甚至会出现患者损害较严重的医疗事故案件所获得的赔偿金额要低于患者损害较轻的非医疗事故案件的赔偿金额。所以，患方更倾向于选择适用《民法通则》的有关规定来获得更高额的赔偿。

三、医患纠纷人民调解委员会调解解决

人民调解在我国具有悠久的历史，其作为解决各类民事纠纷的主要途径之一，在及时有效地化解各类矛盾纠纷、促进社会和谐稳定发展等方面发挥了重要作用，曾被誉为“东方经验”，被发达国家借鉴并有所发展。[2] 医患纠纷人民调解委员会（以下简称医调委）调解是人民调解的一种特殊形式，是一个专门针对解决医患纠纷而成立的调解组织，它在人民调解委员会协会领导、司法行政部门指导下开展工作，负责辖区内的医患纠纷调解工作，且工作经费、调解员工资补贴等都由司法行政部门保障。为了解决日益激化的医患矛盾，缓和医患关系，全国各地纷纷尝试建立医患纠纷调解委员会制度。2009 年 12 月 10 日原卫生部部长陈

---

〔1〕 参见张海滨：《论医疗纠纷的代替性解决机制》，载《法律与医学杂志》2003 年第 1 期。

〔2〕 参见张卫平：《我国替代性纠纷解决机制的重构》，载《法律适用》2005 年第 2 期。

竺在《人民日报》撰文称:“完善医疗纠纷处理机制,引入第三方调解机制,使医疗机构从繁重的医疗纠纷处置中解脱出来。”[1]在各地的尝试中,调解模式包括医疗责任保险公司指定调解、医调委调解、仲裁委调解、营利性中介机构调解等多种模式。目前已有多地出台了相关的规范性文件,国家有关部委也出台了相关规定,对医调委的设立、组织机制、业务指导、运行保障等方面进行规定,意图为医患纠纷当事人提供一个中立公正的调解平台,以有效解决各类医患纠纷。

(一)医调委调解解决的法律依据

目前,医调委的运行机制并没有专门的法律法规予以规范,主要是参照《人民调解法》《人民调解委员会组织条例》《人民调解工作若干规定》《关于加强医疗纠纷人民调解工作的意见》等相关规定。其中前三者都对普通人民调解作出了统一规定,但没有专门的章节对医患纠纷调解作出具体的规定,后者也仅是在组织建设、业务指导等方面做了统筹规定,这些通用的概括性规定导致医患纠纷人民调解工作难以实际参照运作。因此,各地在推行医调委制度时,都相继出台了一些地方性法规、条例、意见和办法,如《上海市医患纠纷预防与调解办法》《浙江省医疗纠纷预防与处理办法》《江西省医疗纠纷预防与处理条例》等,通过相关意见和办法对医调委的具体运行、机构设置、人员组成、如何启动运作、流程等内容做了具体规定。

(二)医调委调解解决的程序

医调委调解作为一种新兴的医患纠纷解决手段,各地相继出台了与之相关的办法和意见,以上海市为例,医调委的调解有其规范的一套流程,具体如下:

1. 申请和受理

医患纠纷发生后,医患双方任何一方都可以向医疗机构所在地的医调委提出调解申请,当事人也可委托代理人申请调解,申请调解时应当出示身份证明、就医证明、调解申请书等材料,医调委收到申请后进行审查作出是否受理的决定,审查内容包括提交材料是否齐全、纠纷的类型、是否在管辖范围内、是否已采取其他解决方式等。医调委调解的医患纠纷既包括医疗损害赔偿纠纷,也包括医疗服务合同纠纷;调解应遵循自愿平等原则,若只有一方当事人提出调解申请,医调委应当及时向其他当事人征询意见,作出是否受理的决定后须书面通知双方当事人,并附调解员名册以便当事人选择调解员。对于已经起诉到法院,由法院委托医调委进行调解的医患纠纷,医调委应当受理。

---

〔1〕 陈竺:《中国医患纠纷约7万件每年 解决重在机制建设》,载网易财经网:http://money.163.com/14/0714/09/A13SO90C00253B0H.html,最后访问日期:2015年7月6日。

2. 调查

医调委在决定受理纠纷后,应当对纠纷展开调查。调查工作包括向双方当事人和相关单位及人员了解纠纷的事实经过,询问双方当事人的诉求及主要理由,以及收集与纠纷相关的病历资料,了解完成后对相关的情况、资料等进行整理甄别,以便全面清晰地了解纠纷的事实经过。

3. 专家咨询

对于赔付金额过高、患者死亡、当事人对责任承担分歧较大或其他重大疑难复杂案件,医调委应申请专家咨询,专家通过咨询会的形式对医患纠纷的相关材料进行分析讨论并出具咨询意见书,供调解员使用。

4. 调解准备

通过对调查内容、资料的分析讨论,对双方的责任承担进行初步评估,依据过错程度、损害结果及因果关系等分析纠纷的主要矛盾,确立调解重点,拟定调解方案。

5. 调解

通知当事人调解的时间、地点;调解前告知相应的权利和义务;可以根据需要选择不同的调解方式;调解过程中发现纠纷有可能激化的,应及时采取预防应对措施;做好充分的记录。调解成功达成调解协议的,双方可以签订书面的调解协议,也可以是口头的调解协议;协议对双方当事人具有约束力,当事人应当自觉履行,医调委应予以督促,并充分告知向法院申请司法确认的相关规定,对于不能及时履行或是赔偿金额较大的协议,医调委应当引导当事人进行司法确认并予以协助。无法成功调解达成调解协议的,终止调解并告知可以向法院提起诉讼。

6. 回访

了解调解协议的履行情况及纠纷的解决情况,做好记录,归档留存。

(三)医调委调解解决的利弊

1. 医调委制度的优势

目前,全国多省市纷纷展开对医患纠纷人民调解委员会制度的探索与实践,企图寻找到一种适合自己省市的医患纠纷解决机制,其中上海、北京、广东、浙江等省市已取得一定成效,并为其他省市所学习及借鉴。由此可见,医调委制度的出现与发展有其必然性和可行性,总结各地的实践成果,其有以下几点优势:

第一,完全中立。医调委是专门调解医患纠纷的行业性、专业性人民调解组织,是应医患双方当事人的要求,为其提供纠纷调解服务的群众性组织,其属于人民调解协会的下设机构,受司法部门的指导。医调委作为中立第三方,具有高度的自主权,可以自主决定人员招聘、实施内部管理、开展调解等活动,不受任何组织和个人的干涉，司法局下设医患纠纷调解办公室作为政府部门指导医调委的调解工作，不直接介入或干涉纠纷调解活动，与医调委之间也不是领导与被领导的关系。此外，在经费来源上，其是由国家财政统一支出，与医疗机构、患方都没有直接利益关系，极大程度地保障了医调委的中立身份。相对于行政调解而言，医调委独立于卫生行政部门、独立于医疗机构的中立性特点，更有保障，更容易为医患双方所信任和认可，更有助于实现医患纠纷的公平公正解决。

第二，专业性强。由于医患纠纷往往涉及高度专业的医疗技术，因此解决这类纠纷就要求调解人员具备一定的医疗专业知识和水平。医调委是人民调解委员会的特殊形式，但又和一般的人民调解委员会有所不同。医调委的工作人员中既有拥有丰富调解经验的调解员，又有精通医疗、法律专业知识的调解员，通过他们参与调解，能够将人民调解和专业调解的优势有机结合起来，及时有效地介入纠纷并解决纠纷；此外，各地的医调委都建立了由法学专家和医学专家组成的专家库，在解决纠纷过程中，对于一些赔偿金额较大、患者死亡或特别疑难复杂的案件，可以通过专家咨询会的形式，对案件中复杂的专业问题，如医疗机构采取的医疗措施、医疗行为是否存在不合理或过失，诊疗过程中特殊情况发生的原因，医疗机构是否需要承担责任及承担责任的比例等，都可以由专家给出咨询意见，以便调解员在调解过程中能够清晰定位纠纷的事实和双方的责任等问题。这样就避免了纠纷解决过程中患方专业知识不足的劣势地位，还能对医方可能存在的医疗问题提出完善和改进的建议。通过专业、权威的调解，保证医患双方都能够信服调解结果并积极履行，从而彻底解决纠纷。

第三，不收费。医调委的运行经费由政府财政提供，包括硬件设施、日常开销、调解人员的工资和津贴、专家咨询费用等。因此，医调委的调解对医患双方均不收取费用，避免了许多患者对纠纷解决费用的担忧，为医患双方节约了纠纷处理的成本。对于医疗机构来说，处理各类医患纠纷所需的费用是一笔不小的开支；对于患方而言，本身就受病痛折磨，需要支付昂贵的医疗费用，若要再花一大笔费用来解决医患纠纷，无疑是雪上加霜。因此，医调委的调解不仅减少了医患双方处理纠纷所需的费用，还避免了双方为解决纠纷咨询专业法律人员、医疗专家而产生的费用，能够有效地控制纠纷的扩大，节约社会成本。

第四，高效灵活。如前所述，紧张的医患关系下产生的医患纠纷若不能得到及时解决，容易导致“医闹”、缠讼，甚至群体性事件的发生。因此，能否及时有效地化解矛盾，避免矛盾激化，决定了能否有效缓解医患关系、维护和谐医疗秩序。上海市相关办法规定医患纠纷调解应在 1 个月内调解完毕，最多可延长 1 个月，极大地提高了医患纠纷解决的效率，节约了当事人的成本。而且医调委调解有其具体的调解流程,防止了纠纷处理的随意性和不确定性,相对于诉讼、仲裁等解决方式,其程序灵活快捷,调解员、调解时间、地点的确定等事项都比较自由灵活,方便了医患双方的沟通,更有利于纠纷的化解。

第五,医调委还具有成熟的运行基础。医调委调解作为建立在人民调解制度上的第三方调解,可以充分利用人民调解制度的成熟机制和运行方式,和其他纠纷解决途径相比,该途径普及广泛、运作成熟、成效明显。医调委调解可以充分发挥人民调解扎根基层、分布范围广等优势,能够在第一时间赶赴现场了解纠纷发生的情况并予以调和,能够及时缓和关系甚至化解纠纷。

2. 医调委制度存在的问题和不足

医调委制度作为一种新生的医患纠纷解决办法,各地通过实践与探索,在医患纠纷的解决上取得了一定成效,但也不可避免地存在一些问题和不足,尤其是在一些具体程序细节上尤为明显,具体表现为以下几点:

第一,缺乏统一的法律规定。法律规则的明确性、具体性和完善性,对于纠纷解决效果具有决定性的作用,一个社会的法制化程度越高,其定分止争的功能和价值就越高。[1] 然而,我国目前的医调委机制并没有一套统一、具体、完整的法律规范予以规定,各地在探索与实践中基本是参照《人民调解法》《人民调解委员会组织条例》《人民调解工作若干规定》《关于加强医疗纠纷人民调解工作的意见》等相关规定,并根据这些规定出台了一些地方性法规、条例及实施办法。虽然这些地方性法规为当地的医调委运行提供了明确的规范和操作指引,但这些具有地方特色的立法在效力、适用和科学性等方面都有待进一步考证。其中有的规定过于狭隘,我国其他省市无法借鉴适用,有的规定甚至存在一些错误和不规范这些不完善的法律规定在一定程度上制约着医调委制度的推广和完善,影响了医调委制度在医患纠纷解决中发挥其应有的作用。

第二,专家咨询意见缺乏中立性和法律效力。在上海医调委制度实践中,专家咨询制度的启动条件是赔偿额超过 10 万元、患者死亡或特别疑难复杂的案件,通过召开专家咨询会了解医疗机构的诊疗行为是否存在过错、医疗机构是否应当承担责任及承担责任的比例。在专家咨询会的事实调查阶段,医方代表和医方联络员参会陈述主要的事实经过,并对相关诊疗行为进行解释;在责任判定阶段,医方回避,专家进行讨论并作最后的结论陈述。由专家以书面形式提交的专家咨询意见书,作为调解员调解过程中的参考意见,不对患方公开,仅将专家意见向患者传达,但会向医疗机构出具专家意见书,由其交予理赔机构作为理赔依据。专家

[1] 参见范愉:《纠纷解决的理论与实践》,清华大学出版社 2007 年版,第 82 页。

咨询会仅向一方当事人公开的做法，使其中立性受到严重质疑，严重影响医患纠纷的公平公正解决。对此，调解人员表示这么做是为了保护专家，保证专家在咨询会中能够对诊疗行为作出具体专业的讨论分析，因为在一般医患纠纷中，患方的情绪都较为激动，不排除有些患方做出一些不合理行为的可能性。笔者认为，若让医疗机构参与到专家咨询中来，其对事实的陈述必然会倾向于撇清己方的责任，影响专家的判断，而患方却丧失了这一陈述辩解的机会，容易导致专家对诊疗事实的认定有误，从而影响对医疗机构责任的判断。而且专家库里的专家大多是来自各大诊疗机构的医师，其与医疗机构、医务人员间的特殊关系也会使患方质疑专家咨询意见的真实性和客观性。以上这些因素都与医调委制度的初衷相违背，影响医患纠纷的顺利解决。此外，专家咨询意见书作出后，若当事人因对意见书的真实性和客观性提出质疑而导致调解失败，再通过其他途径解决，必然还要经过医患纠纷鉴定这一过程，而专家咨询意见书因没有法律效力而不能用作解决依据，这必然会导致专家资源的浪费，增加纠纷解决的成本，不利于我国医疗卫生事业的健康发展。

第三，医调委调解易造成监管盲区。医调委调解成功后，调解员引导医患双方签订调解协议，协议内容包括纠纷的基本情况、双方达成的补偿金额、履行方式，以及约定不再以其他方式解决等内容。这就导致有些医疗机构在发生医疗事故后，通过给予患方高额补偿逃避行政责任和处罚。而且在医调委调解中以专家咨询取代了医疗事故技术鉴定，而医疗事故技术鉴定不仅是判断是否构成医疗事故的依据，也是决定是否给予医疗机构和医务人员行政处分的依据。上海市医患纠纷人民调解过程中没有医疗事故技术鉴定，虽然这在一定程度上提高了调解的效率，能够尽快化解纠纷，但同时这也给卫生行政部门带来了监管的盲区。[1] 这就导致卫生行政部门无法判别医疗机构是否在诊疗过程中存在过错，也无法追究医疗机构和医务人员的责任，使卫生行政部门无法对其进行监督和管理，不利于我国医疗卫生事业的健康发展。

第四，经费难以保证。目前，上海等多省市医调委的工作经费都是由政府部门支出，这样的确可以保证医调委的中立性，但这种模式对于一些经济欠发达的城市存在一定的困难。尽管《关于加强医疗纠纷人民调解工作的意见》中明确规定各地方政府要为医调委的工作经费提供保障，但许多地区的财政紧张，根本无力保证医调委工作的经费需求。这导致医调委制度在其他地区的调解工作无法

〔1〕 参见顾桂国、娄继权、陈道友、饶文华：《引入人民调解机制解决医患纠纷初探》，载《中国卫生事业管理》2007年第6期。

有效开展,严重影响了医调委制度的推广和普及,也导致医调委的纠纷解决作用无法充分发挥。

四、医患纠纷的仲裁解决

医患纠纷的仲裁解决,是指医患双方在医患纠纷发生前或纠纷发生后,在平等、自愿的基础上达成仲裁协议,约定将争议交由仲裁机构来处理,并由其作出具有法律约束力的裁决且双方当事人都有义务履行的一种纠纷解决办法。在世界许多国家和地区,医事仲裁已经成为与医事诉讼制度并行不悖、相互补充的重要社会机制,[1]在日本、美国,以及我国台湾地区等地都设有医事仲裁组织,由具有丰富的处理医患纠纷案件经验的退休法官和律师组成,帮助医患双方解决医患纠纷。与其他解决方式相比,仲裁制度对于医患纠纷的解决有其自身的优势和特点。目前我国也有部分地区在开展仲裁解决医患纠纷的探索,但由于存在一些硬性缺陷而使其在实践中应用较少。

(一)医患纠纷仲裁解决的法律依据

医患纠纷的仲裁解决在我国立法上仍处于空白状态,并没有法律法规明确规定仲裁为医患纠纷的解决方式之一。我国《仲裁法》第2条规定:“平等主体的公民、法人和其他组织之间发生的合同纠纷和其他财产权益纠纷,可以仲裁。”第3条则将“(一)婚姻、收养、监护、抚养、继承纠纷;(二)依法应当由行政机关处理的行政争议”排除在可以仲裁解决的范围外。因此,对于医患纠纷是否属于《仲裁法》规定的可仲裁范围,国内学者的看法不一。有学者认为,医患纠纷属于人身权益损害纠纷,不适用《仲裁法》第2条的规定;有学者认为,医患纠纷的核心是索取赔偿金额,解决的是财产权益纠纷,因此可以仲裁;有学者认为,只要不属于《仲裁法》第3条规定的排除条款就属于可仲裁范围;还有学者认为,医患纠纷包括医疗服务合同纠纷和医疗损害赔偿纠纷,是医疗机构或医务人员在诊疗过程中由于过错或过失而造成患者人身损害的纠纷,其本质是要求医疗机构给予一定物质赔偿的纠纷,且法律并未规定禁止仲裁作为医患纠纷的解决方式,因此应当可以仲裁。虽然在理论界对医患纠纷是否可以仲裁问题争论不休,但天津、广东等省市已经在实践中借鉴国外仲裁司法实践的基础上,设立了医患纠纷仲裁委员会,并制定了相关的实施细则,先后展开了对医患纠纷仲裁制度的探索,为我国医患纠纷仲裁解决奠定了实践基础。

---

〔1〕 参见蒲川主编:《医疗纠纷非诉讼处理机制研究》,西南师范大学出版社2012年版,第77页。

(二)医患纠纷仲裁解决的具体程序

医患纠纷仲裁解决是按照仲裁体系设立的专门解决医患纠纷的仲裁庭,其特点是仲裁庭的组成人员和专家咨询委员会成员都由具有医学专业基础的人员,如各地法学会、医学会或律师协会等组织中的医学专家、法学专家。以深圳市为例,目前,深圳市已经设立了深圳医患纠纷仲裁院,它是深圳市仲裁委员会下设的专责仲裁和调解医患纠纷的职能机构,也是国内首家通过政府行政法规形式设立的专门解决医患纠纷的仲裁机构,目前已制定《深圳市医患纠纷处理暂行办法》《医患纠纷仲裁规则》等规定对医患纠纷仲裁工作予以支持。该院目前共有24名仲裁员,大致涵盖了基本的医疗学科,包括副主任医师以上级别的仲裁员13名、法医3名、律师6名,以及在医患纠纷方面有一定研究的仲裁员2名。向仲裁院提出仲裁申请必须建立在人民调解失败、医患双方自愿并达成仲裁协议的基础上。目前,在深圳市已有多家医院成立了医患纠纷调解室,在调解失败后,由调解人员指引双方当事人达成仲裁协议,再向深圳医患纠纷仲裁院申请仲裁。医患纠纷仲裁解决的具体流程:当事人一方提起仲裁申请;仲裁委员会立案审查,审查是否符合受理的条件,制作受理或不予受理的通知书,并送达双方当事人,同时告知相关的权利义务;对方收到仲裁通知后进行答辩准备;双方各选定一名仲裁员并协商选定第三名仲裁员,其中至少有1名医学专家或法学专家,对于案情疑难复杂的纠纷,可以由3名以上单数仲裁员组成仲裁庭;仲裁中所依赖的医学鉴定机构和司法鉴定机构,由当事人自由选择,对鉴定结果有异议的可以向仲裁委员会提出重新鉴定的申请;仲裁裁决作出后即具有法律效力,且实行一裁终局制,任何一方当事人不履行生效仲裁裁决的,另一方当事人可以向法院申请强制执行;如果一方或双方不满意仲裁裁决,当事人可以向法院申请撤销仲裁裁决或不予执行。2011年2月28日深圳市医患纠纷仲裁院首例医患纠纷仲裁案结案,从备案到调解成功用时不到2个月,仲裁费用仅100多元,患者获得6万元的赔偿。“圆桌会议”式的仲裁形式使双方在理性和谐的情况下解决了纠纷,最终患者获得6万元赔偿。[1]

相比协商、调解而言,仲裁有规范的程序和规则,避免了纠纷处理过程中存在的随意性和不确定性;相比诉讼而言,仲裁实行一裁终局制,没有复杂、冗长的程序,效率较高,节省了双方当事人的时间和精力,促进了医患纠纷的快速解决。

---

〔1〕 参见《深圳首例医疗纠纷仲裁案结案》,载网易新闻网:http://news.163.com/11/0301/07/6U1TRGT C00014AED.html,最后访问日期:2015年7月6日。

(三)医患纠纷仲裁解决的利弊

1.仲裁解决的优势和特点

医患纠纷的仲裁解决在天津、深圳等地的产生和发展过程中取得了较好的成效,其作为处于协商、调解和诉讼之间的纠纷解决方式,有着其他医患纠纷解决方式不可替代的优势和特点,具体表现为以下几点:

(1)中立性

在医患纠纷的解决上,仲裁机构以其充分的权威性保证了仲裁结果的公平和公正。仲裁机构作为一个独立于双方当事人之外的居中处理的部门机构,它不隶属于任何国家行政机关,并且与其他仲裁组织之间在从属关系上属于平级,没有领导与被领导、监督与被监督的关系,这就保证了仲裁机构独立自主的仲裁审理权,它不受任何行政机关、社会团体和个人的影响,也不受仲裁机构的干涉。在仲裁活动中,医患双方可以自行协商确定当地或异地的仲裁机构,仲裁员的选定、仲裁的审理方式、审理形式等内容也由当事人自行协商决定。这在保证仲裁意思自治的同时,也避免了行政机关、医疗机构、地区等因素对仲裁裁决公正性的干扰,确保了裁决的公信力。

(2)程序规范且灵活

医患纠纷仲裁解决的具体程序相对比较规范,仲裁申请的提出、受理立案、仲裁员的选定、当事人对纠纷所涉及的事实和法律问题的陈述、证据的调查质证、仲裁员的审理裁决、裁决的履行等事项都有较为严格的程序规定,避免了医患纠纷协商、调解解决过程中的随意性和不确定性。但是仲裁过程又不至于过于烦琐、冗长,具备一定的灵活性,如在仲裁处理过程中,当事人可以自由充分地表达自己的意愿,仲裁中的许多具体程序都是由当事人协商确定的,对于患者隐私、医疗过错、赔付金额等情况,当事人可以自由约定是否公开,如果双方达成共识,仲裁裁决也可以按当事人的意愿作出,与诉讼相比,其程序更加灵活;而且其一裁终局的解决模式可以较快地解决纠纷,无须多审级收费,同时也降低了解决纠纷的时间成本。对于双方当事人来说,仲裁既具有灵活快捷的优势,当事人可以充分地反映自己的意愿,不至于过分伤害对方的感情,又具有严格的规范化程序来保障双方的利益不受侵害,有效地克服了医患纠纷协商、调解、诉讼处理过程中存在的久拖不决、搅闹医院、无理缠讼等不良现象。此外,经过多年的实践和更新,仲裁在立法上也有较大完善。目前我国《仲裁法》对仲裁程序的启动、仲裁委员会的构成、审理过程、审理期限、仲裁裁决等都做了具体明确的规定,避免了可能存在的随意性和不规范性,使仲裁能够有序进行,医患纠纷能够顺利得以解决,进而有效地保护双方的合法权益。

(3)专业性

医患纠纷案件高度专业性和复杂性的特点,对纠纷处理人员的专业素质要求较高。医患纠纷仲裁委员会中的仲裁员都来自不同的专业领域,既有具备深厚的医学专业知识、丰富的工作经验,并具有高级职称的医学类专家,又有深谙法律知识、仲裁程序的法学类专家,以及拥有丰富调解经验的调解员。通过他们参与仲裁,可以准确处理纠纷中患者损害程度、医疗机构是否存在过错、两者间因果关系、医疗机构责任比例、赔偿数额等实体问题,以及仲裁程序是否有序等程序问题。相对于其他纠纷解决方式而言,仲裁在解决专业性较强的医患纠纷上具有较大优势。

2. 仲裁解决存在的缺陷和问题

仲裁作为解决医患纠纷主要方式之一,虽然具有其他纠纷解决方式所不可取代的优势和特点,在部分城市的实践探索中也取得了较好的成效,但从实践来看,通过仲裁解决医患纠纷的案件数量仍是极少数,作为医患纠纷解决中的新生事物,其必然存在一定的缺陷和问题,需要通过实践逐步予以发现和完善,具体主要有以下几点:

(1)法律依据不足

相关法律制度的明确、具体、完备是医患纠纷仲裁机制能够良好运行的制度保障,而目前,医患纠纷仲裁解决在我国立法上仍处于空白状态,并没有相关法律法规将仲裁规定为医患纠纷解决方式之一。部分城市推出医患纠纷仲裁解决,也只是推定适用《仲裁法》的相关规定,目前仍处于探索阶段。"缺乏法律依据"是国内学者反对适用医患纠纷仲裁解决的主要原因。有学者认为,我国《仲裁法》主要是为裁决经济纠纷而制定的,其第 3 条第 1 项将"婚姻、收养、监护、抚养、继承纠纷"等涉及人身的纠纷排除在外,而医患纠纷涉及患者的人身损害赔偿,具有明显的人身性质,因此学者们认为,《仲裁法》的相关规定并不适合医患纠纷的处理。[1] 此外,还有相关行政部门反对使用仲裁解决方式,如天津市仲裁委员会成立后,半年内只受理了一起案件,原因是有关部门强烈反对,甚至发文要求各医疗机构不能将纠纷交由仲裁委员会解决,理由主要是《医疗事故处理条例》并未将仲裁规定为医患纠纷的解决方式。出现这种现象,一方面是仲裁委员会与相关部门的沟通协调工作没有做好,另一方面也反映出由于缺乏明确的法律依据,相关部门对医患纠纷仲裁委员会解决医患纠纷的担忧。总而言之,在法律法规没有作出明文规定,在实践探索中没有发挥较好的纠纷解决效果前,医患纠纷的仲裁解

---

〔1〕 参见张建文:《医疗纠纷诉讼外解决机制研究》,吉首大学 2014 年硕士学位论文。

决方式都不能作为一项有效的纠纷解决办法推广到其他城市甚至全国。

(2)认知度不够

虽然目前学术界对医患纠纷仲裁作出大量的研究,部分地区也开始在实践中探索应当如何运用仲裁解决医患纠纷,但其社会熟知度仍然较低。一方面,医患纠纷仲裁对当事人的法律素养要求高,纠纷发生后需要先订立仲裁协议才能向仲裁机构申请仲裁,或者在纠纷发生前即在诊疗前双方就必须订立仲裁协议,事实上,诊疗前,患方关注的焦点是治疗疾病,此时若签订仲裁协议,对于患方来说可能是一种晦气不吉利的象征,而纠纷发生后,医患双方的矛盾冲突较大,且双方情绪激动,很难达成仲裁协议,所以大多数患者往往选择协商、调解或诉讼的方式解决。另一方面,医患纠纷仲裁作为一种新兴事物,目前仍处于探索阶段,仍未取得较好的实践效果,因此在社会上并未得到推广,老百姓对医患纠纷仲裁的特性及优势仍然不了解,甚至可能都不知道有这一纠纷解决方式的存在,这也是导致当事人不愿采取仲裁方式解决医患纠纷的原因之一。

(3)成本高

由于仲裁机构在某种意义上具有一定的商业化色彩,因此选择仲裁方式解决医患纠纷必然需要支付一定的仲裁费、代理费、鉴定费等费用,且费用不小。这对于已经花费一大笔费用来接受诊疗的患者,以及可能面对多个医患纠纷案件的医疗机构来说,无疑增加了双方当事人的负担,因此当事人可能因为考虑到由仲裁员的报酬及各项仲裁事务费用等组成的高额仲裁费而对医患纠纷仲裁"望而却步"。[1]这在一定程度上减少了仲裁机制的适用,不利于仲裁解决方式的推广,也不利于医患纠纷的及时顺利解决。

(4)一裁终局

我国《仲裁法》第9条规定,仲裁实行一裁终局制度,即仲裁裁决一经作出就发生法律效力,医患双方不能就同一纠纷再向仲裁委员会申请仲裁,也不能就同一纠纷向人民法院提起诉讼。一裁终局制度使仲裁无须多审级审理,一方面体现了其解决医患纠纷高效快捷的优势,但另一方面也带来一定的隐患,对于患者而言,一裁终局可能并不适合用来处理医患纠纷。在实践过程中,患方往往会担心或质疑鉴定人、仲裁员等在作出判断时是否存在偏袒医疗机构或私下交易的行为,实行一裁终局制会导致患方失去了申诉的权利,可能造成不公平不公正的情况发生。而对于协商、调解、诉讼等解决方式,如果当事人觉得存在不合理情况仍

[1] 参见柯阳友、吴英旗:《我国医疗纠纷解决机制之重构》,载《甘肃政法学院学报》2006年第6期。

可以通过其他方式予以救济。因此,仲裁的终局性容易导致当事人望而生畏,转而选择通过更公正更权威的诉讼方式解决,这也成为制约当事人选择仲裁进行医患纠纷处理的重要因素之一。

第二节　诉讼解决机制运行现状与存在问题

一、医患纠纷诉讼解决的现状

医患纠纷作为民事纠纷的一种特殊类型,具备民事纠纷的典型特征,因此诉讼解决机制也是医患纠纷最基本最重要的解决方式。诉讼是《医疗事故处理条例》中明确规定的解决医患纠纷的途径之一,其作为纠纷解决的"最后一道防线",在定分止争、维护公平正义方面发挥着重要作用。在医患纠纷诉讼过程中,通过法庭审理能够查明医疗机构的医疗行为是否存在过错、应当承担多少责任,从而针对医患双方的争议焦点作出相对客观公正的裁判。而且法院的判决、裁定、调解结果具有确定力和执行力,如果一方拒绝履行或者不按时履行义务,另一方当事人可以向法院申请强制执行,这就保证了医患纠纷诉讼解决更具有权威性,这也是多数患者倾向于使用诉讼途径解决医患纠纷的重要原因之一。

2008 年最高人民法院施行的《民事案件案由规定》对医患纠纷的诉讼范围做了具体规定,包括医疗服务合同纠纷和医疗损害责任纠纷。法院诉讼是解决医患纠纷的最终途径,任何一方都可以不经协商、调解或仲裁,直接向法院提起诉讼。通过诉讼途径解决纠纷,一方面,可以运用法律切实维护医患双方的合法权益,维护公平和正义;另一方面,也可以通过司法活动对医患双方等参与人员进行普法宣传和教育,增强他们的法律意识,引导他们通过法律手段维护自己的合法权益,减少医患摩擦,从而缓解医患矛盾。

二、医患纠纷诉讼解决存在的问题

相对于医患纠纷的非诉讼解决机制,诉讼具有严格的运行程序、权威的裁判、以国家强制力保证的裁判结果,以及通过法律实现正义的社会功能等优势,这些都决定了现阶段诉讼在医患纠纷解决中占据着核心地位。此外,随着我国社会主义法治建设的推进和人们权利意识的提高,以及趋向于完善合理的证明责任,双方当事人更加倾向于采用诉讼方式解决医患纠纷。但在实践中,医患纠纷的诉讼解决方式暴露出许多缺陷和局限性,具体表现在以下几个方面:

(一)病历证据认定难

证据在诉讼中起到至关重要的作用,而病历可以说是医患纠纷诉讼中的证据之王。病历是记录患者在医疗机构接受诊疗的整个过程的书面资料，包括医务人员对患者病情的诊断、发展趋势分析、诊治意见等主观性病历资料和患者症状、病史、医嘱、体温单、化验单、各类同意书、护理资料、医疗资源使用、费用支付等客观性病历资料。

第一，对于病历的书写，要求时间及时，内容真实完整、重点突出，文字简单概括、字迹清晰，且不得随意更改。在现实中，病历多为医务人员手写，病历数量的庞大使医生的字迹难免潦草，又大量使用专业术语，导致病历不易辨别，甚至在实践中不可避免地存在一些医务人员对病历的重要性缺乏正确认识，只是盲目地记录诊疗过程，不能严格按照《病历书写基本规范》书写病历，出现记录时间有误、后补病历、对诊疗行为未予记录、病历记录与实际情况不符、病历内容不全、病历内容前后矛盾、病历任意涂改等情况，这些都导致病历的真实性、完整性、及时性受到质疑，降低了其法律效力，在医患纠纷的解决过程中不能充分发挥其证据作用。

第二，对于病历的管理，《医药卫生档案管理暂行办法》《医疗事故处理条例》《医疗机构病历管理规定》等法律法规都对病历的保管作出了具体规定，医疗机构应当按照规定要求完成病历的收集、整理、统计、保管等工作，而在实践中，病历的遗失、损坏或掺杂等现象时有发生，不利于形成完整的病历管理制度，这在一定程度上也削弱了病历的真实性和法律效力。

第三，病历存在的偏向性。诊疗护理过程中记载的病历资料是认定案件事实的重要证据材料，它在很大程度上决定了诉讼的最终结果，但这种重要的病历资料往往是由医方单方制作且在医方的实际支配持有中，患者难以在医疗损害发生后立即进行证据的保全，即使根据相关规定患方有复制病历资料的权利，也不能排除医方对病历资料的隐匿、篡改等行为。而且双方证明能力上存在不平等。医疗行为具有一定的危险性，医生在治疗病人的同时可能会对病人造成伤害，甚至会造成病人的死亡，医方控制着整个医疗行为的发生，比较容易知道实情，对有关证据的证明说理也较为接近；而被害人常常处于无意识的状态，无法知悉医方的行为，无法对有关证据进行有力的证明。

关于病历存在的问题，在实践中不胜枚举，正是这些现象的存在，导致作为医患之间最直接的书面沟通材料成为影响医患双方的信任度的主要因素。在诉讼过程中，作为认定案件事实主要证据的病历因为双方当事人的争议，不能作为认定案件事实的有效依据，在质证、鉴定等过程中都会影响诉讼的进程，这样势必会对医患纠纷的顺利解决起到阻碍作用。

（二）程序冗长，成本较高

综观我国医患纠纷诉讼案件，完成整个案件流程所需的时间很长，少则几个月，多则几年，这无疑增加了双方当事人的经济成本和时间成本。在诉讼中，必须经过漫长的举证、质证、辩论、陈述等环节，这些严格的程序需要消耗双方当事人大量的时间和精力。在审判过程中，法官需要对患者的伤残等级、医疗机构是否存在过错、医疗过错与患者损害结果之间的因果关系、医疗机构是否应承担责任及承担责任的比例等作出判断，由于医患纠纷具有专业性，法官因缺乏专业的医学知识而不能直接作出判断，这就需要委托专门的司法鉴定机构进行鉴定，再依托鉴定意见作出裁判。而鉴定所依赖的病历、诊疗过程等又多为医疗机构所掌握和熟悉，所以当事人往往对病历的真实性、完整性争议较大，这就需要通过询问证人、病历鉴定等方式来予以判断。鉴定是一个冗长复杂的过程，往往会消耗很长时间，尤其是医患纠纷中涉及较多的专业问题，有时可能需要鉴定多个专业问题，而且对于鉴定意见，当事人可以提出意见甚至申请重新鉴定，这些都导致医患纠纷诉讼时间过长。医患纠纷中有关医疗事故的鉴定包括医疗事故鉴定和医疗损害司法鉴定，医疗事故鉴定是由医学会对医疗事故等级进行的鉴定，医疗损害司法鉴定是由司法鉴定机构进行的鉴定，二者的侧重点都是患者的损伤程度、医疗机构的过错程度、医疗过错与损害结果之间的因果关系、双方的责任比例。但是二者在法律依据、程序启动、鉴定机构和人员、鉴定内容、鉴定标准等方面都有较大差别，不同的鉴定标准和鉴定机构对同一案件的两次鉴定，既浪费了宝贵的鉴定资源，又增加了纠纷解决时间和当事人的纠纷解决成本。此外，由于医患纠纷涉及医学、法学等方面的专业知识，当事人通常需要委托代理人帮其完成诉讼，因此，当事人除了需要支付参加诉讼所需各类开支，还需支付诉讼费、律师费、鉴定费等费用，这给当事人的诉讼增添了巨额的经济负担。

在医患纠纷中，就患方而言，患方的身心本就已经遭受重创，还要将大量的人力、物力、财力投入诉讼中，即使打赢官司获得了相应的赔偿，也不一定是最经济有效的解决方式；就医方而言，长期的医患纠纷解决过程除增加其成本之外，也影响了医疗机构的正常运营秩序，不利于我国医疗卫生事业的健康发展；就法院而言，在司法资源有限的情况下，众多的医患纠纷会增加司法部门的负担，导致案件审理进程缓慢，医患矛盾不能及时化解，不利于建立良好的医患关系、维护社会的稳定。因此，冗长复杂的程序和高额的成本对于任何一方而言都是诉讼解决医患纠纷的一大弊端。

(三)结果不可知,矛盾难化解

首先,法官通过庭审,在听取双方当事人的意见和鉴定意见等证据并进行分析后,对案件事实、双方的责任比例、赔偿额度等事项予以裁决。在裁决作出之前,对于双方当事人来说,裁判结果具有不可知性,给当事人带来一定的风险,裁决作出后经过一定期限发生法律效力,此时,不管双方当事人的预期如何,都必须按照裁决履行义务,很难从根本上化解医患双方的矛盾和冲突,不利于纠纷友好和谐地解决。其次,严格的诉讼程序,要求当事人当庭进行举证、质证,并对争议焦点问题进行辩论,这将医患双方置于对立的两方,容易导致矛盾的激化。一方面,患方受到身体和精神双重伤害,其参加诉讼时往往提出较高的赔偿金额或不合理的要求,且情绪比较激动甚至拒绝正常的审判;另一方面,医方在可能需要承担行政责任的重压和专业视角的影响下,认为己方没有过错,是患方无理取闹,极易导致医患双方的关系彻底崩盘。

此外,通过诉讼方式解决医患纠纷仅是对案件本身作一个客观公正的裁判,使案件的法律效果得以实现,并不能很好地实现解决案件的社会效果,所以无法达到彻底解决医患纠纷、缓和医患关系、建立和谐医患关系的社会效果。

(四)赔偿标准不统一

医患纠纷诉讼的法律适用在现阶段还存在"二元化"的现象。[1] 对于医患纠纷案件的损害赔偿,我国《医疗事故处理条例》、《民法通则》及最高人民法院公布的《关于审理人身损害赔偿案件适用法律若干问题的解释》中都作出了具体规定,但在赔偿数额上却有所差别甚至存在矛盾。目前,根据我国的法律法规,医患纠纷可以分为两类:医疗事故行为引起的医疗赔偿纠纷和非医疗事故行为引起的医疗赔偿纠纷。在医疗过程中,因医方过失或过错而导致患者人身损害的赔偿纠纷,其在本质上属于民事侵权损害赔偿纠纷,原则上应当适用《民法通则》及司法解释的相关规定进行处理;而对于因医疗事故而引起的医疗损害赔偿案件,由于《医疗事故处理条例》是专门处理医疗事故的行政法规,是一项特殊立法,因此,法院在处理医疗事故引起的人身损害赔偿纠纷时应当参照《医疗事故处理条例》的规定及标准予以赔偿。由于法律规定不统一,医患双方在诉讼中往往选择对自己有利的法规各执一词。在实践中,会出现患者损害较为严重,构成医疗事故,但患方以医患纠纷损害赔偿提起诉讼,因为根据我国《民法通则》和相关司法解释的规定,能够获得更高的赔偿金额,而不同法官也会因为认识问题的角度和水平

---

〔1〕 参见陈志华主编:《医疗纠纷案件律师业务》,法律出版社2007年版,第216~218页。

不同而就相同或类似的问题作出不同的判断。[1]所以在现实中可能会出现患者损害较重构成医疗事故时获得的赔偿额反而比损害较轻不构成医疗事故时获得的赔偿额要少的情况,这与民法中公平合理和损害弥补原则相冲突,违反了法律的统一性原则,不能从根本上解决纠纷、化解当事人的争议。

---

〔1〕 参见林文学:《医疗纠纷解决机制研究》,法律出版社2008年版,第141页。

第三章　我国医患纠纷解决机制中的技术鉴定现状与问题

第一节　我国医患纠纷技术鉴定现状

在我国的医患纠纷解决机制中，主要涉及的鉴定机制为医疗事故技术鉴定和医疗损害司法鉴定。但二者在诸多方面存在区别，如法律依据、鉴定性质、鉴定目的、鉴定主体、鉴定程序、证据属性等均有较大差异。医疗损害司法鉴定意见是法官判案的重要依据，也是解决医疗侵权损害民事赔偿纠纷案件的关键。长期以来，由于历史背景、法律体制、技术水平的原因，以及医疗行业的技术性、专业性和风险性，我国医患纠纷技术鉴定形成了“双轨制”模式，影响了处理医患纠纷案件的效率和公正。

一、卫生行政部门主导下的医疗事故技术鉴定

医学会是由医学工作者组成的学术性法人社团组织，具有浓厚的行政色彩。长期以来，我国卫生行政机关往往通过医学会组织的医疗事故技术鉴定来处理医疗事故或纠纷，医学会是医疗事故技术鉴定的唯一指定机构。综合各地的具体操作来看，以上海市为例来说明医学会进行医疗事故技术鉴定的流程，这也代表了医疗事故技术鉴定的一般流程：(1)医患双方共同委托、卫生行政部门委托或司法部门委托，同时填写或提交委托书；(2)医学会在5日内通知委托人受理结果；(3)10日内提交证据材料或相关鉴定材料，收取鉴定费；(4)双方当事人共同到场抽签，确认鉴定专家成员；(5)通知专家组和委托人召开听证会日期；(6)召开听证会；(7)出具鉴定书。其中的鉴定专家由相关学科临床医师、主管技师及法医等组成，鉴定实行合议制，对是否属于医疗事故及事故等级作出判断，一半以上的专家同意后，就可以出具鉴定结论和鉴定报告，同时加盖医学会公章。鉴定专家不在鉴定书上签字，个人不对鉴定结果负责，也无须出庭参加质证。医学会专家库分科明确、专家数量充足、专家的候选条件严格，成为开展鉴定的宝贵资源，也是医学会引以为傲的优势。

从结构和程序来看，医疗事故技术鉴定属于医学专家集体鉴定，也就是“同行评价”，具有专业性和科学性。但也正因如此，其被人诟病为行业保护、同行相护，缺乏中立性和公平性，不被患者认可。并且鉴定专家不署名、不接受质证、侧重医疗学术讨论而不是从法律角度分析判断,使医疗事故技术鉴定结论的证据价值饱受质疑。《侵权责任法》出台后,最高人民法院及多地高级人民法院均制定发布了审理医患纠纷案件的指导意见。最高人民法院《关于审理医疗损害责任纠纷案件适用法律若干问题的解释》第9条中规定:当事人申请医疗损害鉴定的,由双方当事人协商确定鉴定人。当事人就鉴定人无法达成一致意见,人民法院提出确定鉴定人的方法,当事人同意的,按照该方法确定;当事人不同意的,由人民法院指定。此规定淡化了鉴定技术的色彩。浙江省高级人民法院《关于审理医疗纠纷案件若干问题的意见(试行)》第13条规定:因涉及医药专业性问题,人民法院可以根据当事人的申请或依职权决定,委托医学会或其他司法鉴定机构进行医疗损害鉴定……上海市高级人民法院发布的《上海市高级人民法院关于委托医疗损害司法鉴定若干问题的暂行规定》明确:法院审理医患纠纷民事案件中,当事人申请医疗损害鉴定的,除双方当事人协商一致以外,应由法院依职权委托医学会组织专家进行鉴定。医学会认为无法鉴定,法院可依据《人民法院对外委托司法鉴定管理规定》另行委托具有资质的司法鉴定机构组织鉴定。江苏省高级人民法院、江苏省卫生厅《关于医疗损害鉴定工作的若干意见(试行)》规定:医疗损害鉴定一般应委托本行政区域内市医学会组织进行,当事人均同意委托其他司法鉴定机构进行鉴定的,应予准许。北京市高级人民法院《关于审理医疗损害赔偿纠纷案件若干问题的指导意见(试行)》规定:人民法院委托进行医疗损害责任过错鉴定的,应当根据北京市高级人民法院关于司法鉴定工作的相关规定,委托具有相应资质的鉴定机构组织鉴定。上述不同行政区域的规定表明,最高人民法院的规定倾向于医学会与司法鉴定机构的"双轨制"鉴定,浙江高级人民法院的规定与最高人民法院的规定基本一致,上海、江苏高级人民法院优先选择医学会鉴定,规定医学会鉴定为法定,北京高级人民法院则倾向医疗损害司法鉴定,对医学会鉴定有限许可,可见医患纠纷鉴定制度的选择还没有定型。总的来说,各地高级人民法院从理性和现实的角度考虑,认为医学会鉴定具备科学性,也具备由此而来的合法性。但各地高级人民法院均同时建议完善异地鉴定制度、鉴定人出庭制度及鉴定材料的先行质证审查制度等,这有利于保障鉴定的客观公正性,是鉴定程序上的进一步完善。

二、司法鉴定机构主导下的医疗损害司法鉴定

在医疗侵权损害诉讼案件中,法官从自己的职权出发,或者接受当事人的申请,可以委托具备法定资质的司法鉴定机构进行医疗损害鉴定,主要鉴定内容为:医疗机构的医疗行为是否存在过错,该过错与患者的损害后果是否存在因果关系,以及医疗过错在损害后果中的参与度等。最高人民法院《关于审理医疗损害

责任纠纷案件适用法律若干问题的解释》第 11 条明确了医疗损害鉴定内容：(1)医疗机构的诊疗行为有无过错；(2)诊疗过错行为与损害后果之间是否存在因果关系；(3)医疗机构是否尽到告知义务；(4)医疗机构是否违反诊疗规范实施不必要的检查；(5)诊疗过错行为在损害后果中的责任程度；(6)人体损伤残疾程度；(7)其他医疗专门性问题。

医疗损害司法鉴定的流程大致如下：(1)法院自行委托或根据当事人申请进行委托，具体委托方式包括委托合同、委托书、鉴定聘请书等，并提供鉴定材料；(2)鉴定机构对委托的鉴定事项进行审查，决定是否受理，如鉴定材料不完整的应补充鉴定材料；(3)鉴定机构受理委托，与委托方签订医疗损害司法鉴定委托书，收取鉴定费；(4)鉴定机构指定鉴定人进行鉴定；(5)司法鉴定人主持召开听证会，核定鉴定的具体事项；(6)鉴定人出具鉴定意见；(7)鉴定人出庭接受质询。医疗损害司法鉴定等实行鉴定人负责制，主要的鉴定主体是法医，如果侵权行为特别复杂，可以求助于临床医学专家。

一般来说，每项医疗损害司法鉴定至少要有两名司法鉴定人，鉴定人必须在出具的鉴定意见上签名，并对鉴定意见承担相应的法律责任，但所聘请的临床医学专家无须签名。审判中若有必要，鉴定人应依据法庭通知出庭参加质证，这一点与医疗事故技术鉴定有很大区别。从具体流程可以很明显看出，医疗损害司法鉴定在许多方面具备明显、突出的优势：鉴定机构、鉴定人员不受地域范围的限制，与医患双方没有背景联系或利益冲突，因此具备天然的客观性和中立性；司法鉴定机构具有法定鉴定资质，是依法核准的，所以鉴定行为具有法律性，鉴定结果易被法官接纳；司法鉴定机构的鉴定人具备法律背景和专门知识，长期服务于诉讼活动，鉴定结果更容易契合委托事项。从诉讼角度看，医疗损害司法鉴定的优势大于医疗事故技术鉴定。在实际的医患纠纷案件中，医疗损害司法鉴定越来越受到患者的青睐、法庭的认可，客观上有取代医疗事故技术鉴定的趋势。

三、医疗事故技术鉴定与医疗损害司法鉴定的区别和联系

(一)二者的区别

第一，鉴定主体不同。医疗损害司法鉴定是由在专业司法鉴定机构执业的司法鉴定人以个人名义负责针对是否存在医疗过失，以及其与损害后果之间是否存在因果关系进行，其鉴定的主体是司法鉴定人；而医疗事故技术鉴定是负责组织医疗事故技术鉴定工作的医学会组织专家鉴定组进行，其鉴定的主体是医学会。

第二，鉴定所依据的法律、法规不同。医疗事故技术鉴定所依据的法律包括：(1)医疗卫生管理法律，如《执业医师法》《献血法》《药品管理法》《传染病防治法》《母婴保健法》等；(2)医疗卫生管理行政法规，如《医疗事故处理条例》《医疗

机构管理条例》《麻醉药品和精神药品管理条例》《医疗用毒性药品管理办法》《放射药品管理办法》《血液制品管理条例》等;(3)医疗卫生管理部门规章,如《护士管理办法》《外国医师来华短期行医暂行管理办法》《大型医用设备配置与应用管理暂行办法》《进口药品管理办法》《生物制品管理规定》《医药卫生档案管理暂行办法》等;(4)诊疗护理技术操作规范、常规,具体是指根据医学科学原理和长期医学实践制定的,医疗机构及其医务人员在从事疾病诊断、治疗、护理活动时,应当遵守的行为准则和技术标准。医疗损害司法鉴定所依据的法律包括:(1)2005年全国人大常委会《关于司法鉴定管理问题的决定》规定了国家对从事法医类司法鉴定业务的鉴定人和鉴定机构实行登记管理制度,并同时规定在诉讼中,对法医类鉴定事项发生争议,需要鉴定的,应对委托列入鉴定人名册的鉴定人进行鉴定;(2)我国《民事诉讼法》第76条规定,人民法院对专门性问题认为需要鉴定的应当交由法定鉴定部门鉴定,没有法定鉴定部门的由人民法院指定的鉴定部门鉴定,法律并未确定像医疗事故技术鉴定委员会那样的唯一鉴定地位。

第三,鉴定程序不同。医疗事故技术鉴定的启动权在于医患双方,由医学会组织专家鉴定组进行,鉴定结论采用的是合议制,按照少数服从多数的原则作出,专家鉴定组成员无须在鉴定书上签章和出庭质证;而医疗纠纷司法的启动权在于人民法院,由法院委托有资质的鉴定机构鉴定,司法鉴定机构委派执业的司法鉴定人以个人负责进行鉴定,鉴定人出具鉴定文书并在鉴定文书上签名,鉴定意见原则上由个人负责,鉴定人承担出庭质证的义务。

第四,鉴定任务不同。医疗事故技术鉴定是对医患双方所争议的医疗行为是否构成医疗事故和医疗事故的等级及责任程度作出判断;医疗损害司法鉴定的任务是判定医疗机构在医疗护理过程中有无过错,过错与不良医疗后果之间有无因果关系,医院过错在不良医疗后果中的参与度,以及医疗过错所致损伤程度及伤残程度。

第五,救济途径不同。当事人对医疗事故技术鉴定结论不服的,可以自收到首次鉴定结论之日起15日内向卫生行政部门提出再次鉴定的申请;而对医疗损害司法鉴定意见有异议,如存在鉴定机构或者鉴定人员不具备相关的鉴定资格、鉴定程序严重违法、鉴定结论明显依据不足、经过质证认定不能作为证据使用等其他情形的,当事人可以向法庭申请重新鉴定。

(二)二者的联系

医疗事故技术鉴定和医疗损害司法鉴定之间的联系在于:(1)二者都是对医疗过程中的医疗技术问题及其发生的后果进行鉴定;(2)二者的鉴定人都是依法取得相应执业资格的专业技术人员,其中绝大多数都是具有高级职称的专业技术人员,且具有良好的业务素质和执业品德;(3)鉴定流程基本专业技术相同;(4)鉴定人的回避制度基本相同。[1]

第二节 “双轨制”下存在的主要问题

一、法律背景错综复杂

《医疗事故处理条例》第2条对医疗事故的范围进行了确定,“医疗事故,是指医疗机构及其医务人员在医疗活动中,违反医疗卫生管理法律、行政法规、部门规章和诊疗护理规范、常规,过失造成患者人身损害的事故”。与已经废止的1987年《医疗事故处理办法》相比,《医疗事故处理条例》这一规定已经明显扩大了医疗事故的认定范围,在医疗服务中,还存在一些排除在“违反医疗卫生管理法律、行政法规、部门规章和诊疗护理规范、常规”范围外,但仍然因为其他原因而造成患者人身损害的情况。

我国《民法通则》第106条第2款规定:“公民、法人由于过错侵害国家的、集体的财产,侵害他人财产、人身的应当承担民事责任。”根据《民法通则》,最高人民法院于2003年公布了《关于审理人身损害赔偿案件适用法律若干问题的解释》。人身损害赔偿司法解释的出台大大提高了医疗损害责任的赔偿标准,且人身损害赔偿司法解释适用于所有人身损害赔偿案件,而医疗侵权属于人身损害赔偿案件,因此《民法通则》及其司法解释往往在司法实践中取代《医疗事故处理条例》而成为医疗纠纷案件的裁判依据。但是《医疗事故处理条例》中专门规定了诸如医疗事故等级认定等方面,《民法通则》没有也不可能作出针对性的立法规定以及司法解释,因此处理相关纠纷仍需要借助于《医疗事故处理条例》的相关规定。

自2010年7月1日起施行的我国《侵权责任法》第54条规定:“患者在诊疗活动中受到损害,医疗机构及其医务人员有过错的,由医疗机构承担赔偿责任。”其将医疗损害责任列为特殊侵权责任而独立成章,可以说《侵权责任法》是对我国现有医疗纠纷立法的完善与重要补充,但其对于目前法律适用上存在的医疗侵权损害鉴定的“双轨制”并未制订明确、细致的指导性方案。直到2010年6月30日最高人民法院发布的《关于适用〈中华人民共和国侵权责任法〉若干问题的通知》才统一了“医疗损害鉴定”的称谓,该通知第3条规定:“人民法院适用侵权责

---

〔1〕 参见罗晓冰:《医疗纠纷司法鉴定模式的探讨》,载《中国司法鉴定》2004年第S1期。

任法审理民事纠纷案件,根据当事人的申请或者依职权决定进行医疗损害鉴定的,按照全国人大常委会《关于司法鉴定管理问题的决定》、《人民法院对外委托司法鉴定管理规定》及国家有关部门的规定组织鉴定。"但该通知仍未给出解决"鉴定二元化"的方案。鉴于通知的发布,原卫生部于2010年6月28日在《关于做好〈侵权责任法〉贯彻实施工作的通知》中规定:要完善制度,继续做好医疗事故技术鉴定等工作,各级医学会要继续依法履行医疗事故技术鉴定等法定鉴定职责,进一步加强专家队伍建设和规章制度建设;对于司法机关或医患双方共同委托的医疗损害责任技术鉴定,医学会应当受理,并可参照《医疗事故技术鉴定暂行办法》等有关规定,依法组织鉴定。医疗损害责任技术鉴定分级参照《医疗事故分级标准(试行)》执行。

然而,2005年10月1日开始施行的全国人大常委会《关于司法鉴定管理问题的决定》规定了国家对从事法医类司法鉴定业务的鉴定人和鉴定机构实行登记管理制度,并同时规定在诉讼中,对法医类鉴定事项发生争议,需要鉴定的,应对委托列入鉴定人名册的鉴定人进行鉴定。医疗损害司法鉴定归于法医类司法鉴定范畴,那么按照全国人大常委会《关于司法鉴定管理问题的决定》的精神,在诉讼中对医疗纠纷问题的解决应该委托列入鉴定人名册的鉴定人进行鉴定。

《民法通则》《侵权责任法》《关于司法鉴定管理问题的决定》都是我国现行法律,根据原卫生部《关于做好〈侵权责任法〉贯彻实施工作的通知》,其导向性的意见是发生医疗纠纷时,首先应尽量按照《医疗事故处理条例》规定的医疗事故技术鉴定解决。笔者认为,这大概与医疗事故技术鉴定很长一段时间都处在卫生行政色彩笼罩之下的历史渊源有关。再根据《民法通则》及其司法解释,似乎表明在《医疗事故处理条例》规定范围以外的医疗纠纷等甚至所有的医疗纠纷,还可以通过其他鉴定途径解决,但没有明确禁止诉讼中可以直接委托进行医疗损害司法鉴定;而按照全国人大常委会《关于司法鉴定管理问题的决定》、最高人民法院《关于适用〈中华人民共和国侵权责任法〉若干问题的通知》等的指引,人民法院适用《侵权责任法》审理民事纠纷案件,应当进行法医类医疗损害司法鉴定。由此可见,我国现行法律并未对医疗事故技术鉴定及医疗损害司法鉴定适用的具体情形给出明确的指引,法律背景的错综复杂是目前出现"医疗事故技术鉴定"及"医疗损害司法鉴定"、"双轨制"情形的根本原因。

二、"双轨制"鉴定现状及矛盾

所谓"双轨制",即"医疗事故技术鉴定"与"医疗损害司法鉴定"的并存体制。基于医疗损害案件复杂的法律背景,关于此类纠纷的责任问题,在司法实践中就出现了医疗事故和非医疗事故适用各自范畴法律的"二元化"现象。是否构成医疗事故,只能由医学会组织专家进行鉴定,其他组织和个人无权认定;因非医疗事故而引起的其他医疗损害赔偿纠纷,由司法鉴定机构进行医疗纠纷鉴定,但又因为前文所提及的医疗纠纷包含了医疗事故。在实践中,出现了同一起医疗争议事件既进行了医学会组织的医疗事故技术鉴定,又经过了司法鉴定机构实施的医疗损害司法鉴定的情形。越来越多的医疗纠纷案件的当事人,由于不甘心接受不构成医疗事故的鉴定结论,试图寻求其他权利救济的法律依据,适逢我国人身侵权法律体系逐渐趋于完善,陆续有患者及家属以《民法通则》第106条第2款"公民、法人由于过错侵害国家的、集体的财产,侵害他人财产、人身的应当承担民事责任"为法律依据要求医院承担因过错的侵权责任,而并不以申请医学会的医疗事故技术鉴定作为起诉的前提条件。尽管《侵权责任法》的实施以国家法律的高度确定了医疗侵权是人身侵权的一种特殊形式,但是鉴定"双轨制"问题并没有在《侵权责任法》中得到较好的解决。在审判实践中,患方要求医疗过错司法鉴定、医方要求医疗事故技术鉴定的现象屡见不鲜,而法院由于没有明确的法律规定或司法解释作为依据,纷纷出台或内部掌握地方标准。例如,北京市基于"谁主张,谁举证"的原则,倾向于尊重患方意见,往往会同意患方的司法鉴定要求;上海市和江苏省等地几乎禁止了所有的司法鉴定,而只允许医疗事故技术鉴定;而天津市规定医患双方在选择鉴定主体意见冲突时,由法院来确定鉴定类别和机构,常引来患方不满。基于上述现象及矛盾的存在,北京市以外的病患转移管辖跑到北京市打官司的现象成为潜流。以上鉴定"双轨制"所造成的不必要的社会资源浪费,加剧了医患矛盾和社会不满。

三、"双轨制"鉴定模式下存在的主要问题

第一,"双轨制"下诉讼案由的不确定性。在实践中,涉及医疗纠纷的民事诉讼案件,诉讼形式主要有以医疗事故为诉因提起的医疗损害赔偿之诉和以医疗侵权为诉因提起的医疗损害赔偿之诉,这两种不同案由的诉讼,由于适用法律不同,选择的鉴定形式也不同。以医疗事故为案由提起的医疗损害赔偿之诉,人民法院应当按照《医疗事故处理条例》的有关规定进行审理。而以医疗侵权为案由提起的医疗损害赔偿之诉,适用《民法通则》及有关司法解释的规定,一般在诉讼中启动医疗损害司法鉴定的模式。虽然在很多地区,由于地方或者内部标准,审判并不严格按照上述程序进行,还是以各行其是为主,但是在鉴定"双轨制"的大环境下,提起诉讼一方往往因为医疗事故技术鉴定或者医疗纠纷鉴定对己方有利,而尝试适用不同的案由起诉,在实践中有可能会引起因一起医疗事件医患双方选择不同的案由分别起诉的情况。

第二,"双轨制"模式下同一起医疗纠纷赔偿数目的巨大差异。在"双轨制"

鉴定模式下因鉴定结论的不同,可能审判结果大不相同。荒谬的是损害后果的严重程度与获得赔偿并不呈现正相关的关系,有时甚至恰恰相反,因为构成医疗事故的,适用《医疗事故处理条例》,赔偿项目较少、赔偿金额较低,而不构成医疗事故的,适用《民法通则》及相关司法解释,赔偿项目较多、赔偿金额较高。这不仅损害了法律的权威,违背了相同或类似问题相同处理的法治原则,而且造成了极大的不公平。[1]

第三,"双轨制"模式下鉴定结论的不一致性导致鉴定公信力的缺失。对于鉴定"双轨制",因为其各自所处的法律背景不同,在实施鉴定时所依据的法律、法规有所不同,其鉴定目的也有所不同。在实践中经常会出现经过医疗事故技术鉴定不构成医疗事故的案件,经过医疗损害司法鉴定,得到其损害后果与医疗行为之间具有因果关系且给出参考百分比鉴定意见的情况。对于大多数人,甚至是案件的审理者,他们由于对医学专业知识、鉴定专业知识等的缺乏,并不能完全理解两种鉴定的启动程序、实施程序、法律依据、任务等诸多方面不同之处。这种鉴定"双轨制"带来的鉴定结论或鉴定意见的迥然差异容易使整个社会对鉴定结论或鉴定意见的效力缺乏信任感,导致一定程度上鉴定公信力的缺失。

第四,"双轨制"模式导致鉴定资源及诉讼资源的浪费。同一起医疗争议案件,既可以提起医疗事故技术鉴定,又可以提起医疗损害司法鉴定,由此引起的一案多鉴、一案多诉、一案多判等情况屡见不鲜。医疗事故技术鉴定或医疗纠纷鉴定的费用相对于其他人身伤害类的鉴定费用较高,且患者一方本来就对医疗行为存在诸多不满意,往往是弱势一方,许多患者抱着无论哪种鉴定结果只要对自己有利都要试一试的心态,导致经济上的过度浪费。在目前鉴定资源稀缺、审判资源不充足的情况下,出现此类情况无疑造成鉴定资源及诉讼资源的浪费。

第五,"双轨制"模式导致裁判结论的不确定性。基于医疗损害案件的"二元化"法律背景,关于此类纠纷的责任问题,在司法实践中出现医疗事故和非医疗事故适用各自范畴法律的"二元化"现象。裁判者在遇到此类案件时,选择法律及适用法律时的不确定性,使两种鉴定模式都有可能被启动。从理论上说,对一个案件的多次鉴定有其优越性,可以使事实越辩越明,但客观上也会给法院的采信造成困难,且鉴定结果的不同导致案件裁判结论的不确定性,使公权力机关的审判公信力受到社会的质疑。

第六,"双轨制"模式已经不适应现代法治的进步。自 2010 年 7 月 1 日起施行的《侵权责任法》第 54 条规定:"患者在诊疗活动中受到损害,医疗机构及其医

---

〔1〕 参见许冰梅:《医疗过失损害赔偿制度研究》,人民法院出版社 2008 年版,第 192~193 页。

务人员有过错的,由医疗机构承担赔偿责任。”此外,该法第5条明确规定:“其他法律对侵权责任另有特别规定的,依照其规定。”据此,只有全国人大及其常委会制定的法律才能对侵权责任作出特别规定,行政法规及部门规章则无权对侵权责任另作规定。由于《医疗事故处理条例》是行政法规而非法律,故在《侵权责任法》施行后,该条例第五章“医疗事故的赔偿”的相关规定自然也就不应成为法院审理医疗损害赔偿纠纷案件的法律依据。也正是基于此,在《侵权责任法》施行后,医疗损害赔偿纠纷法律适用或者说是赔偿标准应由“二元化”转变成“一元化”。由此可见,无论是法律的要求还是作为确定赔偿责任的技术依据,医疗鉴定“双轨制”已完全不能适应法治社会的发展。[1]

---

〔1〕 参见吴崇其主编:《医疗损害司法鉴定实务》,浙江工商大学出版社2014年版,第236页。

第四章　美国医患纠纷解决机制考察

20 世纪后半期，随着医疗器械、药品等产品种类的不断丰富和医疗治疗技术的不断进步，人们在享受到先进技术带来的好处的同时，也遭遇了更多意想不到的伤害，这导致各国医患纠纷在短期内迅速增长，各国理论界和实务界、法律界和医学界都在积极探寻解决医患纠纷的最佳模式。毋庸置疑，诉讼方式和替代性纠纷解决机制（Alternative Dispute Resolution，ADR）仍是各国解决医患纠纷的主要途径，特别是替代性纠纷解决机制在医患纠纷解决机制中占有越来越重要的地位。

从世界发达国家（如德国、法国、日本、韩国、美国等国）医患纠纷解决的理论研究和实践来看，德国、法国、日本和韩国等国确实有值得借鉴的经验甚至是应该避免的教训，〔1〕但无论是实务操作还是理论研究，无论是诉讼解决机制还是替代性纠纷解决机制，美国医患纠纷解决机制都走在其他国家的前列。〔2〕美国医患纠纷解决机制的先进性，不仅体现在所适用路径的多样化，还淋漓尽致地体现在各方利益之间的博弈和妥协之中。

第一节　美国医患纠纷的诉讼解决机制

在美国的诉讼文化背景下，诉讼是美国人遇到医患纠纷最先想到的解决路径。医疗过失是最常见的医患纠纷，通常依据侵权法相关规则来调整，它是法院

---

〔1〕 2004 年 12 月，日本颁布《促进利用诉讼外解决纷争手续的法律》，简称“ADR 法”。主张在处理民事纠纷时，尊重纷争当事方自主解决纷争的努力，不通过诉讼，而采用通过公正的仲裁人或调解人介入的方式使各方达成和解的解决方式。参见张超：《日本：“ADR 法”促医患纠纷调解》，载《法制日报》2014 年 5 月 20 日，第 9 版。2011 年，韩国国会通过了《医疗事故被害救助和医疗纷争调解相关法律》。2012 年 4 月，依据该法成立的韩国医疗仲裁院正式运行，该仲裁院以特殊法人的方式成立，具备准司法机构的调解功能和鉴定功能。参见王刚：《韩医患纠纷调解起步虽晚成效大》，载《法制日报》2014 年 5 月 27 日，第 9 版。2002 年，法国根据《关于患者的权利及保险卫生制度之质量的法律》于各地成立了“地方医疗事故损害仲裁委员会”。地方仲裁委员会以仲裁为目的解决患者和医师及医院之间的纠纷。

〔2〕 美国是当今广为流行的“替代性纠纷解决机制”的发源地，其至今仍在摸索和发展的模式和路径对德国、日本、法国等世界主要国家医患纠纷解决机制的建立产生了深远的影响，具有代表性。

面临的民事纠纷的重要组成部分。“医院里的医疗失误已经至少造成每年98 000人死亡,这比机动车交通事故、乳腺癌或者艾滋病导致的死亡人数还要多。医疗失误是美国致死的第八大原因。”[1]为此,联邦政府颁布了一系列调整医患纠纷的法规,如《联邦侵权索赔法》《紧急医疗处置与分娩法》《儿童预防接种伤害法》等。各州政府也制定了针对医患纠纷的解决和医疗行为规范的相关法规。这些行政法规既对相关医疗行为、医疗产品进行管理和规范,也给医患纠纷诉讼的解决提供帮助。

一、医患纠纷诉讼的发展历程

职务过失的概念来源于18世纪初的英国。1768年英国法学家威廉·布莱克斯通(William Blackstone,1723~1780)将其引入医疗领域,医疗过失的概念由此产生,并在美国产生了重要影响。在美国,提起医患纠纷诉讼依据最多的诉讼理由是医疗过失(medical negligence)或者医疗疏忽(medical malpractice),它是指医务人员在诊疗活动中实施医疗行为时未履行应尽的注意义务,未能预见并避免损害结果,导致患者人身或财产权益的损害。

但19世纪前半叶,很少有医学、法学专家甚至律师提及医疗过失的概念,更不会有原告据此提起诉讼。19世纪中叶,过失侵权诉讼中开始出现医患纠纷诉讼,但法官处理医患纠纷诉讼经常在合同抑或侵权间发生摇摆。随后,与侵权法的扩张发展相一致,医疗过失侵权诉讼也开始迅速发展。美国医患纠纷诉讼的发展主要分为两个阶段。第一个阶段是20世纪初期,是侵权法最初的扩张时期。有些州甚至将事实自证原则适用于医疗过失案件,由医院证明医疗行为不存在过失。多种因素使此阶段的医患纠纷诉讼迅速发展。第二个阶段始于20世纪60年代,是侵权法的爆炸期。随着消费者运动的发展,包括产品侵权责任、医疗侵权责任在内的多个侵权领域都有实质性的发展,这些发展直接导致了20世纪七八十年代侵权法危机的发生。[2] 20世纪70年代末、80年代中期及2002年,美国共发生过三次医疗责任或医疗保险责任危机,这促使医疗过失侵权的变化和相关改革立法的应运而生。

医疗过失侵权诉讼从无到有、从发展到猛增的巨大变化,主要有两方面的原因。“一套解释强调是因为美国医学的发展,另一套解释则强调是因为美国法律

---

〔1〕 Kenneth C. Chessick, Matthew D. Robinson, *Medical Negligence Litigation is Not the Problem*, 26 N. Ill. U. L. Rev. 563, 587(2006).

〔2〕 美国侵权法领域的不少学者认为,20世纪七八十年代的侵权法危机并非侵权法本身的问题,与当时的社会经济大环境有很大关系。

的发展。"[1]在医学领域,医学技术的发展和不断创新,一方面治疗了更多的疾病,另一方面也产生了更大的风险。如X射线技术推动了医学的发展,帮助医生和病人诊断并治疗了更多的疾病,但它是当时医疗过失诉讼最多发的领域,20世纪初期侵权法中的最高损害赔偿就是该技术产生的诉讼所创造的。在法律领域,律师的风险收费(contingency fee)模式使提起诉讼的原告无须为前期的诉讼成本和投入埋单。虽然医疗领域认为诉讼是原告向其敲诈勒索的工具,但在维权意识强烈的美国,人们有权通过讨价还价的方式保护自己的权益。在美国法律体系下,陪审团也发挥了重要作用,但他们并无法律和医学背景。医生曾努力要求在特殊类型过失诉讼中,采用特别选任的专家陪审团。但早在19世纪,"选任专家决定医疗过失诉讼案件的要求,就受到了法庭的反对(他们认为这是对其权力的侵犯),受到了非主流医学派别的反对(他们反对将某些观点和方法强加于别人),受到了普通市民的反对(他们认为这种程序与令人诅咒的'星座法庭'或旧时的审讯模式相近)"。[2] 陪审团参与医疗过失诉讼审判的现实一直未改变,而且在可预见的将来也不会发生动摇。

20世纪后半叶侵权法领域的诉讼爆炸和各种危机使医疗过失诉讼被推上风口浪尖,医疗过失诉讼因其本身的诟病,在这几十年一直都处于被限制发展的状态,与早些年的扩张形成了鲜明的对比。

二、医患纠纷过失诉讼中的证据

"美国医疗过失诉讼的程序,与其他任何案件的诉讼程序相同,法庭并不负责取证,而是由当事的医患双方和代理律师负责调查、收集与医疗过失有关的损伤事实。在双方向法庭提供各自证据之后,由法官确定哪些事实可以作为证据使用;在法官向陪审团解释、说明相关的法律判定标准后,由陪审团根据法庭确认的证据判定被告是否负有法律责任;最后,由法官根据相关法律裁判。"[3]简言之,美国处理医疗过失诉讼案件的法庭诉讼程序基本可以分为三个步骤:"第一,在法庭上陈述、交叉检验当事人双方提供的证据,并由法官确定证据的证据能力及证明力;第二,根据所确定的证据和相应的法律,由陪审团判定法律责任的归属;第三,法官根据现有法律对已确定的法律责任裁判。"[4]

证据在任何纠纷的诉讼中都起关键作用,而专家证言却是医患纠纷过失诉讼

---

[1] 陈志华、杨健:《回眸美国医疗过失诉讼历史》,载《中国医药指南》2007年第6期。

[2] 陈志华、杨健:《回眸美国医疗过失诉讼历史》,载《中国医药指南》2007年第6期。

[3] Jessica F, Nadaer. Florida' s Comprehensive Medical Malpractice Reform Act: Is it time for a change? STTLR, 1996, 551.

[4] 杨天潼、王旭:《美国医疗过失诉讼中的病历审查》,载《证据科学》2013年第2期。

的命门。主张医疗过失的原告,会与认为此案可诉性强的律师商量,在准备向法院提起诉讼时,必须首先确定专家证言是否必要,通常都会准备好专家证人证言并保证专家为原告出庭作证,这对于绝大多数医疗损害案件是必需的,未提供专家证言的证据有时会直接被驳回诉讼。这对不熟知医疗专业和医疗行业的原告来说并非易事,常常要发出百封邀请函,才能够找到足够的专家证人。专家证人通常会与患者签订保密协议。"在被告40天答辩期内,原告由专家签字的证言会提供给被告。"[1]提交的专家证言必须包含四项内容:"专家有资格出具证言;每项主张的事实基础;行为、失误或者疏忽,专家认为违反了适用的注意标准;专业医疗人员造成损害的方式。"[2]专家的资历在证言的可采性上起重要作用,该专家并不只是资格上的限制,而必须是直接相关领域的权威专家,任何资历的缺失和不到位都可能导致当事人败北。专家证言证明的内容很广泛,包括是否有损害、是否存在因果关系等,但都对诉讼结果起到关键作用。

对于专家证言的可接受性,美国法院发展出了一系列规则,早先适用的是普遍接受(general acceptance)标准。该标准由Frye v. United States[3]案确立,该案是涉及二级谋杀罪的刑事案件,被告律师曾提供专家证言证明对被告所做的测谎结果。对于此证言的可采性问题,哥伦比亚特区上诉法院否定其可采性,因为该测谎理论还未在生理学和心理学界达到普遍接受的程度。1993年的Daubert v. Merrell Dow Pharmaceuticals, Inc.[4]案提出了新的标准。该案因母亲服用某处方药导致孩子出生缺陷而提起诉讼。被告提供了该处方药的专家证言,以证明该药不会致胎儿畸形。原告则提出8位专家证言证明该处方药会导致出生缺陷。地区法院采用"普遍接受标准"认定原告专家证言不符合这一标准,这得到上诉法院的支持。美国联邦最高法院调审了该案,否定了"普遍接受标准",提出了基本的相关性和可靠性测试标准,提出有弹性的四种要素的考量。该案确立的弹性标准对美国民事诉讼专家证言的可采性产生了深远的影响。

不可否认,医患纠纷的专业性决定了其比一般民事侵权案件更复杂,专家证言在医患纠纷领域也显得尤为重要,它确实可以帮助陪审团和法官理解更为复杂的医学知识,并据之作出判断。进一步讲,美国医患纠纷诉讼中当事人之间的较量就是专家证言之间的较量。"科学上缺乏绝对的确定性是复杂诉讼争论的主要

---

〔1〕 Athan P. Papailiou, *Making Sense of the Linchpin to Medical Malpractice Litigation: Expert Medical Witness Qualification*, 55 Ariz. L. Rev. 539, 543 (2013).

〔2〕 Ariz. Rev. Stat. Ann. § 12-2603(B).

〔3〕 See Frye v. United States, 54 App. D. C. 46, 293 F. 1013 (App. D. C. 1923).

〔4〕 See Daubert v. Merrell Dow Pharmaceuticals, Inc., 509 US 579 (1993).

原因。法律界似乎并不理解科学是在寻求真相,而不是确定真相。"[1]"科学和法律之间最重要的窘境之一是,法律要求绝对的真相,而科学不能提供毋庸置疑的答案。"[2]所以,即使法院有严格标准来判定专家证言,又在多大程度上能够还原事实真相,或者是否存在我们在法律意义上所寻求的真相?

三、美国医患纠纷诉讼的弊端及其改革

(一)医患纠纷诉讼的弊端

耗费大量时间和高额金钱成本,是所有诉讼特别是医患纠纷诉讼的最大弊端。医患纠纷当事人在诉讼中耗费的时间成本很高,这是其备受诟病的重要原因之一。"关于当下医疗事故体系最根深蒂固的批评是通过诉讼解决医疗事故纠纷耗费太长时间。"[3]1992年美国总审计局统计,法院体系解决医疗事故纠纷的平均时间是33个月。[4] 而越发复杂的案情和越发严重的伤害,越会导致越发持久的诉讼周期。当事人所付出的金钱成本也很高。受害人虽然可以选择风险收费的律师费支付模式,但专家费用同样高昂,而被告一方面支付专家费用,另一方面存在败诉支付高额赔偿的风险,甚至支付高额惩罚性赔偿。无论是被判赔偿还是不赔偿的案件,医疗机构应对索赔的成本近些年一直在攀升且成倍增长。即使在20世纪90年代,当事人双方医疗事故诉讼的平均成本也有25 000~45 000美元。[5]

医患纠纷诉讼本身的特点及多种因素的结合,造成了三次令人恐惧的医疗责任保险危机。该危机既影响了医生这一职业,也最终影响了关乎人们身体健康的医疗行业。"有研究表明,76.9%的住院医师打算离开宾夕法尼亚州,其中47.2%的人认为医疗过失诉讼是他们离开的主要原因,33.3%的人离开的主要原

---

[1] Howard T. Markey, *Jurisprudence or"Juriscience?"*, 25 Wm. & Mary L. Rev. 525, 526 – 527 (1984).

[2] Michael S. Jacobs, *Testing the Assumptions Underlying the Debate About Scientific Evidence: A Closer Look at Juror"Incompetence" and Scientific"Objectivity"*, 25 Conn. L. Rev. 1083, 1098 (1993).

[3] Curtis A. Cole, *Health Care Litigation: The Arbitration Alternative for Dispute Resolution*, 3 MED. STAFF COLINS. 35 (1989); Randy A. Watkins, *Malpractice Arbitration, A New Idea, an Old Alternative*, 90 MICH. MED. 45, 46 (1991); David B. Simpson, *Compulsory Arbitration: An Instrument of Medical Malpractice Reform and a Step Towards Reduced Health Care Costs?*, 17 SETON HALL LEGIS. J. 457, 457 (1993); Martin Hatlie and Aylene Johnson, *ADR Mechanisms for Medical Liability Claims: An Overview of State and Federal Proposals*, 78 BULL. AM. C. OF SURGEONS 20, 20 (1993).

[4] See United States General Accounting Office Report to Congress, Medical Malpractice: Alternatives to Litigation 9 (Jan. 1992).

[5] See Thomas B. Metzloff, Resolving Medical Malpractice Disputes; Imaging the Jury's Shadow, 54 Law & Contemp. Probs. 43, 54 & 59 n. 55 (Winter, 1991).

因是因医疗责任成本上升而没有可以买得起的责任保险。”[1]伊利诺伊州的产科和妇科医生每年要交17万美元的保险费，佛罗里达州为25万美元。[2] 另外，医疗责任保险保费价格的提高，赔偿额度的不断增加，以及防御性医疗检查的明显增加，都导致医疗服务的价格也随之有很大幅度的提升。医疗领域的相关问题首当其冲，成为各项改革的焦点。2005年美国总统布什就因为健康保险问题而要求对医疗过失诉讼制度进行改革。他说：“医生应该集中精力同疾病作斗争，而不是集中精力同诉讼作斗争。”[3]可见，医患纠纷过失诉讼确实带来了严重的社会问题。

（二）医患纠纷诉讼领域的改革

“美国医疗过失诉讼制度有两个主要目的：一是补偿那些因医疗过失受到损伤的病人；二是惩罚造成医疗过失的医生并阻止医疗过失的发生。然而，研究表明，美国医疗过失诉讼制度既没有公平补偿那些因医疗过失而遭受损伤的病人，也没能很好地阻止医疗过失的发生。”[4]

于是，与其他侵权法改革措施相一致，美国各州立法机关和政府都出台立法和行政法规，通过限制医疗损害赔偿最高额、缩短诉讼时效期间、设置审前筛查机制等措施，来提高受害人选择诉讼作为救济手段的门槛。美国曾多次爆发诉讼大爆炸和医疗保险责任危机，改革者将其归咎于受害人获赔数额过高。与美国各州对侵权损害赔偿的限额规定相一致，很多州专门制定法律，对受害人获高额赔偿频发的医疗损害领域的赔偿上限进行限制。很多州的改革措施都以限制受害人获赔为目的。“《佛罗里达州综合医疗事故改革法》严格的程序要求反映出立法的目的是限制无聊诉讼，促进和解，并减少医疗事故保险的高额成本。”[5]“为达成此目的，两年的诉讼时效成为医疗事故纠纷提起诉讼的潜在障碍。”[6]“佛罗里达州法律之下，一般过失诉讼的诉讼时效是4年。然而，佛罗里达州给医疗事故

---

〔1〕 Michelle M. Mello & Carly N. Kelly, Effects of Professional Liability Crises of Residents' Practice Decisions, Obeterics. & Genecology, vol. 105, No. 6, 2005.

〔2〕 See Florence Yee, *Mandatory Mediation: The Extra Dose Needed to Cure the Medical Malpractice Crisis*, 7 Cardozo J. Conflict Resol. 393, 399 (2006).

〔3〕 See Bush Pushes for Limit to Medical Malpractice Awards, British Medical Journal, vol. 330, N. 7, 2005.

〔4〕 肖柳珍：《美国医疗过失诉讼制度改革及其借鉴》，载《法商研究》2012年第5期。

〔5〕 Dean v. Vazquez, 786 So. 2d 637 (Fla. 4th D. C. A. 2001).

〔6〕 FLA. STAT. § 95.11(4)(b)(2002).

诉讼规定了2年的诉讼时效。"〔1〕

客观地讲，虽然美国保险责任危机、医疗保险责任危机的出现，并非是赔偿额度过高这样简单，而是各种因素综合作用的结果，但"医疗过失侵权改革的支持者错误地认为，对非经济性损害的限制，是减少保险费最有效的方式，也确实减少了15%～18%"。〔2〕这些措施客观上限制了一些不合理的高额赔偿金和无理诉讼，也客观上平衡了医患双方的利益，从长远来看，有利于患者。美国佛罗里达州的统计数据也表明，"只有11.5%的医患纠纷起诉到法院解决，且只有23.7%的案件是患者胜诉，而其中又只有47.2%的案件中患者最终拿到了赔偿金"。〔3〕受害人获赔比例确实已明显很低。

总之，改革中的美国医患纠纷过失诉讼制度不是完全开放式的诉讼制度，而是有限制、有节制的诉讼制度，防止受害人滥诉。

第二节　美国医患纠纷的替代性解决机制

与替代性纠纷解决机制相比，耗时、费钱原本就是诉讼救济路径的弊端。医患纠纷的专业性、复杂性，使医患纠纷诉讼的缺点更加明显，它不仅使当事人作出极高的时间和金钱成本，还影响了医疗行业的良性发展和正常医疗服务的提供。这导致诉讼外纠纷解决的方式，即替代性纠纷解决机制（ADR）的应运而生，作为解决医患纠纷的有效模式，随着其在医患纠纷领域地位的提升，替代性纠纷解决机制越来越受到法律界和医学界的青睐。

替代性纠纷解决机制包括仲裁、谈判、调解、诉前筛查等在内的一系列非诉讼解决机制。美国是替代性纠纷解决机制的发源地，"从20世纪70年代起开始尝试替代性纠纷解决机制，至今已形成了一系列的通过医疗ADR处理医患纠纷的诉讼外纠纷解决机制，其影响波及澳大利亚、英国、德国、日本等主要西方国

〔1〕 Mark R. Osherow, *Feature: Florida Medical Malpractice and the Statute of Limitations: An Overview of Select Statutory Provisions and Case Law Governing Medical Malpractice Litigation*, 77 Fla. Bar J. 38, 40 (2003).

〔2〕 Richard G. Roberts, *Understanding the Physician Liability Insurance Crisis*, *FAM. PRAC. MGMT.*, Accessed Oct. 2002, http://www.aafp.org/fpm/20021000/47unde.html，最后访问日期：2015年11月8日。

〔3〕 陈美雅：《医序纠纷诉讼外解决机制比较研究》，载《法律与医学杂志》2006年第3期。

家”。[1] 据统计,“美国 80% 以上的医患纠纷是通过诉讼外调解解决的,医疗 ADR 已经成为美国目前解决医患纠纷的主要手段”。[2] 根据更确切调查资料,“医患纠纷主要还是通过调解和仲裁得到解决,其中 85% 左右争端的解决采用了调解方式。”[3]“调解是目前为止解决医疗事故纠纷中 ADR 最流行的模式”。[4] 1997 年,作为发起机构的美国仲裁协会、美国律师协会以及美国医师协会,联合成立了“国家医患纠纷解决委员会”,并由其实施“正当程序议定书(Due Process Protocol)”计划,以推进替代性纠纷解决机制在医患纠纷解决过程中的运用。1998 年,该委员向发起机构推荐了包括调解、仲裁、混合解决机制等方式在内的一系列医患纠纷替代性解决机制。下文将重点介绍调解、仲裁和诉前筛查制度。

一、调解

有研究表明,“只有不到 10% 的事故受害人实际上提起法律诉讼”。[5] 医患纠纷的大部分受害人并未获得赔偿,对于受害人而言,与其费尽千辛万苦落得个败诉下场,还不如调解,或许还能得到一些补偿。

(一)医患纠纷领域的调解

调解是解决民事纠纷的重要方式之一,更是解决医患纠纷的重要方式。医患纠纷调解是由中立的第三方,协调、帮助并促使医患纠纷当事人达成合意并制作调解书的过程。

无论是选择调解的意愿,还是调解员的态度,抑或是调解后达成的调解书或者协议书的效力,总体而言都是宽松的。调解是当事人自愿的,调解员必须保持中立,不发表实质性意见,也不提供具体的解决方案,只是协助双方达成一致意见,相当于中间人。对于调解中使用的资料,并不能直接用于调解失败后进行的诉讼,甚至有些州规定调解失败的调解员不能担任随后诉讼的法官。所以,当事人及调解参与人都无实质性压力,调解不成,受害人仍然可以通过诉讼继续寻求救济。

调解的具体程序与诉讼程序的复杂性和严格性不同,相对随意,当事人之间

---

〔1〕 霍文丽:《美国纠纷解决替代机制的新发展及对我国的启示》,载《行政法制》2004 年第 1 期。

〔2〕 洪英、夏梦:《美国医患纠纷解决机制及其启示》,载《中国司法》2014 年第 9 期。

〔3〕 陈美雅:《医疗纠纷诉讼外解决机制比较研究》,载《法律与医学杂志》2006 年第 3 期。

〔4〕 George J. Annas, *The Patient's Right to Safety-Improving the Quality of Care Through Litigation Against Hospitals*, 354 NEW ENG. J. MED. 2063, 2065 (2006).

〔5〕 A. Russell Localio et al., *Relation Between Malpractice Claims and Adverse Events Due to Negligence: Results of the Harvard Medical Practice Study* III, 325 New Eng. J. Med. 245, 248 (1991).

努力沟通以了解对方真实需求，并寻求达成协议。“在调解程序开始时，会有一个开放式会议，所有纠纷当事人及其律师都要参加。在该会议中，调解员会宣布调解的目的，确定条件，确立安全环境，确保调解程序的公正性。”〔1〕这个开放式会议结束后，当事人到各自的房间与调解员和律师进行核心会议，商讨策略。在临时会议期间，每一方都会了解他方的要求，并作出各种提议，越来越接近调解目标。“但是调解员并无权利作出具有法律约束力的调解方案，当事人若达成合意则可具有法律拘束力。”〔2〕达成合意而制作的调解书或协议书并非终局性的，只有合同效力。

（二）调解的优势

相比较于诉讼及其他医患纠纷解决路径，调解有很多其他纠纷解决路径所无法匹敌的优势。

首先，“调解可避免过多的诉讼成本并耗时更少”。〔3〕诉讼救济手段的时间成本和经济成本太高都已无须多言，调解不仅比诉讼还比其他替代性解决机制更灵活有效，且节省时间和金钱。因未进入实质诉讼阶段，律师费用通常很少，专家意见也并非必需，这对双方当事人都是极大的诱惑。对于受害人而言，尽管获得的补偿可能会少，但无须承担诉讼败诉的风险；对于被告而言，节省的律师费和专家费，以及进入诉讼败诉的风险，都促使其积极提出双方都能够接受的条件。

其次，调解能够保持保密性。公开审判是诉讼的基本要求，而调解则完全避免了公开性这一特点。调解保密性，是指当事人保持对调解内容免受被用作后续法律程序证据的能力。美国无论何种阶段和程度的医患纠纷调解，调解所涉及的信息和资料，都不能直接成为后续诉讼的证据。调解程序的保密性也是调解保密性的重要内容，指“除特殊情形外，与案件无涉的其他公民不得旁听，新闻媒体不得采访与报道，参与调解或者参加旁听的人员不得随意泄露调解过程中公开的调解信息”。〔4〕基于以上原因，医生和患者都可以在调解中毫无顾忌地畅谈自己的看法。

---

〔1〕 Gregg C. Waddill, III, *Alternative Dispute Resolution-Mediation*, Health L. Update & Ann. Meeting § 3.1.1.

〔2〕 *Try Mediation as a Fast, Cheap Way to Settle Disputes*, Managed Care Cont. Negotiator, Apr. 1998, at 8.

〔3〕 Florence Yee, *Mandatory Mediation: The Extra Dose Needed to Cure the Medical Malpractice Crisis*, 7 Cardozo J. Conflict Resol. 393, 418 (2006).

〔4〕 肖建华、唐玉富：《论法院调解保密原则》，载《法律科学》（西北政法大学学报）2011 年第 4 期。

再次,调解员比陪审团更适合解决医疗过失纠纷。[1] 美国各州的医疗改革立法都对调解员作出了规定。1986年的密歇根州立法就要求调解小组由5人组成,必须有2人是医疗卫生专业人员,一位由原告选出,一位由被告选出。[2] 一方面,相比较于没有任何背景或专业技能的陪审团所作出裁决的不确定性,调解员通常都受过一定程度的专门训练,其参与能够引导纠纷解决向良性发展。另一方面,陪审团并不与当事人发生联系,而调解员通过和当事人的良好沟通,认真听取他们的意见和想法,能够帮助当事人找出解决纠纷的最恰当的办法,帮助他们达成合意。

最后,调解可以保护医生和患者之间的关系。发生医患纠纷,当事人双方都只为自己利益最大化而努力,却忽视了医患关系。诉讼能够解决法律问题,但并不能处理好当事人的情感或关系问题。很多患者并非真正需要得到那些所谓的金钱赔偿,他们更想知道"事情的真相",更需要得到医生或医院的道歉并保证失误不再发生。而诉讼中的医生一般不会作出以上行为,但他们在调解中也许会愿意。

(三)医患纠纷调解存在的问题

调解是美国医患纠纷解决的主要路径,但美国医患纠纷调解的运行,也不尽如人意,尚有需要改进之处。

第一,1986年《健康质量保健法》(Health Care Quality Improvement Act)被认为是医生进行调解最大的障碍。[3] 该法建立了美国从业者数据库,收集因过失而支付的信息,以及针对医生个人的纪律性行为。该法要求,"不管多少额度以及何种原因的调解带来的任何支付,都要向国家从业者数据库和州许可委员会报告"。[4] 医生担心这些记录会影响他们的竞争力,破坏医院的声誉,这使他们试图最大限度地争取赢得案件,而不是通过调解给出部分补偿却仍然留有记录。

第二,很多人认为,医患纠纷调解在当下并不奏效,也并未遵守自愿、公正和保密性这些反映调解优势的原则。如有些州的医疗改革立法规定调解是医疗诉

---

〔1〕 See Florence Yee, *Mandatory Mediation: The Extra Dose Needed to Cure the Medical Malpractice Crisis*, 7 Cardozo J. Conflict Resol. 393,419(2006).

〔2〕 See Walter Orlando Simmons, *An Economic Analysis of Mandatory Mediation and the Disposition of Medical Malpractice Claims*, 6 J. Legal Econ. 41,43(1996).

〔3〕 See Health Care Quality Improvement Act,42 U. S. C. § 11101 et. seq. (1986).

〔4〕 Fillmore Buckner, *A Physician' s Perspective on Mediation Arbitration Clauses in Physician-Patient Contracts*, 29 Cap. U. L. Rev. 307,309(2000).

讼的必经程序，强迫原告接受调解，甚至还会惩罚过于自信的原告。“1986年密歇根州立法机关就要求1987年1月1日以后，所有医疗事故纠纷都要先调解。创立强制性调解系统是为了降低成本，促进公平的和解，鼓励纠纷参与者在不诉讼的情况下，解决纠纷。”[1]但这可能会给当事人一定程度的压力，有时会违背自己的意愿作出某种选择。

第三，调解员没有权利作出决定，只是引导当事人自愿达成合意，而达成的合意又不具有当然拘束力，只有合同约束力，这使调解的随意性彰显无疑。有些案件经过调解仍然进入诉讼程序，反而使受害人救济之路更加漫长、耗时更多。

另外，有些律师为了自己的经济收益，也不倾向于当事人选择调解。以上这些因素的存在，一方面，使调解存在更大难度；另一方面，调解的效果及这一系统的良好运行，也会受到较大影响。

二、仲裁

（一）仲裁的概述及医患纠纷领域的仲裁

1. 仲裁概述

仲裁是最正式的替代性纠纷解决方法，[2]是指根据当事人之间争议发生之前或之后签订的协议，由第三者经中间人的身份对双方发生的争议，在事实上作出判断，在权利义务上作出裁决的一种法律制度，其所做裁决具有法律效力。[3]仲裁兼有调解和诉讼的双重优势。学者将仲裁的历史追溯至公元前700年的雅典文化。[4]

“当仲裁还处于只是特定行业的少数人偶尔使用、仲裁的知识尚很匮乏的时候，美国人就提出了构建一门仲裁学的设想。”[5]20世纪20年代，仲裁在美国已经被广泛认定为解决各种纠纷的有效工具。[6] 美国最重要的仲裁成文法是《联邦仲裁法》（Federal Arbitration Act，FAA），从1925年制定以来，保持了基本的稳

---

[1] Walter Orlando Simmons, *An Economic Analysis of Mandatory Mediation and the Disposition of Medical Malpractice Claims*, 6 J. Legal Econ. 41, 43 (1996).

[2] 参见沈恒斌主编：《多元化纠纷解决机制原理与实务》，厦门大学出版社2005年版，第403页。

[3] 参见林一飞、李燕芬：《ADR和法院的结合——美国的法律与实践》，载韩健、林一飞主编：《商事仲裁法律报告》（第1卷），中信出版社2005年版，第114页。

[4] See Mary Bedikian, *Medical Malpractice Arbitration Act: Michigan's Experience with Arbitration*, 10 Am. J. L. and Med. 287, 289 (1984).

[5] 陈福勇：《美国仲裁发展模式考察》，载《环球法律评论》2009年第3期。

[6] 1920年，纽约州是美国第一个制定现代仲裁法的州。1922年，产生了第一个仲裁协会——美国仲裁协会（The American Arbitration Association）来帮助仲裁裁决的进行。

定性。绝大多数州都采纳了统一州法全国委员会通过的《统一仲裁法》,近些年不少州又批准了该委员会于2000年新修订的《统一仲裁法》。美国联邦最高法院经常通过案例表达其对仲裁的态度。它在1960年的3个判决中审查了仲裁作为纠纷解决机制的合法性。[1] 其总体态度是支持仲裁,并试图扩张仲裁在劳动、消费领域的适用。

2. 医患纠纷仲裁的产生

"仲裁作为一种解决医患纠纷的方式兴起并不断发展,是和美国仲裁协会(The American Arbitration Association)的推动密不可分的。"[2]但仲裁作为医患纠纷解决机制之一,却与20世纪70年代开始的医疗责任危机密切相关。"将仲裁作为解决疏忽(malpractice)纠纷的手段是早期侵权法改革的议程项目,这可追溯至20世纪70年代,当时19个州制定了特别立法支持并创造仲裁的动力。"[3]"医疗过错危机产生的医疗过错诉讼的沉重负担,需要寻找传统陪审团审判的替代纠纷解决机制。"[4]这说明医患纠纷仲裁在美国的产生,并非经过长期思考理性选择的结果,而是作为应对医疗过错危机的救命稻草,没有人知道这棵救命稻草到底能否缓解危机。1975年通过立法规定医患纠纷仲裁的是密歇根州和加利福尼亚州,它们在医患纠纷仲裁实践中走在各州前列,也给其他州提供了学习和借鉴的样本和目标。其他各州或者是规定了自愿性的医患纠纷仲裁,或者是规定了强制性的医患纠纷仲裁,或者是规定了更加灵活的混合方式。

(二)医患纠纷仲裁面临的挑战

医患纠纷仲裁产生后,除了其本身存在的问题,其面临更加严峻的挑战,主要包括违宪审查和仲裁条款是否有效两大问题。

1. 违宪审查

医患纠纷仲裁是否违宪涉及几个方面。首先,违反了美国宪法第14条修正案的正当程序条款。"依据实体正当程序,与其他当事人相比,医疗过错当事人因为仲裁条款而被区别对待;依据程序性正当程序,当事人被要求进行仲裁,却缺失

---

[1] See United Steelworkers of America v. American Mfg. Corp. ,363 U. S. 564(1960);United Steelworkers of America v. Warrior and Gulf Navigation Co. ,363 U. S. 574(1960);United Steelworkers of America v. Enterprise Wheel and Car Corp. ,363 U. S. 593(1960).

[2] 李晓农、王岳:《管窥美国医患纠纷的替代性纠纷解决机制》,载《中国卫生法制》2008年第5期。

[3] Irving Ladimer & Joel Solomon, *Medical Malpractice Arbitration: Laws, Programs, Cases*, 653 INS. L. J. 335(1977).

[4] David M. Studdert, Michelle M. Mello & Troyen A. Brennan, *Medical Malpractice*, 350 New Eng. J. Med. 283,284(2004).

诉讼程序中存在的程序保护。”[1]其次,仲裁合意违反了宪法规定的任何人都有诉诸诉讼、接受陪审团审判的宪法权利。特别是有些州强迫当事人在起诉前进行医患纠纷仲裁,这是违反宪法的。有些州对赔偿具体内容作出规定,也干涉了接受陪审团审判的权利。如1999年,俄亥俄州最高法院终结了《俄亥俄州综合侵权改革法》,认定其违宪。[2] 法院认定该法违反了州宪法单一主题条款(one subject provision),该条款要求立法必须集中于一个主题。并且10万美元惩罚性赔偿的上限,或者对小公司3倍、对大公司25万美元的补偿性赔偿,均违反了接受陪审团审判的宪法权利,陪审团应有权确定赔偿数额。该案还涉及非经济性赔偿、诉讼时效、间接赔偿来源等规则,法院均认定为违宪。

2. 仲裁条款的有效性

“医疗过错仲裁合同已经因其是不合理的格式合同而被批判。”[3]格式合同是一种对商品或服务的消费者提供的合同,以“接受或不接受”为基础,消费者要么接受、要么不接受,不接受即不能获得商品或服务。它是由缔约方中的强势一方拟定合同条款,弱势方对合同条款并无谈判或选择的余地。各州法院经常因医患纠纷仲裁合同的格式化而认定仲裁条款无效。如内华达州最高法院认定,某医疗过错仲裁合同为不可执行的格式合同,因为弱势方并未注意到仲裁条款或后果。[4] 亚利桑那州的 Broemmer v. Abortion Services of Pheonix[5]案涉及21岁要堕胎的女孩,她在堕胎前,被要求签署包括仲裁协议在内的3个文件,但护理人员并未与她讨论仲裁条款。她最后因流产子宫破裂。法院认为,同意及合理的期待对于有效合同是根本性的。仲裁条款已经超出了原告合理的期待,因为没有证据表明她知道她已经放弃了由陪审团审判的权利。事实是当事人并不能选择合同条款,也不能在其他地方获得服务,仲裁条款不能实施。

(三)医患纠纷仲裁的弊端

1. 非自愿性

仲裁的初衷在于当事人的自愿性,自愿达成仲裁协议,自愿选择仲裁员。但美国一些对医患纠纷仲裁的规定,已经违背了这一原则,甚至有些州立法规定了

---

[1] Ann H. Nevers, *Medical Malpractice Arbitration in the New Millennium: Much Ado About Nothing?*, 1 Pepp. Disp. Resol. L. J. 45, 53(2000).

[2] See State ex rel. Ohio Academy of Trial Lawyers v. Sheward, 715 N. E. 2d 1062(1999).

[3] David Zukher, *The Role of Arbitration in Resolving Medical Malpractice Disputes: Will a Well-Drafted Arbitration Agreement Help the Medicine Go Down?*, 49 Syracuse L. Rev. 135, 142(1998).

[4] See Obstetrics and Gynecologists William G. Wixted, M. D., Patrick M. Flanagan, M. D., William F. Robinson, M. D. Ltd. V. Pepper, 693 P. 2d 1259(Nev. 1985).

[5] See Broemmer v. Abortion Services of Pheonix, Ltd., 840 P. 2d 1014(Ariz. 1992).

强制性医患纠纷仲裁。一些州规定仲裁是医患纠纷进行诉讼的前置程序,或设定一个索赔额,不超过该数额的案件必须通过仲裁解决,例如,"马萨诸塞州法律规定,所有医疗事故案件必须经过仲裁小组的审理,并且仲裁小组认定的事实和裁决在诉讼程序中有效。新泽西州规定,索赔额少于20 000元的案件必须经过仲裁"。[1]

2. 容易产生偏见

医患纠纷仲裁被倡导者青睐的重要原因是仲裁员的专业性,即当事人可以选择医疗领域的专家作为仲裁员。"专业仲裁员提供法官或陪审团都无法提供的服务,他们更不可能被感情所左右,更可能理解纠纷中的复杂争点。"[2]但是,不管仲裁员比法官和陪审团在作决定的准确性上有何种优势,仲裁程序的某些特征使其特别容易产生有利于医疗服务提供者的偏见。[3] "医疗过错以外研究仲裁的学者已经提出,仲裁有利于会在多个案件中使用仲裁的当事人,如通过仲裁解决所有与雇员有关纠纷的雇主。"[4]这些"重复玩家"(repeat player)在仲裁程序中有两个优势:重复玩家可以更好地驾驭仲裁程序并选择赞同他们立场的仲裁员;[5]仲裁员更可能作出取悦重复玩家的裁决,他们依赖于在将来的裁决中被选中。[6] 重复玩家最早是在劳动仲裁领域被讨论,在医疗服务领域同样适用。医疗服务提供者在医疗过错仲裁中有重复经验,而绝大多数病人涉入医患纠纷却是一次性的。

另外,医患纠纷仲裁中的当事人还要支付诉讼中无须支付的仲裁员费用;在实体法未有实质性改变的情况下,仲裁员作出的仲裁裁决不会与陪审团作出的裁决有本质区别,且作为高收入群体的仲裁员对伤害的非经济性损失的认定,或许

---

〔1〕 李晓农、王岳:《管窥美国医患纠纷的替代性纠纷解决机制》,载《中国卫生法制》2008年第5期。

〔2〕 David Shieh, *Unintended Side Effects: Arbitration and the Deterrence of Medical Error*, 89 N. Y. U. L. Rev. 1806, 1823 (2014).

〔3〕 See David Shieh, *Unintended Side Effects: Arbitration and the Deterrence of Medical Error*, 89 N. Y. U. L. Rev. 1806, 1823 – 1824 (2014).

〔4〕 Lisa B. Bingham, Employment Arbitration: The Repeat Player Effect, 1 Emp. Rts. & Emp. Pol'y J. 189 (1997), Julius G. Getman, Labor Arbitration and Dispute Resolution, 88 Yale L. J. 916, 928, 936 (1979), and Jean R. Sternlight, Panacea or Corporate Tool?: Debunking the Supreme Court's Preference for Binding Arbitration, 74 Wash. U. L. Q. 637, 685 (1996).

〔5〕 See Lisa B. Bingham, *Employment Arbitration: The Repeat Player Effect*, 1 Emp. Rts. & Emp. Pol'y J. 189, 195 (1997).

〔6〕 See Julius G. Getman, *Labor Arbitration and Dispute Resolution*, 88 Yale L. J. 916, 927 – 928 (1979).

比陪审团对伤害的非经济性损失的认定还会高些。

总之,虽然美国医患纠纷仲裁经过几十年的实践,但现实是医患纠纷仲裁的比例仍然很低。原告总是想方设法地摆脱仲裁条款的束缚,原告及其律师团对剥夺其由陪审团审判的权利表现出如此强烈的反感。如此多的法院判决都是在审查医患纠纷仲裁条款的有效性,就可以窥见医患纠纷仲裁并不受当事人特别是受害人的待见。而且并非所有的医生都希望用仲裁解决医患纠纷。“医疗领域只有少量仲裁的传统解释是,当医生因过失被起诉时,他们迫切希望证明,他们的行为是正确的,他们的名声是清白的,所以他们抵制将名誉交予热衷于妥协的仲裁委员会手中。”[1]医患纠纷中作为当事人的患者和医生都未将仲裁作为他们崇尚的纠纷解决方式,它最多只是当局解决危机的手段,迄今为止并未有实质性的实证研究揭示医患纠纷仲裁真正给人们带来了其倡导者所期待的多少优势。

三、审前筛查制度

医患纠纷中的审前筛查制度是很重要的替代性纠纷解决机制。“医患纠纷审前筛查制度是通过审前委员会实施的,该委员会由医师协会和保险公司合作发起,由医疗领域的专家和法律专家组成。”[2]有学者甚至认为,“它是在美国运行良好的 ADR 的方式之一,以墨西哥州为例,有近 75% 的医患纠纷案件通过诉前审查程序得以解决”。[3]“有 25 个州已经采纳包括诉前委员会在内的诉前程序。虽然各州对此程序的名称和功能有所差别,它们通常都通过立法规定提供筛选,通过证据和事实调查结果以及早期的中立性评估分析,评估包括注意标准、责任和赔偿事宜。”[4]有些州将此筛查程序称为诉前调解,如 1986 年 5 月,威斯康星州立法机关制定了 340 法案,要求所有医疗过失纠纷必须先经过审前调解,[5]此即为诉前筛查制度的规定。

审前筛查制度原本意图是筛选掉无聊(frivollous)诉讼,以使更少的纠纷进入诉讼程序,并节约时间和金钱成本。审前筛查制度的支持者原本认为,没有医疗专家的介入,普通人很难确定医疗过错的存在,大多数法官和陪审团成员也没有医疗卫生领域的训练和经验,去判断医患纠纷的证据。这一制度却产生了一系列

---

〔1〕 Thomas B. Metzloff, *Alternative Dispute Resolution Strategies in Medical Malpractice*, 9 ALASKA L. Rev. 429, 440(1992).

〔2〕 邝琼芬:《美国医疗纠纷替代性解决机制研究》,载《前沿》2013 年第 4 期。

〔3〕 李昌超:《美国医患纠纷非讼解决方式的类型及特点》,载《岭南学刊》2013 年第 2 期。

〔4〕 Ann H. Nevers, *Medical Malpractice Arbitration in the New Millennium: Much Ado About Nothing?*, 1 Pepp. Disp. Resol. L. J. 45, 62, 63(2000).

〔5〕 See Catherine S. Meschievitz, *Mediation and Medical Malpractice: Problems with Definition and Implementation*, 54 Law & Contemp. Ptobs. 195, 201(1991).

的问题。一方面,各州(如马里兰州、南卡罗来纳州和华盛顿州)规定的强制性的诉前调解或筛查程序,已经完全违背了自愿性原则,本质上更会挫伤当事人的情感,也不会给纠纷的最终解决带来实质性的好处。另一方面,诉前医疗事故筛查小组作出的决定更像没有约束力的仲裁裁决,他们会对当事人的责任作出明示,虽无约束力,但会实质性影响当事人的利益,因为"医疗筛查小组就同一争点作出的决定会在接下来的诉讼中被承认"。[1] 甚至"在一些州,小组成员还会在诉讼中被作为证人传唤"。[2] 最后的结果是,更多的医患纠纷进入诉讼体系,该种方式的调解率很低,其存在反而延长了纠纷解决的时间,增加了成本。"虽然曾有31个州已经采纳了各种形式的筛查小组模式,但只有19个州允许在医疗过失案件中继续采纳筛查小组的形式。"[3]

第三节　美国医患纠纷解决机制的经验和不足

医疗领域有极大的特殊性,纠纷的解决不能只关注受害人获赔,更要关注医疗创新和医疗技术发展所带来的长远利益。各国都在为解决日益增加的医患纠纷而绞尽脑汁,而医患纠纷诉讼原告的胜诉率却远远低于其他民事纠纷诉讼原告的胜诉率。为缓解诉讼所带来的弊端和压力,替代性纠纷解决机制作为解决危机的救命稻草应运而生。美国医患纠纷解决机制有值得我们借鉴的经验,也有值得我们深思的不足之处。

一、美国医患纠纷解决机制的经验和借鉴

(一)专家证言的个人负责制

美国没有我国医患纠纷证据中的医疗鉴定,美国法院澄清医患纠纷主要依据双方当事人提供的专家证言之间的较量,法院和陪审团依据相关标准确定专家证言的有效性和证明力,这实际上是对抗式规则在证据领域的延伸。有学者提出当事人频繁出示专家证言,使医疗证据极其复杂难辨。但美国诉讼中对抗式的专家

---

〔1〕 Jean A. Macchiaroli, *Medical Malpractice Screening Panels: Proposed Model Legislation to Cure Judicial Ills*, 58 Geo. Wash. L. Rev. 181, 193 (1990).

〔2〕 In Indiana, Kansas, Louisiana, Nebraska, the Panelists Are Considered Expert Witnesses. See Ind. Code Ann. § § 34 – 18 – 10 – 26 (West 2006); Kan. Stat. Ann. § § 65 – 4901 – 4908 (2005); La. Rev. Stat. Ann. § 40:1299:47 (2006); Neb. Rev. Stat. Ann. § § 44 – 2840 – 47.

〔3〕 Ellwood F. Oakley, *The next Generation of Medical Malpractice Dispute Resolution: Alternative to Litigation*, 21 Ga. St. U. L. Rev. 993, 1001 (2005).

证言进行较量值得肯定,因为医学科学并无确定答案,专家证言的竞争才能使争议事实更接近真相。

在我国医患纠纷中,认定事实的证据主要依靠医疗鉴定,医疗鉴定结果决定了当事人能否胜诉,故我国医患纠纷相关立法对医疗鉴定总是给予相当的重视。我国的医疗鉴定确实存在较突出的问题:医疗鉴定难以做到客观,尤其是原告总认为医疗专家会对同行医生的被告有所偏袒;医疗专家无须负个人责任,甚至无须在鉴定书上签字,也不需要出庭接受法庭质询,这种机制的存在不能激励鉴定专家真正为医疗鉴定负责,即使他们不负责任,当事人也无计可施;鉴定并无竞争性,当事人虽然申请医疗鉴定,但是否有效完全由法院决定,即使不满意而再次申请,也是由法院决定能否再次鉴定;各种因素导致我国的医疗鉴定受到很多质疑。因此,笔者建议我国无论采纳何种医疗鉴定模式,无论由哪些专家作鉴定,都须建立专家实名制和负责制,特别是保证专家能够出庭接受法庭的质询。

(二)注重患者长远利益与当下利益的平衡

目前我国所处的法律阶段是尽最大可能保护受害人利益,更关注救济,而忽视特殊领域对被告行为的影响,以及最终对民众的影响。笔者认为,医疗领域的利益平衡更加重要,在美国医患纠纷处理过程中对平衡观念的适用比较合理。尽管前文未涉及美国医疗领域平衡理论的适用,但该种悄无声息的理念却一直左右着美国医患纠纷的解决。在美国医患纠纷领域产生过一些不合理的高额赔偿,尽管美国医疗领域的改革都针对诉讼并限制赔偿额,但现实是陪审团对原告并不像人们想象的那么友好,原告在医患纠纷领域的胜诉率往往是很低的。笔者认为,这并不是陪审团面对医患纠纷受害人就没有同情心,而是他们考虑更多其他因素。在某案中,受害人有肺病去看医生,除了常规检查,医生并未让其进行一种价格昂贵的 CT 检查。医生开了药让其回家,第二天受害人死亡。事实证明,CT 检查很容易检查出受害人所患疾病。但由陪审团参与的审判,并未让医生为受害人死亡负责任,其理由是医生在该案承担责任的后果将导致医疗界将 CT 检查作为常规检查,以防止负赔偿责任。而该种检查绝大多数情况下都是不必要的,却会带来医生毫无安全感的防御性检查和防御性治疗。

我国立法和司法实践都很少考虑立法或者判决对将来医疗服务的影响,受害人更是觉得医疗机构十恶不赦,“医闹”是患者对医院和医生敌对的极端表现。但实际上,多项检查甚至保守的治疗,有时都是医生无奈的选择,没有医生能够保证必然可以治好病痛,医疗过错很多时候也并不是一个事实判断,更是一个价值判断。笔者认为,医患纠纷的解决更要将合理价格的良好的医疗服务作为价值判断标准和目标之一。

（三）替代性纠纷解决机制的多样化

根据我国 2002 年《医疗事故处理条例》，医患纠纷的解决主要有三种途径：协商解决、诉讼、卫生行政部门调解。笔者认为，作为民事纠纷的医患纠纷，当事人本来就有协商解决的动机和可能，甚至都无须规定协商解决这一途径，而诉讼作为当事人解决纠纷的最终方式自不待言，卫生行政部门的调解基于其官方性质，更不可能获得患者的信任。除了调解、诉讼，患者还可能利用上访、“医闹”这些体制外的非正常方式试图解决医患纠纷。这既不能推动医疗事业的发展，更不能让患者对纠纷解决机制满意。

美国医患纠纷中的原告也未对纠纷解决路径和结果满意，但其选择途径比我国患者要多样化。美国医患纠纷解决不仅有通常意义的调解，调解的形式非常多样化，也有仅次于诉讼的仲裁，还有各种形式的诉前筛查制度，以及监察员制度等各种替代性纠纷解决机制。无论这些纠纷解决机制的运行效果如何，至少它们给当事人更多选择的机会。

二、美国医患纠纷解决机制的问题所在

美国医患纠纷解决机制的立法和司法实践对相关规则的规定和适用都已经相当细致，但从美国一直都未停止的医疗领域的改革来看，确实存在无法克服的不足之处。

（一）替代性纠纷解决机制违背自愿性原则

美国最重要的两种替代性纠纷解决机制是调解和仲裁。无论哪种方式，都有州规定强制性调解和强制性仲裁。这样规定的初衷是避免更少的纠纷进入诉讼程序，但忽视了替代性纠纷解决机制的核心理念是自愿性。从该种意义上讲，我国将来利用替代性纠纷解决机制时，不能采取强制性规定，要给当事人选择的权利。我国有学者在构建我国医患纠纷仲裁制度时认为，“我国宜采用自愿仲裁模式”。[1]

但自愿性的替代性纠纷解决机制，因其自愿性而更不容易使当事人选择，如美国医患纠纷仲裁制度，其作为可选择性的纠纷解决机制时，很少有患者愿意选择。这与美国医患纠纷处理的环境有关，但某种程度上反映了自愿性的替代性纠纷解决机制的局限性。

（二）纠纷解决成本太高

美国专家证言费用很高，而且都是当事人自行承担。即便纠纷不进入诉讼，若当事人能够提供专家证言，也能够提高自己在调解和仲裁中的有利地位和胜算

---

[1] 郭玉军、杜立：《医疗事故损害赔偿仲裁若干问题研究》，载《法学评论》2010 年第 2 期。

的可能。换言之,调解中的当事人也倾向于利用专家证言作为谈判的砝码,这笔成本无论如何都省不了,而且必须是当事人先行支付的。

相比而言,我国医疗鉴定费用并不高且不会有很多个鉴定产生。医疗鉴定不属于当事人,只是帮助法官对事实作出认定,申请鉴定的一方当事人先行垫付鉴定费,但胜诉后会获得补偿。从相关判决及各种对鉴定费用进行规范的行政法规来看,我国医疗鉴定费用大多在几千元不等,很少有超过 1 万元的鉴定费用。当然,不高的鉴定费也许是专家不愿意为鉴定结论直接负责的原因之一。上海市徐汇区人民法院建立的诉前调解机制,可以节省更多成本。当事人起诉后,法院先行调解,一方若申请医疗鉴定,则由医院先行垫付,依据鉴定结果,由当事人决定是否走诉讼程序。经过诉前鉴定,当事人变得冷静、客观,解决纠纷所花时间和金钱成本都会少很多。

综上所述,美国医患纠纷解决机制有值得我国借鉴的经验,也有需要我们注意并避免的不足之处。

第五章　我国医患纠纷解决机制中的技术鉴定完善研究

医患矛盾已成为主要社会矛盾之一,在日常生活中逐渐增多,“医闹”等现象早已屡见不鲜。医患纠纷作为日常生活中常见的一种人身损害侵权赔偿纠纷,在司法实践中,无论何种解决机制,都更多地运用鉴定的手段对诊疗行为的规范性进行认定。在解决过程中,鉴定意见往往是法官对医学专业问题进行判断的重要参照依据。我国现有的医疗事故技术鉴定和医疗损害司法鉴定的“双轨制”鉴定体系还存在不少弊端,在一定程度上增加了医患纠纷处置的难度,难以完全适应解决医患纠纷的需要,有必要对此进行探讨,以建立更加行之有效的鉴定机制,为医患纠纷的解决提供切实可行的建议。

第一节　我国医疗事故技术鉴定的现实作用及利弊分析

近年来,医患矛盾的突出已成为我国医疗领域中亟待解决的问题,并且这个趋势在愈演愈烈。医患矛盾的突出不仅在媒体之间引发巨大的反响,在学术界也引发了讨论。针对医患纠纷这一日益尖锐的热点问题,很多学者都发表过自己的观点。[1]随着我国法治水平的不断提高,以及在侵权领域法制的巨大进步,《侵权责任法》颁布,这部法律的出台给医疗侵权损害赔偿纠纷的解决提供了较为系统、明确的法律依据,同时也成为终结医疗事故技术鉴定的法律依据。

一、我国医疗事故技术鉴定的法律依据

由于法制体系的发展需要经历漫长的过程,我国的社会发展现状使医患纠纷领域的立法和实践长期处于空白状态,在实践中处置依据不明的情况时有发生,这种情形导致我国医患纠纷常处于难以解决的境地。没有统一的法律依据,给医患纠纷的实践解决带来很大困难,于是各省、市、自治区相继出台了一些相关法律

[1] 比如龚赛红教授在其主编的《医疗损害赔偿立法研究》一书中就对医疗损害立法进行了研究。

规定，以对医患纠纷的解决进行调整，并弥补国家立法上的空白。随着我国社会法制的不断发展，《民事诉讼法》《民法通则》《侵权责任法》等也逐步对医疗侵权进行了规定，形成了一套有自己特色的医患纠纷处理机制。从1987年国务院颁布《医疗事故处理办法》（已废止）之后，我国司法部门和医疗行政管理部门对于处理医患纠纷问题有了统一的标准。

随着我国对于医患纠纷问题的不断重视，立法方面也在不断进步，结合我国实际，借鉴外国成功经验，相继颁布了一系列相关的法律法规，[1]对解决医患纠纷及医疗事故技术鉴定的程序和内容进行规制。但是，由于法律规范的不统一，医疗损害司法鉴定与医疗事故技术鉴定并存的"双轨制"鉴定模式在我国长期存在。《医疗事故处理条例》的颁布相比较《医疗事故处理办法》而言，是一个巨大进步。但该条例作为国务院行政法规，明确规定了医疗事故鉴定的主体必须是医学会，确立了医疗事故鉴定的法定主体，对于加强医疗事故的认定、处罚、行政管理具有重要意义。但随之而来的问题是，该条例作为国务院行政法规仅仅是对卫生行政管理中的有关技术鉴定做了规定，并没有规定民事侵权领域应该如何进行鉴定，事实上，该项立法内容也不宜由国务院行政法规来进行规定。但司法实践中，因为缺乏专门性规定，全国不少地方参照该条例规定，通过委托医疗事故鉴定，来解决民事侵权纠纷中的专门性问题。应该说该立法对于医疗纠纷的解决而言利弊共存，弊大于利。

二、我国医疗事故技术鉴定的程序及内容

在关于医疗事故的纠纷诉讼中，无论由哪一方承担举证责任，法官都势必要对涉及的医学专业问题进行解释认定，对于这一部分事实的认定，法官要么通过自己所学的知识进行认定、要么通过鉴定结果认定。医疗领域和法律领域相似，都是需要系统专业的知识才能对特定事实进行判定的领域。从解决医患纠纷的实践中我们也可以明显地看出，仅仅凭借法官个人的力量很难对医患纠纷中相关的事实进行全面科学认定。医疗事故技术鉴定作为一种辅助法官进行医学专业事实认定的手段，在诉讼中深受广大法律工作者的喜爱和认同。在实践中，双方当事人对待认定的医疗事实存在争议，此时相关的司法机关和行政机关不能进行处理，只有在争议事实被认定之后才能根据认定结果进行处理。想要对争议事实进行认定，借助医疗事故技术鉴定的力量就是常用的选择。受到侵权损害的患者

[1] 参见《医疗事故处理条例》、最高人民法院《关于民事诉讼证据的若干规定》、最高人民法院《关于参照〈医疗事故处理条例〉审理医疗纠纷民事案件的通知》（已废止）、最高人民法院《关于审理人身损害赔偿案件适用法律若干问题的解释》。

也只有在该事实被认定为医疗事故的前提下,才能根据《医疗事故处理条例》及相关的法律法规进行维权。

我国《医疗事故处理条例》第4条是针对医疗事故分级标准的规定,这一规定是进行医疗事故技术鉴定的重要依据之一。医疗事故技术鉴定的作用主要在于判断待鉴定事实是否符合医疗事故的构成要件,对于构成医疗事故的,患者可以通过相关法律规定来维护自己的合法权益。

同时,《医疗事故处理条例》第20条〔1〕是对医疗事故技术鉴定具体启动的规定。根据该条的规定,医疗事故争议的双方当事人是提出鉴定申请的主体,当双方认为争议应当进行医疗事故技术鉴定时,可以向卫生行政部门提出申请,卫生行政部门针对申请进行必要的审查,经过审查认为申请符合条件的,双方当事人共同向医学会委托进行相应的鉴定工作。从这个法条的规定中我们可以清晰地看出,在我国法律规定中,启动医疗事故技术鉴定的方式有两种,一种是由卫生行政管理部门决定对医患纠纷采取医疗事故技术鉴定,另一种是由争议的双方当事人申请进行医疗事故技术鉴定。

根据《医疗事故处理条例》第21~30条的规定,医学会是进行医疗事故技术鉴定的主体,中华医学会在必要时对鉴定进行组织。〔2〕当事人或卫生行政部门的申请和委托是医疗事故技术鉴定的启动步骤,医学会对医疗事故技术鉴定进行组织之后的第一步,就是在专家库中对参与鉴定的鉴定人进行随机挑选。根据相关法律规定,不是所有医疗卫生技术人员都可以成为鉴定人,只有符合《医疗事故处理条例》第23条规定的条件的医疗卫生专业技术人员及法医才可以受聘进入专家库,〔3〕进入专家库之后,医疗事故技术鉴定工作就是他们应当承担的义务。当事人对于鉴定结论不一定都会持认可的态度,当出现当事人对鉴定结论持否定意见时,根据《医疗事故处理条例》的规定,当事人可以提出再次鉴定的申请。

如上所述,程序开始之后是医学会组织鉴定,医学会除了在受理医疗事故技术鉴定的申请之后进行鉴定人的选定,还有其他应当履行的义务。医学会在受理当事人申请的5日内,应通知双方当事人提交所必需的鉴定材料。当事人也应当

---

〔1〕《医疗事故处理条例》第20条规定:"卫生行政部门接到医疗机构关于重大医疗过失行为的报告或者医疗事故争议当事人要求处理医疗事故争议的申请后,对需要进行医疗事故技术鉴定的,应当交由负责医疗事故技术鉴定工作的医学会组织鉴定;医患双方协商解决医疗事故争议,需要进行医疗事故技术鉴定的,由双方当事人共同委托负责医疗事故技术鉴定工作的医学会组织鉴定。"

〔2〕参见龙湘元:《论我国医疗事故技术鉴定行为的性质及可诉性》,中南大学2007年硕士学位论文。

〔3〕参见丁文、王洪礼:《完善我国医疗事故技术鉴定的法律思考》,载《山东审判》(山东法官培训学院学报)2006年第6期。

履行相应的义务,双方当事人在收到提供材料的通知之日起10日内,应当提交所要求提供的鉴定材料。如果医疗机构没有按照规定如实提供相关证据材料,又没有正当理由而导致鉴定无法进行的,则由其对造成的不利后果承担责任。

三、我国医疗事故技术鉴定结论的运用

医疗事故技术鉴定结论通常是医患纠纷处置的重要证据之一,对鉴定结论的运用,主要考察其作为民事诉讼证据的证据能力与证明力。从我国法院对医疗事故技术鉴定结论的处理上看,其主要被审查的方面在于证据能力和证明力,包括以下几个方面:(1)鉴定机构和鉴定人的主体资格;(2)鉴定人是否需要回避;(3)鉴定材料是否真实可靠。

我国的证据能力审查集中体现在形式上,判断标准是最高人民法院《关于民事诉讼证据的若干规定》。由于在现行法律中《医疗事故处理条例》与最高人民法院《关于民事诉讼证据的若干规定》存在不一致,学术界对医疗事故技术鉴定结论作为证据使用还存在争议。最高人民法院《关于民事诉讼证据的若干规定》第29条是对司法鉴定意见证据的形式要求,严格按照这个标准来评判医疗事故技术鉴定书,鉴定书不能达到该法律规定的一般形式要求。2003年最高人民法院《关于参照〈医疗事故处理条例〉审理医疗纠纷民事案件的通知》发布后,医疗事故技术鉴定结论在证据能力上存在瑕疵,但没有对事实的认定产生颠覆性的影响,给法官的工作带来了极大的便利。根据该通知的相关规定,鉴定结论由于各种原因不能够被采纳时,仍然能以医疗侵权损害民事赔偿纠纷来重新审理。

四、我国医疗事故技术鉴定的利弊

医疗事故技术鉴定为解决医患纠纷提供了良好的制度保障,由于医疗事故中存在大量需要凭借医学专业知识才能认定的事实,因此,单凭法官不足以进行客观、正确、全面的认定。医学专业方面的问题需要专业的医学会进行医疗事故技术鉴定,产生专业的鉴定结果。这些专业的鉴定结果可以帮助法官更加直观地对整个争议事实进行理解、判断,减轻法官压力的同时也提高了法官对医疗责任认定的准确性。医疗事故技术鉴定也加强了医护人员和医疗机构的责任意识,在出现医患纠纷时,他们的医疗行为有专业的机构进行评鉴,督促其严格依照法律法规及行业规范进行工作。同时,医疗事故技术鉴定也为缓和矛盾双方的情绪作出了贡献,双方共同选出专家对事实进行鉴定更加公平,也使之对鉴定结果更加有认同感,便于纠纷的解决。

但是,我国在医疗事故技术鉴定这一领域发展较晚,立法体系也不够完善,导致在实践中产生了不少弊端,影响我国医疗事故技术鉴定体系的发展完善。目前我国的医疗事故技术鉴定制度不尽完善,进行鉴定的程序复杂,并且鉴定过程也缺乏公开透明。一次医疗事故技术鉴定往往要耗费数月的时间,对于纠纷的解决及患者利益的保护极为不利,冗长的技术鉴定等待时间极可能会给患者的身体带来新的威胁。目前,医疗事故技术鉴定结论可信度较低,由于医疗事故技术鉴定的结果可能直接影响到纠纷的解决,因此当事人的不信任对整个鉴定产生负面的评价。相关研究的数据表明,无论是患方还是医方,都对鉴定结果存在不信任的情况,而患者对于鉴定结果的不信任率高达20%以上。[1]患者对鉴定结果的不信任,会使通过医疗事故技术鉴定解决医患纠纷的目的难以达成,其辅助诉讼的目的自然也无法达到。对于鉴定结果的不信任是医疗事故技术鉴定亟待解决的问题之一。

第二节　我国医疗损害司法鉴定的现实作用及利弊分析

一、我国医疗损害司法鉴定的法律依据

(一)我国医疗损害司法鉴定的理论现状

我国医患纠纷问题的日益严重引发社会各界广泛的讨论,焦点问题逐渐突出。在我国各界不断努力之下,医疗损害司法鉴定取得了一定的成果。

医患纠纷是患者与医疗人员或者医疗机构之间的纠纷,这种纠纷既存在违约责任,同时也存在侵权责任,属于二者的竞合。构成医疗侵权必须满足以下构成要件:(1)在医疗活动中存在违法行为,即医疗机构及医护人员在进行医疗活动时违反了相关法律法规的规定,或者未尽到应尽的职责义务而导致他人的身体遭受损害;[2](2)医护人员或医疗机构对于患者受到的损害在主观上存在过错,即医务人员在医疗活动中由于过失而导致损害结果的发生;(3)由于医疗人员或医疗机构的行为给患者造成了损害的事实,即由于医疗行为而产生了损害结果;(4)因果关系的存在,即医疗过失行为与不利后果之间必须存在因果关系。医疗侵权责任的确立能够有效地保护医疗活动中受到损害的患者,同时也有利于保障医务人员和医疗机构的权益。损害赔偿是侵权中常见的赔偿方式,在医患纠纷中也不例外,借助医疗损害司法鉴定,损害赔偿在医患纠纷中能发挥其应有的功效,故医疗损害司法鉴定在医疗侵权中发挥着重要的作用。

---

〔1〕 参见吴婷:《论医疗纠纷的司法鉴定》,中国政法大学2010年硕士学位论文。

〔2〕 参见宋义明:《论医疗法律关系及医疗事故民事责任》,湘潭大学2003年硕士学位论文。

(二)我国医疗损害司法鉴定的立法现状

从我国于2005年10月1日生效的全国人大常委会《关于司法鉴定管理问题的决定》第1条规定中,我们可以看出司法鉴定包含以下要素:(1)主体是鉴定人;(2)鉴定对象是诉讼案件涉及的专业性问题;(3)目的是保障诉讼活动顺利进行;(4)依据的是特别法规和经验规则。鉴定人具有的专门知识并非指法律知识,而是医学科学技术知识,比如在医疗损害司法鉴定中,鉴定人应当具备的专业知识就是医学和法医学的专业知识。鉴定解决的是事实问题,不是法律问题。例如,在医疗侵权损害案件中,鉴定解决的问题是医疗行为是否存在过错、医疗过错与损害后果是否存在因果关系、医疗过错在损害后果中的参与度,以及损害后果的具体形式和程度,并不对法律责任的承担进行认定。在我国《民事诉讼法》《刑事诉讼法》中,都对司法鉴定有着明确的规定,医疗侵权损害自然也包含在内。全国人大常委会《关于司法鉴定原理问题的决定》第4条、最高人民法院《关于民事诉讼证据的若干规定》第59条,[1]都可以作为医疗侵权损害司法鉴定的法律依据。

二、我国医疗损害司法鉴定的程序及内容

我国《民事诉讼法》第76条、最高人民法院《关于民事诉讼证据的若干规定》第25条中,都对司法鉴定有所规定,主要内容就是针对启动方式的规定。[2]医疗侵权损害司法鉴定属于法医临床和法医病理相结合的鉴定项目,《民事诉讼法》的相关规定自然也适用于医疗侵权损害司法鉴定。由此可见,我国医疗侵权损害司法鉴定是有两种启动方式的,一种是依职权,另一种是依申请。

程序启动后要进行如下环节:鉴定机构的选择、鉴定客体的确定、鉴定人取证、鉴定实施,以及对鉴定结果的救济。当然对于得出的司法鉴定意见在法庭上还要经过质证才能作为判定案件事实的依据。

从鉴定内容方面分析,医疗事故技术鉴定与医疗损害司法鉴定表面上看都是对医患纠纷涉及的技术问题进行鉴别和判断,但二者间还存在很大的区别。医疗损害司法鉴定的鉴定内容是医疗行为是否存在过错、医疗过错与损害后果是否存在因果关系、医疗过错在损害后果中的参与度,以及损害后果的具体形式和程度,

---

〔1〕 参见封朝霞:《浅析民事诉讼中鉴定结论的若干问题》,载《法制与社会》2009年第13期。

〔2〕 当事人可以就查明事实的专门性问题向人民法院申请鉴定。当事人申请鉴定的,由双方当事人协商确定具备资格的鉴定人;协商不成的,由人民法院指定。当事人未申请鉴定,人民法院对专门性问题认为需要鉴定的,应当委托具备资格的鉴定人进行鉴定。我国民事诉讼中,当事人没有鉴定程序启动权,也没有申请法院启动鉴定程序的权利,鉴定的启动完全由法院决定。鉴定人完全等同于法官事实审辅助人,司法实践也显示出鉴定人的事实裁判者之地位。

上述鉴定内容只是对案件事实的认定。而医疗事故技术鉴定的主要内容是医患纠纷是否属于医疗事故及医方在事故中的责任程度，其本身不仅涉及技术评判，医疗事故技术鉴定结论作为对医疗机构进行行政处罚的依据，其鉴定结论还带有强烈的行政评判性质。

三、我国医疗损害司法鉴定意见的运用

根据最高人民法院《关于民事诉讼证据的若干规定》的有关规定，法庭上证据应当出示，并且当事人应当对证据进行质证。〔1〕质证是证据进入诉讼程序并成为认定案件事实的证据的必经之路。故医疗损害司法鉴定意见作为认定案件事实的证据，对其加以运用必然要经历质证这一阶段。

医疗损害司法鉴定意见质证制度是审理医患纠纷案件时证据审查的一个重要环节，医疗损害司法鉴定的鉴定文书是由鉴定专家签名形成的书面鉴定结果，〔2〕鉴定结果的负责人应当是签字的鉴定人。根据《民事诉讼法》及最高人民法院《关于民事诉讼证据的若干规定》中的相关规定我们可以看出，质证是对鉴定意见的质证，不仅包含实体方面，还包含程序方面。

我国目前针对鉴定人的诉讼地位、鉴定意见的证据属性主要体现在《民事诉讼法》和最高人民法院《关于民事诉讼证据的若干规定》中，而在这两部法律中对于鉴定人出庭并未作出强制要求。这个空白使整个质证制度不完善，司法鉴定意见作为证据可能存在瑕疵，虽然相较于医疗事故技术鉴定来讲，医疗损害司法鉴定意见在作为证据方面，形成机制相对完善，但是仍然存在不足，在实践中仍然会带来很多问题。

四、我国医疗损害司法鉴定的利弊

医疗损害司法鉴定为医疗侵权损害的处置带来了诸多优势，医疗损害司法鉴定出现前，医患纠纷双方常由于对于医疗侵权损害的认定标准不同，出现纠纷难以解决的情况，医疗损害司法鉴定的出现使这种情况有所缓解。司法鉴定意见作为民事诉讼证据的一种，在民事诉讼中发挥着重要的作用，将医疗损害鉴定纳入整个诉讼环节中，也为解决医患纠纷提供了良好的制度保障。医疗损害司法鉴定在医患纠纷处理中的运用填补了这方面的空白。在此基础上我国开始逐步建立

---

〔1〕　未经质证的证据，不能作为认定案件事实的依据。涉及国家秘密、商业秘密和个人隐私或者法律规定的其他应当保密的证据，不得在开庭时公开质证。除非出示原件或者原物确有困难并经人民法院准许出示复制件或者复制品的，或原件或者原物已不存在，但有证据证明复制件、复制品与原件或原物一致的，对书证、物证、视听资料进行质证时，当事人有权要求出示证据的原件或者原物。

〔2〕　参见乔森旺、李金锁：《鉴定结论的法庭质证与审查判断》，载《法律与医学杂志》2000 年第 1 期。

医患纠纷鉴定体系,通过将二者相结合的方式来保障医患纠纷中当事人的合法权益。

医疗损害司法鉴定在我国仍存在一些问题:一是在医疗损害表述、判断方面比较粗略,鉴定的科学性存在一定程度的不足。在实践中,法官看到的司法鉴定意见中存在“重要器官”“其他后果”等表述,需要法官根据自身的知识进行判断,而从这样的表述中无法进行有效的判断,这就很可能导致误判。二是没有对于精神损害的相关规定。医疗侵权损害不仅包含对身体上的伤害,同时也会给患者带来精神上的打击,将精神损害纳入损害后果中势在必行。

第三节　医患纠纷技术鉴定完善策略

一、医患纠纷技术鉴定完善的可行性

(一)医患纠纷技术鉴定完善的法律依据

2002 年发布的《医疗事故处理条例》属于行政法规,其内容包含了卫生行政部门管理、监督医疗机构的行政法律关系,是卫生行政部门对医院考核的重要依据,也包含了处理医疗事故的民事法律关系,对妥善解决医患纠纷、保护医患双方的合法权益、维护医疗秩序具有重要意义。鉴于将医患纠纷采用诉讼模式解决的情况,最高人民法院于 2003 年 1 月 6 日发布《关于参照〈医疗事故处理条例〉审理医疗纠纷民事案件的通知》(法〔2003〕20 号)。但在 2010 年《侵权责任法》颁布实施后,该通知与《侵权责任法》等法律法规存在冲突,不利于医患纠纷的处置。为适应形势发展变化,保证国家法律统一正确适用,最高人民法院会同有关部门,对 1997 年 7 月 1 日至 2011 年 12 月 31 日发布的司法解释和司法解释性质文件进行了集中清理。其中,废止了最高人民法院《关于参照〈医疗事故处理条例〉审理医疗纠纷民事案件的通知》,并于 2013 年 4 月 8 日开始实施,这意味着医疗损害鉴定的“双轨制”失去了基础。上述法律法规的整合修订,已经为统一的医疗侵权损害司法鉴定奠定了法律基础。

(二)医患纠纷技术鉴定完善设想

《侵权责任法》发布实施前,立法界和学术界对《医疗事故处理条例》已存在众多异议,《侵权责任法》实施后,该条例已基本处于废用状态,在实践中已很少依据该条例遵循医疗事故的处理程序处理医患纠纷,而是依据人身侵权损害的事由进行诉讼。目前《医疗事故处理条例》名义上仍然存在,这不利于较好地处理医患纠纷案件,反而带来很多争议,导致医患双方各执己见,坚持依据对自己有利

的法律规范进行处理，从而造成讼累，增加处置难度及成本。解决这一问题的途径应是“废”“立”“改”相结合，法律的归法律，行政的归行政。首先，废除《医疗事故处理条例》，这样就从源头上解决了医患纠纷鉴定“二元化”的问题，同时避免了《医疗事故处理条例》与《侵权责任法》的冲突。其次，制定发布“医疗事故预防与处置条例”，设计思路重预防、轻处置，作为卫生行政部门行使行政管理权的法律依据，预防、处理医疗纠纷，管控违法违规医疗行为，对医疗机构及其医务人员进行指导、管理和监督。最后，对《侵权责任法》进行修改。《侵权责任法》规定了医疗侵权损害赔偿责任制度，但也存在一些不足，例如，没有规定医患纠纷鉴定制度，不能很好地协调医患之间的利益关系。随着形势的发展，应该作出相应的修改。具体而言，就是融合医疗损害司法鉴定和医疗事故技术鉴定的优势，制定统一的医患纠纷鉴定制度。

两种鉴定模式对比，医疗损害司法鉴定更胜一筹。在实践中，也有地区已经率先进行单一制鉴定模式的改革。2012 年广东省高级人民法院向全省各级法院下发了司法委托医疗损害鉴定的入选机构（2012～2013 年度），医患双方必须在指定名单内协商选定或由法院通过摇号选定其中一家作为首次鉴定机构，统一进行医疗损害鉴定，而不再划分医疗事故技术鉴定与医疗损害司法鉴定，在统一鉴定机构方面，这是一重大举措。该司法事件标志着广受社会关注、备受各界争议、盛行近 10 年的医患纠纷鉴定的“双轨制”，首先在广东地区寿终正寝。

以上模式仅是试行，真正进入单一制鉴定时代并不是一蹴而就的。但是，可以在吸取经验的基础上，成立专门医患纠纷鉴定机构，对单一制鉴定模式逐步完善推广。

二、成立单一制专门医患纠纷司法鉴定机构的必要性

（一）保障医患纠纷技术鉴定的中立性

鉴定机构的中立性是医患纠纷司法鉴定的优势所在，发扬和放大这种优势，有效保障鉴定机构的中立性，有利于保证鉴定意见的客观公正，进一步凸显鉴定意见的公信力和证明力，并推动医患纠纷司法鉴定制度的进一步完善。

保障医患纠纷司法鉴定的中立性：首先，必须完善医患纠纷司法鉴定制度，弥补现有制度的不足，从制度设计方面保障医患纠纷司法鉴定的中立性；其次，借鉴国外的经验，取长补短；最后，需要加强监督管理，保证各参与方依法而行。而针对鉴定机构，要想保障医患纠纷司法鉴定机构的中立性，需要行政管理和行业管理相结合、外部管理和内部管理相结合，从独立性、公开性及有效监管等方面加强医患纠纷司法鉴定机构的中立性，使鉴定机构超然于医患双方当事人之外。

（二）控制医患纠纷技术鉴定的逐利性

逐利性对鉴定质量有正面的影响，但是在医患纠纷司法鉴定实践中，逐利性对鉴定质量也造成了严重的负面影响。如鉴定机构投入不足、恶性竞争、管理不善等均严重影响鉴定质量，对医患纠纷鉴定机构的逐利性有必要进行控制。第一，加以正确引导，管理和监督相配合，激励和处罚相结合，让正常的竞争发挥积极作用；第二，鉴定属于为诉讼提供证据的活动，不能与诉讼存在任何利益关系，不宜把鉴定机构完全推向市场，以避免权力寻租、劣质鉴定、虚假鉴定的问题；第三，从鉴定制度和鉴定程序两个方面双管齐下、多措并举，设置严格的准入条件，有效发挥行业协会的自律作用，加强鉴定机构公益性，避免过度市场化，同时建立有效的评价监督制度和退出制度；第四，借鉴英美法系的对抗机制，完善质证程序，让劣质鉴定、虚假鉴定无从发挥效力，最终失去生存的空间。

（三）改进医患纠纷技术鉴定的公益性

医患纠纷鉴定是为诉讼活动服务的，而诉讼活动是为社会公众服务的，医患纠纷鉴定自然也具有服务公众的特性，它是一种公共服务活动，具有一定的公益性。我国的学者们也普遍认为司法鉴定具有公益性。医患纠纷鉴定机构是依法实施鉴定权的机构，其定位是介于政府和企业之间的组织，目前鉴定机构采取市场化运作模式，忽视了司法鉴定的公益性这一最基本、最重要的属性，使逐利性问题日益严重。

对此要明确医患纠纷鉴定机构“非营利性的公益性组织”的定位，对医患纠纷鉴定改变传统经营性服务项目收费的做法，适当减免鉴定机构的税费，引导鉴定机构向公益性质发展。规范医患纠纷鉴定的收费项目和收费标准，并根据各地区的经济发展水平规定收费浮动范围，严禁鉴定机构乱收费或者与委托方协议收费。同时，加强对专门医患纠纷鉴定机构的政策支持和资金投入，扶持国有公立鉴定机构和实力雄厚的鉴定机构，建立专项投入和经费保障的长效机制，以减轻鉴定机构的经济负担。

三、专门医患纠纷司法鉴定机构的选任

（一）专门医患纠纷司法鉴定机构的准入

医患纠纷鉴定机构的设置必须兼顾公正和效率的价值追求，同时符合科学性、独立性、合法性、公益性及合理布局等原则。一般的准入条件包括：鉴定机构有明确的业务范围，具备从事医疗损害鉴定活动的执业场所、技术条件、仪器设备，以及经过认可的检测实验室，确保鉴定人具备相应的资格，实施每项鉴定业务的鉴定人在3名以上。准入程序包括：向司法行政管理机关提交资质证明、资质材料和机构章程，并提出正式书面申请，司法行政机关受理申请，组织专家进行评

审,评审的重点是申请方的仪器设备、检测实验室及鉴定人员资质等,按照法定程序和时限完成审核后,就可以颁发司法鉴定许可证,然后把鉴定机构编入名册并公告。

鉴于目前司法鉴定机构良莠不齐,司法行政部门应对从事医患纠纷鉴定的鉴定机构细化准入条件,严格审核程序,提高准入门槛,以准入管理为契机,以高等院校、科研机构、综合性医疗机构为依托,整合资源,优化配置,支持建立重点实验室和权威鉴定机构,引领行业整体水平的提高,并根据鉴定机构的具体特点,使有实力的鉴定机构向规模化发展、有特色的鉴定机构向专业化发展。

(二)专门医患纠纷司法鉴定机构的监督

对医患纠纷司法鉴定机构加强监督,有助于约束违法违规执业问题,提高鉴定质量。具体可从以下方面展开:(1)加强医患纠纷司法鉴定执业监督检查,促进鉴定机构依法执业、诚信执业、有序竞争。完善医疗损害司法鉴定监督管理制度,建立和完善惩处机制,建立个案监督查处制度,对投诉信访案件进行实地调查取证,在规定时间内作出处理,并及时公布。(2)医患纠纷司法鉴定协会可借鉴国外行业协会和组织成熟的监督、惩罚制度,创立医患纠纷司法鉴定机构诚信评价制度,设立鉴定机构和鉴定人员诚信档案,行业协会接受鉴定投诉,对医疗专业技术问题进行论证。(3)司法行政机关在司法行政网上开辟医患纠纷司法鉴定机构信息查询通道,公开鉴定机构执业、奖惩、鉴定意见书的采信等方面的情况,接受社会公众的监督。司法行政机关和医患纠纷司法鉴定协会应明确职责分工,在鉴定机构推荐、处罚通报等方面建立信息共享制度,实施全过程、动态化监督管理。行政机关、行业协会、人民法院应加强沟通协调,引导法官和当事人选择权威、专业、诚信的鉴定机构,构建行政监督、行业监督、司法监督、社会监督相结合的监督体系。

(三)专门医患纠纷司法鉴定机构的退出

专门医患纠纷司法鉴定管理体系是一个开放的系统,既然有准入、监督机制,也应有退出机制。鉴定机构的准入管理属于源头控制,监督管理是对鉴定机构执业过程进行控制,而退出管理属于末端控制,既包括鉴定机构自愿基础上的主动退出,也包括被动的淘汰机制。无论主动还是被动,医患纠纷司法鉴定机构都要进行注销登记,由司法行政管理机关收回《司法鉴定许可证》,并予以公告。目前,我国关于鉴定机构的淘汰和退出机制尚不完善,评审结果与鉴定机构的年审和考评没有关系,所以,需要健全鉴定机构的考评和退出机制,及时淘汰不合资质要求的鉴定机构,确保整个行业良性发展。

四、专门医患纠纷司法鉴定人的选任

(一)医患纠纷司法鉴定人的准入

我国采用鉴定人法定主义原则,全国人大常委会《关于司法鉴定管理问题的决定》第4条和《司法鉴定人登记管理办法》第12条对司法鉴定人的准入作出了一般规定,包括技术职称、工作经历、专业技能水平等要求,但是并不具体,没有完整系统的考核评价体系。

医患纠纷司法鉴定涉及法学、医学、法医学、司法鉴定学等多学科知识,加强司法鉴定人队伍建设需要建立严格的鉴定人准入制度和培训考核制度,同时还需要在高等院校培养综合性的医患纠纷司法鉴定人才,以充实医患纠纷司法鉴定人后备队伍。另外,从有效整合现有优质资源的角度来看,更重要的是充分吸收和利用现有医学会的专家库,为鉴定机构提供医学咨询服务;对于符合医患纠纷司法鉴定人条件的临床医学专家,可以通过法定程序授予其医患纠纷司法鉴定人资格,以充实医患纠纷司法鉴定人队伍。

(二)医患纠纷司法鉴定人的监督及退出

司法鉴定人的法律职业道德是鉴定人在司法鉴定活动中所应遵循的行为规范的总和,职业的特殊性决定了司法鉴定人应具有高于一般人的道德品行和道德要求。司法行政部门应按照《司法鉴定人登记管理办法》第8条、第9条、第27条的规定,建立医患纠纷司法鉴定人诚信档案,全面反映鉴定人的综合素养和鉴定能力。

医患纠纷司法鉴定人具有专业性和独立性,司法行政机关应按照《司法鉴定人登记管理办法》的规定,对鉴定人进行监督,同时,司法行政机关要主动与人民法院加强协作,及时获取鉴定人执业信息。司法鉴定协会应加强行业自律管理,对鉴定人的执业纪律和职业道德进行监督、检查和奖惩。医患纠纷司法鉴定机构应健全内部监督机制,对鉴定人的具体鉴定过程进行事前、事中、事后的动态监督。鉴定人自身应遵守医患纠纷司法鉴定的技术标准和程序规范,合法合规开展鉴定工作。司法行政机关、人民法院、行业协会、鉴定机构等应加强沟通协调,建立信息反馈机制,建立鉴定人名册公告制度、奖惩结果公开制度、鉴定意见上网制度,形成司法行政监督、行业协会监督、鉴定机构监督、社会舆论监督的协作机制。对于医患纠纷司法鉴定人违反上述规范的,责令退出或自愿退出,促使鉴定人规范执业,体现医患纠纷司法鉴定在医患纠纷处置中的价值。

第六章　医患纠纷的解决机制完善研究

近年来,我国各地各类医患纠纷的数量一直呈不断增长趋势,各种医患纠纷的频繁发生、医患关系的紧张恶化、医患纠纷的纷繁复杂等问题不仅影响医疗机构的运营秩序,还严重影响我国医疗卫生事业健康稳定地发展。根据前文分析,现有的医患纠纷解决机制存在诸多问题,已不能很好地适应目前医患纠纷的解决。为了保证医患双方的合法权益不受侵犯,营造更加和谐的医患关系,医患纠纷处理体系的形式、水平等都有待提高与改进,完善医患纠纷解决机制的问题迫在眉睫。

第一节　医患纠纷非诉讼解决机制的完善

一、协商解决机制的完善

从法律经济学角度分析,协商是最有利于实现各方利益的纠纷解决方式。通过协商,当事人的意志可以得到充分尊重,而且程序简单、过程保密,还能保持当事人间的和谐稳定关系,在很多小额的医患纠纷解决过程中发挥了重要作用。因此,协商作为医患纠纷最主要的解决方式之一,应当扬长避短,充分发挥其在医患纠纷解决中的优势作用。

(一)建立信息公开制度

知情权,作为一个法律上的专业术语,已广为社会和群众所熟悉。它是指当事人有权知悉、获得与自己相关信息的自由和权利,并且存在于金融、法律、医学等多行业。在医患纠纷中,医疗机构应当建立信息公开平台,及时公告与患者相关的医疗信息、记录,以方便患者及时查询了解,同时,应当接受卫生行政部门监督和管理。信息内容应当包括患者病历、治疗方案、主治医师、费用、处方等与患者相关的全部信息。这样可以让患者及时了解自己的病情等相关信息,有利于医患双方对医疗情况进行沟通交流,同时也有利于卫生行政部门及时对医疗机构的诊疗行为进行监督和管理。

(二)引入专业辅助人

医患纠纷发生后,医患双方都处于情绪比较激动的状态,患方因身体损害或失去亲人而精神崩溃,医疗机构认为己方不存在过失,此时若由双方相互谈判,容易出现双方争执不下、矛盾激化的情况,不利于和解协议的达成。因此,可以聘请律师、医学专家参与到协商中来,以避免患方缺乏对相关专业知识了解的弊端,但他们并非是以调解者身份出现,通常只是起协助、见证或者斡旋作用,有时甚至是作为一方当事人的代理人发挥作用。[1] 他们是聘请方的代言人,为当事人所信任,并且拥有专业的知识和技能,这样有利于医患双方更加理性地解决纠纷,为当事人实现利益最大化,从而在一定的程度上减少"医闹"事件、不公平处理结果的情况发生。

(三)提高和解协议效力

和解协议书是由医患双方自由协商达成的协议,其程序灵活、内容广泛,容易出现不公平不公正的情况,所以不宜赋予其法律强制力,但其薄弱的法律效力又会带来任何一方都可任意悔改的不确定性,给医患纠纷的解决带来不必要的麻烦。因此,医患双方在签订协议时应当注意以下几点:第一,协议的内容一定要明确清晰,包括具体事实、纠纷性质、赔偿数额、约定的权利义务、生效要件等,避免出现模糊不清或规避法律责任的情形;第二,明确违约方所承担的法律责任,如提供违约金及赔偿金等,以避免守约方不必要的损失和麻烦;第三,对于赔偿金额较大、纠纷情形复杂等容易产生变故的协议,可以通过公证、担保、司法确认等方式,确保协议的履行。

(四)明确协商解决的范围

"医闹"和医疗机构逃避法律责任,是医患双方滥用协商的主要因素。协商过程中,患方往往会采用各种极端行为以期待获得更多的赔偿,很多医疗机构因无法忍受"医闹"行为而被迫给予患方高额赔偿。当医疗机构存在过失时,其可能会主动要求协商解决,通过给付患方高额赔偿来逃避相关行政责任和刑事责任。这两种情形一方面导致处理结果的不公平,另一方面也加重了保险公司的负担。因此,应当对医患纠纷协商解决的范围作出明确具体的规定,以保证处理结果的公平合理。例如,2015 年 1 月 1 日实施的《天津市医疗纠纷处置条例》第 18 条,对协商或调解的金额、方式作了较为明确的限制性规定;第 23 条同时规定,疗责任保险承保公司可以委派理赔人员参加医疗纠纷调解。

二、行政调解解决机制的完善

目前,在各类纠纷中都提倡多元化纠纷解决机制,目的就是保证纠纷能以最高效快捷、科学合理、经济适用的方式得以解决。虽然卫生行政部门调解在医患

[1] 参见范愉:《非诉讼程序(ADR)教程》,中国人民大学出版社 2012 年版,第 97 页。

纠纷的解决中存在立法缺陷、中立性不足等必然缺陷，但由于卫生行政部门作为医疗机构的监督和管理机关，能够有效地查处、惩治医疗机构的诊疗行为，其行政权力的特性使其在解决医患纠纷中具有其他纠纷解决方式不可替代的优势。因此，应当以宽容、接纳的态度完善医患纠纷的行政调解解决机制，使我国的医患纠纷多元化解决机制更加饱满丰富，从而实现有效解决医患纠纷，缓解医患矛盾的效果。

（一）完善行政调解法律规定

《医疗事故处理条例》作为卫生行政部门调解的唯一法律依据，其本身对行政调解的规定就过于简单，而且部分内容还与我国《侵权责任法》《民法通则》等相关法律规定相冲突，导致其在实践中缺乏可操作性，很少为当事人所使用。因此，要想改变这一现象，必须完善行政调解的相关立法。自 2002 年起，就不断有学者呼吁制定出台“行政调解法”，后随着《侵权责任法》等法律的出台，《医疗事故处理条例》所规定的内容越发不能适应医患纠纷解决的现状，因此学者们又呼吁制定“医疗纠纷预防与处理条例”。不管出台哪部法律法规，都必须对医患纠纷的行政调解作出具体详细的规定。

首先，应当拓宽调解范围。对于卫生行政部门的调解范围，应当拓宽为医患双方向卫生行政部门申请调解的所有医患纠纷，而不应仅限于医疗事故纠纷；同时，对于卫生行政部门的调解权限应当扩大，应增设卫生行政部门可以主动介入医患纠纷调解的情况，从而保证卫生行政部门积极主动地投入医患纠纷解决中去，将纠纷尽早化解，而不是被动地去调解。这样可以扩大卫生行政部门的监督管理范围，有利于督促医疗机构更好地进行诊疗，对于医疗机构存在过错或过失的行为也能及时进行归责和惩治。

其次，应当明确调解程序。对于卫生行政部门医患纠纷行政调解的原则、调解机制的设置、人员组成、调解员的任职条件和职责、调解规则、具体程序、调解协议格式、调解过程中卫生行政部门的监督、当事人对调解人员违法或不当行为的监督、调解人员不作为后果等内容都应作出具体明确的规定，通过完整公正的程序性规范，保证调解的程序正义，获得当事人的信任，从而彰显行政调解的权威性和公信力。

最后，提高行政调解协议的法律效力。医患纠纷行政调解所达成的调解协议，从本质上来说具有民事合同的性质，如果一方反悔，协议不得被强制执行。这样不仅损害了卫生行政部门的权威性、积极性，还浪费了国家资源。因此，对于调解成功后所签协议，应当列入一定的履行限制。如只有在调解协议是否存在违法、不当或者显失公平等情况时，当事人才可拒绝履行、要求变更或撤销协议，否则,当事人应当按照协议继续履行义务。此外,卫生行政部门还可以加强与其他部门的合作,如申请法院对调解协议进行司法确认,到公证处对调解协议进行公证,以保证双方当事人能够自觉履行调解协议,从而保证医患纠纷的顺利解决。

(二)加强行政调解机构建设

卫生行政部门的双重身份导致卫生行政部门的中立性地位备受争议,其缺乏专门的医患纠纷调解部门又导致其专业性备受争议,因而在实践中,卫生行政部门的调解一直被当事人排斥,导致其不能充分发挥自身的优势。要解决这一问题,必须加强医患纠纷行政调解机构建设。

首先,设立专门的调解机构。为确保医患纠纷行政调解的专业性和高效性,防止卫生行政部门对于当事人的调解申请不作为、越权调解等失范行为的出现,应当设立一个专门的调解机构,并配备专门的行政调解人员。调解人员必须包含了解法学、医学等多方面知识并有丰富调解经验的专家,这样可以提高行政调解的高效性、专业性和权威性。

其次,保证行政调解部门的独立性。卫生行政部门既有监督管理者的身份,又有调解员的身份,导致行政调解在实践运行中既被患者排斥,又被医疗机构排斥,同时该双重身份也是当事人对其中立性质疑的主要原因。因此,应当细化卫生行政部门的机构和职责,[1]将卫生行政部门的监督管理职能和调解职能分给两个不同的部门来执行,而且在履行职能过程中,这两个部门都不得进行有关医患纠纷的信息交换,否则应该承担相应的行政责任。

(三)完善医疗事故鉴定制度

当前,我国的医患纠纷鉴定包括医疗事故技术鉴定和医患纠纷司法鉴定,二者在鉴定标准、鉴定程序、鉴定内容等方面都有较大区别。因此,在实践中经常出现鉴定结果不尽相同甚至相冲突的情况,造成资源浪费的同时,还降低了鉴定结果的公信力和说服力。因此,我们必须建立统一的医疗鉴定机制,以保证鉴定结果的公平公正。

三、医调委调解解决机制的完善

目前,我国医患纠纷的数量不断攀升,已成为严重影响我国医疗秩序正常运行及社会和谐稳定的主要问题。医患纠纷的综合性、多样性决定了纠纷解决方式也必须多样性的要求,而医调委调解作为一种新生的纠纷解决方式,在实践和探索过程中,都表现出了其优越的纠纷处理能力,有效地化解了各类医患纠纷,缓解

---

〔1〕 参见马佳:《论我国行政处理民事纠纷机制的完善》,载《湖北行政学院学报》2007 年第 1 期。

了紧张的医患关系,在医患纠纷解决过程中发挥了重要作用。因此,对于医调委机制在实践中所暴露的问题和缺陷,我们应当通过完善和更新,切实保证医调委调解成为医患纠纷解决的主要途径,建立一个多元化纠纷解决机制保证医患纠纷的有效解决。

(一)完善统一立法

目前,我国医调委调解解决机制的运行主要是参照《人民调解法》等法律中有关普通调解的相关规定。虽然各部委通过发布相关文件及讲话,对医调委调解的组织建设、业务指导等方面做了统筹规定,各实践地区也纷纷出台了相应的地方性规定、条例来规范和指引医调委调解的正常运行。但是,由于缺乏统一专门的指导性立法,而且这些规定的法律位阶过低,在具体内容上过于零散,对于医调委的具体运作、流程等规定还存在一定缺陷与不足,医调委调解的合法性、正当性受到质疑,其所得出的调解结果必然也会因为缺乏法律的支持而缺少应有的法律效力。因此,应当尽快制定专门的、全国统一的法律法规。一方面,要将医调委调解制度作为新的医患纠纷解决途径予以明确,使其能够真正为理论界和实践界所认可,成为一条专业、经济、有效的纠纷解决方式;另一方面,通过总结各地的实践经验,对于医调委的性质、组织机构、人员组成、运行方式、经费来源、调解的流程、调解协议的效力、与诉讼解决机制的衔接、配套设施等问题都作出明确的规定,使医调委的调解能够以合法、规范的形式运行,使其能够成为医患纠纷的主要解决途径,切实有效地缓解日益紧张的医患关系。

(二)增加调解员回避制度

调解员在调解的过程中应当保持完全中立的态度,对当事人双方做到不偏不倚,以保证调解结果的公平公正。在上海市的实践中,医调委对调解员的适用采取指定的方式,由不同的调解小组负责调解不同医院的医患纠纷。笔者认为,这样做,一方面,不符合调解中当事人充分自治的原则;另一方面,对于一些特殊案件,调解员可能与当事人双方中的一方存在一定的特殊关系,不能保证调解的公平公正,应当借鉴《民事诉讼法》中有关回避的规定。对于调解员是纠纷当事人或者当事人、代理人近亲属的,本人或近亲属正在或曾在纠纷涉及的医疗机构工作的,与所涉医务人员有利害关系的,与纠纷所涉医疗制品销售、生产单位有利害关系的等情况,调解员可以自行申请回避,也可以由当事人提出回避申请;回避申请可以提交书面申请,也可以口头申请,但都必须说明具体理由,由医调委予以审查;回避决定应由医调委主任作出。通过以上办法,可以充分保证调解员的中立地位,从而保证调解结果的公平公正。

(三)改进专家咨询制度

前文提到,在实践中的专家咨询制度为了达到既保护专家又保证专家了解案件基本事实的目的,医疗机构可以参与专家咨询会,并在会上就案件的经过作一定的陈述和解释,而患方却被排除在专家咨询会外。这一做法导致专家咨询意见的客观性、真实性受到质疑,降低了专家意见的可信度。此外,专家意见虽然包含对医疗机构是否存在过错、医疗机构是否应当承担责任及责任比例的内容,但其作出后,仅作为调解员的调解参考,并不具有任何法律效力,降低了专家意见的权威性,这些都是与设立专家咨询制度的初衷相违背的。对此,笔者认为,应当对专家咨询制度进行完善和改进。首先,召开专家咨询会应当同时排除医方和患方的参加,双方当事人对案件事实的陈述和解释可以通过书面形式或口头形式由调解员转达交予专家,专家对于纠纷事实的意见看法也仅与调解员进行沟通交流。其次,对于专家在提出意见前所查阅的相关案卷材料应当隐去医患双方涉及的具体医院及涉案当事人,保证专家在作出咨询意见时不受任何外界因素的影响。这样一种相互回避的模式可以保证专家在充分了解双方当事人陈述的同时,也能客观公正地对纠纷事实提出咨询意见,充分保证了专家咨询意见的客观性、中立性,提高了专家意见的可信度。专家意见作为调解员的调解参考,可以通过加盖医调委专家库的印章,不写明具体专家姓名的方式,出示给医患双方,保证双方当事人处于完全平等地位,以便于医患双方达成调解协议。最后,应当赋予专家咨询意见一定的法律效力,专家需要对其所作的意见负责。事后如果当事人不能达成调解协议或采取其他方式解决纠纷时,专家咨询意见可以作为具体依据用以解决纠纷。这样既可以保证专家咨询意见的权威性和公信力,又可以避免不同专家多次重复对案件事实作一定的解释和认定,避免了专家资源的浪费。同时,专家负责制也保证专家能够客观公正地作出咨询意见,有助于纠纷获得公平公正的解决。

(四)完善医疗事故上报和监管制度

医调委调解解决方式通过专家咨询制度代替了医疗事故技术鉴定,而且在调解协议中会约定双方不得以其他方式要求重新解决纠纷,这就导致一些发生医疗事故的医疗机构或医务人员主动寻求医调委调解,希望通过高额赔偿的方式逃避卫生行政部门的行政监管与处罚,而卫生行政部门因为未进行医疗事故技术鉴定而无法根据相关法律法规对违规的医疗机构和相关医务人员进行行政处罚。对此,笔者认为应当完善医疗事故上报和监管制度。一方面,对于一些属于医疗事故,可能涉及追究医疗机构和相关医务人员行政责任的医患纠纷案件,调解员在调解的过程中应当主动向卫生行政部门报告,并积极配合提供相关材料,以便于卫生行政部门能够及时进行管理与监督;另一方面,卫生行政部门应当加强对医调委调解的案件的检查工作,可以通过定期检查和不定期抽查等方式,主动排查医调委调解的案件中是否存在医疗事故案件,若存在应及时予以处罚和公告。通过医调委和卫生行政部门的合作,排除医疗事故的监管盲区,保证我国医疗卫生秩序健康、有序、规范。

(五)创新经费来源

由于医患纠纷的专业性和频发性,在解决医患纠纷时必然需要投入大量的资金,如果缺乏充足的资金基础,医调委调解的各项工作都很难顺利进行,其专业性、中立性等都无法保证。目前,在实践中各地医调委运行所依赖的资金来源各不相同,其中主要是以国家财政支持为保障,也有部分地区采取医疗责任保险的方式,由保险公司向医调委拨出运行经费,或是向当事人收取费用的形式。不管采取何种方式,都存在一定的缺陷和不妥。若完全依赖国家财政的支持,容易影响医调委调解机制的独立性和中立性,容易引起政府行政干预的嫌疑,并且这种方式会增加政府的财政负担。对于一些经济欠发达地区,政府财政可能无法保障医调委的正常运行;若由保险公司保障运行经费,那么医疗机构就间接地成为医调委的"衣食父母",难以保证医调委的中立公正;若向当事人收取费用,则会违背医调委免费调解的初衷。

因此,笔者认为,应当通过多渠道保障医调委的运行经费,并对医调委调解的收费作出明确规定。针对经费来源问题,有学者建议,可按照《信托法》的相关规定,在医疗责任保险制度的基础上建立公益信托基金,以此来保障经费来源。[1]对于这一公益信托基金,笔者认为应当包含以下几个方面的资金:一是政府部门的财政出资;二是保险公司根据医疗机构的等级、纠纷发生率等所确定并缴纳给医调委的纠纷解决保险金;三是患方的缴费;四是通过社会捐赠、公益赞助等方式筹集的资金。对于医患纠纷解决所需的经费按比例或分类别由政府财政和双方当事人予以保证,其中对于当事人支付部分可以由纠纷保险金预先支付,纠纷解决后按照双方当事人的责任比例分摊,或按照双方当事人的约定来承担。这样既可以维护医调委的中立地位,保证调解的公正性,也能有效解决双方当事人的纠纷,维护当事人的利益。

四、仲裁解决机制的完善

我国当前的医患关系紧张,各种医患纠纷激增,国家采用协商、调解、诉讼等多种方式试图缓解医患纠纷的紧张形势,但医患纠纷并未就此减少,各种"医闹"、恶性伤人事件依然很少,显然已有的医患纠纷解决方式不能公正、经济、高效

---

〔1〕 参见范贞:《医疗责任保险的思考》,载《法律与医学杂志》2007年第3期。

地解决数量庞大、纷繁复杂的医患纠纷。因此,我们有必要通过探索和完善医患纠纷仲裁制度,建立一个更为多元化的纠纷解决机制,保证医患纠纷能够及时公平地得以解决。

(一)完善相关立法

明确具体的法律法规对于纠纷的顺利解决具有决定性作用,也是医患纠纷仲裁机制得以良好运行的制度保障,而目前我国没有具体的法律法规对医患纠纷仲裁作出具体规定。因此,要想医患纠纷仲裁机制能够成为医患纠纷的主要解决方式之一,并逐步推广到其他城市乃至全国,必须将医患纠纷仲裁法律化。对此,可以在《仲裁法》中对医患纠纷的仲裁解决予以明确,也可以借鉴劳动争议仲裁、合同纠纷仲裁、人事争议仲裁制度的经验,通过特殊立法如"医患纠纷调解仲裁法"的方式,对医患纠纷的仲裁模式、仲裁机构及人员、启动、内容、流程、形式、效力、费用等作出明确具体的规定,使医患纠纷仲裁制度能够真正地有法可依,并按照科学合理的程序运行,从而能够在医患纠纷解决机制中发挥重要作用,切实有效地解决各类医患纠纷。

(二)提高仲裁机构专业性

医患纠纷仲裁的核心是配备具有深厚医学功底的专业仲裁队伍。因此,医患纠纷仲裁委员会的人员需要具备专业的医学知识和一定的法律基础,在处理当事人的医患纠纷时,既可以对该领域的专业性问题作出权威的解释,又知晓相关的法律法规,这样有助于更加公平合理地解决医患纠纷。可以说,仲裁员的选任直接关系到仲裁结果的公正性和权威性,因此在选任时应当优先考虑临床医学专家、卫生行政管理专家、相关法律专家等来担任仲裁员,以保证仲裁委员会的专业性、权威性,以充分体现医、法相融合的意旨,符合医患纠纷行业综合性特点,以此提高社会大众的信任度。[1]

第二节 医患纠纷诉讼解决机制的完善

目前,医患纠纷已经成为非常普遍的社会问题之一,并广为社会各界所关注,如何通过法律手段应对和化解各类医患纠纷,建立和谐的医患关系,维护司法权威,是我国当前亟待解决的问题,笔者认为应当从以下几个方面加以完善:

---

〔1〕 参见肖海、王蓉:《引入第三方参与的调解仲裁机制处理医患纠纷的探索》,载《科技信息》2012 年第 23 期。

一、加强病历管理

病历在诉讼中起到了至关重要的作用,它记录了患者接受诊疗的全过程,是查明案件事实,解决当事人双方争议的关键证据。由于病历的特定性和唯一性,一旦缺失或遗漏,都严重影响到医患关系、鉴定的结果、医疗行为与患者损伤的因果关系等事项的确立,而且病历作为医疗活动信息的主要载体,不仅在解决纠纷的过程中发挥着重要作用,也是教学、科研的第一手资料,是医疗质量、技术水平等事项的综合评价依据,因此在实践中必须保证病历资料的客观、真实、完整。

首先,应当明确病历的重要性。一方面,要求医疗机构加强对病历重要性的宣传和引导,包括《病历书写基本规范》《医疗机构病历管理规定》《侵权责任法》等法律法规的宣传,保证医务人员具有强烈的责任感,对病历资料填写、制作等方面都有足够的重视;另一方面,需要加强医务人员书写、制作病历的培训,并建立相应的奖惩机制定期予以考核,考核方式可以包括定期检查、不定期抽查等形式,要求医务人员严格遵照相关规定书写、制作、查阅、保存病历,严禁出现涂改、伪造、隐匿、销毁病历资料的行为。2002 年,原卫生部颁布了《病历书写基本规范(试行)》,目的就是保证病历的真实完整,2010 年 3 月 1 日原卫生部又颁布了新修订的《病历书写基本规范》,其中明确规定要进一步完善医务人员对病历的书写、制作和保存,除了继续保持传统的手写病历,还要增加对电子病历的构建与完善,防止相关信息的遗失和错误。

其次,应提高对病历保管的要求。《医药卫生档案管理暂行办法》《侵权责任法》《医疗机构病历管理规定》等法律法规都对病历的保管作出了具体规定,医疗机构应当按照规定要求设立专门部门、人员负责病历的收集、整理、统计、保管等工作,并提供配套的设施、设备等保证病历的保管、统计、查阅等相关管理制度的实施。

最后,医疗机构需要通过加强财政投入和信息技术支持,建立并完善病历信息查询、病历信息一体化管理等平台,形成系统的病历现代化规范管理。

二、完善医患纠纷鉴定制度

医患纠纷鉴定,是解决医患纠纷的一个重要环节。它是指由具有专业医学知识的专家通过对双方当事人所提供的病历资料、当事人陈述等材料进行鉴定,对患者的损伤程度、医疗机构是否存在过错、医疗机构的行为与患者损伤之间的因果关系等内容作出判断,形成书面的鉴定意见,从而方便法院作出裁判或卫生行政部门对医疗机构作出承担行政责任的决定。鉴定意见的公正与否,直接关系到双方当事人的责任承担和赔偿数额,关系到医患关系的和谐与否。可以说,医患纠纷鉴定意见在解决医患纠纷过程中发挥着关键性作用。因此,在实践中必须建立科学合理的医患纠纷鉴定制度,保证医患纠纷能够获得公平公正的解决。

首先,应当加强对鉴定材料的保护,也就是前文所说的对病历的管理。医疗机构及医务人员应当按规定填写并妥善保管相关病历资料,对于患者要求查阅、复制病历资料的,医疗机构应当提供;卫生行政部门要加大对医疗机构病历规范管理的检查力度;医疗机构也可建立内部的病历规范书写管理的检查制度。通过以上措施可以有效规范医疗机构的行为,能够有效遏制虚假、遗漏病历等情况发生,保证鉴定材料的真实完整,为鉴定结果的真实性奠定良好的基础。

其次,统一鉴定机构、鉴定结果。当前,我国的医患纠纷鉴定包括医疗事故技术鉴定和医患纠纷司法鉴定,二者在法律依据、启动、鉴定机构和人员、鉴定程序、鉴定内容、证据形式等方面都有较大区别。不同的鉴定机构和标准必然导致鉴定结果不尽相同,甚至还会出现鉴定结果相冲突的情况。如此一来,不但造成一定的资源浪费,还使鉴定结果失去其应有的公信力和说服力,反而会加大医患双方的矛盾与冲突,不利于纠纷的解决。因此,我们必须建立统一的医疗鉴定机制,统一鉴定程序、鉴定标准、鉴定内容等事项,以减少不必要的资源浪费,客观公平地鉴定医疗过错和责任。在建立统一的医疗鉴定机制时,可以综合医疗事故技术鉴定和司法鉴定的优势,扬长避短,以保证鉴定结果的公平公正。例如,(1)医疗事故技术鉴定中的专家鉴定组成员都是根据医患纠纷所涉及的专业确定的,而司法鉴定是由鉴定机构指定鉴定人,遇到疑难专业问题时再向相关专业领域的专家进行咨询。显然,医疗事故技术鉴定的办法更加科学合理,其所作出的鉴定意见必然具有更高的专业性和可信度。(2)医疗事故技术鉴定书只盖医学会医疗事故技术鉴定专用印章,专家鉴定组成员不需要签字,也不必出庭接受当事人质询,这种集体负责制的鉴定制度使鉴定人员只享权利不担义务,极有可能影响鉴定结果的真实性、公正性;而医疗过错司法鉴定实行鉴定人负责制,司法鉴定文书由鉴定人签名或者盖章,经人民法院通知,司法鉴定人应当出庭作证,否则鉴定意见不能作为定案依据。(3)医疗事故技术鉴定有市级医学会、省级医学会、中华医学会,且相互之间具有地域性和层级性,而司法鉴定的鉴定机构之间不受地域等级的限制,相互之间没有隶属关系,其鉴定机构的独立更能保证鉴定结果的公平公正。

最后,保证鉴定人的独立性。在实践中,鉴定专家大多来自医疗机构,且来自不同医疗机构各专业的鉴定专家可能都相互认识,在鉴定中不可避免地存在专家间相互包庇的利益输送关系,这对患方是极不公平的,在这种情况下所作出的鉴定结果其真实性也值得质疑。因此,在医患纠纷鉴定制度上,应当建立“盲鉴”模式,专家不知道自己所鉴定案件的双方当事人是谁,医患双方也不知道本案的鉴定专家是谁,以保证鉴定人的独立性,使鉴定专家敢说真话、不得不说真话。同时,可以设立跨地域专家库,扩大专家的来源,使鉴定结果少受人际关系的干扰,以提高鉴定结果的公正性、公平性、公开性和法律权威性。[1] 此外,还可以建立医患纠纷鉴定机构的政府购买制度,由政府通过购买、租赁、委托或雇佣等形式,将鉴定工作交由有资质的社会组织来完成,定期对鉴定机构的业务水平、服务质量等进行综合评价,出具资质等级证书,对不同资质等级的鉴定机构在受案范围上作出限制,并根据其提供服务的数量和质量,按照一定标准进行评估后支付服务费用。[2] 使医患纠纷鉴定机构成为一个面向全社会服务的完全中立的社会鉴定机构,减少行政机关、行政人员对鉴定过程的干预,能够更好地保证鉴定人的独立地位,保证鉴定结果的中立性、公正性。

三、提高诉讼效率,降低诉讼成本

我国严格的诉讼程序和医患纠纷的特殊性,导致完成整个医患纠纷诉讼流程需要花费很长时间。在这一过程中,当事人除要花费大量的时间完成整个诉讼流程外,还要承担高额的律师费、诉讼费、鉴定费及交通费等支出,因此即使诉讼作为解决纠纷的最后一道防线,能够最大限度地保护当事人的合法权益不受侵害,但是从社会角度或当事人的立场出发,都是优先考虑以和解、调解等方式来解决纠纷,这与诉讼方式解决程序冗长、效率低下、成本高昂的特点是密不可分的。因此,我们应当完善医患纠纷诉讼解决程序,提高诉讼效率,降低当事人所需的时间成本和经济成本,让诉讼能够真正成为当事人用以维护自身合法权益的法律武器,达到定分止争、维护公平正义的效果。

首先,应当缩短诉讼时间、降低诉讼成本。医患纠纷诉讼周期较长,是导致当事人诉讼成本增加的最主要原因之一。一方面,法律法规适用模糊、证据调查取证比较困难、患者身体状况及患方的情绪激动等问题都会导致诉讼进度较慢甚至诉讼中止的状况发生,所以延长审限在医患纠纷解决中较为普遍,这在拉长了诉讼周期的同时,也增加了双方当事人的经济负担。因此,应当通过完善相关的医疗法规、限制诉讼期限的延长、适当下调诉讼费用、提高调查取证效率等方式,减少当事人尤其是患者通过诉讼方式解决医患纠纷的成本。另一方面,由于法官缺乏专业的医学知识,因此其必须依赖于鉴定机构的鉴定意见才能对案件基本事实作出判断。在实践中,法官过分依赖鉴定机构、当事人盲目要求重新鉴定等现象

---

〔1〕 参见李情、强美英:《完善我国医疗事故技术鉴定制度的思考》,载《医学与哲学》(人文社会医学版)2006 年第 1 期。

〔2〕 参见顾帮朝:《医疗事故技术鉴定的法律性质及其地位——医疗事故技术鉴定制度的立法缺陷及其完善》,载《中国医院管理》2003 年第 3 期。

较为普遍，从而导致过度鉴定、重复鉴定的情况严重，而鉴定时间一般不计算在审限内，所以这也是导致诉讼周期长的主要原因之一，而多次的鉴定所带来的高额鉴定费用必然会增加当事人的诉讼成本。因此，在实践中，应当严格限制当事人要求重新鉴定、补充鉴定的申请，对于专业性较强的鉴定报告书，可以由专家辅助人予以解释说明，消除当事人的疑虑，以达到减少不必要的鉴定、缩短诉讼时间的效果。

其次，应当培养复合型人才。目前，医患纠纷诉讼解决方式在实践中所暴露出来的效率低下、成本高昂等问题，反映出医疗机构、法院、医患纠纷处理机构等都缺乏既精通法律又精通医学的专业人士，所以在解决医患纠纷的过程中，对于同一问题可能需要两批人、双倍的时间来处理，这在一定程度上也增加了诉讼时间和成本。因此，为了更加便捷快速地处理医患纠纷，医患纠纷处理机构、法院等应当通过人才交流、学术讲座等方式加强培养和引进医学和法学的复合型人才。这样在解决一般的医患纠纷时，法官可以根据自身所了解的医学知识、法律知识对案件事实、适用法律等作出准确判断，从而提高诉讼效率，减少当事人的诉讼成本，保证医患纠纷的顺利解决，让诉讼充分发挥其维护公平正义的作用。

四、完善相关立法

关于医患纠纷的赔偿标准问题，在具体法律适用上的"二元化"差异所导致的赔偿标准不统一，当事人双方各执一词，也是医患纠纷诉讼解决机制的一大缺陷。目前，由于《医疗事故处理条例》与《民法通则》及相关司法解释的内容存在一定冲突，人们对《医疗事故处理条例》的权威性提出质疑，许多地方已经出台地方性法规，如《江西省医疗纠纷预防与处理条例》。对于这一问题，不少民法专家也提出了类似观点。如张新宝教授认为，行政法规、规章等不宜对医疗损害赔偿一类问题作出规定，因为这属于民事法律调整的范围；[1]中国人民大学法学院教授杨立新表示，在《侵权责任法》中，应当专门建立一章规定医疗事故责任的问题，这样才能够避免行政法规和规章偏袒医疗机构的嫌疑。因此，应当完善相关的法律规定，制定统一赔偿标准来保证医患纠纷的顺利解决。

第三节 非诉讼与诉讼解决机制的衔接

为了提供更多的纠纷解决方式，建立一个多元化纠纷解决机制，最高人民法

---

〔1〕 参见张新宝：《侵权责任法原理》，中国人民大学出版社2005年版，第229页。

院于2009年7月发布《关于建立健全诉讼与非诉讼相衔接的矛盾纠纷解决机制的若干意见》,要求充分发挥法院、行政机关及社会组织的共同力量,在相互协调配合的基础上,发挥其各自的优势,以实现各类纠纷非诉讼解决机制与诉讼解决机制的有效衔接,保证纠纷的解决能够更加便捷高效。非诉讼与诉讼解决机制的衔接主要包括各中立调解组织与法院之间在程序和效力等方面的协调合作,以及法院对仲裁组织工作的监督、管理和支持,具体如下:

一、诉讼与仲裁的衔接

诉讼与仲裁的衔接主要表现在法院对仲裁过程中的财产保全、证据保全,对仲裁裁决的监督,以及对仲裁裁决执行的保证。关于保全,虽然当事人的财产保全、证据保全申请是向仲裁委员会提出的,但由于仲裁委员会不具有强制力,无权对公民、法人或者其他组织的财产采取强制措施。因此,在实践中若医患双方选择仲裁方式解决纠纷,在仲裁前或仲裁中,当事人担心证据被毁损或财产不能执行,都可以提交保全申请,并提供相应的担保,经由仲裁委员会提交被保全财产或证据所在地、被申请人住所地或者对案件有管辖权的人民法院,由人民法院决定是否采取财产或证据保全措施。在医患纠纷中,涉及财产保全、证据保全的情况一般比较少见,更多的是病历等证据的封存。在仲裁裁决作出后,当事人若有证据证明没有仲裁协议、超出仲裁范围、仲裁程序违法、证据不足、仲裁员违法裁判等情形,可以向法院申请撤销裁决,法院通过审查,可以视情况要求仲裁委员会重新仲裁或作出撤销仲裁裁决或裁定不予执行的裁定。此外,对于已经生效的仲裁裁决,双方当事人都应当积极履行,若当事人一方不履行,另一方当事人可以向法院申请强制执行;一方申请执行裁决,另一方申请撤销裁决的,法院裁定中止执行,并根据具体的审查情况作出终结执行或恢复执行的裁定。

二、诉讼与调解的衔接

(一)委托调解

近几年,我国一直在推行多元化纠纷解决机制的探索与创新,而委托调解就是法院在多元化纠纷解决机制构建方面的重要创新,委托调解作为一种案件分流方式,它是将诉至法院的纠纷导向调解,最终由法院进行确认的一种新机制。这将人民调解、行政调解、专业调解与诉讼的运行紧密地联系在一起,充分发挥了调解在纠纷解决过程中高效率、低成本的优势,又弥补了调解随意性、不确定性的弊端。目前,关于委托调解,全国各地都已展开实践与探索,其在医患纠纷解决中也发挥着重要的作用,与其他纠纷解决方式相比,具有较高的建构价值。因此,有必要通过进一步的研究分析使其趋于完善,从而保证在各类纠纷解决过程中发挥应有的作用,达到平和化解矛盾、切实保障当事人的权益、稳定社会秩序的效果。

目前,有关委托调解并没有发布相关的法律规定,在各地的探索实践中都是参照地方性规定。此外,各地还出台了相关办法保证委托调解的正常运作,如上海市出台了《关于规范民事纠纷委托人民调解的若干意见》、上海浦东新区司法局出台了《关于诉前(委托)调解的规定》。在实践中,有关医患纠纷的委托调解主要是在诉讼程序,在双方当事人自愿的基础上,将医患纠纷委托给医调委进行调解,如果调解成功,则由医调委出具调解协议书,视当事人意愿进行司法确认,法院予以立案并按当事人撤诉处理,或者由法院立案并出具民事调解书;如果调解不成功,法院则立案并进入诉讼程序。在实践中,医患纠纷的诉前委托调解,有效地缓解了法院医患纠纷案件激增的矛盾,节约了司法资源,同时也降低了当事人解决纠纷的成本,促进了法院调解制度的完善。但是,由于这一制度目前仍处在初期探索阶段,在实践探索中也暴露了许多问题,在立法、程序等方面都存在一定的不足,因此,必须对其加以完善和更新,保证医患纠纷能够得以顺利解决,从而缓解紧张的医患关系。

首先,我国相关法律还没有关于委托调解制度的统一规定,有关医患纠纷的委托调解主要是参照适用最高人民法院《关于人民法院民事调解工作若干问题的规定》中的相关规定及相应的地方性规定、条例来规范和指引医患纠纷委托调解的正常运行。但是,由于缺乏统一专门的指导性立法,且这些规定的法律位阶过低,不免在委托调解的具体运作、流程等规定上还存在一定缺陷与不足,导致委托调解的合法性、正当性受到质疑。而各地委托调解的做法都是依照当地的地方性规定,导致委托调解的适用十分混乱,在委托调解的适用范围、委托的对象、程序规范、对调解协议的认定等方面都存在不同的认识,这无疑影响了人们对委托调解的正确认识,不利于委托调解效果发挥。因此,应当尽快制定专门的、全国统一的法律法规。一方面,要将委托调解制度予以明确,使其能够为理论界和实践界所认可,提高其熟知度、认可度;另一方面,通过总结各地的实践经验,对委托调解的适用范围、委托对象、委托时间等程序事项进行规范,保证委托调解能够以合法、规范的形式运行,充分发挥委托调解的优势。

其次,受委托的主体比较局限。由于医患纠纷专业性的特点,而医调委的调解员同时具备专业法律知识和医学知识,因此,在实践中,法院主要将医患纠纷委托给医调委进行调解。但笔者认为,法院的委托调解主体不应当仅局限于医调委,在医患纠纷案件中,卫生行政部门的调解也具有其优势,其工作人员都具有专业的医学基础,并且其管理监督身份可以对医疗机构的诊疗行为进行一定考核审查,有助于规范医疗机构的诊疗行为,因此,对于一些重大医疗损害纠纷,有可能构成医疗事故需要追究医疗机构和相关责任人的行政责任时,法院应当将案件委托给卫生行政部门进行调解。此外,根据最高人民法院《关于人民法院民事调解工作若干问题的规定》的规定,有权接受委托的主体是“有关单位和个人”。对于一些特殊医疗案件,如医疗机构或医务人员与患者之间存在一定联系的纠纷,强硬的法律规范也许并不能有效化解当事人矛盾,甚至会使当事人之间的关系僵化。对此,可以选取与双方关系比较微妙的主体,通过亲情、人情的劝说,缓和双方当事人的对立情绪,也可以选取被双方所信服的医学专家、律师等人员进行调解。总之,谁参与调解并不是关键,最重要的是能够遏制矛盾激化,有效解决纠纷。因此,对于委托调解的受托主体可以包含医调委、卫生行政部门、专业调解部门、特殊个人等主体,这样为纠纷的解决提供了更多选择的空间,符合建立多元化纠纷解决机制的初衷,也能够以最科学合理的方式解决纠纷,保证当事人利益最大化。

最后,我国目前医患纠纷的委托调解主要是在立案阶段的调解,对于审判阶段或是执行阶段的调解在实践中并没有相关的做法。而当事人之所以选择诉讼方式解决纠纷,大多情况是前期协商、调解等方式无法解决纠纷,此时若直接将案件委托调解,多数情况会被当事人所排斥,这导致委托调解流于形式,不能切实地将调解深入诉讼中并发挥其各自优势。而实践数据表明,审判阶段的调解效率要高于立案阶段的调解效率,这主要归结于审判过程中,法官已经就案件事实、法律关系等进行了梳理,对当事人之间的争议焦点进行了总结,对案件结果进行了预估,而当事人的对立情绪消除,对案件结果的风险有了一定预知,此时若再安排专业人员进行调解,可以达到事半功倍的效果,而且法官在审理过程中,可以根据具体案情决定是否适用裁判或调解方式解决纠纷,充分发挥调解与诉讼相互补充的优势作用。此外,“执行难”一直是我国民事司法实践中的普遍现象,当事人对生效裁判不满意拒绝履行是执行难的主要原因之一,通过社会力量对双方当事人进行劝说和调解,可以让当事人在一定基础上进行妥协,从而解决纠纷。在医患纠纷中,承担裁判履行义务的主要是医疗机构,所以很少有“执行难”的问题,但是对于一些特殊的需要患方履行义务的案件,可能出现患方拒绝履行的情况,此时可以采用委托调解的方式使当事人能够主动履行裁判,及时解决纠纷。因此,应当将委托调解应用到诉前、诉中、执行等不同阶段,保证调解可以充分发挥其调和作用,提高纠纷的解决效率和效果。

(二)司法确认

目前对委托调解的性质认识不一,但在实践中通常做法是将委托调解所达成的协议进行司法确认。当事人达成的调解协议不具有强制力,因此,当事人可以在达成调解协议后向调解组织所在地基层法院司法确认。司法确认最初是在《人民调解法》中予以确认，随后，最高人民法院《关于人民调解协议司法确认程序的若干规定》、《民事诉讼法》和最高人民法院《关于适用〈中华人民共和国民事诉讼法〉的解释》都对司法确认的具体程序作出了规定，改变了原先调解协议因缺乏法律效力而易被当事人反悔不履行的情况，从制度层面上实现了调解与司法纠纷解决机制的衔接。

相对于原来的调解法，关于司法确认的规定有了很大的完善和突破。例如，医调委会在法院设立相关的调解室，在工作地点上保证了纠纷能够迅速进入调解；司法确认的审查，一般由法官到医调委进行，为双方当事人都提供了一定的便利。但通过实践反映出来司法确认的具体运作程序在立法上仍存在许多缺陷和不足，需要联系实践进行分析并予以完善，具体表现在以下几个方面：

首先，司法确认的申请主体过于局限。目前，我国立法规定的司法确认的申请主体是由双方当事人共同向法院申请，即任何一方当事人未经对方当事人同意不得单方申请启动司法确认程序，其他任何相关人员不得申请启动司法确认。而在实践中，当事人作为矛盾双方经过调解员劝说说服虽然达成了调解协议，但不排除双方当事人仍处于对立的情绪和状态中，此时要求双方共同申请司法确认的难度较大，而任何第三方也没有启动申请司法确认的权利，此时如果出现一方或双方当事人不履行协议的情况，则会因为无法进行司法确认而导致调解员之前所做的了解案情、查明事实、劝说说服、签订协议等大量调解工作都付之东流，这样不利于保证纠纷解决资源的充分利用和保障。因此，笔者认为可以通过立法放宽申请的条件，同时赋予调解员申请司法确认的权利，这样可以保证国家司法公权力及时介入，达到保障调解协议的效力和履行的效果，减少当事人的反悔空间，从而保障调解组织的工作成果以及司法确认制度的权威性。

其次，法院对调解协议的审查流于形式。在实践中，对于司法确认主要是在医调委的办公地点进行，事先法院会告知进行司法确认所需要准备的材料，如双方当事人的身份证明材料、有委托人的须附带授权委托书及委托人证明材料、调解协议书、司法确认申请书、调解记录等相关内容，由调解员转达当事人，确认过程由法官、双方当事人、调解员一同参与，审查材料齐全后，若案情简单，则现场作出确认调解协议效力的裁定书，其他一般几日内作出裁定并寄送给双方当事人。笔者认为，在参与司法确认的过程中，对于材料的审查方面，尤其是对调解协议、调解记录的审查，过于简单、流于形式，仅是围绕材料是否齐全作出审查，若是齐全，则作出裁定，若是不齐全，则要求当事人将材料补充齐全再作出裁定，这样并没有发挥出司法确认监督调解协议达成的平等性、自愿性及内容合法性的效果。因此，一方面，法官应当对协议的内容、协议达成的过程、是否存在不平等不公正的情况等内容进行实质性审查，以确保调解协议反映当事人真实意愿，防止恶意调解、欺诈调解等现象发生，尤其要注意协议中约定的权利义务严重不对等的情况，可能是医疗机构存在医疗过错，企图通过高额赔偿逃避行政责任，对于类似情况，应当驳回当事人的司法确认申请，并及时向卫生行政部门上报，对于情节严重可能构成犯罪的，应当及时向公安机关举报。另一方面，应当通过立法加重恶意调解的风险承担，允许受害人就恶意诉讼提起损害赔偿，以增大恶意调解的风险，降低通过恶意串通侵害他人合法权益的发生率，从而发挥司法确认监督调解行为、确保调解协议公平自愿合法的作用。

第七章　我国医疗损害责任纠纷的民事司法研究

医疗活动本身具有专业性、复杂性、有限性、危险性、实验性、不确定性等诸多属性，再加上患者独有的身体特质，有些医疗结果在医疗过程中不一定能够获得有效控制，时常会发生一些不可预期或者产生难以预料的结果，在实践中造成患者心理较大落差，导致医患纠纷频繁发生甚至演变为极端行为。这些问题不仅影响我国医疗秩序，也对医疗机构及医务工作者、患者造成巨大的威胁，特别是责任归属的争议，也已经成为医患关系的梦魇。这是因为患者及其家属可能因悲愤痛苦而不断向医疗机构及医务人员提出难以承受的诉求，而医疗机构及医务人员因惊恐无奈而疾呼不平，正常的医疗体系在医患关系不断紧张中逐渐崩解，并演变为相当棘手的社会问题。从医疗机构角度来看，医学作为一门自然科学，其进步与发展离不开医疗机构及医务工作者的医疗实践探索，一项医疗技术的成熟与发展有可能是建立在一次又一次教训之上的，况且医学的发展牵涉全人类的福祉，如果在医疗实践中不允许探索，甚至不允许失败，医学也就有可能停滞不前或者影响医学的发达，从根本意义上会损害绝大多数人的利益。从患者的角度出发，由于医疗行为具有极强的专业性，现实中的医疗机构及医务工作人员的专业性存在被滥用的情形，特别是医患双方的信息不对称、权利不对等因素，患者始终处于劣势地位，其合法权益极易受到不应有的侵害。司法作为医患纠纷解决机制的一种方式，因其具有极高的权威性和终局性，在现实中扮演着重要的角色。据统计，全国法院 2014 年受理医患纠纷案件 19 944 件，2015 年受理 23 221 件，2016 年受理 21 480 件，2017 年受理 12 753 件，2018 年受理 12 849 件。尽管这类案件在整个民商事案件中占比不大，但因为医疗损害责任纠纷审理难度大、周期长、案件调撤率低，有关举证责任、鉴定程序、责任构成、责任承担等法律适用中的争点、难点问题多，所以正确处理医患纠纷、对医疗机构的损害赔偿责任进行合理的限制，具有重大的社会意义。[1] 正是基于此，部分省市对此作出规定，如 2005 年北京市高级人民法院《关于审理医疗损害赔偿纠纷案件若干问题的意见（试行）》、2007

---

〔1〕 参见 2017 年 12 月 14 日最高人民法院研究室负责人就最高人民法院《关于审理医疗损害责任纠纷案件适用法律若干问题的解释》答记者问。

年广东省高级人民法院《关于审理医疗损害赔偿纠纷案件若干问题的指导意见》、2009 年江西省高级人民法院《关于审理医疗损害赔偿纠纷案件若干问题的指导意见(试行)》、2013 年湖北省高级人民法院《关于审理医疗损害责任纠纷案件若干问题的意见》,等等。为了保障法律适用的统一,2017 年 12 月 13 日,最高人民法院发布《关于审理医疗损害责任纠纷案件适用法律若干问题的解释》(法释〔2017〕20 号)(以下简称《解释》),旨在通过纠纷案件的司法审理推动构建和谐医患关系,促进平安医院建设,维护广大人民群众健康福祉。2018 年 6 月 21 日国务院公布的《医疗纠纷预防和处理条例》对于平衡医患双方的权利和义务,维护医患双方的合法权益,从源头上预防和减少纠纷具有重要意义。

第一节　医患纠纷案件的法律性质

医疗法律关系作为一种特殊的法律关系,其特殊性是由医疗法律规范的特殊性和医患关系的特殊性决定的。对其本质的正确认识,对其特殊性的正确理解,不仅有利于合理有效处理其纠纷,也有利于及时正确处理医患争议。

一、医疗法律关系的本质认定

在医学上,医疗关系是指医方与患方在诊疗过程中产生的特定的医治关系。然而医疗关系不同于医疗法律关系。医疗法律关系是指由医疗法律规范在调整医患关系过程中所形成的权利义务关系。对此权利义务关系,法学界存在不同的认识与理解,出现了不同的观点。对这些观点进行梳理,大致可归纳为以下几种观点:

1. 行政关系说

医疗具有公益性福利事业的根本属性,国家医疗卫生事业肩负着提供全民医疗卫生保健的社会重任,作为事业单位的医疗机构提供医疗服务行为是根据政府授权进行的,无须两个或两个以上当事人互为意思表示,应当视为行政授权行为,因而由于医疗损害而造成的赔偿应属于行政赔偿范畴,不应按照民事赔偿的途径解决。医患之间的管理与被管理关系是由医疗这一特殊服务行业的职业特点决定的,并非基于行政隶属关系而形成的命令服从关系,也不是行政意义上的管理与被管理关系,所以不能据此否定医患双方法律地位的平等。医疗关系的平等主体之间服务与被服务关系的实质,决定了其基本性质是一种民事法律关系,而非自愿性和不等价性又决定它不是纯粹的民事法律关系。基于此,一些学者认为,在医疗关系中,由于患者对医学知识的缺乏,治疗方案完全由医生单方面制定和实施，患者仅仅是处于被动接受的地位，因而医患双方的法律关系完全不符合民事的平等、自愿原则"是一种特殊的行政法律关系更为贴切"。[1]

2. 医疗消费说

在一些学者看来，患者就医看病是生活中必不可少的一部分，为了身体健康，接受医院提供的服务并支出相应的费用，是一种消费行为，属于"生活消费"，是一种"必需"的生存消费。对于患者而言，其是基于消费者的角色到医疗机构就诊接受服务；对于医疗机构而言，其为患者提供医疗服务，收取医疗费用，是一种经营行为，其是基于经营者的角色为患者这一"消费者"提供服务。《消费者权益保护法》第2条、第3条对消费者和经营者的规定并未给出消费者和经营者明确的定义，仅仅是一种描述性的规定，凡是符合上述规定的主体，就可以被认为是消费者和经营者。患者和医疗机构符合其主体性规定，应受《消费者权益保护法》调整。《消费者权益保护法》是保护患者，可以成为解决医患关系的最基本的法律。

3. 侵权行为说

此观点也通常被称为专家过失侵权理论。[2] 持此观点的学者认为，医务人员过失造成患者人身权利的损害，即构成侵权行为。侵权产生的赔偿范围包括金钱赔偿、精神损害赔偿等，较违约责任范围更宽。由于医患双方在现实生活中的信息不对称，以及双方经济实力上的巨大差距，患者处于弱势地位，运用民事侵权追究医方的责任更有利于保护患者的权益。虽然有些医患双方之间存在某种协议，但医疗关系及由这种关系所产生的相应义务并不完全取决于合同法原理，由此产生的纠纷适用《侵权责任法》。

4. 医疗合同说

此观点认为，契约为平等主体的自然人、法人、其他组织之间基于意思自治设立、变更、终止民事权利义务关系的协议。患者挂号行为属于《合同法》中的要约，医疗机构发给挂号单属于承诺，医疗合同关系即告成立。如果医疗机构没有提供与医学科学技术水平相应的医疗服务，当属违约行为。医疗法律关系主体地位的平等、意思自治及医疗行为的等价有偿原则决定了其性质仍然属于民事法律关系。医疗法律关系的本质是医方对患方实施诊疗过程中所形成的医患双方的

---

[1] 参见张赞宁：《论医患关系的法律属性及处理医事纠纷的特有原则》(上)，载《中国司法鉴定》2001年第1期。

[2] 参见邱聪智：《医疗过失与侵权行为》，载郑玉波：《民法债编论文选辑》(中)，台北，五南图书出版股份有限公司1985年版，第600页。

权利义务关系，即医疗服务合同关系。[1]

以上四种观点均有一定的合理性，但又有特定的局限性。首先，医患双方并非行政法律关系。诚然，医疗行为的专业性给医患双方在医学专业知识方面天然地造成了不平等的地位，但是并不能因为患者在治疗过程中相对处于被动接受的地位，而否认双方法律地位的平等性。在我国2010年《侵权责任法》中首次提及了医疗损害，该法将医疗领域的民事侵权诉讼正式、明确纳入民法调整范畴。在立法层面，解决了医疗诉讼究竟是属于民事诉讼还是行政诉讼这一基本性质之争。其次，医患双方之间的关系是不是经营者与消费者的关系呢？医疗行为具有高度风险性，不能完全等同于一般的消费行为，而且医疗行为造成的损害也非一般商品质量或服务存在缺陷所造成的损害所能比拟。即便承认患者在接受医疗服务时的"消费者"的角色，医疗机构是否属于《消费者权益保护法》中的"经营者"也是存在巨大争议的。《消费者权益保护法》并没有对经营者的范围进行界定，学界一般认为经营者提供商品或服务是以营利为目的，具有明显的营利性。目前，我国的医疗机构分为营利性医疗机构和非营利性医疗机构。国家对两类不同性质的医疗机构实行分类管理，对两者实行不同的财政、税收和价格政策。就营利性医疗机构而言，其提供医疗服务实行的是市场调节价，而非营利性医疗机构实行的是政府指导价。[2] 因此，当医患双方在医疗过程中发生纠纷而不分情况统一适用《消费者权益保护法》是明显不合适的。侵权行为说和医疗合同说并不是处于对立的位置。从侵权角度看，主要是从结果实现考察，医疗机构作为专业部门，对患者具有高度注意义务，违反此种义务而给患者造成损害的，自应承担赔偿责任。侵权行为说和医疗合同说只是从不同的角度对医患纠纷进行解释，医患纠纷中的损害同时符合侵权行为和医疗合同违约行为，属于请求权的竞合。即对于患者来说，发生两个独立并存的请求权。患者可以选择其中一个对自己有利的请求权行使，一经行使则另一请求权随之消灭；如果其中一个请求权因时效而消灭，则时效较长的另一请求权仍然存在。表面上看，《侵权责任法》与医疗服务合同关系不大，但是实际上《侵权责任法》对于医疗侵权的救济能为医疗服务合同的司法起到重要的作用。从《解释》第1条规定的"患者以在诊疗活动中受到人身或者财产损害为由请求医疗机构，医疗产品的生产者、销售者或者血液提供机构承担侵权责任的案件，适用本解释""患者以在美容医疗机构或者开设医疗

---

〔1〕参见胡名态：《论我国医疗法律关系的性质》，载《中山大学学报论丛》2005年第6期。

〔2〕参见周建宁：《医疗纠纷能否适用〈消费者权益保护法〉》，载中国法院网：http://www.chinacourt.org/article/detail/2014/10/id/1460688.shtml，最后访问日期：2018年5月4日。

美容科室的医疗机构实施的医疗美容活动中受到人身或者财产损害为由提起的侵权纠纷案件，适用本解释"来看，属于"侵权行为说"。然而，就《解释》第1条第3款规定的"当事人提起的医疗服务合同纠纷案件，不适用本解释"来分析，也可以是"医疗服务合同说"。《医疗纠纷预防和处理条例》第2条规定："本条例所称医疗纠纷，是指医患双方因诊疗活动引发的纠纷"。同时设立了"人民调解委员会"并排除了行政"医疗事故处理"适用，体现了民事纠纷。

二、医患纠纷诉讼的类型

患者若在诊疗过程中权益受到损害，可以选择违约责任或者侵权责任作为请求权基础要求医疗服务提供者对因其过失行为而造成的损害予以赔偿。根据《解释》，结合最高人民法院《民事案件案由规定》，对医患纠纷的诉讼案件可作如下分类：

（一）医疗合同纠纷

根据不同的标准，医疗服务合同可以被划分为不同的类型：根据内容的不同，可分为一般医疗合同、健康检查合同、强制医疗合同和特殊医疗合同（如整形美容、变形手术、妊娠中止等）；根据对象的不同，可分为以个人为对象的医疗服务合同和以多数人为对象的合同；根据目的的不同，可分为以疾病诊断治疗为目的的一般医疗服务合同、以发现疾病和了解健康状况为目的的健康检查合同、以发明新的治疗方法为目的的试验性医疗合同和以主观美丽之增进等为目的的特殊医疗合同。

强制医疗合同以行政法上的强制措施强制患者接受治疗，更多地具备公法上的特征，不同于此处所讨论的民法意义上的医疗服务合同，不应被纳入医疗合同纠纷的范畴。而单纯的健康检查合同引起的纠纷在实务中数量稀少，且若在体检中发现身体存在问题便转化为一般医疗合同。对于此问题，从治疗目的上对医疗合同进行区分是比较合理的，基于此种逻辑演进，可以将医疗服务合同纠纷划分为以下三种类型：

1. 一般医疗服务合同纠纷

一般医疗服务合同包括了门诊、住院、手术等具体医疗行为引发的纠纷，其目的是对疾病进行诊断与治疗。由于医疗行业的特殊性，在一般医疗服务合同纠纷中，医师对病患所负有的合同上的义务是尽最大力量从事"疾病治疗"的工作，但并不保证"治愈疾病"的结果，[1]从而不能以"疾病未治愈"这一特定结果作为判

---

〔1〕 参见陈忠五：《法国法上医疗过错的举证责任》，载朱柏松等：《医疗过失举证责任之比较》，华中科技大学出版社2010年版，第108页。

断医师是否承担责任的依据，还应当结合医师在诊疗过程中是否尽到其注意义务、避免损害后果的出现及扩大等具体行为认定医师及医疗机构是否应当承担责任。

2. 特殊医疗服务合同纠纷

特殊医疗服务合同的类型包括整形美容、变性手术等，参与医疗服务的患者并没有健康上的障碍，而是基于增进美丽的需求或得到心理方面的满足而参与到医疗服务之中去。由于特殊医疗服务合同不具有治疗的目的，不属于狭义的医疗服务合同。由于在这一类特殊医疗服务中，医患双方往往约定一些特殊的要求，这些要求一般针对人体某部位或器官，且采用的多为具有侵入性的医疗手段，因此，美容整形等行为便带有浓厚的医疗服务合同关系色彩。[1] 从合同的性质上来说，特殊医疗服务合同应当属于"结果债务"，由于整形美容等医疗服务提供者承诺必定完成合同目的或实现特定的合同结果，一旦效果未达到约定要求，即被认定为存在过失，应当对患者承担赔偿责任。

3. 试验性医疗合同纠纷

每种新药在上市之前一般需要经过临床前研究和临床研究两个阶段。人体试验是临床研究阶段最重要的项目，就对象而言，人体试验包括对健康人进行的试验和对临床患者进行的试验。对依当时医疗水准尚未确立的治疗方法进行诊疗试验是临床医学上比较通行的做法，从性质上来讲，试验性医疗合同纠纷结合了委托合同与赠与合同的性质，委托是指患者委托医院提供试验性医疗服务，而赠与则指医院免费为患者实施试验性医疗的情形。[2] 由于针对疾病患者的试验性医疗合同具有治疗疾病的目的，因此与一般的医疗行为并没有太大的区别，只是采用的治疗方法尚未在医学界完全确定。而针对健康人群的试验性医疗合同则完全与疾病治疗的目的无关，这种人体试验行为完全为促进医学的进步而设立，较前者来说此种试验性医疗合同的医疗服务提供者需要承担更严格的责任。

（二）医疗损害责任纠纷

医疗损害责任纠纷是指医疗行为引起的对患者不利的一切后果和事实，给患者造成损害的纠纷。确定医疗损害责任纠纷的称谓曾经历了一个演化的过程，在起草《侵权责任法》时，立法者曾将因医疗侵权行为而产生的责任直接称为"侵权责任"。但有些医学专家认为，采用此种称谓似乎直接就给这种医疗纠纷"定性"了，医疗服务提供者提供的医疗服务毕竟属于高尚的行为，如果不分情况而一味

---

〔1〕 参见刘京柱：《医疗事故赔偿问题研究》，载《法学》1998 年第 10 期。

〔2〕 参见龚赛红：《医疗损害赔偿立法研究》，法律出版社 2001 年版，第 31 页。

冠以"侵权责任",对于医务工作者及医疗机构而言,是不公平的,因此采用中性的称谓似乎更为恰当。[1] "医疗损害责任纠纷"可以包含所有的医疗侵权行为,不仅包容性强,比较直观、中性,而且易为社会各界所接受。

最高人民法院《民事案件案由规定》将医疗损害责任纠纷作为第三级案由,把侵害患者知情同意权责任纠纷和医疗产品责任纠纷作为第四级案由。根据最高人民法院的有关规定,第一审人民法院在立案的时候应当根据当事人诉争的法律关系性质,优先适用《民事案件案由规定》列出的第四级案由,第四级案由没有规定的,则适用第三级案由。因此,可以作出如下解释:医疗损害责任纠纷包括侵害患者知情同意权责任纠纷、医疗产品责任纠纷和其他侵害患者人身权益的纠纷;其中,在实务中,其他侵害患者人身权益的纠纷主要包含未尽注意义务的医疗损害责任、侵犯隐私权的损害责任、过度医疗的责任等。

三、医患纠纷中《合同法》与《侵权责任法》的适用

(一)《合同法》的适用

我国《合同法》是维护交易正常秩序、鼓励交易的财产法,因此,以私法自治作为基本价值理念,允许当事人在法律法规允许的范围内自由处分个人事务。当事人双方的合意优先于《合同法》的任意性规定,缔约后双方都要受到合意的约束,合同必须严守。基于禁反言原则,当事人不得违反约定。私法自治使个人获得自主意识的法律效力,能够激发创造力进而促进社会发展。患者到医疗机构挂号,医疗机构的接诊行为代表着医疗服务合同已经成立,医患双方受合同约束,任何一方违反合同约定都应当承担违约责任。此时合同相对人为患者和医疗机构,而医师作为医疗行为实施者,体现着超出一般工作人员的独立人格。根据《合同法》第107条的规定,违约责任主要包括继续履行、采取补救措施、赔偿损失等,其中赔偿损失的违约责任承担在医疗事务中更加常见。合同常会约定违约损失的计算方法,如美容整形合同中"美容手术确保顾客满意,手术不成功包赔损失"的内容。违约的举证是相对轻松的,法院无须追究违约人是否有故意或过失的主观过错,只要不属于不可抗力,也造成了一定的损害事实,便可以基于合同约定的损失计算方法确定赔偿责任。[2]

医疗行为由于本身具有一定创伤性,在实施医疗行为之前,法律规定通过知情同意使行为的创伤性能够被阻却违法性。违法性阻却情形并非免除了一切医

---

〔1〕 参见杨立新:《医疗损害责任研究》,法律出版社2009年版,第38页。

〔2〕 参见王利明:《侵权责任法与合同法的界分——以侵权责任法的扩张为视野》,载《中国法学》2011年第3期。

疗行为造成的损害责任,只就不违反医疗原则且行为恰当的医疗行为,在诊疗过程中,医师仍然应当有合理的注意义务,否则对造成的不利后果应当承担过失侵权责任。医疗领域阻却违法性事由包括知情同意、无因管理、正当职务行为。

1. 知情同意

知情同意理论的产生是社会发展的必然结果,社会对医患关系的关注与个人权利意识的增强是知情同意权不断发展的动因。“知情”与“同意”都是从患者的角度来界定的。知情,是指患者对自己的病情、诊疗方案、治疗风险、预期效果及不利后果等有知悉的权利。无论医患间建立医疗合同关系时是否明确了说明义务,医师都应当履行这一法定义务,不得免除。同意是患者了解了由医师提供的、用于作出其诊疗决定的充足信息后,所作出同意医疗的决定。患者的同意使医疗行为获得了合法性依据。另外,患者的同意能力受到患者智力水平、精神状况、教育水平、社会阅历等因素的影响。[1] 有些拥有民事权利能力的人不一定具有完全的同意能力,而基于医疗行为和患者自身利益的密切联系,年龄较大的未成年人也应当认为其有部分同意能力。因此,患者的同意能力的判断需要以有无识别能力为准。具体而言有以下三个标准:一是对医疗方案的内容和程序是否有充分的理解和评价能力;二是对医疗方案的选择是否具有准确的逻辑思维能力;三是对医疗方案的实施后果是否有相应的推理承受能力。这三个标准缺一不可,只有满足以上三个标准的患者,才能认定是有完全同意能力的患者。部分同意能力患者和无同意能力患者应当在尊重其自主决定权的前提下取得其近亲属的同意。

我国《执业医师法》第26条规定了医师应当在经过医院批准并征得患者本人或其家属同意的情况下方能进行临床医学试验。可见,在进行临床医学试验之前对患者进行告知是一项法定的义务,医师基于职业道德和对医学进步的责任感,应当就其已经预见到的不良结果对受试者进行告知,以避免对患者造成不必要的损害。医师的技术若超出一般水准之上,其对患者进行的告知义务为不带有倾向性的说明,是否选择此项方法应完全交由患者自己去决定,如果医师怠于行使此项义务从而导致了患者的损害,则应当对患者的损害承担责任。由于试验性治疗行为从本质上说终究为一种冒险,医疗服务提供者应当负担较一般医疗行为更高的注意义务。因此,在进行医疗试验时,除了经过患者同意,还要对其他因素进行慎重考虑,并提供周全的应急设备。

试验性医疗行为如果经过患者的同意却造成了损害,此时,医疗机构是否可以免责则应视情况而定。如果临床医学试验的性质是非治疗性的,由于损害的发

---

〔1〕 参见龚赛红:《医疗损害赔偿立法研究》,法律出版社2001年版,第232页。

生为追求一定的治疗效果,因此非治疗的临床试验不能发生免责的效果,一旦失败,无论医师有无过错都应当承担责任;[1] 而对于治疗性的临床医学试验,若医师不评价此种治疗方法的优劣性,完全由患者自己决定是否去选择此种治疗方法,那么也应当完全由受试者自己承担其产生的相应后果。值得注意的是,试验性治疗本身不宜论断为医师对受试者所负担的义务,因此,如果医师对患者拒绝做试验性治疗,患者不得以此为由要求医师承担责任。只有医师在试验的过程中欠缺善良管理人的注意,从而导致患者损害的,方能论断医师的责任。

知情同意在以下几种情况下也会受到限制。一是医疗紧急情势下,患者的生命、健康面临迫切的危险却又无法取得同意能力人的有效同意时,便不必取得患者的同意,而是经医疗机构负责人批准即可以实施医疗行为。[2] 二是保护性医疗,是指为了避免或者减少外界干扰因素对患者造成影响或者心理压力,以免病情加重或不利于其恢复健康的情况发生,对患者施行必要的病情保密,此时患者近亲属是知情同意权的主体。三是强制医疗情况下,为了不使患者或第三者的利益受到侵害,由医师代替患者作出医疗决定,此时医疗机构拥有医疗特权。

2. 无因管理无因管理,是指医师对患者因医疗行为而产生的事实上的法律关系。主要分两种:一是在医院外,患者发生危机时医师加以治疗,如医师在火车上帮助孕妇分娩。由于施救场所并非医疗场所,设备和环境与医疗机构相比都有差距,因此对医师注意义务的要求相对较低,只要没有故意和重大过失,医师都不应当承担责任。二是不能为意思表示的患者被第三人送到医院而第三人又没有代为管理患者事务的意思。这种情况下不可能获得患者的知情同意而又必须采取紧急抢救措施,双方不能形成合同关系,医师由其职业道德驱动救助患者,此时医师仍应尽善良管理人的注意义务,不能降低注意义务的标准。

3. 正当职务行为

正当职务行为是国家基于医疗的特殊性和对国民生命健康的维护,赋予医疗机构及医务人员在特定情况下对特定患者实施强制诊疗的行为。此时的医疗关系为强制医疗关系,医疗机构及医务人员实际上是国家权力的使用人、代理人。正当职务行为主要是指对传染病患者、严重精神障碍者、吸毒成瘾者进行强制治疗时的职务行为。

(二)《侵权责任法》的适用

根据我国《侵权责任法》第七章有关医疗损害责任的规定,医疗损害责任可

---

〔1〕 参见邱聪智:《民法研究》(一),中国人民大学出版社 2002 年版,第 305 页。

〔2〕 参见艾尔肯:《论医疗知情同意理论》,载《河北法学》2008 年第 8 期。

细分为以下几类：

1. 未尽注意义务的医疗损害责任

《侵权责任法》第57条规定，诊疗活动中医师应当尽到与当时的医疗水平相应的诊疗义务，否则应当承担赔偿责任。这是借鉴了日本的医疗水平说，所谓的医疗水平应当具备两个条件：一是研究成果在权威学会上报告或在专业杂志上发表后，又经多次追加试验或在一般临床医疗界、基础医学界被反复介绍和意见交换；二是具备相关的医疗设备、充实的技术及人才研究培训等基础条件。

2. 未尽告知义务的损害责任

《侵权责任法》第55条规定，医师未尽告知义务造成患者损害的应当承担赔偿责任。我国医疗机构具有对患者病情及其诊疗措施告知的义务，也具有实施特殊检查、治疗措施、手术和试验性临床医疗措施获得患者知情同意的义务。患者在医疗过程中有知情同意权，医疗机构及医务人员未尽到自己的义务造成患者损害的，应当承担损害的赔偿责任。在实践中会发生患者情况紧急而无法获得患者知情同意的情况，《侵权责任法》规定了免责的情况和具体的操作程序。

3. 因产品质量问题导致的损害责任

因医务人员错误使用药品、医疗器械、消毒药剂、血液而造成的损害，应按照一般的医疗损害由医疗机构承担过错责任；因上述医疗产品质量而引起的损害，则由产品生产者、提供者同医疗机构承担不真正连带责任。1981年世界医师协会《里斯本宣言》约定，“质量的保证应是医疗的要素之一。医师尤应负起医疗品质照护者的责任”。医师有义务正确使用药品和医疗器械，医疗产品生产者、销售者应当承担警示义务。

4. 侵犯隐私权的损害责任

在医疗活动中，医师为了尽快掌握患者的病情以便适时治疗，能获悉患者大量的隐私。因此，医师对其已获知的患者隐私具有保密义务。医疗机构及医务人员侵犯患者隐私的情形，主要有随意公开患者的身份信息、身体状况信息、患者行为信息及询问患者与医疗无关的信息等。

5. 过度医疗的责任

过度医疗是我国医疗实践中存在的现象，包括过度检查、过度治疗。过度医疗侵犯了患者的财产权，也有可能造成患者身体的损害。《侵权责任法》规定医疗机构及其医务人员不得违反诊疗规范实施过度医疗，但尚未对违反本条规定的行为作出如何追责的规定。

我国《侵权责任法》是以救济受害人为根本价值理念的，其设置目的在于全面、充分地保护公民既有的人身财产安全——填满受害人遭受的损失。这种对人身权的优先保护、对受害人的完全保护体现了民法的人文关怀，但也不完全禁止当事人自治，一般情况下允许双方通过协商减轻或免除赔偿责任。在为受害人维护合法权益提供便利的同时，在医疗服务领域，由于《侵权责任法》的过度扩张而导致理论和实践对于医患纠纷的理解和处置受到了不同程度的冲击。《合同法》与《侵权责任法》适用范围的边界不够清晰，对民法体系构建产生影响；法官在案件办理中更倾向于适用的《侵权责任法》，一定程度上限制了当事人的选择权，也会导致同一案件因适用不同的法律而得不到同等的处理。然而，根据《解释》第1条的规定，患者以在诊疗活动中受到人身或者财产损害为由请求医疗机构，医疗产品的生产者、销售者或者血液提供机构承担侵权责任的案件，适用本解释。患者以在美容医疗机构或者开设医疗美容科室的医疗机构实施的医疗美容活动中受到人身或者财产损害为由提起的侵权纠纷案件，适用本解释。当事人提起的医疗服务合同纠纷案件，不适用本解释。

第二节　医患纠纷诉讼案件的证据

证据是解决医患纠纷案件的基础，直接决定了诉讼的结果，也是解决和处理医疗纠纷案件的关键性问题。证据必须具备两个条件：其一，证据来自待证案件事实或法律事务之相关事实的全部或部分；其二，其能够对这些待证事实进行证明。

我国《民事诉讼法》第63条将证据分为当事人陈述、书证、物证、视听资料、电子数据、证人证言、鉴定意见及勘验笔录等8类。当事人陈述以当事人向法院所做的陈述证明案件事实；书证以其文字、符号、图形等所记载的内容或表达的思想来证明案件事实；物证以其形状、质量、规格、受损坏的程度等来证明案件事实；视听资料以其录音资料和影像资料来证明案件事实；电子数据是指通过电子邮件、电子数据交换、网上聊天记录、博客、微博客、手机短信、电子签名、域名等形成或者存储在电子介质中的信息来证明案件事实；证人证言以证人向法院所做的陈述证明案件事实；鉴定意见以鉴定人运用专门知识、专门技术对案件中的专门性问题进行分析、鉴别、判断后作出的结论证明案件事实；勘验笔录则以审判人员在诉讼过程中对与争议有关的现场、物品进行查验、测量、拍照后制作的笔录来证明案件事实。

一、医患纠纷诉讼证据现状

医患纠纷诉讼证据是在医疗过程中产生的，并能够证明治疗过程或者与治疗相关的事实的材料。其可以是产生于治疗过程中的证据,如医疗机构为病人治疗过程中书写的病历资料、治疗病人的医疗物品等,也可以是产生于与治疗相关的法律事实当中的证据,如证明患者损害结果的交通费单据,在患者死亡情况下,证明属于患者继承人的身份证、户口簿等。在实务中,医患纠纷的证据基本涵盖了《民事诉讼法》规定的8种证据类型。

（一）当事人陈述

当事人陈述是诉讼当事人就案件事实向人民法院所做的陈述。当事人陈述包括:当事人对案件事实的自述性材料、接受询问或调查的材料、答辩性材料、代理意见等。其包括当事人对自己有利事实的陈述和不利事实的陈述。在医疗纠纷的诉讼当中,患者和医院工作人员出庭就自己知道或者亲身经历的医患纠纷案件事实进行的陈述,是医患纠纷中的当事人陈述。这种陈述与一般民事诉讼中陈述的主要区别是,它是双方当事人之间在医疗这一特定关系中,就医疗行为事实或者双方权利义务等问题的陈述。这种陈述充分表明了当事人双方之间对于医疗行为及处理医患纠纷相关的法律法规的看法。

医患纠纷中医方或者患方当事人就有关医疗纠纷事实的陈述,虽然是对于案件事实的证明,但是由于双方与案件的处理具有直接的利害关系,其陈述的证明力也不是很高,因此医患双方的陈述,通常情况下只能辅助其他证据认定案件事实,证明力不强。但是也有例外,那就是医患双方当事人在诉讼中对于案件事实进行的有效自认。有效的自认需具备以下几个条件:其一,须是在诉讼过程中作出的。也就是说,在医疗纠纷中医方或者患方在诉讼之前做的自认或者在判决后所做的对案件事实的承认都不是自认,不具有法律约束力。其二,须是向本案审判人员作出的。也就是说,医患双方在审理期间对本案审判人员以外的其他法院工作人员作出的对于案件事实的承认不是自认,也只有对本案审判人员作出,本案审判人员才承认其效力。其三,须是对案件事实所做的承认。自认不仅是对案件事实所做的承认,而且是对自己不利的案件事实的承认。其四,须以积极的方式作出。自认应当是一种积极的意思表示。

医疗纠纷中医患双方有效的自认将会产生以下的效力:其一,视为事实,法院不再组织对自认事实的调查,并将其作为定案的依据。其二,将会免除自认相对方的举证责任,并且自认方不得随便撤回自认。可见当事人陈述对于解决医疗纠纷也具有不可忽视的作用。当然这些证据是诉讼中当事人对于有关案件事实的陈述,法院书记官会以审判笔录的方式固定、保全下来,无须医患双方当事人去固定和保全。但是医患双方在核对审判笔录的时候,如出现书记官用笔录形式固定的当事人陈述与当事人所说的不一致时,可以拒绝签字或者提醒书记官进行改正,从而保障自己的合法权益。

(二)书证

在医患纠纷中,最重要的书证是病历资料。根据《侵权责任法》,病历资料包括住院志、医嘱单、检验报告、手术及麻醉记录、病理资料、护理记录、医疗费用等。[1] 一般来说,病历资料是指医疗机构在对就诊患者进行问诊、查体、诊断、治疗等一系列诊疗过程中记录的所有医疗文书资料。《解释》第6条第1款规定:"侵权责任法第五十八条规定的病历资料包括医疗机构保管的门诊病历、住院志、体温单、医嘱单、检验报告、医学影像检查资料、特殊检查(治疗)同意书、手术同意书、手术及麻醉记录、病理资料、护理记录、医疗费用、出院记录以及国务院卫生行政主管部门规定的其他病历资料。"医生对患者病情的产生、发展、转归等都进行了分析和研究,对医疗过程中使用的医疗资源及支出的费用等都做了记录,病历资料是经过医务人员的收集、整理并经过认真分析、研究后,根据病历资料写作规范制作而成的,因而具有科学性、逻辑性等特点。病历资料有主观、客观之分。主观病历主要记录医务人员观察、分析、讨论患者病情发展、治疗过程而提出的诊治意见,反映了医务人员在诊疗过程中的主观认识,不同的医务人员根据不同的病程时期可能会得出有偏差甚至截然相反的诊断结果;客观病历主要记录患者病史、体征、症状、医嘱等客观状况,除此之外,还记录有为患者进行手术、特殊检查,以及特殊治疗时向患者作出的情况说明及患者、患者家属签字的情况。

病历资料是医患纠纷中最重要的书证,不仅是卫生行政部门对医疗部门进行监督的主要方式,还是进行医疗损害责任鉴定和法官据以判决的主要证据。病历资料反映了整个医疗过程,不仅记录了病人病症的发生、发展过程,还记录了医疗人员的一系列医疗行为,即医务人员对患者疾病的诊断、治疗、预后判断及疗养指导等具有综合性内容的行为。发生医疗纠纷时,医疗行为早已发生,或许是整个医疗行为都已结束,或许是医疗行为还在进行中,但是与争议相关的医疗行为都已经成为过去了,这时要还原以前的医疗行为显然是不可能的,只有通过对病历资料的分析、研究来掌握已经发生的医疗行为过程。根据《侵权责任法》第58条规定,患者有损害,医疗机构隐匿或者拒绝提供与纠纷有关的病历资料,以及伪造、篡改或者销毁病历资料时,推定医疗机构具有过错;卫生行政部门可以通过《医疗事故处理条例》第56条、第58条的相关规定来监督和处罚医疗机构违反病历资料相关规定,即医疗机构出现违规补记病历资料,涂改、伪造、销毁、隐匿病历

[1] 《侵权责任法》第61条第1款规定:"医疗机构及其医务人员应当按照规定填写并妥善保管住院志、医嘱单、检验报告、手术及麻醉记录、病理资料、护理记录、医疗费用等病历资料。"

资料等行为时,由卫生行政部门责令改正,对负有责任的主管人员和其他直接责任人员依法给予行政处分或者纪律处分;医学会或者司法鉴定机构进行鉴定时,常常需要医患双方当事人提供病历资料,而且现实生活中,常常会因病历资料问题导致无法进行鉴定的现象;法官在裁判医疗纠纷案件的过程中,由于医学专业知识的缺乏,往往依赖于鉴定意见,所以病历资料在医疗损害责任鉴定中起着十分重要的作用。根据《侵权责任法》第 61 条第 1 款的规定,医疗机构及其医务人员应当按照规定填写并妥善保管住院志、医嘱单、检验报告、手术及麻醉记录、病理资料、护理记录、医疗费用等病历资料。由此可以看出病历资料是医务人员在医疗行为过程中所做的记录并由医疗机构保管,正是由于病历资料在处理医疗纠纷的过程中起着至关重要的作用,因此不排除医务人员出现篡改、涂改病历资料的情况,有时其真实性也值得怀疑,这是实务中病历资料存在的最大问题。

(三)物证

医患纠纷中的物证是在医疗行为过程中产生的能够以其外部特征、存在形式、内在属性来证明待证事实的实物或者痕迹。医疗纠纷中的物证具体为医疗行为中患者用过的用以治疗疾病的医疗器械、医疗物品等。例如,输液管、输血袋、用剩下的药品、针头等。一般而言,物证与言词证据相比客观性较强。医疗行为中产生的可疑针头、针管、输液管等证据相比于医疗纠纷中的证人证言、当事人陈述更为客观、真实,也不存在像病历资料易被医务人员篡改、涂改的缺陷。但是医患纠纷中物证的不足之处在于:其一,易于流失。很多医疗纠纷都是在患者接受医疗行为之后,事隔一段时间后才发现受到医疗损害,才发生争议,才提起诉讼,而这时医疗行为中的那些患者用过的可以证明医疗损害存在的物证早已被医院当作废品处理掉了,况且医院也没有保存患者用过的针头、输液管这些物品的义务。其二,患者或者其亲属常常会忽略对这些证据的收集。出现医疗损害后,患者或者其亲属由于医疗知识、法律知识的缺乏,而且当损害发生后,患者或者患者的亲属很可能会处于悲痛中,从而受情绪的影响而忽略对证据的收集。由于医疗纠纷中用以证明医疗行为的这些可疑物证存在易于流失和常被忽略等特点,因此对可疑物证的证据保全显得尤为重要。

(四)视听资料

医疗纠纷中的视听资料,主要是指在医疗机构中的录音录像设备所记录下来的纠纷案例发生时的影像资料。一些患者为了维护自身利益也可能会进行录音,但是这种情况并不多见,多数视听资料还是掌握在医方手中。但是医院的监控设备所拍摄的影像资料受到保存时限要求的制约,很可能在纠纷发生后出现视频资料已在合法范围内被删除的情况,造成取证困难与难度。

(五)电子数据

根据《民事诉讼法》和最高人民法院《关于〈中华人民共和国民事诉讼法〉的解释》的规定,电子数据是指通过电子邮件、电子数据交换、网上聊天记录、博客、微博客、手机短信、电子签名、域名等形成或者存储在电子介质中的信息。存储在电子介质中的录音资料和影像资料,适用电子数据的规定。据此,从目前来看,在医患纠纷中最重要的电子数据当属电子病历。根据原卫生部《电子病历基本架构与数据标准(试行)》的规定,电子病历是医疗机构对门诊、住院患者(或保健对象)临床诊疗和指导干预的、数字化的医疗服务工作记录,是居民个人在医疗机构历次就诊过程中产生和被记录的完整、详细的临床信息资源。电子病历是随着医院计算机管理网络化、信息存储介质全球化而产生的,是信息技术和网络技术在医疗领域的必然产物。电子病历在大数据时代下具有其独特的证明力优势,如具有自动生成技术、加密技术、电子认证技术,因此电子病历作为原始证据在医疗纠纷诉讼中具有至关重要的地位。[1] 但是,电子病历在司法实务中也面临很多问题。由于电子病历具有电子信息的脆弱性,易被修改,而使电子病历的真实性难以证明。[2]

(六)证人证言

证人证言就是证人就其所感知的案件情况向司法机关或执法机关所做的陈述。医疗纠纷中主要的证人有,在医院接受治疗的其他病人,或者是去医院探望的亲友。证人证言不仅具有较强的主观性,而且具有不稳定性和多变性,证人在感知了特定的案件事实后,大脑会将这些信息记录下来,但是这些记忆只是暂时性的,会随着时间的推进而变得模糊甚至遗忘。另外,由于中国目前民众的法律知识缺失及法律意识淡薄,同时,受到中国传统中庸思想的影响,为避免给自己带来麻烦,很多了解案件事实的证人并不愿意出庭作证。

(七)鉴定意见

医患纠纷中的鉴定意见,主要有尸检报告、伤情检验报告、医疗过错鉴定、医疗事故因果关系鉴定和损害情况鉴定等几种类型。医患纠纷中的鉴定意见是通过医疗损害责任鉴定得出的,医疗损害责任鉴定具体分为医疗事故技术鉴定和司法鉴定。医疗事故技术鉴定,是指由符合《医疗事故处理条例》规定的鉴定机构及其人员,按照一定的程序,对医疗行为给患者造成的人身损害是否构成医疗事故,以及构成几级医疗事故所做的结论的过程。司法鉴定,是指法院在诉讼的过

---

〔1〕 参见任学婧、朱勇:《电子病历的证据效力》,载《华北煤炭医学院学报》2009 年第 3 期。

〔2〕 参见刘冉冉:《电子病历证据运用之困境与对策》,载《湖北警官学院学报》2013 年第 12 期。

程中为了查清案件事实，经过当事人、其他诉讼参与人的申请，或者主动依职权，针对专门性问题，指派或者委托相关鉴定专家对专门性问题进行检验、鉴定和评定的活动。由于医患纠纷是发生在医疗领域的特殊民事诉讼，诉讼中的相关证据具有极强的专业性和科学性，法官由于医疗专业知识的缺乏而难以判断证据的真实性、客观性、关联性，往往需要依赖于鉴定意见进行判案，因此，鉴定意见在医疗纠纷中起着最为关键的作用。

《解释》针对实践中鉴定人的资质要求不规范，以及当事人是选择鉴定机构还是鉴定专家等问题，明确了医疗损害鉴定的根本在于借助专家的专门知识、技能和经验，辅助法官对专门性事实问题作出判断，以保证案件裁判的公正。因此，《解释》还依据《民事诉讼法》的有关规定，明确了鉴定人的确定，应当从具备相应的鉴定能力、符合鉴定要求的专家中选择的基本要求。当然这并不影响当事人先选择鉴定机构，再确定鉴定专家的实践做法。人民法院应当根据案件具体情况对鉴定专家做必要审查，确保鉴定专家具备相应鉴定能力。涉及临床医学方面专门性问题的，应当具备临床医学鉴定方面的资质要求；涉及法医学方面专门性问题的，应当具备法医学方面的资质要求。医疗损害责任纠纷案件中普遍存在原发疾病、个人体质及诊疗过错等共同作用导致损害发生的多因一果问题，在实践中鉴定意见对于原因力的表述不一，影响了人民法院对鉴定意见的准确采信。针对这一问题，《解释》根据《侵权责任法》的基本理论，从人民法院裁判案件的角度对医疗损害责任中诊疗行为与患者自身疾病等其他造成患者损害的原因之间的原因力大小区分了6种情形予以规定。《解释》第12条规定："鉴定意见可以按照导致患者损害的全部原因、主要原因、同等原因、次要原因、轻微原因或者与患者损害无因果关系，表述诊疗行为或者医疗产品等造成患者损害的原因力大小。"这种规范鉴定意见的原因力问题，有利于人民法院更准确地确定当事人之间的责任，但其是否超越事实的范围有待于探索。

（八）勘验笔录

勘验是对与案件有关场所、物品等进行观察、检验，以便发现和收集证据、了解案件有关情况的活动。勘验笔录就是对勘验活动的过程及所发现事实的客观记载。医疗纠纷中如果涉及对现场和物品的勘验检查，也会存在勘验笔录的证据。勘验笔录是保全证据的重要手段，勘验笔录可以将医疗损害现场的相关物体和现象客观、真实地记录下来，以防止这些易于消失的现象消失，并且为医疗损害责任鉴定提供相关依据。

从理论上来说，以上证据都是从不同角度对特定医疗过程的真相进行还原，每个证据都是审理案件的重要依据。然而，由于医疗的专业性，在医疗纠纷诉讼中，绝大多数法官无法根据自己的法律专业知识与社会生活经验，充分利用这些证据来判断医疗过程中的事实问题与法律责任，他们必须借助于医疗专业人士的分析与意见，才能作出判断。[1] 因此，在司法实务中，与其他案件相比，医患纠纷案件的诉讼证据具有自己独有的特点，即鉴定意见对医患纠纷诉讼结果有质的影响，鉴定意见似乎成了医患纠纷诉讼中的权威证据，直接决定着案件的结果。

二、医患纠纷中存在的证据障碍

我国目前的医疗损害鉴定制度"二元化"的弊端，使我国医疗损害鉴定存在不少困难，再加上医患纠纷案件具有特殊性，对鉴定意见的依赖性强，直接导致实务中医患纠纷案件陷入了证据困境，造成审判的效率低下以及司法资源的严重浪费。除此之外，我国目前还存在以下证据障碍亟待解决。

（一）鉴定人出庭作证问题

由于医学本身的专业性，诊疗行为有无过错及其与患者损害后果有无因果关系、原因力的大小等，往往需要通过鉴定程序来解决。没有医疗损害鉴定，多数医疗损害责任纠纷案件的处理会非常困难，因此，医疗损害鉴定对于医疗损害责任纠纷案件处理的重要性不言而喻。但在实践中存在鉴定程序不规范、鉴定意见公信力不足、鉴定人出庭难等问题，在很大程度上影响了案件的公正处理。因此，鉴定人对有异议的鉴定意见出庭作证就显得特别有必要。为此，《解释》第 13 条规定："鉴定意见应当经当事人质证。""无前款规定理由，鉴定人拒绝出庭作证，当事人对鉴定意见又不认可的，对该鉴定意见不予采信。"

鉴定人出庭作证，指的是对涉及案件专门性问题做了鉴定的鉴定人员或专家出庭，就有关鉴定的情况向法庭作如实的有关鉴定过程及鉴定意见的陈述，并就这些陈述接受控辩双方当事人的质询和法官的询问。鉴定人出庭作证是诉讼公正的基本要求，在医患纠纷案件中，鉴定人出庭的意义就更加突出和重要。由于医疗行为涉及许多专业性医学知识，诉诸法院的医疗纠纷的审判需要高度依赖医疗损害技术鉴定，而没有鉴定人的协助阐明，法院在鉴定意见的采信与否及采信的程度这一方面是存在认知难题的。而且我国的鉴定人出庭作证制度的实施效果不佳，法律虽然规定鉴定人应当出庭接受质证，但在司法实践中，鉴定人不出庭的现象普遍存在。据统计，我国社会司法鉴定机构鉴定人出庭作证率仅为

---

[1] 参见肖柳珍：《医疗纠纷诉讼证据问题与对策——对病历—鉴定—审判模式的反思》，载《证据科学》2012 年第 3 期。

1.7%，[1]尤其是医学会鉴定，因为是集体鉴定意见，并无鉴定专家的个人签名，所以在司法实践中，极少有鉴定专家出庭作证，导致医患双方无法就医学会的鉴定意见当庭质证。最高人民法院《关于适用〈中华人民共和国民事诉讼法〉的解释》第122条第1款和第2款规定："当事人可以依照民事诉讼法第七十九条的规定，在举证期限届满前申请1至2名具有专门知识的人出庭，代表当事人对鉴定意见进行质证，或者对案件事实所涉及的专业问题提出意见。具有专门知识的人在法庭上就专业问题提出的意见，视为当事人的陈述。"虽然这是对证据质证环节的一项更具体的新规定，但是这个司法解释依然没有提到对鉴定人出庭直接的、明确的新规定。实际上，不管是医学会里那些知名的临床医学专家还是司法鉴定机构里的法医学专家，不出庭接受质证的原因有很多。一是他们平时在各自的领域都是业务繁忙，如果去参加庭审协助质证，出庭费用等相关制度在我国法律上尚不明确，在费用补助方面无法弥补专家的经济损失；二是在关于医患纠纷案件的法庭上，双方当事人的情绪都比较激烈，在这种情况下，出于减轻自身麻烦的考虑，多数人都不愿意去接受出庭质证。只规定义务而没有规定相应的制裁或惩处机制是这些义务的执行状况不尽如人意的主要原因。

总之，多种因素的综合导致我国目前医疗纠纷诉讼中重要的鉴定人出庭接受质证的环节流于形式，鉴定人不出庭现象普遍存在，这对医疗纠纷案件的证据采信与否和事实认定产生了不利的影响，鉴定意见的证明力无法保证，法院的裁判结果也就难以产生公信力，更难以让当事人双方心悦诚服地去接受裁判结果。

(二)病历资料查阅、复制问题

无论是医学会组织的医疗损害鉴定还是司法鉴定机构组织的医疗损害鉴定，病历资料都是鉴定过程中不可缺少的重要鉴定材料。根据法律的规定，医疗机构制作并保管病历，既是他们的权利也是他们的义务。然而，随着社会与法制的发展，病历已成为医疗纠纷中最重要的证据材料。一份病历的形成，从它的首次住院病历记录到后来的一系列检查与病程的记录等，都是由医方一手制作并保管的。患者只有在特定的情形下，例如，首次住院病史的确认、知情同意的告知等情形下才会参与到病历的制作过程中，而且病历的保管自始至终都掌握在医方的控制之中。在一般情况下，绝大多数的医务人员都能如实地记录诊断、病情、用药与其他治疗方法。然而，一旦发生医患纠纷或者医方意识到有可能发生医疗纠纷时，医方对病历的保管很可能成了他们伪造病历的天然优势。他们会对自己掌握

〔1〕 参见李禹、王奕森：《2009年度全国"三大类"司法鉴定情况统计分析》，载《中国司法鉴定》2010年第4期。

的病历资料进行伪造、篡改以使之对己方有利。根据《医疗事故处理条例》及《侵权责任法》的规定，虽然患者有权利对病历资料进行复印或复制，但由于医方对病历监管单方性，以及医患双方掌握医疗信息明显不对称性，现实生活中，在出现医患纠纷时，患者对医方提供的病历资料的真实性持怀疑态度。为此，《解释》第6条第2款规定："患者依法向人民法院申请医疗机构提交由其保管的与纠纷有关的病历资料等，医疗机构未在人民法院指定期限内提交的，人民法院可以依照侵权责任法第五十八条第二项规定推定医疗机构有过错，但是因不可抗力等客观原因无法提交的除外。"《医疗纠纷预防与处理条例》准许患者查阅、复印病历资料，包括门诊病历、住院表、体温单、医嘱单、化验单、医学影像检查资料、特殊检查同意书、手术同意书等，依然限制为国务院卫生主管部门规定的"其他属于病历的全部资料"。

（三）许多医疗操作无法统一规范

在现实生活中，存在这一事实，即医疗服务领域只有少部分成文的诊疗规范、操作常规，很多前沿医疗技术并没有成文的诊疗规范、操作常规。当医患双方存在纠纷，需要对医疗行为是否符合规范进行鉴定时，由于缺乏统一的规范标准，即便是临床医学方面的专家也很难对医方的医疗行为进行评定，或者说即便鉴定机构对该诉争医疗行为作出了鉴定结论，但是该鉴定结论是否合理、能否经得起考量和检验仍存在很大的疑问。这种情况直接导致医患纠纷中很多的证据对于原本就不具备相关医学专业知识的法官来说无法认证或是认证极其困难。

（四）对病历资料、可疑物品封存义务分配不明

医疗服务领域的特殊性决定了医患纠纷诉讼证据的易于灭失，为了更好地维护自己的合法权益，医患纠纷中的双方当事人必须重视对证据的保全。但是，《侵权责任法》《民事诉讼法》都没有对诉前医患纠纷的证据封存作出相关规定。虽然《医疗事故处理条例》明确规定了医患纠纷发生后，医患双方应当对病历资料、可疑物品进行封存，其对于医患双方都有约束力，但根据《医疗事故处理条例》第56条的规定，医方未履行相应的书写、保管病历资料义务，或者违反封存、启封的相关规定的将受到相应的行政处分，以及违反《侵权责任法》第61条规定的义务时，将承担《侵权责任法》第58条规定的推定过错责任。这又表明法律法规明确了封存证据是医方单方面的义务，这显然是矛盾的。《医疗纠纷预防与处理条例》确定了医疗机构告知患者或者其近亲属"有关病历资料、现实实物封存和启封的规定"，"应当在医患双方在场的情况下进行，由医疗机构保管"。然而，《医疗事故处理条例》明确规定封存是医患双方当事人的义务，然而《医疗事故处理条例》和《侵权责任法》又规定，没有履行义务时是医方单方面的责任，这就出现

了医患双方的义务和责任不对等的现象。医患纠纷解决过程中,在没有司法机关参与的情况下,医方即使单方面对病历资料、可疑物品等这些证据进行了保全,也不会有证据保全那样的法律效力,患方可以完全不认可医方在法庭上出示封存的证据材料,法庭也不会轻易采信,只有通过鉴定和相互质证才能作为判决依据,具有证明力,这样的话,增加了医疗机构的诉讼成本。从这一点来说,其对医方是很不公平的,在医方与患者出现纠纷时,也使医方丧失了在第一时间保存证据的动力。

为解决医患纠纷民事诉讼中的证据障碍问题,在保证鉴定人,特别是医学会接受委托的鉴定人出庭作证的制度上,需要明确规定医疗纠纷中鉴定人出庭作证的程序。同时,考虑到医疗纠纷案件本身的专业性特点,有必要发挥专家辅助人制度对于依法妥善解决医疗纠纷的重要作用。在实践中,对于专家辅助人提出意见的证据定性及效力问题存有争议,这一问题在医疗损害责任纠纷中较为突出。为增强当事人对鉴定意见进行质证的能力,充分发挥庭审实质作用,《解释》依据《民事诉讼法》第79条的规定,对医疗损害责任纠纷中的专家辅助人制度做了规定,突出强调该专家辅助人须具有医学专门知识,并在参考其他相关司法解释的基础上,明确了专家辅助人所提意见经过质证,可以作为认定事实的根据。同时,还应当对不按规定出庭的鉴定人应承担的法律责任,建立相应的惩戒机制,但对鉴定人的出庭费用进行合理的补偿。在证据收集方面,还需要考虑到患者的被动地位,法院应当发挥在医患纠纷中证据调查与收集的能动作用;在立法上,应当明确法院在此类特殊案件中的具体权利与义务,也应当建立法院未按规定履行职能的解决机制,做到法院与当事人之间证据收集的相互协作与配合,保证医疗纠纷处理的公正性。

第三节　医患纠纷诉讼案件的举证责任

举证责任问题是医患纠纷必然要遇到的问题,也是医疗损害责任纠纷案件中备受关注的问题。明确举证责任分配规则,是确定鉴定申请程序及后续责任承担规则的基础。2002年最高人民法院《关于民事诉讼证据的若干规定》关于医疗损害责任纠纷中因果关系和过错要件适用举证责任倒置的做法,虽然缓和了患者举证责任,也在一定时期内起到其应有作用,但在执行过程中也出现了一些其他后果,无助于医学发展进步,不利于从根本上维护患者看病就医权利。[1] 为此,《解释》对此作出了明确的规定。

一、举证证明责任的一般原则

对于举证证明责任的分配,我国民事诉讼理论采用法律要件分类说,即对诉讼中的法律关系事实进行分类,除法律另有规定以外,主张法律关系存在的当事人,应当对产生该法律关系的基本事实承担举证证明责任,主张法律关系变更、消灭或者权利受到妨害的当事人,应当对该法律关系的变更、消灭或者权利受到妨害的基本事实承担举证证明责任。法律要件分类说,主要强调民法的法律规范本身已经具有了举证责任分配的规则,在适用法律时只需要对法条进行分析,就可直接发现举证责任分配的一般原则。在民事诉讼中,原告为了使法官支持其诉讼请求,原则上就必须向法庭陈述导致发生特定法律效果的要件事实(主要事实)、有助于推认该要件事实所必要的间接事实,以及证明要件事实和间接事实的证据。

我国《侵权责任法》第54条规定:"患者在诊疗活动中受到损害,医疗机构及其医务人员有过错的,由医疗机构承担赔偿责任。"《解释》在严格遵循立法本意前提下,以构建和维护和谐医患关系为出发点,在大量实证调研和借鉴境外经验做法基础上,进一步明确了司法适用规则。其既遵循了《侵权责任法》确立的过错责任原则,又避免了举证证明责任分配不当导致双方实体权利义务显著失衡而激化医患矛盾,充分考虑到患者存在医学专业性不足、信息不对称等客观情况,对患者进行了适当的举证责任缓和。即患者依据《侵权责任法》第54条规定主张医疗机构承担赔偿责任的,应当提交到该医疗机构就诊、受到损害的证据;患者无法提交医疗机构及其医务人员有过错、诊疗活动与损害之间具有因果关系的证据,依法提出医疗损害鉴定申请的,人民法院应予准许;医疗机构主张不承担责任的,应当就《侵权责任法》第60条第1款规定情形等抗辩事由承担举证证明责任。对于医疗产品责任纠纷,《解释》也遵循上述思路,规定了患者无法提交使用医疗产品或者输入血液与损害之间具有因果关系证据,依法申请鉴定的,人民法院应予准许。[2] 对于患者死亡,医患双方对死因有异议的,死者近亲属不同意或者拖延尸检,超规定时间影响对死因判定的,由不同意死者拖延的一方承担责任。但需明确拖延尸检的举证责任。

---

[1] 参见2017年12月14日最高人民法院研究室负责人就最高人民法院《关于审理医疗损害责任纠纷案件适用法律若干问题的解释》答记者问。

[2] 参见2017年12月14日最高人民法院研究室负责人就最高人民法院《关于审理医疗损害责任纠纷案件适用法律若干问题的解释》答记者问。

二、医疗过错的证明责任

(一)医疗服务合同中过错的证明

一般医疗服务合同中过错的证明应当由作为原告的患方承担。因为一般医疗服务合同不承诺完成“疾病治愈”之特定目的或实现特定结果,给付的内容多具有不特定性,医疗机构及医务人员所违反的合同义务是“方法债务”,此时患者除了需要证明其因医疗行为而造成的损害,还需要证明医疗机构及医务人员是基于疏失、轻率或不注意,未充分利用各种手段以至于未实现特定目的或特定结果,因此,作为债权人的患者需要对医疗机构或医务人员的过错承担举证责任,证明其违反了方法上的债务。

对于特殊医疗服务合同而言,因为在事前医患之间已经对治疗的效果有所约定,此时的合同具有承揽合同的性质,所以医疗机构及医务人员承担的是“结果债务”,在美容整形合同等纠纷中若对患者造成了损害,应当由医疗机构及医务人员就其没有过错承担证明责任。而对于临床医学试验来说,研究方承担的是严格责任,此处并不需要讨论其主观上是否具有过错,只要造成了受试者的损害,就应当承担证明责任。

(二)医疗损害责任纠纷中过错的证明

在医疗行为引起的侵权诉讼活动中,举证责任的分担是根据最高人民法院《关于适用〈中华人民共和国侵权责任法〉若干问题的通知》的规定,《侵权责任法》施行前发生的医疗侵权行为引起的医疗损害赔偿纠纷案件,适用当时的法律规定。最高人民法院《关于民事诉讼证据的若干规定》第 4 条第 1 款第 8 项规定:“因医疗行为引起的侵权诉讼,由医疗机构就医疗行为与损害结果之间不存在因果关系及不存在医疗过错承担举证责任。”其明确了此类医疗侵权行为引起的侵权诉讼,实行的是因果关系推定和过错责任推定。实行因果关系推定,就意味着在因果关系的要件上不必由受害人举证证明,而由法官实行推定。原告只要证明自己在医疗机构就医期间受到损害,那就可以向法院起诉,不必证明医院的医疗行为与损害结果之间有因果关系。法官实行因果关系推定后,如果医疗机构认为自己的医疗行为与损害结果之间不存在因果关系或者其医疗行为没有过错,可以举证证明自己的主张。如果证明成立,推翻因果关系推定,免除医疗机构的责任;如果医疗机构提交不出具有合理说服力、足以使人信赖的证据,医疗机构就要承担败诉的结果。过错责任推定,原告不承担证明医疗机构存在医疗过错的责任,法官可以直接推定医疗机构有过错。如果被告的医疗机构主张自己无过错,则必须自己举证说明。

同时,最高人民法院《关于适用〈中华人民共和国侵权责任法〉若干问题的通知》规定,《侵权责任法》施行后发生的医疗侵权行为或医疗侵权行为发生在《侵权责任法》施行前,但损害后果出现在《侵权责任法》施行后的医疗损害赔偿纠纷案件,适用《侵权责任法》的规定。《侵权责任法》第45条规定:“患者在诊疗活动中受到损害,医疗机构及其医务人员有过错的,由医疗机构承担赔偿责任。”该法第58条规定:“患者有损害,因下列情况之一的,推定医疗机构有过错:(一)违反法律、行政法规、规章以及其他有关诊疗规范的规定;(二)隐匿或者拒绝提供与纠纷有关的病历资料;(三)伪造、篡改或者销毁病历资料。”这些规定明确了此类医疗纠纷的归责原则是过错责任原则,以及附条件的推定过错责任原则。那么也就意味着,患方在医疗纠纷中应当举证证明医疗机构存在过错,或者至少证明医疗机构存在法定的三种情形,且存在因果关系。《侵权责任法》实施后,医疗侵权诉讼的举证责任要求存在一定变化,即患者一方对接受了医疗诊疗及有损害结果进行举证,此外提出对医疗行为是否有过错进行鉴定,或者对医疗机构违反法律、行政法规、规章及其他有关诊疗规范的规定以及伪造、篡改病历资料提供证明。如果医疗机构有隐匿、销毁或者拒绝提供与纠纷有关的病历资料的行为,则免除了患者一方证明医疗机构存在医疗过错的证明责任。相应地,医疗机构仍然需要对医疗行为与损害结果之间不存在因果关系及不存在医疗过错承担举证责任。此外,认定为存在医疗过错及因果关系的,还要对医疗行为的责任程度承担举证责任。

立法者在医患纠纷举证责任上态度的转变可能是由于在实务中给医疗机构科以比较重的举证责任出现了医疗机构的防御性医疗行为。防御性医疗的表现分为三种:一是医疗机构及医务人员为了规避将来可能面临的诉讼纠纷,采取对病人做各项检查,提高医疗对价、由大众支付高额的保险费及医疗成本的方式,应对超出其负担能力的医疗纠纷压力;二是医师宁可舍弃效果虽好却有微小风险可能性的治疗方案,而选择较安全但疗效并不明显的医疗行为;三是以设备不足或无专科医师为由,拒绝收治病人。防御性医疗可能会造成医疗资源的大量浪费,延缓医学发展,并使医患关系更加紧张。[1] 因此,在《侵权责任法》中规定对过错的证明责任原则上由原告承担,只是在特殊的情况下实施过错推定。过错推定作为过错责任的一种,承担证明责任的一方依然是医疗纠纷诉讼中的患方,医疗机构只需提供证据证明事实真伪不明的效果,即可能动摇法官关于其主观上有过错的推定,从而原告为了胜诉必须重新提供证据加以举证。

---

〔1〕 参见萧晓辉、乔宁:《从举证责任倒置谈防御性医疗》,载《当代医学》2003年第11期。

三、免责事由的证明责任

(一)医疗服务合同纠纷中免责事由的证明

在债务不履行的损害赔偿责任中,根据证明责任分配的一般原则,应当由债务人(损害赔偿义务人)就其没有可归责的事由承担举证责任。这类似于医疗机构抗辩事由,应当由其自己承担举证责任。对于容许性危险,医疗机构应当举证证明其已经采取了避免损害结果发生的合理措施,尽到了损害结果的回避义务,医疗行为已经符合当时的医疗水平,才能免除其损害赔偿责任。对于患者的承诺,医疗机构与患者之间签署的手术同意书、麻醉同意书等文件中若提示了手术或麻醉行为可能出现的副作用、风险以及因患者个人体质等方面原因出现的一些不可避免的并发症,医疗机构可以将这些免责条款作为证据使用,证明医院已经履行了告知义务。《解释》规定,医疗机构提交患者或者患者近亲属书面同意证据的,人民法院可以认定医疗机构尽到说明义务,但患者有相反证据足以反驳的除外。仍需要注意的是,患者的承诺系对侵袭性医疗行为本身的承诺,并不代表其已经接受了因手术或麻醉行为等出现的不利结果。因此,患者的承诺是否能够阻却违法的医疗行为,还需要分析这些书面文件中是否具有医疗目的。一般认为,以治疗疾病为目的的诊疗活动、具有治疗性的临床医学试验活动,以及畸形的整形活动具有医疗目的,可以因患者的承诺而阻却违法;而非治疗性的临床试验和以增进美丽为目的的整形活动不能因为已经履行了告知义务而免责。

(二)医疗损害责任纠纷中免责事由的证明

对于患方的原因或其近亲属不配合医疗机构进行符合诊疗规范的诊疗导致延误治疗的情形,医疗机构需要提供证据证明患者存在没有将病情的变化做适当的报告、没有完全听从医务人员关于静卧休息的指示、没有听从医务人员的劝告即刻住院导致病情恶化的情形,患者及其家属的行为对损害的发生存在主观过错,可以相应地抵扣医疗机构的责任。若患者的病情超出现有的医学科学技术水平,因其所受到的伤害不可归责于医疗服务提供者,医疗机构则可以因此而主张免责;若患者出现医疗意外与并发症导致无法预料或者不能防范的不良后果,医疗机构及医务人员是否承担赔偿责任,需要针对特定情况予以具体分析。

任何一种临床药物都不可避免地会对人体产生一些损害,这些损害中以药物的不良反应损害最为严重。生命运动的复杂性,以及医药科学技术发展的阶段性,决定了在很多情况下必须通过复杂的利害权衡才能决定药品的接受与使用。药品审批上市时,面对不同程度临床需要的迫切性,尤其是那些能够治疗目前无药可医疾病的新药,延迟一天批准上市就意味着急需这种药物治疗的相当数量患者病痛的延续和死亡。权衡利害,当认定治疗效益大于不良反应风险时,就可以接受这种药品及其存在的不良反应,批准该药品上市。在药品使用时,也会权衡药品的治疗效益和风险,选择使用就意味着接受一定程度风险。这种由患者或患者委托的医务人员进行的权衡使用,意味着患者愿意接受药品说明书中告知的不良反应风险,推定患者对不良风险作出了同意与承诺,说明书中告知的不良反应引起的损害应当由患者自己承担,医疗机构可以对不良反应造成的损害主张免责;对于医师用药错误导致或加重的损害,医师或医疗机构应当承担医疗过失或医疗事故的法律责任。但是,对于未在用药说明书中披露不良反应的药品导致的损害则应当免除医疗机构的责任,该损害责任应最终由医药生产厂商承担。

《解释》第16条规定:"对医疗机构及其医务人员的过错,应当依据法律、行政法规、规章以及其他有关诊疗规范进行认定,可以综合考虑患者病情的紧急程度、患者个体差异、当地的医疗水平、医疗机构与医务人员资质等因素。"如果依据当时医疗科技水准,已有属于患者特异体质的有效方法,而医疗机构或医务人员却疏于察觉,则其应当属于可归责于医疗服务提供者的主观事由,医疗机构不能因此而主张免责。

对于医务人员在抢救生命垂危的患者等情况下采取紧急医学措施造成不良后果的,医疗机构需要提供证据证明其已经尽到了合理的诊疗义务。由于在紧急情况下,医务人员对患者进行诊断的时间非常短暂,而不同的疾病通常会具有相同的表现形式,相同的表现症状也可能是不同的疾病,或者患者同时受到两个以上疾病的相互影响,医务人员作出错误判断的情况在所难免。在这种情况下,医师的注意义务比照一般情形应当有所降低,即只要其尽到了合理的诊疗义务,就不应当承担赔偿责任。

在实务中,存在很多争议很大、真伪不明的事实问题,比如,医疗行为是否为合理诊疗、患者所患疾病是否属于当时的医疗水平难以诊疗、医疗机构输给患者的血液是否合格、是否存在应当承担责任的过度医疗项目、患者身体遭受的伤害、是否同时造成了严重的精神损害等。《侵权责任法》的规定给医疗损害赔偿案件带来一个新的变化,那就是在现有技术条件下,如果医疗鉴定无法得出医疗机构是否有过错的结论,根据最高人民法院《关于民事诉讼证据的若干规定》的规定,由于实行举证责任倒置,则医疗机构应当承担败诉的风险;而依据《侵权责任法》,如果出现鉴定不能的情况,则应当由患者一方承担不利的诉讼后果。在审判实践中,当事人自行委托鉴定的情形不在少数,对此效力认定的问题,存在较大争议。普遍认为,当事人一方自行委托鉴定存在明显的弊端,由此作出的鉴定意见往往仅会对委托鉴定的一方当事人有利,欠缺公正性。调研中也有意见指出,自行委托鉴定对于诉前解决医疗纠纷具有一定的积极意义。因此,为保证鉴定意见的信服力，推动当事人依法启动鉴定程序，经过慎重考虑，《解释》就医疗损害鉴定中单方委托鉴定的问题，适当提高了人民法院采信自行委托鉴定意见的门槛，规定了一方当事人自行委托鉴定作出的医疗损害鉴定意见，在另一方当事人认可的情况下，人民法院可以对该鉴定意见予以采信。同时，对于双方当事人共同自行委托鉴定的情形，基于当事人处分原则，对此应予准许，这在价值导向上也有利于通过诉前调解等方式化解矛盾。如果一方当事人对双方共同委托而作出的鉴定意见不认可，则应当提出明确的异议内容并予以质证；在该异议不成立的情况下，人民法院应当采信该鉴定意见。[1]

在医患纠纷诉讼中合理地分配证明责任，需要综合考虑当事人对事证之掌握程度、接近证据的可能性、就特定危险的可控制性，以及对事件回溯困难性的原因，合理地分担因医疗事故而造成伤害的医疗成本。毋庸置疑，与医疗机构及医务人员相比，患者及其家属就医学知识相对匮乏，在提供证据证明医务人员过失上具有客观的障碍。由于其难以接触到涉及医疗纠纷的关键证据，医疗机构有更多机会对病例资料进行毁灭，若按照证明责任的一般分配原则，由患者就医疗机构及医务人员的侵权或违约行为、损害、因果关系、主观过错承担证明责任，无异于给患者施加过重的负担；就医疗机构及医务人员与病患的地位而言，医疗机构及医务人员可以经由价格机能及医疗责任保险而转嫁成本，因此，其比受害的患者更有能力承担此项风险；而就公平原则而言，由社会大众负担医疗风险，远比受害患者负担此项风险更为公平，因此，适当减轻患者的证明责任负担，符合医患纠纷诉讼中当事人武器平等的要求。

同时，还应做好配套制度的设计，如建立健全医疗责任保险制度。对于医疗机构及医务人员来说，医疗责任保险不只具有经济保障作用，有了医疗责任保险的保障后，医务人员在医疗过程中可以全身心地投入对患者的治疗，不会过度考虑风险问题而贻误对患者的最佳救治时机，也可以在很大程度上缓解实务中存在的医方篡改病历资料等证据障碍问题。同时，一旦出现医患纠纷，医疗责任保险对于患方而言也是一份保障。基层医疗机构，特别是风险承担能力较小、规模不大的机构对于参加医疗责任保险的意愿特别强烈，但是此类险种在基层贫困地区的覆盖率特别低，无法满足实际需求，需要国家及社会予以普及。在保险制度的具体设计上，可以参照我国目前交通方面的交强险，以医方的过错责任为保险标的并设定最高限额。另外，在庭审中，为使审判人员接触到第一手资料，方便审判

[1] 参见2017年12月14日最高人民法院研究室负责人就最高人民法院《关于审理医疗损害责任纠纷案件适用法律若干问题的解释》答记者问。

人员对案件事实作出最真实的判断,不应当过分依赖鉴定意见,在现有人民陪审员制度下,除吸收社会优秀医学专家作为人民陪审员参与案件审理外,还应当考虑对医学与法学复合背景人才的培养。

第四节 医疗损害的法律责任

我国的法律责任制度主要包括三方面:一是民事责任,二是行政责任,三是刑事责任。就医患纠纷案件的法律责任而言,既有民事责任又有行政责任,同时还存在承担刑事责任的情况。各种法律责任的承担在法律依据、制度价值、责任确定方式、责任承担方式和责任大小等方面都存在不同程度的差别。纵观我国医患纠纷的立法进程,医疗事故及医疗损害的刑事责任、行政责任追究,历经了由无到有,到全面追究,到引入第三方化解机制、重民事、轻刑事、去行政化,再到如今的民事赔偿责任的空前热化。[1]目前,我国医患纠纷案件频发,医疗安全管理无序化严重,医疗安全形势严峻,医患双方矛盾升级。这种局面如果得不到遏制,不但造成人民群众生命健康权益得不到保障,也会加重我国本就紧缺的医疗资源的浪费。为缓解这一局面,维护医疗秩序,国家将"医闹"入刑。

一、医患纠纷案件中行政责任追究的状况

在医患纠纷案件中,对医患纠纷案件的行政监管属于行政法范畴,主要是指卫生行政部门对违法行为人和相关组织机构进行行政责任追究的制度。监管对象包括医疗机构及医务人员,监管内容涉及医疗机构及医务人员的行为、医疗损害的预防和救济制度等。在《侵权责任法》规定"医疗损害责任"前,我国曾实行"医疗事故责任"。医疗事故责任,是指医疗机构及医务人员对于诊疗活动中发生的造成患者人身损害的医疗事故所应承担的责任。换言之,无事故即无责任。至于如何认定是否构成医疗事故,根据《医疗事故处理条例》由医学会进行医疗事故技术鉴定。最高人民法院《关于适用〈中华人民共和国侵权责任法〉若干问题的通知》规定:"侵权责任法施行后发生的侵权行为引起的民事纠纷案件,适用侵权责任法的规定。侵权责任法施行前发生的侵权行为引起的民事纠纷案件,适用当时的法律规定。""人民法院适用侵权责任法审理民事纠纷案件,根据当事人的申请或者依职权决定进行医疗损害鉴定的,按照全国人大常委会《关于司法鉴

[1] 参见刘志勤:《医疗损害去刑事、去行政"化解"对医疗安全管理的影响》,载《医院院长论坛》2013年第4期。

定管理问题的决定》、《最高人民法院对外委托鉴定、评估、拍卖等工作管理规定》及国家有关部门的规定组织鉴定。"同时,原卫生部发布了《关于做好〈侵权责任法〉贯彻实施工作的通知》(卫医管发〔2010〕61 号),该通知规定:"(一)各级医学会要继续依法履行医疗事故技术鉴定等法定鉴定职责,进一步加强专家队伍建设和规章制度建设。(二)对于司法机关或医患双方共同委托的医疗损害责任技术鉴定,医学会应当受理,并可参照《医疗事故技术鉴定暂行办法》等有关规定,依法组织鉴定。医疗损害责任技术鉴定分级参照《医疗事故分级标准(试行)》执行。"至此,根据最高人民法院及原卫生部的上述通知,在 2010 年 7 月 1 日后发生的医疗损害事件,由司法鉴定机构或医学会主导的"医疗损害鉴定"逐步代替了"医疗事故鉴定"。医疗损害的民事责任被高度重视,而《医疗事故处理条例》中规定的医务人员与医疗机构的行政责任在很大程度上被迫"搁置"。《医疗纠纷预防和处理条例》第 55 条规定:"对诊疗活动中医疗事故的行政调查处理,依照《医疗事故处理条例》的相关规定执行。"基于此规定,前述"搁置"在医疗事故责任承担上又被激活。

在此情形下,国家卫生行政部门对在具有严重情节的医患纠纷案件中医方行政责任的追究的依据主要是《执业医师法》第 37 条、《护士条例》第 31 条和《医疗纠纷预防和处理条例》第 45 ~ 47 条。但是,按照这两部法律法规的规定,行政相对人只能是医务人员,卫生行政部门无法依据《执业医师法》和《护士条例》对在医患纠纷案件中具有责任的医疗机构进行处罚。例如,2013 年上海市探索创新医疗安全监管工作制度,卫生行政部门在部分区县开展医疗损害中违法行为的行政查处试点工作,对 25 起医患纠纷案件进行了行政处理,卫生监管部门对其中的 23 起医患纠纷案件进行立案调查,其中对 16 起案件的违法行为的涉事医务人员作出"警告"行政处罚。该 16 起案件均因违反卫生行政规章制度或技术操作规范而造成患者人身损害,包括漏诊误诊、治疗与抢救不及时、病情观察不仔细等。卫生行政部门同时对 8 家涉事医疗机构发出《卫生监督意见书》。[1] 但是,《卫生监督意见书》并不具有行政处罚的性质。

医患纠纷案件中违法行为行政责任追究缺位的现状已影响到了医疗质量安全的有效监管。一些纠纷案件虽然不构成医疗事故,但是同医疗事故一样,存在造成人身损害的过错或过失诊疗行为,这些行为若违反了卫生法律法规,行为人必然受到行政责任追究。法律上的行政责任既不同于以补偿受害人物质和精神

---

〔1〕 参见丛晶等:《医疗损害行政监管中存在的问题与对策》,载《中国卫生质量管理》2015 年第 1 期。

损失为主的民事责任，也不同于以惩罚为主的刑事责任，而是着眼于整肃公共秩序、补救公共利益和损失，兼有补偿性和惩罚性，重点在于预防新的医疗损害或医疗事故发生。[1]

对于医疗损害中违法行为的行政责任追究，一方面，通过对违法行为的实施者进行有效的行政处理，以达到警示与教育目的；另一方面，可杜绝和防范卫生行政监管的缺位和不当，更好地发挥医疗安全监管效能，并减少医疗过失行为的发生，同时有提高医疗质量、控制医疗风险、缓解医患纠纷、维护社会稳定等作用。医疗纠纷的行政责任分为对医疗机构和医务人员的责任。

首先，对于医疗机构的行政责任而言，对于构成医疗事故的，卫生行政部门依据《医疗事故处理条例》第 55 条规定予以行政处罚，但是对于不构成医疗事故的医疗损害案件，特别是对于医疗损害案件中的医疗机构过度医疗行为、违反保密患者隐私义务、使用缺陷医疗用品造成的医疗侵权行为等违法行为也应当规定相关罚则。《医疗纠纷预防和处理条例》对医疗机构篡改、伪造、隐匿、毁灭病历资料以及将未通过技术评估和伦理审查的医疗新技术应用临床的，规定了行政责任。

其次，对医务人员的行政责任的追究也存在漏洞。卫生行政部门对于医疗质量的监管重点在于医疗机构是否有违反法律规定的行为和情况，但目前医疗质量法律法规仍然处于空白状态。[2]前文中，上海市卫生行政部门开展医疗损害中违法行为的行政查处试点工作，根据《执业医师法》第 37 条第 1 项的规定对部分医疗损害违法行为的涉事医务人员以“医师违反卫生行政规章制度或者技术操作规范，造成严重后果”为案由作出行政处罚，但是该法条中“卫生行政规章制度”“技术操作规范”“造成严重后果”均无明确规定，特别是“技术操作规范”随着医疗技术的发展不断处于变化状态，卫生行政部门在执法过程中的法律依据不够充分。根据《执业医师法》第 37 条第 3 项的规定，医师在执业活动中造成医疗责任事故的，由县级以上人民政府卫生行政部门给予警告或者责令暂停六个月以上一年以下执业活动，情节严重的，吊销其医师执业证书。但是，自 2002 年 9 月 1 日以来，医疗事故技术鉴定不再区分“医疗技术事故”和“医疗责任事故”，只有“医疗事故”。另外，医疗损害鉴定与医疗事故技术鉴定一样，其鉴定书中鉴定专家没有明确写明医疗过失的具体环节和责任人，在实践中需要卫生行政监督人员根据鉴定

---

〔1〕 参见刘宇等：《侵权责任法实施后医疗事故概念的重新定义》，载《中国卫生法制》2012 年第 2 期。

〔2〕 参见马丽平等：《中英两国医疗质量评价比较研究》，载《中国医院管理》2015 年第 10 期。

书中专家分析意见,辅以当事人陈述、证人证言、病历资料等为依据,判定该医疗损害案件的具体违法行为与违法行为人,由于卫生行政监督人员并不一定具备临床医学专业背景,即使是具有临床医学背景的卫生行政监督人员也不可能对各个临床科室的业务精通,因此,一般还是需要通过专家咨询程序加以明确。[1]同审判人员对于医患纠纷民事责任的认定一样,卫生行政监管人员对于医患纠纷案件中医务人员的行政责任的认定过分依赖于医学专家,而医学专家对于医务人员的责任的认定是否公正、是否准确是实务中不可忽略也很难保障的问题。

从“医疗事故技术鉴定”和“医疗损害鉴定”的对比可以看出,二者在程序性规定上基本一致,实质内容上均包含了“医疗行为是否违法违规”“医疗过失行为与损害后果之间是否存在因果关系”“医方责任程度(原因力大小)”等,主要区别在于鉴定结论的名称:一个是是否构成“医疗事故”,另一个是是否构成“医疗损害”。是否构成医疗事故是由医学会进行鉴定;而根据规定,医学会同样可以进行医疗损害鉴定。同样是移交医学会组织做的鉴定意见,同样是临床医学专家对于医疗专业问题所做的鉴定意见,只是鉴定意见的名称不同,引起的法律后果完全不一样:“医疗事故”会导致医疗机构及医务人员被追究行政责任,而对于“医疗损害”,卫生行政部门则难以对医方进行追责,原因如下:

(1)医患纠纷信息获取渠道不畅通。目前,卫生行政部门获取医患纠纷信息的渠道有两种,即自上而下的监督检查和自下而上的医疗机构报告及当事人向卫生行政部门申请处理。无论是医疗机构的报告还是当事人申请行政机关处理的均是医疗事故争议,卫生行政部门对于不构成医疗事故的医患纠纷案件的信息的取得并无明文规定。同时,《侵权责任法》使医患纠纷解决倾向于诉诸司法途径。无论在理论上还是在现实中,对于大多数医患纠纷案件,卫生行政部门难以通过自下而上的反馈机制获得信息。除此之外,《医疗机构管理条例》第40条规定:“县级以上人民政府卫生行政部门行使下列监督管理职权:……(二)对医疗机构的执业活动进行检查指导……(四)对违反本条例的行为给予处罚。”由此可知,行政机关自上而下监管也是一种监管方式。然而此渠道依然存在两方面的阻碍:一方面,我国的各级医疗机构众多,各医疗机构每天都要服务众多的患者,而卫生行政部门由于执法力量有限,在对众多医疗机构监管中无法面面俱到,这也是在很长一段时间内无法改变的事实,所以行政机关自上而下的督查往往难以获得有效信息;另一方面,医疗机构对医疗纠纷往往讳莫如深,对于医疗机构而言,既然

[1] 参见丛晶等:《医疗损害行政监管中存在的问题与对策》,载《中国卫生质量管理》2015年第1期。

法律、行政法规均未规定医患纠纷报告的制度，医院等医疗机构也有足够的理由对医疗损害纠纷进行隐瞒。由此可见，无论是自上而下的监督还是自下而上的报告，医患纠纷均难以进入卫生行政部门的监管范围，信息获取存在阻碍。由于医患纠纷信息的取得途径存在障碍，卫生行政部门很难在实务中对医疗机构及医务人员的行为进行有效的监督。

(2)“双轨制”鉴定加剧了医患纠纷行政监管的困境。随着《侵权责任法》的实施，医疗鉴定也由单一的医疗事故技术鉴定发展到医疗事故技术鉴定与医疗过错鉴定并存的局面，《医疗纠纷预防和处理条例》又确定了“医学会和司法鉴定机构”的双轨模式。我国目前医疗纠纷的鉴定主要有两种方式：一是由医学会鉴定专家组进行的医疗事故技术鉴定；二是通过司法鉴定部门或医学会进行的医疗损害鉴定。两种鉴定模式的并行也加剧了行政机关对医患纠纷监管的难度。依照现行法律法规，行政机关只能对发生医疗事故的医疗机构作出行政处理。故选择进行医疗过错鉴定的医疗纠纷，即使鉴定认为存在过错，造成医疗损害，此时，由于造成医疗损害并非医疗机构承担行政责任的法定原因，卫生行政部门并不能依据医疗过错鉴定意见对医疗机构及医务人员进行处罚，故此部分医疗机构的行政责任往往就被有意地规避了。

二、医患纠纷案件中刑事责任追究的现状

随着科技飞速发展，各国对科技相关领域所致的重大过失刑法政策日趋严厉，医疗领域也不例外。各国在注重运用刑事手段惩罚、预防重大医疗过失的同时，也越来越多地依靠构建权威的第三方调解机制或构建综合性医疗事务法，并积极对患者进行经济上的赔偿，以应对日趋严峻的医患矛盾。据统计，全国每年发生的医疗纠纷数平均为1300万件左右。2011年全国门诊、急诊总量是22.59亿人次，因此医疗纠纷发生的比例是0.5%左右。如果按照2011年年底全国医护人员795万的数量来分配，则每一名医生平均每年可能会遇到1.6起医疗纠纷。近年来，被报道的恶性事件时有发生，社会关注度高，负面影响极大。根据对全国法院系统受理医疗纠纷案件的总量分析，每年案件的总量一直维持在50 000件左右。[1] 据统计，我国台湾地区的医疗刑事诉讼占法院审理刑事诉讼案件的0.34‰，医疗民事诉讼占法院民事诉讼案件的0.43‰。[2] 我国医患关系之恶化至此绝非偶然，成因十分复杂，医疗公平与效率之间的矛盾，始终未能很好地得到

---

〔1〕 参见林文学：《医疗纠纷解决机制研究》，法律出版社2008年版，第11页。

〔2〕 参见吴志正：《从鉴定意见谈医疗过失责任之认定》，台北，元照出版有限公司2014年版，第12页。

解决,严重的医疗过失是诸多因素中重要的原因之一。我国有关医疗方面的刑法规定存在一些认识上分歧。

1.“严重不负责任”的表述出现理解上不一致

我国《刑法》规定的业务过失犯罪,除了医疗事故罪以外,在对犯罪行为的描述中并没有出现“严重不负责任”的说法,较为典型的有:第331条的传染病菌种、毒种扩散罪规定的是“违反国务院卫生行政部门的有关规定”;第334条第2款的采集、供应血液、制作、供应血液制品事故罪规定的是“不依照规定进行检测或者违背其他操作规定”。医疗过失属于业务过失,业务过失犯罪不同于普通过失犯罪之处在于,业务过失犯罪同违反一定的规章制度或行为人自己的职责紧密相连,行为人违反规章制度和自己的职责是构成业务过失犯罪的前提。在法律上规定“严重不负责任”显然不如规定为违反一定的规章制度和自己的职责更为贴切;同时,立法上的这一规定很容易引起理论上对“严重不负责任”含义理解的纷争和司法实践认定中的困难。我国《刑法》第335条中的“严重不负责任”作为法律术语不严密不好操作。

2. 刑罚适用存在失衡

《刑法》仅为医疗事故罪规定了有期徒刑和拘役两种自由刑,没有规定财产刑等进行经济上的制裁,但对医疗单位却规定要求承担民事赔偿责任。在现实生活中,医疗服务行业受“拜金主义”“钱权交易”等不良社会风气影响,为了经济利益而造成的医疗事故罪并不鲜见。《刑法》为医疗事故罪所规定的单一刑种,难以惩治犯意不同的医疗事故罪,不利于实现预防与惩治该类犯罪的目的。

由于业务过失犯罪的客观危害和主观恶性都要大于同种性质的普通过失犯罪,因此发达国家立法对业务过失犯罪的处罚应当重于普通过失犯罪。然而,我国《刑法》只对医疗事故罪规定了单一的法定刑幅度,即3年以下有期徒刑,其最高刑仅为3年有期徒刑,大大低于同种类的责任事故型业务犯罪,也明显不如普通过失犯罪。医疗事故罪的法定刑幅度单一,最高刑偏低,不但不利于灵活惩罚轻重不同的医疗事故犯罪,而且在惩罚程度上也极其乏力,有悖于罪刑相适应原则。

3. 医疗事故罪“立案追诉标准”的模糊

“医疗事故罪”属于“妨害社会管理秩序罪、危害公共卫生罪”,不属于刑事自诉的范围,必须由公安机关侦察后提起检察机关公诉。根据最高人民检察院、公安部《关于公安机关管辖的刑事案件立案追诉标准的规定(一)》规定的“医疗事故罪”立案标准,若当事人无法证实医务人员严重不负责任,则公安机关就可以不予立案侦查。并且在司法实践过程中,公安机关是根据"医疗事故鉴定结论"来判定医务人员是否存在"严重不负责任"的,而自《侵权责任法》实施之后,医疗损害司法鉴定和医疗事故技术鉴定并存,并且大有医疗损害司法鉴定逐步取代医疗事故技术鉴定的趋势。因此,立法缺陷及司法机关主导的司法实践,已经使医疗损害的受害人在很大程度上失去了追究医务人员医疗事故罪的机会。为此,《刑法修正案(九)》规定:"聚众扰乱社会秩序,情节严重,致使工作、生产、营业和教学、科研、医疗无法进行,造成严重损失的,对首要分子,处三年以上七年以下有期徒刑;对其他积极参加的,处三年以下有期徒刑、拘役、管制或者剥夺政治权利。"在一定意义上说,"医闹"入刑为解决医患纠纷、减少"医闹"现象提供了法律保障。

三、医患纠纷案件中民事责任与行政责任、刑事责任的衔接

近年来,医疗事故罪判例的数量大幅萎缩,医务人员因诊疗过错导致患者人身损害而被吊销执业证书的寥寥无几。但与医患纠纷刑事案件、行政案件数量大幅减少截然相反的是,医患民事纠纷数量呈"爆发式"增长。由此可以认定的事实是在医疗实践中,存在过失的医务人员并非个别。之所以医疗事故罪判例的数量大幅萎缩、医务人员遭受行政处罚的人数寥寥无几,主要不是因为严重不负责任的医务人员的减少,而是因为有很多医疗事故、医疗损害存在刑事案件、行政处罚民事化的趋向,就是往往由医院赔钱了事,而没有依法追究相关医务人员的刑事责任、行政责任。

法律的主要目的并不是惩罚犯罪、不是打击某个行业,而是希望借此预防犯罪、防范过失。执法机关不追究医疗事故、医疗损害的刑事责任、行政责任,只能使法律形同虚设,难以对医务人员起到足够的警示作用,难以达到提高医务人员责任心、有效减少医疗事故发生的目的。反而,很容易使医疗机构陷入"出现事故—花钱赔偿—变本加厉地捞回损失—又出现事故"的恶性循环。为此,在注重通过民事司法程序保障受害人利益的同时,绝不能忽视依法对当事人的行政责任及刑事责任的追究,三者相辅相成、不可偏废。

(一)医患纠纷案件民事司法与行政执法的衔接

《侵权责任法》实施后医患双方往往更注重医疗纠纷中的民事责任,很大一批医疗纠纷在未经过行政机关处理的情况下被直接诉诸法院,卫生行政部门对医患纠纷案件的信息获取渠道又存在很大的障碍。现实中存在本来构成医疗事故的案件,由于受害人期望获取更多的赔偿选择进行医疗损害司法鉴定,而并非进行医疗事故技术鉴定。纵然,受害人的民事权益也可以通过民事司法程序得到保证,但是由于卫生行政部门的信息获取障碍,使本该受到行政处罚的医疗机构及

医务人员逃离法律的制裁,这对于保障整个社会的医疗秩序来说肯定是无益的。因此,要落实行政机关对医疗机构行政责任的监管,建立法院、鉴定机构与卫生行政部门的有效衔接是非常必要的。完善医患纠纷的民事司法程序与行政执法的有效衔接必须从以下几个方面进行:

首先,建立信息共享机制。一方面,法院在审判过程中如果经医疗事故技术鉴定认为属于医疗事故的,法院在最终出具法律文书的时候应当附送一份到医疗机构隶属的卫生行政部门;另一方面,未经过医疗事故技术鉴定或者经鉴定不属于医疗事故,但在审判过程中发现医疗机构存在违反行政法规、规章的违法违规情形的,法院在出具法律文书的时候也应当附送给该医疗机构隶属的卫生行政部门。同时,还应当通过制度设计,使各鉴定机构(包括医学会的鉴定机构和司法鉴定机构)无论是在进行医疗损害司法鉴定还是在进行医疗事故技术鉴定时都应当将鉴定结果通告给涉事医疗机构所属的卫生行政部门。现在的卫生行政部门主要通过行政监管及医疗机构对医患纠纷案件情况的上报这两种途径获取医患纠纷信息,很难保证卫生行政部门信息获取的全面性,信息共享机制的建立可以使卫生行政部门对各辖区内医疗机构的医患纠纷案件的整体情况有着全面的把握。

其次,对医疗事故行政处罚的鉴定有一个正确的认识。目前的制度设计是,卫生行政部门对医疗机构行政处罚的前提是医疗机构的行为构成医疗事故,且必须经过医学会的医疗事故技术鉴定,这种机制显然与受到侵害的患者普遍采取医疗损害司法鉴定的做法相矛盾。目前,卫生行政部门的监管部门在对医疗损害违法行为情节进行认定时,主要以法院审查确认或生效判决的医疗损害鉴定书作为行政处罚依据之一。鉴定机构在制作医疗损害鉴定书时是参照《医疗事故分级标准(试行)》确定的,可以发现医疗损害司法鉴定与医疗事故技术鉴定在定级时所适用的标准是一样的,而对医疗损害却无法按照医疗事故的法律法规进行行政处理,如若追究医疗机构的行政责任,还要另行进行医疗事故技术鉴定,这无疑是对鉴定资源的浪费,也大大增加执法程序的烦琐性。通过对前置的医疗事故技术鉴定程序的取消,进一步对鉴定机构进行统一,可以避免不同鉴定机构对同一案件的鉴定结果不统一的矛盾局面出现,可以节约鉴定资源及司法资源,并简化不必要的行政执法程序。

最后,建议完善医患纠纷案件的行政法律法规,使在行政执法时能有充分依据,保证医患纠纷案件中民事司法与行政执法的衔接。比如医疗机构的诊疗行为存在过错,但该过错与患者的损害经鉴定不存在因果关系的案件中,根据《侵权责任法》的规定,此时医疗机构并不成立侵权责任,即无须承担对患者的赔偿责任,同时,大多数案件也难以适用补偿责任,因此,患者及其家属几乎得不到该医疗机构的任何经济补偿。而医疗机构在诊疗行为中存在过错,特别是在这种过错是违法违规的情况下,法院判决不承担责任虽然正确但难以实际解决纠纷,这类棘手的医患纠纷案件往往也容易引起所谓的"医闹",进而激发医患双方的矛盾。此时,如果有比较完善的行政法律法规,卫生行政部门可以依法对该医疗机构的过错行为进行判断,若该过错行为是违法违规行为,卫生行政部门应当依法进行行政处罚,做到医患纠纷中医疗机构的民事责任与行政责任的有效衔接,对平缓患者及其家属的情绪及稳定社会有很大作用。遗憾的是,卫生行政部门在处理类似案件中可以依据的法律法规非常有限,导致医患纠纷案件中民事责任与行政责任的衔接存在一定障碍。

(二)医患纠纷案件行政执法与刑事司法的衔接

对于医患纠纷案件的行政执法与刑事司法的衔接,不仅涉及程序衔接,更涉及实体衔接。一方面,从立法设计分析,行政执法针对的是不构成犯罪的一般违法行为,刑事司法针对的是构成犯罪的严重违法行为。但是,行政执法与刑事司法作为公权力的两大执法体系,二者又有不可分割的内在联系,行政执法与刑事司法在调整范围上存在交叉,在调整对象上还可互相转化,从而也决定了二者之间的衔接关系。另一方面,从行政执法与刑事司法的内涵来看,二者在实施主体、法律依据、程序适用、法律后果、管辖范围等诸多方面存在较大差异。当同一违法行为违反了行政法规范需要予以行政处罚,同时该行为又违反刑法规范需要予以刑罚处罚时,衔接问题便凸显出来。

医患纠纷案件的行政执法、监察监督与刑事司法的衔接应从以下几个方面来改善:

首先,在立法层面上,应当完善医疗领域的刑事立法。从前文的法律渊源中可以看出,在医患纠纷案件中,追究医方的刑事责任仅为《刑法》第335条规定的医疗事故罪。这一规定过于单一,导致不少医疗违法行为在刑法典中无相对应的罪名。例如,《执业医师法》规定了对一些情节严重的违法医疗行为,"构成犯罪的,依法追究刑事责任",如医师在执业活动中有"隐匿、伪造或者擅自销毁医学文书及有关资料""泄露患者隐私,造成严重后果"等行为,同时,《医疗纠纷预防和处理条例》也规定了篡改、伪造、隐匿、毁灭病历资料,构成犯罪的,依法追究刑事责任。但是,在《刑法》分则中未能找到与之相对应的罪名,刑事责任的追究就无从谈起。如果这些行为严重到超出行政法律法规调整的范围,就要追究刑事责任。但刑法规范却没有与之相对应的罪名条款,导致这些行为事实上不可能以犯罪来追究刑事责任,从而也使附属刑法规范与刑法典之间无法有效衔接。这种衔接的缺陷主要是实体法立法的瑕疵引起的，所以在立法层面应当对相关医疗领域的犯罪进行细化。

其次，在对医方行为认定时也应当做好衔接。由于对医患纠纷案件中责任方责任的追究不仅关系到行政认定，同时也与刑事认定直接相关，因此，在两法衔接实践中，行政认定是刑事认定的前提，刑事认定又高于行政认定，对此应当予以平衡，保持处罚上连续性。医疗事故罪的前提是构成医疗事故，一般来说，医疗事故罪的犯罪行为的危害性要高于一般医疗事故违法行为的危害性。但是，在实践中，由于医疗行为的行政认定与刑事认定适用法律依据不一致，行政认定属于行政权领域，而刑事认定归属司法权领域，因此，二者具有不同的认定主体、法律性质、认定依据、认定方法及适用程序等，也容易出现不协调或相冲突。在实践中，对于医患纠纷案件中医方的行为是一般医疗事故违法行为还是犯罪行为，行政机关和司法机关可能具有不同认识，从而导致两种不同的后果：一是卫生行政部门认为不构成行政违法或者仅构成行政违法尚未构成医疗事故罪，但司法机关却认为该行为已构成医疗事故罪，要求卫生行政机关移送并追究刑事责任；二是行政机关审查后认为涉嫌构成医疗事故犯罪并予以移送司法机关追究刑事责任，而司法机关则认为该行为仅属一般行政违法，未达刑事立案标准而不予立案。另外，证据的衔接对行为的认定也影响重大。虽然《刑事诉讼法》中明确了行政机关在行政执法中收集的证据材料可以作为刑事证据使用，[1]但由于多数医患纠纷案件是由行政执法人员在第一时间收集和固定证据，而行政执法人员对刑事证据的要求往往不太清晰。一方面，容易忽略对一些重要证据的收集、保全和固定；另一方面，行政执法人员收集的证据材料经常不符合刑事证据的要求。这些情况易导致涉嫌犯罪案件被移送司法机关追究刑事责任时，证据不充分或关键证据缺失，从而被认定案件不符合立案要求；或者即使立案，最终案件的处理也因证据问题影响定罪或量刑。

再次，应完善医方行政责任与刑事责任的相互衔接。行政处罚与刑罚处罚作为公法责任范畴上两种重要的制裁形式，具有密切的联系。一方面，行政处罚与刑罚处罚在特定情况下存在兼容和转化的关系，表现在特定情形下的同时适用和折抵。另一方面，行政处罚与刑罚处罚还存在一定互补性。医疗事故罪的刑罚措施只有有期徒刑或拘役，但在司法机关追究医务人员刑事责任后，卫生行政部门依然可根据《医疗事故处理条例》的规定，暂停医务人员执业活动或吊销该医务

---

〔1〕《刑事诉讼法》第54条第2款规定："行政机关在行政执法和查办案件过程中收集的物证、书证、视听资料、电子数据等证据材料，在刑事诉讼中可以作为证据使用。"

人员的执业证书。在实践中,两法的衔接存在一定问题,目前医患纠纷案件频发,但是医疗事故罪的判例近年萎缩严重,主要原因为医疗责任追究的民事化及存在“以罚代刑”的情形,这对我国医疗秩序的稳定显然不利。虽然《刑法》第 37 条对免予刑事处罚的犯罪行为,还可根据案件情况,交由主管部门予以行政处罚或者行政处分,但至于如何让主管部门予以行政处罚或者行政处分的具体操作流程,法律未予以明确规定。同时,根据《行政处罚法》的规定,也仅涉及行政机关向司法机关移送案件,未规定司法机关向行政机关移送案件,从而导致司法机关向卫生行政部门移送案件在程序上难以实现。检察机关对作出不起诉决定的医疗事故案件,以及法院对作出无罪判决或者免予刑事处罚的案件,认为依法应当给予行政处罚的,可提出检察建议或者司法建议。

最后,应当完善行政、司法信息共享机制的建设。信息共享平台建设的不完善是制约医患纠纷案件的行政执法与刑事司法衔接机制发展的一个重要因素。由于医患纠纷案件的复杂性,鉴定程序较为烦琐,使卫生行政部门无法及时、完整地向信息共享平台输入案件的情况,同时在现实中会出现信息录入人员并非一线办案人员的情况,进一步容易造成录入的信息与实际可能存在偏差,且信息的录入与实际案件材料的移送并不能完全保持一致,限制了信息共享平台的工作效能,影响卫生行政部门与司法机关在处理医患纠纷案件时的衔接。同时,两法衔接信息平台的建立能够方便检察机关对医患纠纷案件的监督,能够促进各机关对医疗事故案件的正确处理。

第八章　最高人民法院《关于审理医疗损害责任纠纷案件适用法律若干问题的解释》

颁布主体:最高人民法院 2017 年 3 月 27 日由最高人民法院审判委员会第 1713 次会议通过 公布日期:2017 年 12 月 13 日 实施日期:2017 年 12 月 14 日			
编号	标题	司法解释原文	理解与精要
0	制定目的	为正确审理医疗损害责任纠纷案件,依法维护当事人的合法权益,推动构建和谐医患关系,促进卫生健康事业发展,根据《中华人民共和国侵权责任法》《中华人民共和国民事诉讼法》等法律规定,结合审判实践,制定本解释	该司法解释回应了当前医疗损害案件审判的实际需要,非常具有现实指导意义,澄清了诸多不同认识
1	适用范围	患者以在诊疗活动中受到人身或者财产损害为由请求医疗机构,医疗产品的生产者、销售者或者血液提供机构承担侵权责任的案件,适用本解释。 患者以在美容医疗机构或者开设医疗美容科室的医疗机构实施的医疗美容活动中受到人身或者财产损害为由提起的侵权纠纷案件,适用本解释。 当事人提起的医疗服务合同纠纷案件,不适用本解释	当事人提起的医疗服务合同纠纷案件,应按照《合同法》进行调整

续表

编号	标题	司法解释原文	理解与精要
2	追加第三人	患者因同一伤病在多个医疗机构接受诊疗受到损害,起诉部分或者全部就诊的医疗机构的,应予受理。 患者起诉部分就诊的医疗机构后,当事人依法申请追加其他就诊的医疗机构为共同被告或者第三人的,应予准许。必要时,人民法院可以依法追加相关当事人参加诉讼	本条常常被用来选择起诉的管辖法院。原告通常具有更多的主动权
3	缺陷医疗产品	患者因缺陷医疗产品受到损害,起诉部分或者全部医疗产品的生产者、销售者和医疗机构的,应予受理。 患者仅起诉医疗产品的生产者、销售者、医疗机构中部分主体,当事人依法申请追加其他主体为共同被告或者第三人的,应予准许。必要时,人民法院可以依法追加相关当事人参加诉讼。 患者因输入不合格的血液受到损害提起侵权诉讼的,参照适用前两款规定	缺陷医疗产品和血液制品损害纠纷也属于本司法解释调整范畴。这里的血液制品包含生物制品
4	举证责任分配	患者依据侵权责任法第五十四条规定主张医疗机构承担赔偿责任的,应当提交到该医疗机构就诊、受到损害的证据。 患者无法提交医疗机构及其医务人员有过错、诊疗行为与损害之间具有因果关系的证据,依法提出医疗损害鉴定申请的,人民法院应予准许。 医疗机构主张不承担责任的,应当就侵权责任法第六十条第一款规定情形等抗辩事由承担举证证明责任	患者的证明责任和举证义务。医疗过错和医疗行为与损害后果之间的因果关系属于医疗损害(司法)鉴定的常规内容。 医疗机构承担《侵权责任法》第60条第1款规定情形等抗辩事由的举证义务时,也可申请前述鉴定

续表

编号	标题	司法解释原文	理解与精要
5	知情同意	患者依据侵权责任法第五十五条规定主张医疗机构承担赔偿责任的,应当按照前条第一款规定提交证据。 实施手术、特殊检查、特殊治疗的,医疗机构应当承担说明义务并取得患者或者患者近亲属书面同意,但属于侵权责任法第五十六条规定情形的除外。医疗机构提交患者或者患者近亲属书面同意证据的,人民法院可以认定医疗机构尽到说明义务,但患者有相反证据足以反驳的除外	关于知情权和同意权的规定。目前大量的医疗纠纷诉讼是以此为理由的。不少医疗机构在保障患者及其家属知情同意权方面仍有进一步改进的空间
6	病史资料保管义务	侵权责任法第五十八条规定的病历资料包括医疗机构保管的门诊病历、住院志、体温单、医嘱单、检验报告、医学影像检查资料、特殊检查(治疗)同意书、手术同意书、手术及麻醉记录、病理资料、护理记录、医疗费用、出院记录以及国务院卫生行政主管部门规定的其他病历资料。 患者依法向人民法院申请医疗机构提交由其保管的与纠纷有关的病历资料等,医疗机构未在人民法院指定期限内提交的,人民法院可以依照侵权责任法第五十八条第二项规定推定医疗机构有过错,但是因不可抗力等客观原因无法提交的除外	医疗机构负责对患者病史资料的保管义务。在诉讼中,医疗机构应依法及时提供真实、完整的病史资料。 但因不可抗力导致无法提供的除外
7	缺陷医疗产品及其损害的举证责任	患者依据侵权责任法第五十九条规定请求赔偿的,应当提交使用医疗产品或者输入血液、受到损害的证据。 患者无法提交使用医疗产品或者输入血液与损害之间具有因果关系的证据,依法申请鉴定的,人民法院应予准许。 医疗机构,医疗产品的生产者、销售者或者血液提供机构主张不承担责任的,应当对医疗产品不存在缺陷或者血液合格等抗辩事由承担举证证明责任	使用医疗产品或者输入血液与损害之间是否具有因果关系,以及医疗产品、血液制品等是否存在质量缺陷,属于司法鉴定项目,必要时需要提起产品质量司法鉴定

续表

编号	标题	司法解释原文	理解与精要
8	鉴定启动方式	当事人依法申请对医疗损害责任纠纷中的专门性问题进行鉴定的,人民法院应予准许。 当事人未申请鉴定,人民法院对前款规定的专门性问题认为需要鉴定的,应当依职权委托鉴定	启动医疗损害司法鉴定的方式有两种,一种是诉讼当事人申请,人民法院委托;另一种是人民法院依职权直接委托鉴定
9	鉴定人选任	当事人申请医疗损害鉴定的,由双方当事人协商确定鉴定人。 当事人就鉴定人无法达成一致意见,人民法院提出确定鉴定人的方法,当事人同意的,按照该方法确定;当事人不同意的,由人民法院指定。 鉴定人应当从具备相应鉴定能力、符合鉴定要求的专家中确定	鉴定人的选任方式,协商选定是首选方式,协商不成时,由人民法院依法指定。不过目前大部分案件尚未进入到选择鉴定人的环节(地步),主要仍集中在选择鉴定机构上,甚至焦点主要集中在鉴定机构类型、地区上
10	鉴定材料确认和提交	委托医疗损害鉴定的,当事人应当按照要求提交真实、完整、充分的鉴定材料。提交的鉴定材料不符合要求的,人民法院应当通知当事人更换或者补充相应材料。 在委托鉴定前,人民法院应当组织当事人对鉴定材料进行质证	鉴定机构应当对送检材料进行形式审查,确认是经庭审质证确认过的。对于未经确认的,一方当事人提供的材料不能直接使用。必要时可借助医疗损害司法鉴定听证会进行确认,并做好相应的书面记录

续表

编号	标题	司法解释原文	理解与精要
11	鉴定事项	委托鉴定书,应当有明确的鉴定事项和鉴定要求。鉴定人应当按照委托鉴定的事项和要求进行鉴定。 下列专门性问题可以作为申请医疗损害鉴定的事项: (一)实施诊疗行为有无过错; (二)诊疗行为与损害后果之间是否存在因果关系以及原因力大小; (三)医疗机构是否尽到了说明义务、取得患者或者患者近亲属书面同意的义务; (四)医疗产品是否有缺陷、该缺陷与损害后果之间是否存在因果关系以及原因力的大小; (五)患者损伤残疾程度; (六)患者的护理期、休息期、营养期; (七)其他专门性问题。 鉴定要求包括鉴定人的资质、鉴定人的组成、鉴定程序、鉴定意见、鉴定期限等	本条对医疗损害司法鉴定的主要内容进行了较为全面的列举。不同案件鉴定的具体内容可能有一些不同
12	因果关系表述	鉴定意见可以按照导致患者损害的全部原因、主要原因、同等原因、次要原因、轻微原因或者与患者损害无因果关系,表述诊疗行为或者医疗产品等造成患者损害的原因力大小	因果关系的强度用原因力大小表述,按照全部原因、主要原因、同等原因、次要原因、轻微原因、无因果关系六分法进行分类
13	鉴定意见质证和鉴定人出庭	鉴定意见应当经当事人质证。 当事人申请鉴定人出庭作证,经人民法院审查同意,或者人民法院认为鉴定人有必要出庭的,应当通知鉴定人出庭作证。双方当事人同意鉴定人通过书面说明、视听传输技术或者视听资料等方式作证的,可以准许。 鉴定人因健康原因、自然灾害等不可抗力或者其他正当理由不能按期出庭的,可以延期开庭;经人民法院许可,也可以通过书面说明、视听传输技术或者视听资料等方式作证。 无前款规定理由,鉴定人拒绝出庭作证,当事人对鉴定意见又不认可的,对该鉴定意见不予采信	鉴定意见需要经过当事人质证,才能作为定案依据。同时明确了鉴定人出庭作证的具体规定。尤其是书面说明、视听传输技术、视听资料等新型信息技术手段辅助出庭作证可以极大提高出庭作证的效率和可操作性,极大地减少当事人的诉讼成本。应当出庭而不出庭的后果方面的规定与《民事诉讼法》的规定一致

续表

编号	标题	司法解释原文	理解与精要
14	专门知识的人	当事人申请通知一至二名具有医学专门知识的人出庭,对鉴定意见或者案件的其他专门性事实问题提出意见,人民法院准许的,应当通知具有医学专门知识的人出庭。 前款规定的具有医学专门知识的人提出的意见,视为当事人的陈述,经质证可以作为认定案件事实的根据	专门知识的人出庭制度,是为了弥补当事人、代理人对医学类专业知识的不足而实施的一项诉讼制度,可以协助当事人、代理人对鉴定意见进行提问、质证。但原则上,专门知识的人因未实际参加鉴定,不能提出新的带有鉴定意见性质的观点。其主要是对既有的鉴定意见的质疑和询问
15	诉前鉴定	当事人自行委托鉴定人作出的医疗损害鉴定意见,其他当事人认可的,可予采信。 当事人共同委托鉴定人作出的医疗损害鉴定意见,一方当事人不认可的,应当提出明确的异议内容和理由。经审查,有证据足以证明异议成立的,对鉴定意见不予采信;异议不成立的,应予采信	对诉前自行委托的鉴定意见能否采信做了规定,有助于预防化解鉴定纠纷。对双方当事人共同委托的鉴定明确了提出异议的具体要求。必须有明确的异议内容和理由
16	医疗过错认定依据	对医疗机构及其医务人员的过错,应当依据法律、行政法规、规章以及其他有关诊疗规范进行认定,可以综合考虑患者病情的紧急程度、患者个体差异、当地的医疗水平、医疗机构与医务人员资质等因素	医疗过错的认定依据包括法律、行政法规、规章及有关诊疗规范,同时应结合病情、个体差异、医疗行为地的医疗水平、资质等级等因素。本条充分考虑了我国医疗资源分布不均的国情
17	有过错但未实际造成损害后果的	医务人员违反侵权责任法第五十五条第一款规定义务,但未造成患者人身损害,患者请求医疗机构承担损害赔偿责任的,不予支持	侵权责任的构成要件包括损害后果。单纯的医疗过错,而未造成实际损害后果的,不构成医疗侵权。但实践中,因我国的社会保障水平不高,医疗机构可酌情予以适当补偿,以及时化解矛盾

续表

编号	标题	司法解释原文	理解与精要
18	紧急救治权利和义务	因抢救生命垂危的患者等紧急情况且不能取得患者意见时，下列情形可以认定为侵权责任法第五十六条规定的不能取得患者近亲属意见： （一）近亲属不明的； （二）不能及时联系到近亲属的； （三）近亲属拒绝发表意见的； （四）近亲属达不成一致意见的； （五）法律、法规规定的其他情形。 前款情形，医务人员经医疗机构负责人或者授权的负责人批准立即实施相应医疗措施，患者因此请求医疗机构承担赔偿责任的，不予支持；医疗机构及其医务人员怠于实施相应医疗措施造成损害，患者请求医疗机构承担赔偿责任的，应予支持	本条规定了医疗机构的紧急救治权，其实该权利同时也是医疗机构的一项法定义务
19	两个以上医疗机构侵权	两个以上医疗机构的诊疗行为造成患者同一损害，患者请求医疗机构承担赔偿责任的，应当区分不同情况，依照侵权责任法第八条、第十一条或者第十二条的规定，确定各医疗机构承担的赔偿责任	两个以上医疗机构的诊疗行为造成患者同一损害的，按相应的过错程度和原因力大小等因素承担相应的赔偿责任
20	会诊和多地点执业	医疗机构邀请本单位以外的医务人员对患者进行诊疗，因受邀医务人员的过错造成患者损害的，由邀请医疗机构承担赔偿责任	邀请和受邀请参与医疗行为的，应遵循卫生行政机关等制定的相关制度，不允许私自“走穴”
21	缺陷医疗产品和不合格血制品	因医疗产品的缺陷或者输入不合格血液受到损害，患者请求医疗机构，缺陷医疗产品的生产者、销售者或者血液提供机构承担赔偿责任的，应予支持。 医疗机构承担赔偿责任后，向缺陷医疗产品的生产者、销售者或者血液提供机构追偿的，应予支持。 因医疗机构的过错使医疗产品存在缺陷或者血液不合格，医疗产品的生产者、销售者或者血液提供机构承担赔偿责任后，向医疗机构追偿的，应予支持	此类案件中，医疗机构、生产者、销售者、提供者承担连带责任。患者可以向任何一方提起诉讼

续表

编号	标题	司法解释原文	理解与精要
22	共同侵权	缺陷医疗产品与医疗机构的过错诊疗行为共同造成患者同一损害,患者请求医疗机构与医疗产品的生产者或者销售者承担连带责任的,应予支持。 医疗机构或者医疗产品的生产者、销售者承担赔偿责任后,向其他责任主体追偿的,应当根据诊疗行为与缺陷医疗产品造成患者损害的原因力大小确定相应的数额。 输入不合格血液与医疗机构的过错诊疗行为共同造成患者同一损害的,参照适用前两款规定	缺陷医疗产品与医疗机构的过错诊疗行为共同造成患者同一损害,属于多因一果的情形,医疗机构和医疗产品生产者、销售者之间承担连带责任
23	惩罚性赔偿	医疗产品的生产者、销售者明知医疗产品存在缺陷仍然生产、销售,造成患者死亡或者健康严重损害,被侵权人请求生产者、销售者赔偿损失及二倍以下惩罚性赔偿的,人民法院应予支持	本条规定的惩罚性赔偿非常具有先进性。其有利于提升我国的医疗产品质量,有利于切实保障人民健康
24	残疾赔偿金和死亡赔偿金的地区标准选择	被侵权人同时起诉两个以上医疗机构承担赔偿责任,人民法院经审理,受诉法院所在地的医疗机构依法不承担赔偿责任,其他医疗机构承担赔偿责任的,残疾赔偿金、死亡赔偿金的计算,按下列情形分别处理: (一)一个医疗机构承担责任的,按照该医疗机构所在地的赔偿标准执行; (二)两个以上医疗机构均承担责任的,可以按照其中赔偿标准较高的医疗机构所在地标准执行	因我国幅员辽阔,地区之间发展不平衡,死亡赔偿金和残疾赔偿金存在较大的地区差异。本条规定对于化解诉讼争议非常具有操作性,同时也有较强的合理性
25	原告资格	患者死亡后,其近亲属请求医疗损害赔偿的,适用本解释;支付患者医疗费、丧葬费等合理费用的人请求赔偿该费用的,适用本解释。 本解释所称的“医疗产品”包括药品、消毒药剂、医疗器械等	本条规定了近亲属和支付医疗费、丧葬费等合理费用的人具有医疗损害侵权诉讼的起诉资格

续表

编号	标题	司法解释原文	理解与精要
26	生效时间和过渡期	本院以前发布的司法解释与本解释不一致的,以本解释为准。 本解释施行后尚未终审的案件,适用本解释;本解释施行前已经终审,当事人申请再审或者按照审判监督程序决定再审的案件,不适用本解释	本文规定了新旧司法解释交接过程中的法律适用原则

第九章　医疗损害司法鉴定实务

第一节　医疗损害司法鉴定

一、医疗损害司法鉴定与医疗事故鉴定的比较

区别点	医疗损害司法鉴定	医疗事故鉴定	备注
案由	医疗侵权、医疗合同	医疗事故	目前我国仍处于医疗损害赔偿与鉴定的“双轨制”阶段,不同地区的做法存在较大差异
委托人	人民法院、检察院为主,部分涉及刑事责任的由公安机关委托	人民法院、卫生行政机关、调解组织等	
鉴定受理主体	司法鉴定机构	医学会(医疗事故鉴定委员会)	
实施主体	司法鉴定人	医学会	
鉴定内容	医疗行为是否存在过错?是否存在损害后果?若有,医疗过错行为与损害后果之间是否有因果关系?参与度多少	争议医疗事件是否构成医疗事故?事故的等级?医方的责任程度	
鉴定程序	当事人共同商定、法院指定,与行政管辖无关,不受地域范围限制	属地管辖或采取异地指定管辖	
鉴定组	法医、临床专家	临床专家、法医	
效力等级	无上下级之分	有上下级之分	
终局鉴定	无终局鉴定	中华医学会鉴定为终局鉴定	
落款	鉴定人签名,机构盖章	某医学会盖章,不签名	
质证权	鉴定人应依法出庭作证,否则鉴定意见不能被采信	通常不出庭作证	

续表

区别点	医疗损害司法鉴定	医疗事故鉴定	备注
争议处置	补充鉴定、重新鉴定、行政机关投诉	向上级医学会申请“复议”鉴定	
法律依据	《侵权责任法》《民法通则》等	《医疗事故处理条例》等	
主要功用	民事赔偿	行政管理（处罚）、行政调解、民事赔偿	
发展趋势	逐步推广、完善	逐步弱化	

二、医疗过错分类表〔1〕

序号	种类	定义	法条
1	故意实施违法行为	医疗损害责任主要是过错责任，表现为医疗过失。在理论上也存在故意违法行为的情形，实践中极少发生	第四条　侵权人因同一行为应当承担行政责任或者刑事责任的，不影响依法承担侵权责任。因同一行为应当承担侵权责任和行政责任、刑事责任，侵权人的财产不足以支付的，先承担侵权责任。 《中华人民共和国侵权责任法司法解释》：第97条　【医疗损害责任中的故意损害的性质】依照侵权责任法第五十四条规定确定医疗损害责任，医疗机构及其医务人员的过错，主要是医疗过失。 医务人员在诊疗活动中，故意实施违法行为造成患者损害的，应当适用侵权责任法第四条规定，在承担刑事责任的同时，由医疗机构依据侵权责任法第五十四条规定，承担侵权责任

〔1〕　依据《侵权责任法》及最高人民法院《关于适用〈中华人民共和国侵权责任法〉若干问题的通知》整理。医疗机构和医务人员的过错主要是医疗过失。

续表

序号	种类	定义	法条
2	未尽告知义务	造成人身损害	第五十五条　医务人员在诊疗活动中应当向患者说明病情和医疗措施。需要实施手术、特殊检查、特殊治疗的,医务人员应当及时向患者说明医疗风险、替代医疗方案等情况,并取得其书面同意;不宜向患者说明的,应当向患者的近亲属说明,并取得其书面同意。医务人员未尽到前款义务,造成患者损害的,医疗机构应当承担赔偿责任。 第五十六条　因抢救生命垂危的患者等紧急情况,不能取得患者或者其近亲属意见的,经医疗机构负责人或者授权的负责人批准,可以立即实施相应的医疗措施
3		未造成人身损害,但造成患者知情同意权损害	
4	紧急情况下未尽告知义务	主要指未尽告知批准义务,造成患者损害的	
5	未尽到与当时的医疗水平相应的诊疗义务	造成患者损害的	第五十七条　医务人员在诊疗活动中未尽到与当时的医疗水平相应的诊疗义务,造成患者损害的,医疗机构应当承担赔偿责任
6	推定医疗过错		第五十八条　患者有损害,因下列情形之一的,推定医疗机构有过错:(一)违反法律、行政法规、规章以及其他有关诊疗规范的规定;(二)隐匿或者拒绝提供与纠纷有关的病历资料;(三)伪造、篡改或者销毁病历资料。 第六十一条　医疗机构及其医务人员应当按照规定填写并妥善保管住院志、医嘱单、检验报告、手术及麻醉记录、病理资料、护理记录、医疗费用等病历资料。患者要求查阅、复制前款规定的病历资料的,医疗机构应当提供
7	使用不合格医疗用品	属于连带责任,享有追偿权	第五十九条　因药品、消毒药剂、医疗器械的缺陷,或者输入不合格的血液造成患者损害的,患者可以向生产者或者血液提供机构请求赔偿,也可以向医疗机构请求赔偿。患者向医疗机构请求赔偿的,医疗机构赔偿后,有权向负有责任的生产者或者血液提供机构追偿

续表

序号	种类	定义	法条
8	违反保密义务	造成患者损害的	第六十二条　医疗机构及其医务人员应当对患者的隐私保密。泄露患者隐私或者未经患者同意公开其病历资料,造成患者损害的,应当承担侵权责任
9	违反诊疗规范实施不必要检查		第六十三条　医疗机构及其医务人员不得违反诊疗规范实施不必要的检查
10	免责情形	外来因素和不可抗力	第六十条　患者有损害,因下列情形之一的,医疗机构不承担赔偿责任:(一)患者或者其近亲属不配合医疗机构进行符合诊疗规范的诊疗;(二)医务人员在抢救生命垂危的患者等紧急情况下已经尽到合理诊疗义务;(三)限于当时的医疗水平难以诊疗。前款第一项情形中,医疗机构及其医务人员也有过错的,应当承担相应的赔偿责任
11	共同过错	因患者及其近亲属不配合医疗机构进行符合诊疗规范的诊疗,医疗机构和医务人员同时有过错的,应承担相应的赔偿责任	

三、损害后果分类与判断

序号	种类	定义/判断标准/原则
1	死亡	争议医疗行为存在过错,且该过错医疗行为导致或部分导致了被鉴定人的死亡。 死亡的判断按照我国临床治疗规范。传统判断标准是心肺死亡标准。 原则上需要进行尸体解剖查明死亡原因。 是否属于医疗损害后果,同时要结合争议医疗行为是否有过错,以及该医疗行为与死亡结果之间的因果关系强度综合判断
2	残疾	按照《人体损伤致残程度分级》《职工工伤与职业病致残程度鉴定标准》等
3	(部分)丧失生存机会	尚无专门性法律规定,在司法实践中有所承认。由于医疗机构和医务人员的过失而导致患者原有的治愈机会丧失或减少。常见于恶性肿瘤的早期诊断等。国外将丧失生存机会视为独立的损害后果。因果关系一般定为次要因素,参与度为25%左右,不超过50%

续表

序号	种类	定义/判断标准/原则
4	(部分)丧失康复机会	尚无专门性法律规定,在司法实践中有所承认。由于医疗机构和医务人员的过失而导致患者原有的康复机会丧失或减少
5	错误受孕	医疗过失施行绝育手术或者避孕药具使用不当,造成妇女再度受孕,而由小孩双亲提起的诉讼
6	错误生产	是指生下缺陷儿的双亲提起的诉讼,是孕妇担心胎儿有疾病而请医师诊查,医师检查失误而告知胎儿健康,致未及时堕胎而生下残疾的孩子
7	错误出生	由小孩或其代理人提起的诉讼,其主张因医师过失未告知其父母胎儿有缺陷的可能,以致父母没有机会选择是否生下他(她),终致产下该有缺陷的小孩
8	其他损害	如延误治疗(不影响治愈机会)、加重病情(未达残疾程度)、单纯增加医疗费用(并没有直接造成其他医疗损害,仅仅是医疗费用的增加、治疗时间的延长)、单纯增添一过性疼痛不适(额外增加创伤性治疗、药物治疗等因而增加身心痛苦)、结构/功能损害未达残疾等级、特殊职业能力的损害(我国法律尚缺少专门性规定)、(部分)丧失康复机会、第三人的损害(如性功能障碍对夫妻性权利的侵害)

四、因果关系判断逻辑图〔1〕

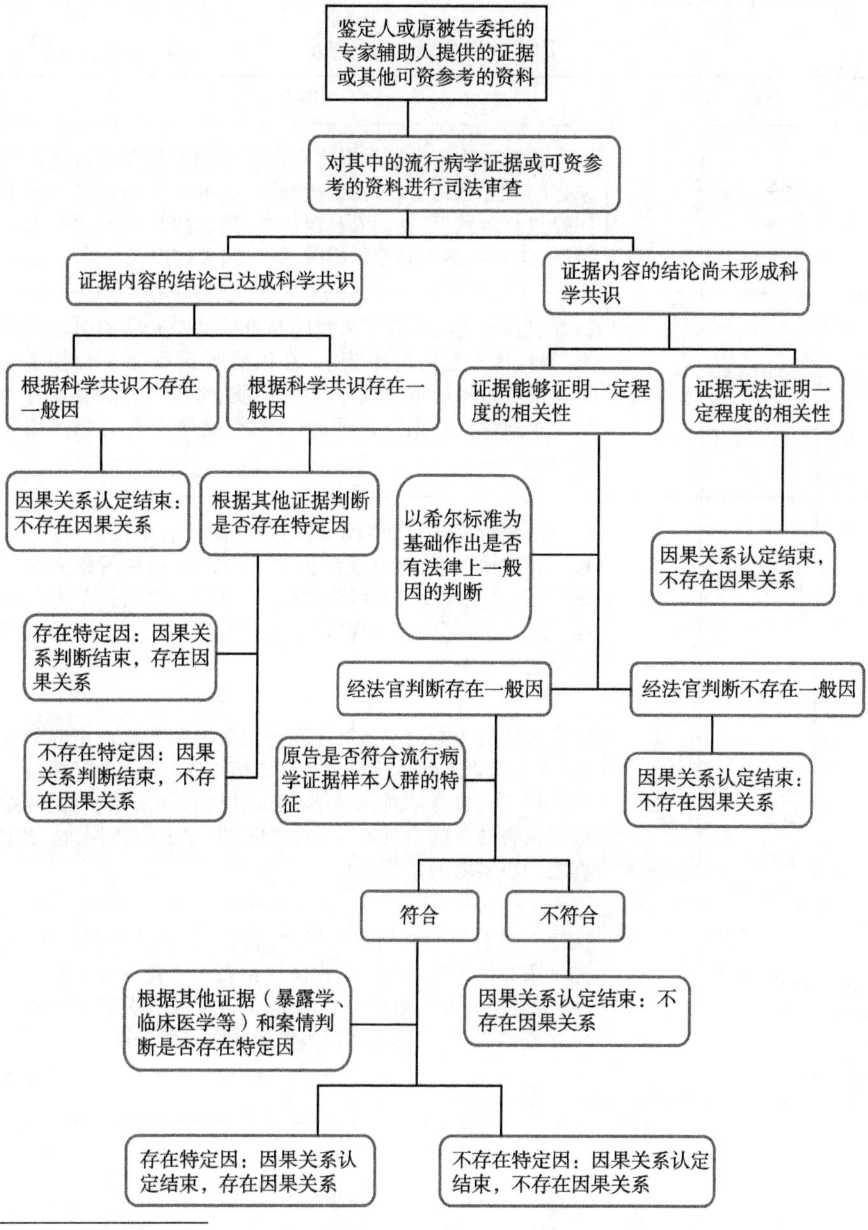

〔1〕依据陈伟:《疫学因果关系及其证明》,载《法学研究》2015 年第 4 期,图 3“疫学型环境侵权因果关系判断逻辑图”改编。

五、因果关系分级表

因果关系分级之五分法

序号	分级	%	说明
1	完全因果关系	100	医疗过错行为与损害后果之间是完全的引起和被引起的关系,无其他因素介入。在该情形下,所诉医疗损害完全属于医疗过错所致,与就诊人自身体质、所患疾病及其他行为无关联,法学上称为必然因果关系,也叫直接因果关系
2	主要因果关系	75	医疗过错行为与损害后果之间是直接的引起和被引起的关系,其他因素起到次要作用。在该情形下,所诉医疗损害主要是医疗过错所致,就诊人自身体质、所患疾病及其他行为增加了所诉医疗损害出现的可能性,法学上称为相当因果关系
3	同等因果关系	50	医疗过错行为与其他因素共同导致损害后果发生,难分主次。在该情形下,所诉医疗损害是医疗过错和就诊人自身体质、所患疾病及其他行为共同作用所致结果,且双方的作用强度难以区分,即出现所谓“原因竞争”,法学上称为素因竞合之因果关系
4	次要因果关系	25	医疗过错行为与损害后果之间是间接的引起和被引起的关系,其他因素起到主要作用。在该情形下,所诉医疗损害主要是就诊人自身体质、所患疾病及其他行为所致,但医疗过错对损害结果的出现起到诱发、促进、加重等作用,法学上称之为事实之因果关系
5	无因果关系	0	医疗(过错)行为与损害后果之间无引起和被引起的关系,完全系其他因素导致。所诉医疗损害完全是就诊人自身体质、所患疾病及其他行为所致,与医疗差错无关联或不存在医疗差错,法学上称为无因果关系或无自然关联
其他因素包括:自身因素,医疗决策因素,社会因素等			

因果关系分级之十一分法

序号	量化分级	语言表述
1	0	无因果关系
2	10%	诱因、促发、加重、增荷因果关系
3	20%	
4	30%	
5	40%	次要、间接因果关系
6	50%	同等因果关系
7	60%	主要因果关系、大部分因果关系、直接因果关系
8	70%	
9	80%	
10	90%	
11	100%	完全因果关系

因果关系分级之范围法【点线结合法】

序号	量化分级	语言表述	特点
1	100%	完全因果关系	点
2	76% ~99%	主要因果关系	范围,可供司法人员依据案情综合裁量
3	51% ~75%	大部分因果关系	范围,可供司法人员依据案情综合裁量
4	50%	同等因果关系	点
5	26% ~49%	次要(间接)因果关系	范围,可供司法人员依据案情综合裁量
6	1% ~25%	诱因关系	范围,可供司法人员依据案情综合裁量
7	0	无因果关系	点

第二节 人体损伤致残程度分级

一、总则

条标	内容		精要
1 范围	本标准规定了人体损伤致残程度分级的原则、方法、内容和等级划分。 本标准适用于人身损害致残程度等级鉴定。		内容和范围
2 规范性引用文件	下列文件对本标准的应用是必不可少的。凡是不注日期的引用文件，其最新版本（包括所有的修改单）适用于本标准	最高人民法院、最高人民检察院、公安部、国家安全部、司法部发布人体损伤程度鉴定标准 GB/T 16180—2014 劳动能力鉴定　职工工伤与职业病致残等级 GB/T 31147 人身损害护理依赖程度评定	凡是注日期的引用文件，仅注日期的版本适用于本标准
3 术语和定义	3.1 损伤	各种因素造成的人体组织器官结构破坏和/或功能障碍	范围广
	3.2 残疾	人体组织器官结构破坏或者功能障碍，以及个体在现代临床医疗条件下难以恢复的生活、工作、社会活动能力不同程度的降低或丧失	同国际接轨

续表

条标	内容		精要
4 总则	4.1 鉴定原则	应以损伤治疗后果或者结局为依据,客观评价组织器官缺失和/或功能障碍程度,科学分析损伤与残疾之间的因果关系,实事求是地进行鉴定。 受伤人员符合两处以上致残程度等级者,鉴定意见中应该分别写明各处的致残程度等级	客观原则;科学原则;逐项原则
	4.2 鉴定时机	应在原发性损伤及其与之确定有关联的并发症治疗终结或者临床治疗效果稳定后进行鉴定	同其他标准
	4.3 伤病关系处理	当损伤与原有伤、病共存时,应分析损伤与残疾后果之间的因果关系。根据损伤在残疾后果中的作用力大小确定因果关系的不同形式,可依次分别表述为:完全作用、主要作用、同等作用、次要作用、轻微作用、没有作用。 除损伤"没有作用"以外,均应按照实际残情鉴定致残程度等级,同时说明损伤与残疾后果之间的因果关系;判定损伤"没有作用"的,不应进行致残程度鉴定	统一因果关系表述用语
	4.4 致残等级划分	本标准将人体损伤致残程度划分为10个级别,从一级(人体致残率100%)到十级(人体致残率10%),每级致残率相差10%。致残程度等级划分依据见附录A	同国内其他主流标准
	4.5 判断依据	依据人体组织器官结构破坏、功能障碍及其对医疗、护理的依赖程度,适当考虑由于残疾引起的社会交往和心理因素影响,综合判定致残程度等级	依据医学要素,结合社会和心理要素

二、分则(致残程度分级)

	等级/部位	诊断与残情描述
5 致残程度分级	5.1 一级	
	5.1.1 颅脑、脊髓及周围神经损伤	1)持续性植物生存状态; 2)精神障碍或者极重度智能减退,日常生活完全不能自理; 3)四肢瘫(肌力3级以下)或者三肢瘫(肌力2级以下); 4)截瘫(肌力2级以下)或者三肢瘫(肋力2级以下)
	5.1.2 颈部及胸部损伤	1)心功能不全,心功能Ⅳ级; 2)严重器质性心律失常,心功能Ⅲ级; 3)心脏移植术后,心功能Ⅲ级; 4)心肺联合移植术后; 5)肺移植术后呼吸困难(极重度)
	5.1.3 腹部损伤	1)原位肝移植术后肝衰竭晚期; 2)双肾切除术后或者孤肾切除术后,需透析治疗维持生命;肾移植术后肾衰竭
	5.1.4 脊柱、骨盆及四肢损伤	1)三肢缺失(上肢肘关节以上,下肢膝关节以上); 2)二肢缺失(上肢肘关节以上,下肢膝关节以上),第三肢各大关节功能丧失均达75%; 3)二肢缺失(上肢肘关节以上,下肢膝关节以上),第三肢任二大关节均强直固定或者功能丧失均达90%
	5.2 二级	
	5.2.1 颅脑、脊髓及周围神经损伤	1)精神障碍或者重度智能减退,日常生活随时需有人帮助; 2)三肢瘫(肌力3级以下); 3)偏瘫(肌力2级以下); 4)截瘫(肌力2级以下); 5)非肢体瘫运动障碍(重度)
	5.2.2 头面部损伤	1)容貌毁损(重度); 2)上颌骨或者下颌骨完全缺损; 3)双眼球缺失或者萎缩; 4)双眼盲目5级; 5)双侧眼睑严重畸形(或者眼睑重度下垂,遮盖全部瞳孔),伴双眼盲目3级以上

续表

	等级/部位	诊断与残情描述
5致残程度分级	5.2.3 颈部及胸部损伤	1)呼吸困难(极重度); 2)心脏移植术后; 3)肺移植术后
	5.2.4 腹部损伤	1)肝衰竭晚期; 2)肾衰竭; 3)小肠大部分切除术后,消化吸收功能丧失,完全依赖肠外营养
	5.2.5 脊柱、骨盆及四肢损伤	1)双上肢肘关节以上缺少,或者一上肢肘关节以上缺失伴一下肢膝关节以上缺失; 2)一肢缺失(上肢肘关节以上,下肢膝关节以上),其余任二肢体各有二大关节功能丧失均达75%; 3)双上肢各大关节均强直固定或者功能丧失均达90%
	5.2.6 体表及其他损伤	1)皮肤瘢痕形成达体表面积90%; 2)重型再生障碍性贫血
	5.3 三级	
	5.3.1 颅脑、脊髓及周围神经损伤	1)精神障碍或者重度智能减退,不能完全独立生活,需经常有人监护; 2)完全感觉性失语或者混合性失语; 3)截瘫(肌力3级以下)伴排便或者排尿功能障碍; 4)双手全肌瘫(肌力2级以下),伴双腕关节功能丧失均达75%; 5)重度排便功能障碍伴重度排尿功能障碍
	5.3.2 头面部损伤	1)一眼球缺失、萎缩或者盲目5级,另一眼盲目3级; 2)双眼盲目4级; 3)双眼视野接近完全缺损,视野有效值≤4%(直径≤5°); 4)吞咽功能障碍,完全依赖胃管进食
	5.3.3 颈部及胸部损伤	1)食管闭锁或者切除术后,摄食依赖胃造口或者空肠造口; 2)心功能不全,心功能Ⅲ级

续表

	等级/部位	诊断与残情描述
5 致残程度分级	5.3.4 腹部损伤	1)全胰缺失； 2)一侧肾切除术后，另一侧肾功能重度下降； 3)小肠大部分切除术后，消化吸收功能严重障碍，大部分依赖肠外营养
	5.3.5 盆部及会阴部损伤	1)未成年人双侧卵巢缺失或者萎缩，完全丧失功能； 2)未成年人双侧睾丸缺失或者萎缩，完全丧失功能； 3)阴茎接近完全缺失(残留长度≤1.0cm)
	5.3.6 脊柱、骨盆及四肢损伤	1)二肢缺失(上肢腕关节以上，下肢膝关节以上)； 2)一肢缺失(上肢腕关节以上，下肢膝关节以上)，另一肢各大关节均强直固定或者功能丧失均达90%； 3)双上肢各大关节功能丧失均达75%；双下肢各大关节均强直固定或者功能丧失均达90%；一上肢与一下肢各大关节均强直固定或者功能丧失均达90%
	5.4 四级	
	5.4.1 颅脑、脊髓及周围神经损伤	1)精神障碍或者中度智能减退，日常生活能力严重受限，间或需要帮助； 2)外伤性癫痫(重度)； 3)偏瘫(肌力3级以下)； 4)截瘫(肌力3级以下)； 5)阴茎器质性勃起障碍(重度)
	5.4.2 头面部损伤	1)符合容貌毁(重度)损标准之三项者； 2)上颌骨或者下颌骨缺损1/2； 3)一眼球缺失、萎缩或者盲目5级，另一眼重度视力损害； 4)双眼盲目3级； 5)双眼视野极度缺损，视野有效值≤8%(直径≤10°)； 6)双耳听力障碍≥91dB HL
	5.4.3 颈部及胸部损伤	1)严重器质性心律失常，心功能Ⅱ级； 2)一侧全肺切除术后； 3)呼吸困难(重度)

续表

	等级/部位	诊断与残情描述
5 致残程度分级	5.4.4 腹部损伤	1)肝切除 2/3 以上; 2)肝衰竭中期; 3)胰腺大部分切除,胰岛素依赖; 4)肾功能重度下降; 5)双侧肾上腺缺失; 6)永久性回肠造口
	5.4.5 盆部及会阴部损伤	膀胱完全缺失或者切除术后,行永久性输尿管腹壁造瘘或者肠代膀胱并永久性造口
	5.4.6 脊柱、骨盆及四肢损伤	1)一上肢腕关节以上缺失伴一下肢踝关节以上缺失,或者双下肢踝关节以上缺失; 2)双下肢各大关节功能丧失均达 75%;一上肢与一下肢各大关节功能丧失均达 75%; 3)手功能丧失分值达 150 分
	5.4.7 体表及其他损伤	1)皮肤瘢痕形成达体表面积 70%; 2)放射性皮肤癌
	5.5 五级	
	5.5.1 颅脑、脊髓及周围神经损伤	1)精神障碍或者中度智能减退,日常生活能力明显受限,需要指导; 2)完全运动性失语; 3)完全性失用、失写、失读或者失认等; 4)双侧完全性面瘫; 5)四肢瘫(肌力 4 级以下); 6)单肢瘫(肌力 2 级以下); 7)非肢体瘫运动障碍(中度); 8)双手大部分肌瘫(肌力 2 级以下); 9)双足全肌瘫(肌力 2 级以下); 10)排便伴排尿功能障碍,其中一项达重度

续表

	等级/部位	诊断与残情描述
5 致残程度分级	5.5.2 头面部损伤	1)符合容貌毁(重度)损标准之二项者; 2)一眼球缺失、萎缩或者盲目5级,另一眼中度视力损害; 3)双眼重度视力损害; 4)双眼视野重度缺损,视野有效值≤16%(直径≤20°); 5)一侧眼睑严重畸形(或者眼睑重度下垂,遮盖全部瞳孔),伴另一眼盲目3级以上; 6)双耳听力障碍≥81dB HL; 7)一耳听力障碍≥91dB HL,另一耳听力障碍≥61dB HL; 8)舌根大部分缺损; 9)咽或者咽后区损伤遗留吞咽功能障碍,只能吞咽流质食物
	5.5.3 颈部及胸部损伤	1)未成年人甲状腺损伤致功能减退,药物依赖; 2)甲状旁腺功能损害(重度); 3)食管狭窄,仅能进流质食物; 4)食管损伤,肠代食管术后
	5.5.4 腹部损伤	1)胰头合并十二指肠切除术后; 2)一侧肾切除术后,另一侧肾功能中度下降; 3)肾移植术后,肾功能基本正常; 4)肾上腺皮质功能明显减退; 5)全胃切除术后; 6)小肠部分切除术后,消化吸收功能障碍,部分依赖肠外营养; 7)全结肠缺失
	5.5.5 盆部及会阴部损伤	1)永久性输尿管腹壁造口; 2)尿瘘难以修复; 3)直肠阴道瘘难以修复; 4)阴道严重狭窄(仅可容纳一中指); 5)双侧睾丸缺失或者完全萎缩,丧失生殖功能; 6)阴茎大部分缺失(残留长度≤3.0cm)

续表

	等级/部位	诊断与残情描述
5 致残程度分级	5.5.6 脊柱、骨盆及四肢损伤	1）一上肢肘关节以上缺失； 2）一肢缺失（上肢腕关节以上，下肢膝关节以上），另一肢各大关节功能丧失均达 50% 或者其余肢体任二大关节功能丧失均达 75%； 3）手功能丧失分值≥120 分
	5.6 六级	
	5.6.1 颅脑、脊髓及周围神经损伤	1）精神障碍或者中度智能减退，日常生活能力部分受限，但能部分代偿，部分日常生活需要帮助； 2）外伤性癫痫（中度）； 3）尿崩症（重度）； 4）一侧完全性面瘫； 5）三肢瘫（肌力 4 级以下）； 6）截瘫（肌力 4 级以下）伴排便或者排尿功能障碍； 7）双手部分肌瘫（肌力 3 级以下）； 8）一手全肌瘫（肌力 2 级以下），伴相应腕关节功能丧失 75% 以上； 9）双足全肌瘫（肌力 3 级以下）； 10）阴茎器质性勃起障碍（中度）
	5.6.2 头面部损伤	1）符合容貌毁损（中度）标准之四项者； 2）面部中心区条状瘢痕形成（宽度达 0.3cm），累计长度达 20.0cm； 3）面部片状细小瘢痕形成或者色素显著异常，累计达面部面积的 80%； 4）双侧眼睑严重畸形； 5）一眼球缺失、萎缩或者盲目 5 级，另一眼视力≤0.5； 6）一眼重度视力损害，另一眼中度视力损害； 7）双眼视野中度缺损，视野有效值≤48%（直径≤60°）； 8）双侧前庭平衡功能丧失，睁眼行走困难，不能并足站立； 9）唇缺损或者瘢畸形，累计相当于上唇 2/3 以上

续表

	等级/部位	诊断与残情描述
5 致残程度分级	5.6.3 颈部及胸部损伤	1)双侧喉返神经损伤,影响功能; 2)一侧胸廓成形术后,切除6根以上肋骨; 3)女性双侧乳房完全缺失; 4)心脏瓣膜置换术后,心功能不全; 5)心功能不全,心功能Ⅱ级; 6)器质性心律失常安装永久性起搏器后; 7)严重器质性心律失常; 8)两肺叶切除术后
	5.6.4 腹部损伤	1)肝切除1/2以上; 2)肝衰竭早期; 3)胰腺部分切除术后伴功能障碍,需药物治疗; 4)肾功能中度下降; 5)小肠部分切除术后,影响消化吸收功能,完全依赖肠内营养
	5.6.5 盆部及会阴部损伤	1)双侧卵巢缺失或者萎缩,完全丧失功能; 2)未成年人双侧卵巢萎缩,部分丧失功能; 3)未成年人双侧睾丸萎缩,部分丧失功能; 4)会阴部瘢痕挛缩伴阴道狭窄; 5)睾丸或者附睾损伤,生殖功能重度损害; 6)双侧输精管损伤难以修复; 7)阴茎严重畸形,不能实施性交行为
	5.6.6 脊柱、骨盆及四肢损伤	1)脊柱骨折后遗留30°以上侧弯或者后凸畸形; 2)一肢缺失(上肢腕关节以上,下肢膝关节以上); 3)双足跖跗关节以上缺失; 4)手或者足功能丧失分值≥90分
	5.6.7 体表及其他损伤	1)皮肤瘢痕形成达体表面积50%; 2)非重型再生障碍性贫血

续表

	等级/部位	诊断与残情描述
5 致残程度分级	5.7 七级	
	5.7.1 颅脑、脊髓及周围神经损伤	1)精神障碍或者轻度智能减退,日常生活有关的活动能力极重度受限; 2)不完全感觉性失语; 3)双侧大部分面瘫; 4)偏瘫(肌力 4 级以下); 5)截瘫(肌力 4 级以下); 6)单肢瘫(肌力 3 级以下); 7)一手大部分肌瘫(肌力 2 级以下); 8)一足全肌瘫(肌力 2 级以下); 9)重度排便功能障碍或者重度排尿功能障碍
	5.7.2 头面部损伤	1)面部中心区条状瘢痕形成(宽度达 0.3cm),累计长度达 15.0cm; 2)面部片状细小瘢痕形成或者色素显著异常,累计达面部面积的 50%; 3)双侧眼睑重度下垂,遮盖全部瞳孔; 4)一眼球缺失或者萎缩; 5)双眼中度视力损害; 6)一眼盲目 3 级,另一眼视力≤0.5; 7)双眼偏盲; 8)一侧眼睑严重畸形(或者眼睑重度下垂,遮盖全部瞳孔)合并该眼盲目 3 级以上; 9)一耳听力障碍≥81dB HL,另一耳听力障碍≥61dB HL; 10)咽或者咽后区损伤遗留吞咽功能障碍,只能吞咽半流质食物; 11)颌骨或者下颌骨缺损达 1/4; 12)上颌骨或者下颌骨部分缺损伴牙齿缺失 14 枚以上; 13)颌面部软组织缺损,伴发涎漏
	5.7.3 颈部及胸部损伤	1)甲状腺功能损害(重度); 2)甲状旁腺功能损害(中度); 3)食管狭窄,仅能进半流质食物;食管重建术后并发反流性食管炎; 4)颏颈粘连(中度); 5)女性双侧乳房大部分缺失或者严重畸形; 6)未成年或者育龄女性双侧乳头完全缺失; 7)胸廓畸形,胸式呼吸受限; 8)一肺叶切除,并肺段或者肺组织楔形切除术后

续表

	等级/部位	诊断与残情描述
5 致残程度分级	5.7.4 腹部损伤	1)肝切除 1/3 以上; 2)一侧肾切除术后; 3)胆道损伤胆肠吻合术后,反复发作逆行性胆道感染; 4)未成年人脾切除术后; 5)小肠部分(包括回盲部)切除术后; 6)永久性结肠造口; 7)肠瘘长期不愈(1 年以上)
	5.7.5 盆部及会阴部损伤	1)永久性膀胱造口; 2)膀胱部分切除术后合并轻度排尿功能障碍; 3)原位肠代膀胱术后; 4)子宫大部分切除术后; 5)睾丸损伤,血睾酮降低,需药物替代治疗; 6)未成年人一侧睾丸缺失或者严重萎缩; 7)阴茎畸形,难以实施性交行为; 8)尿道狭窄(重度)或者成形术后; 9)肛管或者直肠损伤,排便功能重度障碍或者肛门失禁(重度); 10)会阴部瘢痕挛缩致肛门闭锁,结肠造口术后
	5.7.6 脊柱、骨盆及四肢损伤	1)双下肢长度相差达 8.0cm 以上; 2)一下肢踝关节以上缺失; 3)四肢任一大关节(踝关节除外)强直固定于非功能位; 4)四肢任二大关节(踝关节除外)功能丧失均达 75%; 5)一手除拇指外,余四指完全缺失; 6)双足足弓结构完全破坏; 7)手或者足功能丧失分值≥60 分

续表

<table>
<tr><th></th><th>等级/部位</th><th>诊断与残情描述</th></tr>
<tr><td rowspan="3">5 致残程度分级</td><td colspan="2">5.8 八级</td></tr>
<tr><td>5.8.1 颅脑、脊髓及周围神经损伤</td><td>1)精神障碍或者轻度智能减退,日常生活有关的活动能力重度受限;
2)不完全运动性失语;不完全性失用、失写、失读或者失认;
3)尿崩症(中度);
4)一侧大部分面瘫,遗留眼睑闭合不全和口角歪斜;
5)单肢瘫(肌力 4 级以下);
6)非肢体瘫运动障碍(轻度);
7)一手大部分肌瘫(肌力 3 级以下);
8)一足全肌瘫(肌力 3 级以下);
9)阴茎器质性勃起障碍(轻度)</td></tr>
<tr><td>5.8.2 头面部损伤</td><td>1)容貌毁损(中度);
2)符合容貌毁损(重度)标准之一项者;
3)头皮完全缺损,难以修复;
4)面部条状瘢痕形成,累计长度达 30.0cm;面部中心区条状瘢痕形成(宽度达 0.2cm),累计长度达 15.0cm;
5)面部块状增生性瘢痕形成,累计面积达 15.0cm^2;面部中心区块状增生性瘢痕形成,单块面积达 7.0cm^2 或者多块累计面积达 9.0cm^2;
6)面部片状细小瘢痕形成或者色素异常,累计面积达 100.0cm^2;
7)一眼盲目 4 级;
8)一眼视野接近完全缺损,视野有效值≤4%(直径≤5°);
9)双眼外伤性青光眼,经手术治疗;
10)一侧眼睑严重畸形(或者眼睑重度下垂,遮盖全部瞳孔)合并该眼重度视力损害;
11)一耳听力障碍≥91dB HL;
12)双耳听力障碍≥61dB HL;
13)双侧鼻翼大部分缺损,或者鼻尖大部分缺损合并一侧鼻翼大部分缺损;
14)舌体缺损达舌系带;
15)唇缺损或者畸形,累计相当于上唇 1/2 以上;
16)脑脊液漏经手术治疗后持续不愈;
17)张口受限Ⅲ度;
18)发声功能或者构音功能障碍(重度);
19)咽成形术后咽下运动异常</td></tr>
</table>

续表

	等级/部位	诊断与残情描述
5 致残程度分级	5.8.3 颈部及胸部损伤	1)甲状腺功能损害(中度); 2)颈总动脉或者颈内动脉严重狭窄支架置入或者血管移植术后; 3)食管部分切除术后,并后遗胸腔胃; 4)女性一侧乳房完全缺失;女性双侧乳房缺失或者毁损,累计范围相当于一侧乳房 3/4 以上; 5)女性双侧乳头完全缺失; 6)肋骨骨折 12 根以上并后遗 6 处畸形愈合; 7)心脏或者大血管修补术后; 8)一肺叶切除术后; 9)胸廓成形术后,影响呼吸功能; 10)呼吸困难(中度)
	5.8.4 腹部损伤	1)腹壁缺损≥腹壁的 1/4; 2)成年人脾切除术后; 3)胰腺部分切除术后; 4)胃大部分切除术后; 5)肠部分切除后,影响消化吸收功能; 6)胆道损伤,胆肠吻合术后; 7)损伤致肾性高血压; 8)肾功能轻度下降; 9)一侧肾上腺缺失; 10)肾上腺皮质功能轻度减退
	5.8.5 盆部及会阴部损伤	1)输尿管损伤行代替术或者改道术后; 2)膀胱大部分切除术后; 3)一侧输卵管和卵巢缺失; 4)阴道狭窄; 5)一侧睾丸缺失; 6)睾丸或者附睾损伤,生殖功能轻度损害; 7)阴茎冠状沟以上缺失; 8)阴茎皮肤瘢痕形成,严重影响性交行为

续表

	等级/部位	诊断与残情描述
5 致残程度分级	5.8.6 脊柱、骨盆及四肢损伤	1)二椎体压缩性骨折(压缩程度均达 1/3); 2)三个以上椎体骨折,经手术治疗后; 3)女性骨盆骨折致骨产道变形,不能自然分娩; 4)股骨头缺血性坏死,难以行关节假体置换术; 5)四肢长骨开放性骨折并发慢性骨髓炎、大块死骨形成,长期不愈(1 年以上); 6)双上肢长度相差 8.0cm 以上; 7)双下肢长度相差 6.0cm 以上; 8)四肢任一大关节(肘、踝关节除外)功能丧失 75% 以上; 9)一踝关节强直固定于非功能位; 10)一肢体各大关节功能丧失均达 50%; 11)一手拇指缺失达近关节指骨 1/2 以上并相应掌指关节强直固定; 12)一足足弓结构完全破坏,另一足足弓结构部分破坏; 13)手或者足功能丧失分值≥40 分
	5.8.7 体表及其他损伤	皮肤瘢痕形成达体表面积 30%
	5.9 九级	
	5.9.1 颅脑、脊髓及周围神经损伤	1)精神障碍或者轻度智能减退,日常生活有关的活动能力中度受限; 2)外伤性癫痫(轻度); 3)脑叶部分切除术后; 4)一侧部分面瘫,遗留眼睑闭合不全或者口角歪斜; 5)一手部分肌瘫(肌力 3 级以下); 6)一足大部分肌瘫(肌力 3 级以下); 7)四肢重要神经损伤(上肢肘关节以上,下肢膝关节以上),遗留相应肌群肌力 3 级以下; 8)严重影响阴茎勃起功能; 9)轻度排便或者排尿功能障碍

续表

	等级/部位	诊断与残情描述
5 致残程度分级	5.9.2 头面部损伤	1)头皮瘢痕形成或者无毛发,达头皮面积50%; 2)颅骨缺损 $25.0cm^2$ 以上,不宜或者无法手术修补; 3)容貌毁损(轻度); 4)面部条状瘢痕形成,累计长度达20.0cm;面部条状瘢痕形成(宽度达0.2cm),累计长度达10.0cm,其中至少5.0cm以上位于面部中心区; 5)面部块状瘢痕形成,单块面积达 $7.0cm^2$,或者多块累计面积达 $9.0cm^2$; 6)面部片状细小瘢痕形成或者色素异常,累计面积达 $30.0cm^2$; 7)一侧眼睑严重畸形;另一侧眼睑重度下垂,遮盖全部瞳孔;双侧眼睑轻度畸形;双侧眼睑下垂,遮盖部分瞳孔; 8)双眼泪器损伤后均后遗溢泪; 9)双眼角膜斑翳或者血管翳,累及瞳孔区;双眼角膜移植术后; 10)双眼外伤性白内障;儿童人工晶体植入术后; 11)一眼盲目3级; 12)一眼重度视力损害,另一眼视力≤0.5; 13)一眼视野极度缺损,视野有效值≤8%(直径≤10°); 14)双眼象限性视野缺损; 15)一侧眼睑轻度畸形(或者眼睑下垂,遮盖部分瞳孔)合并该眼中度视力损害; 16)一眼眶骨折后遗眼球内陷5mm以上; 17)耳廓缺损或者畸形,累计相当于一侧耳廓; 18)一耳听力障碍≥81dB HL; 19)一耳听力障碍≥61dB HL;另一耳听力障碍≥41dB HL; 20)一侧鼻翼或者鼻尖大部分缺损或者严重畸形; 21)唇缺损或者畸形,露齿3枚以上(其中1枚露齿达1/2); 22)颌骨骨折,经牵引或者固定治疗后遗留功能障碍; 23)上颌骨或者下颌骨部分缺损伴牙齿缺失或者折断7枚以上; 24)张口受限Ⅱ度; 25)发声功能或者构音功能障碍(轻度)

续表

	等级/部位	诊断与残情描述
5 致残程度分级	5.9.3 颈部及胸部损伤	1)颈前三角区瘢痕形成,累计面积达 $50.0cm^2$; 2)甲状腺功能损害(轻度); 3)甲状旁腺功能损害(轻度); 4)气管或者支气管成形术后; 5)食管吻合术后; 6)食管腔内支架置入术后; 7)食管损伤,影响吞咽功能; 8)女性双侧乳房缺失或者毁损,累计范围相当于一侧乳房 1/2 以上; 9)女性一侧乳房大部分缺失或者严重畸形; 10)女性一侧乳头完全缺失或者双侧乳头部分缺失(或者畸形); 11)肋骨骨折 12 根以上,或者肋骨部分缺失 4 根以上;肋骨骨折 8 根以上并后遗 4 处畸形愈合; 12)心功能不全,心功能Ⅰ级; 13)冠状动脉移植术后; 14)心脏室壁瘤; 15)心脏异物存留或者取出术后; 16)缩窄性心包炎; 17)胸导管损伤; 18)肺段或者肺组织楔形切除术后; 19)肺脏异物存留或者取出术后
	5.9.4 腹部损伤	1)肝部分切除术后; 2)脾部分切除术后; 3)外伤性胰腺假性囊肿术后; 4)一侧肾部分切除术后; 5)胃部分切除术后; 6)肠部分切除术后; 7)胆道损伤胆管外引流术后; 8)胆囊切除术后; 9)肠梗阻反复发作; 10)膈肌修补术后遗留功能障碍(如膈肌麻痹或者膈疝)

续表

	等级/部位	诊断与残情描述
5 致残程度分级	5.9.5 盆部及会阴部损伤	1)膀胱部分切除术后; 2)输尿管狭窄成形术后; 3)输尿管狭窄行腔内扩张术或者腔内支架置入术后; 4)一侧卵巢缺失或者丧失功能; 5)一侧输卵管缺失或者丧失功能; 6)子宫部分切除术后; 7)一侧附睾缺失; 8)一侧输精管损伤难以修复; 9)尿道狭窄(轻度); 10)肛管或者直肠损伤,排便功能轻度障碍或者肛门失禁(轻度)
	5.9.6 脊柱、骨盆及四肢损伤	1)一椎体粉碎性骨折,椎管内骨性占位; 2)一椎体并相应附件骨折,经手术治疗后;二椎体压缩性骨折; 3)骨盆两处以上骨折或者粉碎性骨折,严重畸形愈合; 4)青少年四肢长骨骨骺粉碎性或者压缩性骨折; 5)四肢任一大关节行关节假体置换术后; 6)双上肢前臂旋转功能丧失均达75%; 7)双上肢长度相差达6.0cm以上; 8)双下肢长度相差达4.0cm以上; 9)四肢任一大关节(踝关节除外)功能丧失50%以上; 10)一踝关节功能丧失75%以上; 11)一肢体各大关节功能丧失均达25%; 12)双足拇趾功能丧失均达75%;一足5趾功能均完全丧失; 13)双足跟骨粉碎性骨折畸形愈合; 14)双足足弓结构部分破坏;一足足弓结构完全破坏; 15)手或者足功能丧失分值≥25分
	5.9.7 体表及其他损伤	皮肤瘢痕形成达体表面积10%
	5.10 十级	
	5.10.1 颅脑、脊髓及周围神经损伤	1)精神障碍或者轻度智能减退,日常生活有关的活动能力轻度受限; 2)颅脑损伤后遗脑软化灶形成,伴有神经系统症状或者体征; 3)一侧部分面瘫; 4)嗅觉功能完全丧失; 5)尿崩症(轻度); 6)四肢重要神经损伤,遗留相应肌群肌力4级以下; 7)影响阴茎勃起功能; 8)开颅术后

续表

	等级/部位	诊断与残情描述
5 致残程度分级	5.10.2 头面部损伤	1)面颅骨部分缺损或者畸形,影响面容; 2)头皮瘢痕形成或者无毛发,面积达 $40.0cm^2$; 3)面部条状瘢痕形成(宽度达 0.2cm),累计长度达 6.0cm,其中至少 3.0cm 位于面部中心区; 4)面部条状瘢痕形成,累计长度达 10.0cm; 5)面部块状瘢痕形成,单块面积达 $3.0cm^2$,或者多块累计面积达 $5.0cm^2$; 6)面部片状细小瘢痕形成或者色素异常,累计面积达 $10.0cm^2$; 7)一侧眼睑下垂,遮盖部分瞳孔;一侧眼睑轻度畸形;一侧睑球粘连影响眼球活动; 8)一眼泪器损伤后遗溢泪; 9)一眼眶骨折后遗眼球内陷 2mm 以上; 10)复视或者斜视; 11)一眼角膜斑翳或者血管翳,累及瞳孔区;一眼角膜移植术后; 12)一眼外伤性青光眼,经手术治疗;一眼外伤性低眼压; 13)一眼外伤后无虹膜; 14)一眼外伤性白内障;一眼无晶体或者人工晶体植入术后; 15)一眼中度视力损害; 16)双眼视力≤0.5; 17)一眼视野中度缺损,视野有效值≤48%(直径≤60°); 18)一耳听力障碍≥61dB HL; 19)双耳听力障碍≥41dB HL; 20)一侧前庭平衡功能丧失,伴听力减退; 21)耳廓缺损或者畸形,累计相当于一侧耳廓的30%; 22)鼻尖或者鼻翼部分缺损深达软骨; 23)唇外翻或者小口畸形; 24)唇缺损或者畸形,致露齿; 25)舌部分缺损; 26)牙齿缺失或者折断 7 枚以上;牙槽骨部分缺损,合并牙齿缺失或者折断 4 枚以上; 27)张口受限Ⅰ度; 28)咽或者咽后区损伤影响吞咽功能

续表

	等级/部位	诊断与残情描述
5 致残程度分级	5.10.3 颈部及胸部损伤	1)颏颈粘连畸形松解术后; 2)颈前三角区瘢痕形成,累计面积达 $25.0cm^2$; 3)一侧喉返神经损伤,影响功能; 4)器质性声音嘶哑; 5)食管修补术后; 6)女性一侧乳房部分缺失或者畸形; 7)肋骨骨折 6 根以上,或者肋骨部分缺失 2 根以上;肋骨骨折 4 根以上并后遗 2 处畸形愈合; 8)肺修补术后; 9)呼吸困难(轻度)
	5.10.4 腹部损伤	1)腹壁疝,难以手术修补; 2)肝、脾或者胰腺修补术后; 3)胃、肠或者胆道修补术后; 4)膈肌修补术后
	5.10.5 盆部及会阴部损伤	1)肾、输尿管或者膀胱修补术后; 2)子宫或者卵巢修补术后; 3)外阴或者阴道修补术后; 4)睾丸破裂修补术后; 5)一侧输精管破裂修复术后; 6)尿道修补术后; 7)会阴部瘢痕挛缩,肛管狭窄; 8)阴茎头部分缺失

续表

	等级/部位	诊断与残情描述
5 致残程度分级	5.10.6 脊柱、骨盆及四肢损伤	1)枢椎齿状突骨折,影响功能; 2)一椎体压缩性骨折(压缩程度达 1/3)或者粉碎性骨折;一椎体骨折经手术治疗后; 3)四处以上横突、棘突或者椎弓根骨折,影响功能; 4)骨盆两处以上骨折或者粉碎性骨折,畸形愈合; 5)一侧髌骨切除; 6)一侧膝关节交叉韧带、半月板伴侧副韧带撕裂伤经手术治疗后,影响功能; 7)青少年上四肢长骨骨折累及骨骺; 8)一上肢前臂旋转功能丧失 75% 以上; 9)双上肢长度相差 4.0cm 以上; 10)双下肢长度相差 2.0cm 以上; 11)四肢任一大关节(踝关节除外)功能丧失 25% 以上; 12)一踝关节功能丧失 50% 以上; 13)下肢任一大关节骨折后遗创伤性关节炎; 14)肢体重要血管循环障碍,影响功能; 15)一手小指完全缺失并第 5 掌骨部分缺损; 16)一足拇趾功能丧失 75% 以上;另一足 5 趾功能丧失均达 50%;双足拇趾功能丧失均达 50%;双足除拇趾外任何 4 趾功能均完全丧失; 17)一足跟骨粉碎性骨折畸形愈合; 18)一足足弓结构部分破坏; 19)手或者足功能丧失分值≥10 分
	5.10.7 体表及其他损伤	1)手部皮肤瘢痕形成或者植皮术后,范围达一手掌面积 50%; 2)皮肤瘢痕形成达体表面积 4%; 3)皮肤创面长期不愈超过 1 年,范围达体表面积 1%

三、伤残部位、条款统计分布表

伤残等级	失能率(%)	部位数	项目数
1	100	4	15
2	90	6	20
3	80	6	21
4	70	7	20
5	60	6	37
6	50	7	45
7	40	6	53
8	30	7	70
9	20	7	82
10	10	7	82
合计			445

四、附则

	编码	内容	精要
6 附则	6.1	遇有本标准致残程度分级系列中未列入的致残情形,可根据残疾的实际情况,依据本标准附录 A 的规定,并比照最相似等级的条款,确定其致残程度等级	未成年人条款、永久性植入物条款具有创新意义
	6.2	同一部位和性质的残疾,不应采用本标准条款两条以上或者同一条款两次以上进行鉴定	
	6.3	本标准中四肢大关节是指肩、肘、腕、髋、膝、踝等六大关节	
	6.4	本标准中牙齿折断是指冠折 1/2 以上,或者牙齿部分缺失致牙髓腔暴露	
	6.5	移植、再植或者再造成活组织器官的损伤应根据实际后遗功能障碍程度参照相应分级条款进行致残程度等级鉴定	
	6.6	永久性植入式假体(如颅骨修补材料、种植牙、人工支架等)损坏引起的功能障碍可参照相应分级条款进行致残程度等级鉴定	
	6.7	本标准中四肢重要神经是指臂丛及其分支神经(包括正中神经、尺神经、桡神经和肌皮神经等)和腰骶丛及其分支神经(包括坐骨神经、腓总神经和胫神经等)	
	6.8	本标准中四肢重要血管是指与四肢重要神经伴行的同名动、静脉	
	6.9	精神分裂症或者心境障碍等内源性疾病不是外界致伤因素直接作用所致,不宜作为致残程度等级鉴定的依据,但应对外界致伤因素与疾病之间的因果关系进行说明	
	6.10	本标准所指未成年人是指年龄未满 18 周岁者	
	6.11	本标准中涉及面部瘢痕致残程度需测量长度或者面积的数值时,0 ~ 6 周岁者按标准规定值 50% 计,7 ~ 14 周岁者按 80% 计	
	6.12	本标准中凡涉及数量、部位规定时,注明“以上”“以下”者,均包含本数(有特别说明的除外)	

五、附录

附录 A(规范性附录)致残程度等级划分依据表

	伤残等级	评价指标(能力要素)				
		组织器官功能状态	医疗(护理)依赖状态	意识状态活动受限情况	日常生活能力及相关活动能力、工作学习能力	社交能力
A1	一级	缺失或者功能完全丧失,其他器官不能代偿	特殊医疗依赖	意识丧失	完全不能自理	完全丧失
A2	二级	严重缺损或者畸形,有严重功能障碍,其他器官难以代偿	特殊医疗依赖	各种活动严重受限,仅限于床上或者椅子上的活动	日常生活大部分不能自理	基本丧失
A3	三级	严重缺损或者畸形,有严重功能障碍	特殊医疗依赖	各种活动严重受限,仅限于室内的活动	日常生活大部分或者部分不能自理	极度困难
A4	四级	严重缺损或者畸形,有重度功能障碍	特殊医疗依赖或者一般医疗依赖	各种活动严重受限,仅限于居住范围内的活动	日常生活能力严重受限,间或需要帮助	困难
A5	五级	大部分缺损或者明显畸形,有中度(偏重)功能障碍	一般医疗依赖	各种活动中度受限,仅限于就近的活动	日常生活能力部分受限,偶尔需要帮助	严重受限
A6	六级	大部分缺损或者明显畸形,有中度功能障碍	一般医疗依赖	各种活动中度受限,活动能力降低	日常生活能力部分受限,但能部分代偿,条件性需要帮助	贫乏或者狭窄

续表

	伤残等级	评价指标(能力要素)				
		组织器官功能状态	医疗(护理)依赖状态	意识状态活动受限情况	日常生活能力及相关活动能力、工作学习能力	社交能力
A7	七级	大部分缺损或者明显畸形,有中度(偏轻)功能障碍	一般医疗依赖,无护理依赖	各种活动中度受限,短暂活动不受限,长时间活动受限	日常生活有关的活动能力极重度受限	社会交往能力降低
A8	八级	部分缺损或者畸形,有轻度功能障碍,并造成明显影响	一般医疗依赖,无护理依赖	各种活动轻度受限,远距离活动受限	日常生活有关的活动能力重度受限	受约束
A9	九级	部分缺损或者畸形,有轻度功能障碍,并造成较明显影响	无医疗依赖;一般医疗依赖,无护理依赖	日常生活有关的活动能力中度受限	工作与学习能力下降	部分受限
A10	十级	部分缺损或者畸形,有轻度功能障碍,并造成一定影响	无医疗依赖;一般医疗依赖,无护理依赖	日常生活有关的活动能力轻度受限	工作与学习能力受到一定影响	轻度受限

注:其他附录此处省略。如有需要可查阅标准原文。

第三节　《人身损害医疗费的审核与评定准则》(广东省司法鉴定协会)

条标	内容
1 总则	本准则规定了法医临床学人身损害医疗费审核与评定的范围、标准及方法。本准则适用于广东省司法鉴定机构对前期医疗费的审核与后期医疗费的评定

续表

条标	内容
2 目的	本准则的制定为前期医疗费合理性评定和后期医疗费评定提供统一的技术规范与评定依据
3 定义	3.1 人身损害包括故意伤害、交通事故、工伤事故、职业疾病、医疗损害、灾害事故、意外事故及其他意外损害
	3.2 人身损害医疗费是指自然人身体受到伤害后,对伤害后果进行医学诊治及功能康复所需的费用
	3.3 人身损害后果包括伤害所致的原发损伤、并发症、后遗症、伤害所诱发或加重的自身疾病
	3.4 医学诊治及功能康复所需的费用包括挂号费、急救费、检查费、诊疗费、医药费、住院费、后续治疗费、整容费、康复费、残疾辅助器具费及其他相关诊疗费用等
	3.5 挂号费包括急诊挂号费、门诊挂号费、专家挂号费等
	3.6 急救费包括伤情危急、急需救治的现场救护人工和物品费、药品费、救护车费、出诊急救费等
	3.7 检查费包括为确定伤情及治疗所需的各种医学辅助检查和化验等费用,如 X 线、CT、MR、B 超等影像学检查,血、尿、便化验,病理学检验等费用
	3.8 诊疗费包括诊断、会诊、注射、输液、换药、手术、麻醉、输血、输氧、理疗、镶牙等费用及相关医疗用品、耗材、药物等费用
	3.9 医药费包括西药、中药、中成药、中草药等费用
	3.10 住院费包括床位费、医疗护理费、病房温度调节费、气垫床位辅助费等
	3.11 后续治疗费包括治疗终结后门诊定期复查和医疗处置费用、二次住院复查和手术费用等,如对前期治疗辅助措施的观察和撤除,择期组织器官维护、修补或置换,医疗依赖者病因治疗、支持对症处理及并发症防治等费用
	3.12 整容费包括因容貌毁损需要矫正、祛疤及其他修复容貌的费用
	3.13 康复费是指治疗终结后存在残疾或功能障碍者,采用医疗康复措施维持受损器官功能与改善受损器官功能适应环境所需的费用。医疗康复措施包括药物疗法、物理疗法、作业疗法、言语疗法、心理辅导、传统康复疗法等各种康复治疗

续表

条标	内容
3 定义	3.14 残疾辅助器具费是指治疗终结后存在残缺者,采用安装和配置假肢、矫形器、残疾辅助用具等功能补偿措施,以帮助和改善日常生活所需的费用
	3.15 其他相关诊疗费用包括以上范围之外的、与人身损害医学诊疗及功能恢复有关的费用
	3.16 人身损害医疗费分为前期医疗费和后续医疗费。前期医疗费指治疗终结前已经发生的治疗费。后续医疗费指治疗未终结将继续发生的治疗费、治疗终结后必然发生的治疗费。必然发生的治疗费包括后续治疗费、整容费、康复费、残疾辅助器具费
4 审核与评定	4.1 医疗费合理性评定是对前期医疗费的必要性和合理性及费用凭证的合格性予以评审核定。合理性审核内容包括就诊医院、诊疗措施和疗程。合格性审核内容包括诊断证明、病历记载、收费凭证
	4.1.1 就诊医院按损伤地或伤员常住地就近诊疗为原则。因伤情需要,经就诊医院同意,可转院治疗,转治医院也按就近原则。抢救和应急医疗处理不受以上原则限制
	4.1.2 诊疗措施要符合对症、适时、必要的原则。即诊疗目的针对原发性损伤及其并发症、后遗症和损伤所诱发或加重的自身疾病,诊疗项目依照损伤临床各阶段需要,诊疗原则、方法和内容符合中国医师协会、中国保险行业协会、中华医学会组织制定的《道路交通事故受伤人员临床诊疗指南》有关规定,诊疗各项检查、用药、病房和病床等标准符合当地基本医疗保险诊疗项目和用药范围有关规定
	4.1.3 治疗伤害诱发或加重的自身疾病,按照控制、减轻原疾病症状为原则,并按照伤害本身在诱发或加重自身疾病中的权重比例折算这部分的医疗费
	4.1.4 损伤疗程按原发损伤及并发症临床治愈(临床症状和体征消失)或体征固定、诱发或加重的自身疾病临床稳定为原则。具体时限原则上不超过《道路交通事故受伤人员治疗终结时间(GA/T 1088—2013)》规定的上限
	4.1.5 费用凭证合格依据,按照就诊医院诊断证明、病历记载、收费凭证(收费清单及发票)三者客观有效、互为关联为原则
	4.2 后续医疗费评定是对治疗未终结将继续发生的治疗费、治疗终结后必然发生的治疗费所需数额的评估认定

续表

条标	内容
4 审核与评定	4.2.1 治疗终结前已经发生的治疗费和治疗未终结将继续发生的治疗费评定,按照最高人民法院规定的“差额化”赔偿原则,即只要合理和合格的医疗费,需要多少评定多少。治疗终结后必然发生的治疗费评定,按照最高人民法院规定的“定型化”赔偿原则,即按损害后果和类别所确定的固定标准评定
	4.2.2 治疗未终结将继续发生的治疗费评定方法,可根据《道路交通事故受伤人员治疗终结时间(GA/T 1088—2013)》确定该伤治疗终结时间,扣除已治疗时间,计算出需继续医疗时间,参照已发生的医疗费按比例估算继续治疗的费用
	4.2.3 治疗终结后必然发生的治疗项目和措施的确定
	4.2.3.1 治疗终结后必然发生的治疗项目和措施,是指临床转归必然发生的、客观规律合理发生的治疗项目和措施,不含理论上可能发生的治疗项目和措施,包括:①前期治疗辅助措施观察和撤除,择期组织器官维护、修补或置换,医疗依赖者病因治疗、支持对症处理及并发症防治,即治疗终结后必要的后续治疗措施;②整容措施;③康复措施;④配备残疾辅助器具等
	4.2.3.2 已经确认伤残并评定级别的损伤,原则上不给予可能减轻伤残等级的后续治疗费用。除根据需要给予治疗终结后后续治疗项目和措施所需费用外,不需其他后续治疗项目和措施的费用。如颅脑损伤评残后,不再给予营养脑细胞、高压氧等治疗费用。若伴有伤残以外其他部位损伤需要继续治疗,则只确定这部分的继续治疗费用
	4.2.4 治疗终结后必然发生的治疗费数额估算准则,按照确定的治疗项目和措施,参照地市级三甲医院医疗用药标准计算需要的医药费。同一地区、同类损伤、同等程度损伤,医疗费应该相同或相近
	4.2.5 损伤致严重残疾存在医疗依赖者,其后续医疗费用的评估应根据医学科学规律和最高人民法院规定的“定型化”赔偿的原则
	4.2.6 治疗终结后必然发生的治疗项目和措施的费用评定,参照《必然发生的部分治疗项目和措施的费用标准》(附表)定型化标准进行评估,标准未列出的,可比照相近医疗项目和措施进行评估
5 附录	5.1 本准则由广东省司法鉴定协会制定并解释
	5.2 本准则自 2015 年 1 月 1 日起施行,原《人身损害医疗费的审核与评定准则(试行)》同时废止

第十章　我国医患纠纷立法改革建议

第一节　我国解决医患纠纷现有立法综述

2009年12月26日我国正式通过了《侵权责任法》，将医疗侵权列为专章进行规制。在学术界，如柳经纬《医患关系法论》、龚赛红《医疗损害赔偿立法研究》、江毅《医疗损害民事责任研究》等论述，对医患纠纷的法律关系属性、民事赔偿责任构成要件、立法建议等均提出了自己的构想。上述研究成果均是开展本研究的重要前提。但前述研究未能从医患纠纷发生原因的角度进行分析并提出针对性的解决机制。在立法方面虽有阶段性成果，但在司法实践中的实际效果有待验证。另外，上述研究均未能将医患纠纷解决机制中的技术鉴定这一核心问题进行专门研究。

一、《医疗事故处理条例》

2002年4月4日国务院总理签署出台《医疗事故处理条例》（以下简称《条例》），由此可见，适用15年之久的《医疗事故处理办法》（以下简称《办法》）正式退出医疗纠纷处理的历史舞台。《条例》共七章63条，历经十多年的艰难酝酿修订，摒弃了不能适应新形势的"窠臼"，给医疗纠纷的处理注入了一种全新的理念和运作方式。[1]

《条例》相对于《办法》关于医疗事故的概念规定有较大的改动和进步。首先，在主体方面，《办法》规定医疗事故的责任主体仅仅是医务人员，而《条例》不仅规定了医务人员为医疗事故的责任主体，还规定了医疗机构也是医疗事故的责任主体。其次，在主体行为规范方面，《办法》对于承担责任的行为规范规定过于笼统，规定医务人员诊疗护理过失与行为规范有悖，在实践中很多医疗事件发生纠纷后并没有具体规定可以参考判断什么样的行为才是诊疗护理过失行为，而《条例》具体规定主体违反医疗卫生管理法律、行政法规、部门规章和诊疗护理规范、常规，过失造成患者人身损害的事故需要承担法律后果，这种具体规定不仅可以使医务人员及医疗机构在医疗行为中依法、依章、依规范行医，尽量避免医疗事

〔1〕 参见姜柏生：《〈医疗事故处理条例〉与〈医疗事故处理办法〉比较分析》，载《南京医科大学学报》（社会科学版）2002年第2期。

故的发生，也使患方及事故处理部门在发生医疗事故后，追究责任主体的法律责任时有规范、有章、有法可循。最后，在损害后果方面，《办法》对于损害后果的规定为直接造成病员死亡、残废、组织器官损伤导致功能障碍，而《条例》对于损害后果的规定为过失造成患者人身损害的事故，《条例》对于损害后果的规定范围大于《办法》，更大范围地保护了患者在医疗事件中受到不良损害结果时寻求法律保护的权益。

《条例》作为行政法规，在医疗纠纷处理方面，其主要设计是行政解决机制，受传统医疗体制的影响，医患关系的行政色彩一直影响着医患关系及其纠纷处理的立法工作，无论是之前的《办法》，还是现在适用的《条例》，都是从行政的角度规范医患关系及医疗纠纷的处理。在理论与实务领域，人们缺乏对医患关系及其纠纷解决机制的研究，以致当初我国《合同法》的制定者认为就医疗服务合同列专章尚不具备条件，因为尚有许多问题没有研究清楚。对行政解决机制和行政法律规范的过度依赖，也是目前我国医疗纠纷的处理存在使用法律“双轨化”的重要原因。[1]

二、《民法通则》及最高人民法院相关司法解释

我国《民法通则》第106条第2款规定，公民、法人由于过错侵害国家的、集体的财产，侵害他人财产、人身的，应当承担民事责任。根据《民法通则》，最高人民法院分别于2001年和2003年公布了《关于确定民事侵权精神损害赔偿责任若干问题的解释》和《关于审理人身损害赔偿案件适用法律若干问题的解释》。这两部司法解释的出台大大提高了医疗损害责任的赔偿标准，且《关于审理人身损害赔偿案件适用法律若干问题的解释》适用于所有人身损害赔偿案件，而医疗侵权属于人身损害赔偿案件，因此《民法通则》及其司法解释往往在司法实践中取代《医疗事故处理条例》而成为医疗纠纷案件的裁判依据，但是《条例》中专门规定诸如医疗事故等级认定等方面，《民法通则》没有也不可能作出针对性的立法规定及司法解释，因此，仍需要借助于《条例》的相关规定。[2]

三、《侵权责任法》

《侵权责任法》自2010年7月1日起施行，其设“医疗损害责任”专章，共11条，在法律层面对医疗纠纷处理问题作出了专门性规定。其主要内容包括：医疗损害的赔偿实行过错责任的原则；进一步强调患者知情同意权问题，并增加了无

---

〔1〕 参见陈志华：《医疗损害责任深度释解与实务指南》，法律出版社2010年版，第11页。

〔2〕 参见张英：《一元处理机制下医疗损害责任制度研究》，吉林大学法学院2012年博士学位论文，第18～19页。

法取得患者家属同意的抢救性医疗行为的同意权问题；规定了患者有损害，推定医院有过错的情形，如隐匿或者拒绝提供与纠纷有关的病历资料，伪造、篡改或者销毁病历资料；医疗机构及其医务人员不得违反诊疗规范实施不必要的检查等。

对于《侵权责任法》生效后《条例》效力的问题，笔者认为，所谓法的效力层次，是指规范性法律文件之间的效力等级关系，《侵权责任法》是由全国人大常委会制定的法律，而《条例》是由国务院制定的行政法规，根据我国《立法法》第88条规定的上位法的效力高于下位法的原则，在对同一事件均有规定且有冲突时，《侵权责任法》条款规定的效力高于《条例》的相关条款。

然而，位阶高低并不意味着《条例》设定医疗事故概念与《侵权责任法》医疗损害的概念有所冲突。医疗损害责任不以是否构成医疗事故为前提，由此，并不意味着医疗事故的概念从此将被摒弃。对于国家卫生行政管理而言，其概念价值仍然存在，其目的是减少医疗事故的发生，保障患者生命健康安全，而医疗损害责任的宗旨亦是妥善处理医疗纠纷、界定医疗损害责任、切实保障患者的合法权益。

四、《消费者权益保护法》

我国《消费者权益保护法》第2条规定："消费者为生活消费需要购买、使用商品或者接受服务，其权益受本法保护；本法未作规定的，受其他有关法律、法规保护。"有学者认为，在我国，医疗服务合同纠纷应区分医疗机构是营利性还是非营利性的性质，来决定是否适用《消费者权益保护法》。因为目前国家正在对有关城镇医药卫生体制进行改革，当前我国并未把所有的医院推向市场，而是实行营利和非营利医疗机构分类管理，两者实行不同的财政、税收和价格政策。就营利性医疗机构而言，其提供医疗服务实行的是市场调节价，而非营利性医疗机构实行的是政府指导价。因此，营利性医疗机构应当适用《消费者权益保护法》，非营利性医疗机构则不适用《消费者权益保护法》，而适用其他专项法规或有关立法的规定。[1]

五、《产品质量法》

我国《产品质量法》第2条第2款规定："本法所称产品是指经过加工、制作，用于销售的产品。"《产品质量法》第34条规定："本法所称缺陷，是指产品存在危及人身、他人财产安全的不合理的危险；产品有保障人体健康、人身、财产安全的国家标准、行业标准，是指不符合该标准。"《侵权责任法》第59条规定："因药品、消毒药剂、医疗器械的缺陷，或者输入不合格的血液造成患者损害的，患者可以向生产者或者血液提供机构请求赔偿，也可以向医疗机构请求赔偿。患者向医疗机

---

〔1〕 参见中国法院网：http://www.chinacourt.org/article/detail/2014/10/id/1460688.shtml。

构请求赔偿的,医疗机构赔偿后,有权向负有责任的生产者或者血液提供机构追偿。"在医患纠纷中,随着人们对产品质量的日益重视,医疗器械引起的医患纠纷也逐渐增多。而产生这类纠纷的原因往往包括厂商生产的医疗器械质量不合格或设计有缺陷,或在运输、保管过程中出现问题,或对医疗器械的说明有瑕疵或虚假,或对产品的性能、寿命、预期目的及风险未尽告知义务,医疗机构在医疗过程中的过失行为,或未尽对医疗器械进行必要的检查、检测和验收的义务,或手术时未注意有关产品使用说明事项,或在使用医疗器械的手术后未给予患者有效的、适当和足量的药物治疗等。由于这类医患纠纷明确是医疗产品质量的问题引起的,处理这类纠纷时不应当仅单纯适用《医疗事故处理条例》,还应当适用《民法通则》《产品质量法》《侵权责任法》进行调整。

六、《刑法》及《治安管理处罚法》

根据我国《刑法》第335条的规定,医疗事故罪是指医务人员由于严重不负责任,造成就诊人死亡或者严重损害就诊人身体健康的行为。本罪主体为特殊主体,是达到刑事责任年龄并具有刑事责任能力的、实施了违章医疗行为的医务人员。本罪侵犯的客体是医疗单位的工作秩序,以及公民的生命健康权利。犯罪对象是生命健康安全正遭受病魔侵害的病人。所以,倘若救治措施不能客观上起到控制病情发展的作用,则必然由于病情发展而引起人体健康的更大损害,直至导致伤残、功能障碍和死亡结果。本罪在客观方面表现为严重不负责任,造成就诊人死亡或者严重损害就诊人身体健康的行为。具体而言,其包括以下几个方面:医务人员在诊疗护理工作中有严重不负责任的行为,因严重不负责任行为而导致病人严重损害身体健康或死亡的结果,严重不负责任行为与病员重伤、死亡之间必须存在刑法上的因果关系。根据《治安管理处罚法》第23条第1款第2项规定,扰乱机关、团体、企业、事业单位秩序,致使工作、生产、营业、医疗、教学、科研不能正常进行,尚未造成严重损失的,处警告或者200元以下罚款,情节较重的,处5日以上10日以下拘留,可以并处500元以下罚款。2014年4月22日,最高人民法院、最高人民检察院、公安部、司法部、原国家卫生和计划生育委员会印发《关于依法惩处涉医违法犯罪维护正常医疗秩序的意见》,该意见指出:充分认识依法惩处涉医违法犯罪维护正常医疗秩序的重要性、严格依法惩处涉医违法犯罪、积极预防和妥善处理医疗纠纷及建立健全协调配合工作机制。该意见是为依法惩处涉医违法犯罪、维护正常医疗秩序、构建和谐医患关系,根据《刑法》《治安管理处罚法》等法律法规,结合工作实践而制定的。另外,《刑法修正案(九)》第31条规定:将《刑法》第290条第1款修改为:"聚众扰乱社会秩序,情节严重,致使工作、生产、营业和教学、科研、医疗无法进行,造成严重损失的,对首要分子,处三年以上七年以下有期徒刑；对其他积极参加的，处三年以下有期徒刑、拘役、管制或者剥夺政治权利。”我国刑事相关法律设置专门条款对医疗事故罪、“医闹”行为等涉医违法犯罪进行规制。医疗事故罪是用法律武器保护患者的利益，而“医闹入刑”则是用法律武器打击“医闹”和保护广大患者及医务人员的权益，法律日益完善的背后体现的是现实中医患关系之紧张。

第二节　完善医患纠纷立法的改革建议

一、医患纠纷立法的几个基本出发点

（一）医疗行为的特殊性

医疗行业的公益性和福利性，体现在医疗机构不能拒绝医疗行为，没有选择患者的权利，对公共卫生事件及急救具有“无条件”的救治义务，如在患者欠费的情况下，医疗机构还必须保证对患者的救治，而国家目前对此并没有相应的补偿制度。医疗职业具有高风险性，医疗结果具有难以控制性和不可预见性，现代医学技术水平具有局限性，尚不能达到百分之百地治愈全部疾病，还有许多不能认知和正在探索的地方。同时，由于患者人体差异和疾病的特殊，治疗同一种疾病，即便医生所采取的诊疗行为一样，所达到的效果也不尽相同。医疗行为具有复杂性、不预见性、不可控制性、高风险性，医疗机构和医务人员对医疗行为无法完全预测和把握，这是医学科学发展水平问题，不应将医疗技术的高风险转嫁给医疗机构承担。因此，不应简单将医疗损害等同于一般人身损害，医疗纠纷处理不应适用一般性的民法规范。[1]

（二）医患纠纷现行立法中存在的问题

《条例》第2条对医疗事故的范围进行了确定，“医疗事故，是指医疗机构及其医务人员在医疗活动中，违反医疗卫生管理法律、行政法规、部门规章和诊疗护理规范、常规，过失造成患者人身损害的事故”。

根据我国《民法通则》第106条第2款的规定，公民、法人由于过错侵害国家的、集体的财产，侵害他人财产、人身的，应当承担民事责任。最高人民法院《关于审理人身损害赔偿案件适用法律若干问题的解释》于2004年5月1日起实施，该司法解释的出台大大提高了医疗损害责任的赔偿标准。其间，最高人民法院在2003年1月6日出台的《关于参照〈医疗事故处理条例〉审理医疗纠纷民事案件

---

〔1〕参见王晓茹：《关于医疗纠纷立法的建议》，载《现代医院》2012年第11期。

的通知》[1]中规定："条例施行后发生的医疗事故引起的医疗赔偿纠纷，诉到法院的，参照条例的有关规定办理；因医疗事故以外的原因引起的其他医疗赔偿纠纷，适用民法通则的规定。""人民法院在民事审判中，根据当事人的申请或者依职权决定进行医疗事故司法鉴定的，交由条例所规定的医学会组织鉴定。因医疗事故以外的原因引起的其他医疗纠纷需要进行司法鉴定的，按照《人民法院对外委托司法鉴定管理规定》组织鉴定。"自2010年7月1日起施行的《侵权责任法》第54条规定："患者在诊疗活动中受到损害，医疗机构及其医务人员有过错的，由医疗机构承担赔偿责任。"其将医疗损害责任列为特殊侵权责任而独立成章，可以说《侵权责任法》是对我国现有医疗纠纷立法的完善与重要补充。直到2010年6月30日最高人民法院发布的《关于适用〈中华人民共和国侵权责任法〉若干问题的通知》才统一了"医疗损害鉴定"的称谓，该通知第3条规定："人民法院适用侵权责任法审理民事纠纷案件，根据当事人的申请或者依职权决定进行医疗损害鉴定的，按照全国人大常委会《关于司法鉴定管理问题的决定》、《人民法院对外委托司法鉴定管理规定》及国家有关部门的规定组织鉴定。"但该通知仍未给出解决医疗纠纷问题的答案。鉴于通知的发布，原卫生部于2010年6月28日在《关于做好〈中华人民共和国侵权责任法〉贯彻实施工作的通知》中规定：要完善制度，继续做好医疗事故技术鉴定等工作。各级医学会要继续依法履行医疗事故技术鉴定等法定鉴定职责，进一步加强专家队伍建设和规章制度建设；对于司法机关或医患双方共同委托的医疗损害责任技术鉴定，医学会应当受理，并可参照《医疗事故技术鉴定暂行办法》等有关规定，依法组织鉴定。医疗损害责任技术鉴定分级参照《医疗事故分级标准(试行)》执行。

2005年10月1日开始施行的全国人大常委会《关于司法鉴定管理问题的决定》，规定了国家对从事法医类司法鉴定业务的鉴定人和鉴定机构实行登记管理制度，并同时规定在诉讼中，对法医类鉴定事项发生争议，需要鉴定的，应对委托列入鉴定人名册的鉴定人进行鉴定。医疗纠纷司法鉴定归于法医类司法鉴定范畴，那么按照该决定的精神，在诉讼中对医疗纠纷问题的解决应该委托列入鉴定人名册的鉴定人进行鉴定。

由此可见，《医疗事故处理条例》《民法通则》及其司法解释、《侵权责任法》及全国人大常委会《关于司法鉴定管理问题的决定》等法律、法规对医患纠纷处理各行其是，无法解决统一医疗纠纷处理法律规范的问题。

---

〔1〕 该通知由于与《侵权责任法》相冲突，于2013年2月26日由最高人民法院公告废止。

（三）完善医患纠纷立法的紧迫性与必要性

除上述实体性法律法规规定及司法解释中存在冲突外，目前医患纠纷调处的制度体系也存在问题。我国目前尚无严格法律层面的规范性文件规定医疗纠纷的问题，其基本的规范依据仍然是国务院颁布的《条例》，部门立法、行政立法仍然是我国目前启动立法程序、产生立法文本、推动立法进程的基本形式。政府及其行政部门最初通过立法，是想谋求消除人治思想、加强管理和执法力度的效果，但某种程度上也造成了扩张管理权限并对地方或部门利益特殊保护的不良后果。[1] 由于《条例》掩饰的强烈的行政色彩，在实践中渐渐引发司法机关的强烈不满及积极作为。例如，在北京市、广东省、四川省等地，审判机关逐渐开放了委托医疗纠纷司法鉴定来解决医疗纠纷案件审判工作的委托权限，且各地纷纷颁布文件去规避《条例》中过于强大的行政保护伞，保护患者的合法权益，维护社会公平与正义，这些地方规定的出台，均具有法治里程碑的意义。

生命健康权是人类基本权利之一，对于一个人来说，这是享有其他权利的基础，毫无疑义应当受到法律的保护。综观医疗纠纷法律背景及立法现状，虽然涉及医患纠纷的法律法规众多，但是专门调整医患纠纷的法律法规尚未出台，众多法律法规之间的矛盾冲突较大，这给调整医患关系、医患纠纷的处理带来很大的不便，因此完善医疗法规迫在眉睫。医患纠纷的发生和发展大多是由于医疗过失，以及患者对医疗服务提供方缺乏信任感，医患纠纷能否得到公正的解决很大程度上也在经受着社会公众关于诚信度的考验。医患纠纷处理环节还存在很多隐患，其中突出的薄弱环节就在于处理医患纠纷时缺乏可依据的专门性法律。我国当前应尽快制定一部处理医患纠纷的专门性法律以实现医患纠纷处理的公平正义。

二、完善立法的相关建议

公平、公开、公正地解决医疗纠纷争议，对于保护医患双方合法权益意义重大。笔者通过研究认为处理医疗纠纷的专门性法律应从以下几个方面考虑。

（一）制定医患纠纷处理专门程序法

目前，我国针对医患纠纷处理的实体法律主要是《民法通则》《侵权责任法》中涉及医患关系相关条款，而作为调节医患纠纷的特别法，则是指2002年出台的《条例》。事实上，在实践中，医患纠纷的处理除了《条例》所调整的医疗事故以外，其余的医患纠纷处理则几乎都由《民法通则》《侵权责任法》等处理，但由于实体法的原则性较强且在实践中经常出现医患关系调处的法律矛盾状态，因此，有

---

[1] 参见邵俊武：《论医疗纠纷的立法解决》，载《太平洋学报》2007年第11期。

必要出台专门规定这种特殊矛盾处理的诉讼机制法，让审判机关在处理这类纠纷时有法可依，更加节省司法资源，也使医患纠纷当事人双方的权利义务有法可循。

（二）建立医疗纠纷调解制度

综合目前各地出台的《医疗纠纷预防与处理办法》及现实处理效果的良好，[1] 建议在立法时建立医疗纠纷调解委员会（简称医调委），它是独立于医患双方之外的第三方，是调解医疗纠纷的群众性组织，负责本行政区域医疗纠纷的调节工作，医调委调解纠纷应不收任何费用。医调委在医疗纠纷调解工作中负责组织医疗纠纷调查，引导医患双方依据事实和法律，公平、妥善解决纠纷，并定期向有关主管部门报告医疗纠纷调解工作情况。实践证明，在我国各地开展的这种有益的医疗纠纷第三方调解的实践和探索，一方面，为患者提供了解决纠纷的一种新途径，从根本上扭转了当前处理医患纠纷中医方面临的困境，在医疗纠纷非诉讼解决机制中成为最为有效的解决措施；另一方面，为医疗纠纷第三方调解制度的构建积累了丰富的实践经验，推动了医疗纠纷调解机制的构建和发展。[2]

（三）建立医疗纠纷责任保险制度

医疗责任保险发挥着减轻医疗机构赔偿压力、分散医疗风险、弥补受害者损失，以及防范医疗纠纷的重要功效，具有一定的社会公益性，在一定程度上发挥着社会保障机制的重要作用。采取立法方式将医疗责任保险确定为法定保险，强制医疗机构和医务人员投保，通过国家法律的规定推动强制医疗责任保险的发展是必要的，对医患双方当事人及整个社会都是非常有利的。结合上海市自2002年以来出台《关于本市实施医疗责任保险的意见》及《医疗事故责任保险实施方案（试行）》后，医疗责任保险制度在上海市运行的情况来看，其在非营利性医疗结构取得了良好的保险效果。2004年，上海市将非医疗事故的医疗过失造成的医疗过错赔偿和医务人员在工作过程中受到的患方的不法侵害纳入保险范围，该项保险措施一直沿用至今。[3] 其他如云南省、广东省、北京市等地也大力推行医疗责任保险制度并取得了良好效果。

---

〔1〕 例如，北京卫生法学会开展医疗纠纷调解工作近5年来，受理和调处6000多起，调解成功率达到86%。宁波市医疗纠纷调解委员会成立一年，受理医疗纠纷307起（其中重大医疗纠纷135起），调解成功285起，医患双方无一例反悔。山东济宁市医患维权协会自2006年成立以来，调解医患纠纷346起，成功调解终结268起，调解成功率达78.7%。参见蒋川、黎志敏：《论我国医疗纠纷第三方处理机制的实践与完善》，载《现代商贸工业》2011年第13期。

〔2〕 参见艾尔肯：《发达国家医疗纠纷第三方调解机制对我国的启示与借鉴》，载《时代法学》2015年第2期。

〔3〕 参见曾言、李祖全：《医疗责任强制保险制度研究》，湖南师范大学出版社2009年版，第142～144页。

(四)建议在医患纠纷解决机制中引入专家辅助人制度

《民事诉讼法》第79条对申请"有专门知识的人"出庭做了明确规定,将专家辅助人出庭从司法解释层面上升到立法,为实体公正进一步提供了程序保障。医患纠纷诉讼不同于普通的民事诉讼,其具有高度的专业性,在医患纠纷诉讼中引入专家辅助人制度,无论是患方还是医方都可以聘请具有专门知识的人来帮助其参与诉讼,保障了当事人享有的平等的诉讼权利。《民事诉讼法》中关于专家辅助人制度的确立为我们建立医患纠纷诉讼中的专家辅助人制度提供了坚实的法律依据,且目前专家辅助人制度在民事诉讼中也逐渐取得了良好效果。[1] 建立医患纠纷诉讼中的专家辅助人制度,帮助当事人处理诉讼中涉及医疗专业知识方面的问题,保障当事人的权益,有助于医患纠纷的解决。

(五)建议统一医疗损害鉴定模式

如前文所述,由于目前医疗鉴定法律背景的错综复杂,我国当前的医疗鉴定存在医疗事故技术鉴定和医疗损害司法鉴定两种模式。迄今为止,《侵权责任法》的出台也没有能够终结这两种鉴定体制并存的局面,结合本书所分析的医疗事故技术鉴定和医疗损害司法鉴定各自利弊,并结合目前司法改革的主流导向,建议推行建立医疗损害司法鉴定主导的鉴定体系。但是长期以来,司法鉴定机构鉴定人的水准一直受到公众质疑,[2]可以从设立鉴定机构医疗专家库、提高鉴定人员资格要求、鉴定人继续教育培训等多渠道来提高司法鉴定的公信力。

(六)建议对医患纠纷审判程序进行相应调整

由于医患纠纷涉及的知识专业性较强,且医学知识并不能通过自学系统掌握,在我国的医学高等教育中,已基本取消医学类的自学考试制度,足以可见对于医学知识的掌握和运用并非易事。可以说,除专科医生外,其他人对医患纠纷所涉及的医学知识几乎都是门外汉,当然,法官也不例外。长期以来,我国的医患纠纷民事诉讼基本上都是在法院的民一庭进行审理,法官并不掌握医学知识,且医疗纠纷个案特点鲜明,也不是借助以往判例或者文献就能判断孰是孰非,所以尽管有了上述所提及的各项鉴定机制、专家辅助人机制等的完善,我们仍然建议在法院内部设立专门的医患纠纷审判庭。在论证过程中,有学者提出医患纠纷在民事诉讼中所占的比例太小,设立专门的医患纠纷审判庭难免有浪费审判资源之

---

[1] 参见李钢、彭云飞:《关于我国民事诉讼辅助人制度若干问题的司法研究——以法院实践探索经验为视角》,载《第二届证据理论与科学国际研讨会论文集》(上卷),第291页。

[2] 参见霍瑶:《医疗纠纷处理机制研究》,复旦大学法学院2013年硕士学位论文,第27~28页。

嫌。那么,我们建议在法院民事审判庭吸收具有医学背景的审判人员专门处理医患纠纷案件及其他涉医纠纷案件,同时,在人民陪审员中,可以吸收具有医学知识的人作为此类案件的人民陪审员。这样在诉讼过程中,审判机关才能更加客观地运用法律及事实对案件进行判断。

(七)暂不建议建立医疗纠纷仲裁制度

有很多学者提出,将医疗纠纷争议发生前或后医患双方达成的书面仲裁协议作为医疗纠纷仲裁委员会受理医疗纠纷案件的基石,[1]双方自主协商确定是否选择仲裁解决争议、由谁来仲裁、仲裁庭人员的确定等。正如本书第四章境外医患纠纷仲裁制度,从仲裁制度在美国几十年的运行来看,效果距离期待还有很大差距,美国国内对此争议性很大。在我国,仲裁制度与《合同法》的适用问题在实践中虽然已经相对成熟,但是能否采用合同责任作为解决医疗纠纷争议的方式,长期以来一直在探讨过程中,对于理论研究过程中尚存在很多争议的制度,我们是否首先应更好地研究其正当性,以及通过实证研究证实它的可靠性,再去倡导并实施?所以,我们并不主张在现行立法中过早地植入仲裁制度。我国的医患纠纷立法进程本身带有强烈的行政色彩,当前需要做的就是首先摘除强大的行政保护伞,然后再植入我国医患纠纷处理中已经成熟、有法律依据且有效的方法,而不是所有的法律制度都要照抄国外。我们在立法过程中当然要考虑先进性,但是同时也要考虑我国的国情。关于仲裁制度,不排除一些倡导者所做的调查研究中提及的在地方上取得的良好效果,我们可以在地方试行医患纠纷仲裁制度以观实效。但是据笔者所调查,目前在小范围内推行的医疗纠纷仲裁制度大部分是以调解为主,只不过是披上了仲裁的"外衣",其性质终究还是调解。医患纠纷本身就是关于健康、关乎生命的重大矛盾,与一般的财产性纠纷有着本质的区别,当事人尤其是患方并不能接受"一裁终局"的现实问题。据此,在我国,医患纠纷仲裁制度的建议尚需要一个过程,不能一蹴而就。

(八)立法的后续问题

医疗纠纷立法工作是关乎民生的重大事项,一个完善的医疗纠纷争议解决法律制度的运行必将推动整个社会精神文明的进步。然而,正如我们在研究中所提到的各种法律适用之间的重叠、冲突等却阻碍了法律的进步与发展。于是,我们在立法过程中要明确规定各种权利、义务、争议解决方式及赔偿方式等,在明确进

---

[1] 参见吴光明:《医疗争议之仲裁——兼评医疗纠纷处理法草案》,载《月旦法学杂志》2008年第160期;张海滨:《论医疗纠纷的代替性解决机制》,载《法律与医学杂志》2003年第1期;柯阳友、吴英旗:《我国医疗纠纷解决机制之重构》,载《甘肃政法学院学报》2006年第6期。

行法律规定以后,我们也要相应地建议对现行的《民法通则》《侵权责任法》等关于医疗责任条款进行修订。尤其是《侵权责任法》自2010年7月1日起施行,其设"医疗损害责任"专章,对于卫生法学领域的发展是极大的进步,但因为条款指引的不明确在实践中其作用小于预估的价值,让很多法律工作者在适用时无所适从。因此,笔者建议修订《侵权责任法》相关条款,明确规定医疗过错责任的损害赔偿制度等,使之与医患纠纷立法相一致。这样法律的指引作用才能更加明确,医疗纠纷争议的解决路径才会更加清晰、明朗。

第三节　《医疗纠纷预防和处理条例》及理解精要

序号	原文	理解精要
第一章　总　则		
第一条	为了预防和妥善处理医疗纠纷,保护医患双方的合法权益,维护医疗秩序,保障医疗安全,制定本条例	立法目的中明确将预防医疗纠纷作为重要内容。体现了先进的立法理念
第二条	本条例所称医疗纠纷,是指医患双方因诊疗活动引发的争议	本行政法规的名称使用了医疗纠纷,而摒弃了以往沿用的医疗事故,更加准确,适用范围更加广泛
第三条	国家建立医疗质量安全管理体系,深化医药卫生体制改革,规范诊疗活动,改善医疗服务,提高医疗质量,预防、减少医疗纠纷。 在诊疗活动中,医患双方应当互相尊重,维护自身权益应当遵守有关法律、法规的规定	明确了国家的职责,强调医患双方在医疗纠纷的处理中均应当遵循依法原则
第四条	处理医疗纠纷,应当遵循公平、公正、及时的原则,实事求是,依法处理	医疗纠纷处理的五项原则
第五条	县级以上人民政府应当加强对医疗纠纷预防和处理工作的领导、协调,将其纳入社会治安综合治理体系,建立部门分工协作机制,督促部门依法履行职责	创新地将医患纠纷预防和处理工作纳入社会治安综合治理体系,因为涉及社会稳定、医疗安全和社会医疗秩序等。明确了县级以上人民政府的职责

续表

序号	原文	理解精要
第六条	卫生主管部门负责指导、监督医疗机构做好医疗纠纷的预防和处理工作，引导医患双方依法解决医疗纠纷。 司法行政部门负责指导医疗纠纷人民调解工作。 公安机关依法维护医疗机构治安秩序，查处、打击侵害患者和医务人员合法权益以及扰乱医疗秩序等违法犯罪行为。 财政、民政、保险监督管理等部门和机构按照各自职责做好医疗纠纷预防和处理的有关工作	明确了卫生、司法行政、公安、财政、民政等各行政部门，以及保险机构等的职责
第七条	国家建立完善医疗风险分担机制，发挥保险机制在医疗纠纷处理中的第三方赔付和医疗风险社会化分担的作用，鼓励医疗机构参加医疗责任保险，鼓励患者参加医疗意外保险	借鉴国外先进经验，将医疗这一高风险活动纳入医疗责任保险范围，借助专业的保险防范、化解医疗风险
第八条	新闻媒体应当加强医疗卫生法律、法规和医疗卫生常识的宣传，引导公众理性对待医疗风险；报道医疗纠纷，应当遵守有关法律、法规的规定，恪守职业道德，做到真实、客观、公正	明确了媒体的职责、行为规范，社会责任，普及医疗常识，科学公正报道的义务
第二章　医疗纠纷预防		
第九条	医疗机构及其医务人员在诊疗活动中应当以患者为中心，加强人文关怀，严格遵守医疗卫生法律、法规、规章和诊疗相关规范、常规，恪守职业道德。 医疗机构应当对其医务人员进行医疗卫生法律、法规、规章和诊疗相关规范、常规的培训，并加强职业道德教育	以患者为中心，加强人文关怀、遵纪守法、遵守职业业道德是亮点

续表

序号	原文	理解精要
第十条	医疗机构应当制定并实施医疗质量安全管理制度,设置医疗服务质量监控部门或者配备专(兼)职人员,加强对诊断、治疗、护理、药事、检查等工作的规范化管理,优化服务流程,提高服务水平。 医疗机构应当加强医疗风险管理,完善医疗风险的识别、评估和防控措施,定期检查措施落实情况,及时消除隐患	医疗质量管理体系建设及医疗风险识别、评估和防空将是今后医疗机构管理的重点工作之一
第十一条	医疗机构应当按照国务院卫生主管部门制定的医疗技术临床应用管理规定,开展与其技术能力相适应的医疗技术服务,保障临床应用安全,降低医疗风险;采用医疗新技术的,应当开展技术评估和伦理审查,确保安全有效、符合伦理	医疗技术临床应用的安全管理,加强伦理评估
第十二条	医疗机构应当依照有关法律、法规的规定,严格执行药品、医疗器械、消毒药剂、血液等的进货查验、保管等制度。禁止使用无合格证明文件、过期等不合格的药品、医疗器械、消毒药剂、血液等	强化了医疗机构对医疗用品的进货查验、保管制度
第十三条	医务人员在诊疗活动中应当向患者说明病情和医疗措施。需要实施手术,或者开展临床试验等存在一定危险性、可能产生不良后果的特殊检查、特殊治疗的,医务人员应当及时向患者说明医疗风险、替代医疗方案等情况,并取得其书面同意;在患者处于昏迷等无法自主作出决定的状态或者病情不宜向患者说明等情形下,应当向患者的近亲属说明,并取得其书面同意。 紧急情况下不能取得患者或者其近亲属意见的,经医疗机构负责人或者授权的负责人批准,可以立即实施相应的医疗措施	对落实《侵权责任法》第56条作出了具体规定。明确了医疗机构负责人或其授权的负责人在紧急情况下对患者实施救治的批准权。同时也是对医疗机构紧急救治义务的确认

续表

序号	原文	理解精要
第十四条	开展手术、特殊检查、特殊治疗等具有较高医疗风险的诊疗活动，医疗机构应当提前预备应对方案，主动防范突发风险	强化了诊治活动风险识别和预案
第十五条	医疗机构及其医务人员应当按照国务院卫生主管部门的规定，填写并妥善保管病历资料。 因紧急抢救未能及时填写病历的，医务人员应当在抢救结束后 6 小时内据实补记，并加以注明。 任何单位和个人不得篡改、伪造、隐匿、毁灭或者抢夺病历资料	病史包括书面、电子等形式，应真实、准确记录治疗过程。具体按照《病例书写基本规范》执行
第十六条	患者有权查阅、复制其门诊病历、住院志、体温单、医嘱单、化验单（检验报告）、医学影像检查资料、特殊检查同意书、手术同意书、手术及麻醉记录、病理资料、护理记录、医疗费用以及国务院卫生主管部门规定的其他属于病历的全部资料。 患者要求复制病历资料的，医疗机构应当提供复制服务，并在复制的病历资料上加盖证明印记。复制病历资料时，应当有患者或者其近亲属在场。医疗机构应患者的要求为其复制病历资料，可以收取工本费，收费标准应当公开。 患者死亡的，其近亲属可以依照本条例的规定，查阅、复制病历资料	患者、家属有权查阅、复制全部病史，包括主观病史、麻醉单、护理记录等
第十七条	医疗机构应当建立健全医患沟通机制，对患者在诊疗过程中提出的咨询、意见和建议，应当耐心解释、说明，并按照规定进行处理；对患者就诊疗行为提出的疑问，应当及时予以核实、自查，并指定有关人员与患者或者其近亲属沟通，如实说明情况	加强医患沟通机制建立

续表

序号	原文	理解精要
第十八条	医疗机构应当建立健全投诉接待制度，设置统一的投诉管理部门或者配备专（兼）职人员，在医疗机构显著位置公布医疗纠纷解决途径、程序和联系方式等，方便患者投诉或者咨询	具体参照《医院投诉管理办法（试行）》执行
第十九条	卫生主管部门应当督促医疗机构落实医疗质量安全管理制度，组织开展医疗质量安全评估，分析医疗质量安全信息，针对发现的风险制定防范措施	明确了卫生行政主管部门的监管职责
第二十条	患者应当遵守医疗秩序和医疗机构有关就诊、治疗、检查的规定，如实提供与病情有关的信息，配合医务人员开展诊疗活动	规定了患者就诊过程中的义务
第二十一条	各级人民政府应当加强健康促进与教育工作，普及健康科学知识，提高公众对疾病治疗等医学科学知识的认知水平	明确了政府的医学健康科普职责
第三章　医疗纠纷处理		
第二十二条	发生医疗纠纷，医患双方可以通过下列途径解决： （一）双方自愿协商； （二）申请人民调解； （三）申请行政调解； （四）向人民法院提起诉讼； （五）法律、法规规定的其他途径	由原来的3种途径扩大为5种途径。增加了人民调解（目前由司法行政机关管理）和其他途径（如仲裁等）
第二十三条	发生医疗纠纷，医疗机构应当告知患者或者其近亲属下列事项： （一）解决医疗纠纷的合法途径； （二）有关病历资料、现场实物封存和启封的规定； （三）有关病历资料查阅、复制的规定。 患者死亡的，还应当告知其近亲属有关尸检的规定	明确了医疗机构在发生医疗纠纷时的即时告知义务，发生死亡时，有义务告知患者近亲属其有申请尸检的权利

续表

序号	原文	理解精要
第二十四条	发生医疗纠纷需要封存、启封病历资料的，应当在医患双方在场的情况下进行。封存的病历资料可以是原件，也可以是复制件，由医疗机构保管。病历尚未完成需要封存的，对已完成病历先行封存；病历按照规定完成后，再对后续完成部分进行封存。医疗机构应当对封存的病历开列封存清单，由医患双方签字或者盖章，各执一份。 病历资料封存后医疗纠纷已经解决，或者患者在病历资料封存满 3 年未再提出解决医疗纠纷要求的，医疗机构可以自行启封	细化了病历封存、启封的具体规定
第二十五条	疑似输液、输血、注射、用药等引起不良后果的，医患双方应当共同对现场实物进行封存、启封，封存的现场实物由医疗机构保管。需要检验的，应当由双方共同委托依法具有检验资格的检验机构进行检验；双方无法共同委托的，由医疗机构所在地县级人民政府卫生主管部门指定。 疑似输血引起不良后果，需要对血液进行封存保留的，医疗机构应当通知提供该血液的血站派员到场。 现场实物封存后医疗纠纷已经解决，或者患者在现场实物封存满 3 年未再提出解决医疗纠纷要求的，医疗机构可以自行启封	疑似输液、输血、用药等引起不良反应时封存现场实物的具体规定
第二十六条	患者死亡，医患双方对死因有异议的，应当在患者死亡后 48 小时内进行尸检；具备尸体冻存条件的，可以延长至 7 日。尸检应当经死者近亲属同意并签字，拒绝签字的，视为死者近亲属不同意进行尸检。不同意或者拖延尸检，超过规定时间，影响对死因判定的，由不同意或者拖延的一方承担责任。 尸检应当由按照国家有关规定取得相应资格的机构和专业技术人员进行。 医患双方可以委派代表观察尸检过程	尸体检验的程序性规定。原则上应在 48 小时内进行，具有冷冻保存条件的可以延长到 7 日。超过 7 日的，实际进行尸体检验的也很常见。未具体规定医患双方见证尸体检验的人数和行为规范

续表

序号	原文	理解精要
第二十七条	患者在医疗机构内死亡的,尸体应当立即移放太平间或者指定的场所,死者尸体存放时间一般不得超过14日。逾期不处理的尸体,由医疗机构在向所在地县级人民政府卫生主管部门和公安机关报告后,按照规定处理	具体规定了尸体存放的地点、时间。尸体处理的规定有待进一步完善
第二十八条	发生重大医疗纠纷的,医疗机构应当按照规定向所在地县级以上地方人民政府卫生主管部门报告。卫生主管部门接到报告后,应当及时了解掌握情况,引导医患双方通过合法途径解决纠纷	规定了报告制度
第二十九条	医患双方应当依法维护医疗秩序。任何单位和个人不得实施危害患者和医务人员人身安全、扰乱医疗秩序的行为。 医疗纠纷中发生涉嫌违反治安管理行为或者犯罪行为的,医疗机构应当立即向所在地公安机关报案。公安机关应当及时采取措施,依法处置,维护医疗秩序	明确了医疗机构作为公共场所的属性,公安机关负有及时、依法处置涉医违法犯罪行为,维护医疗秩序的法定职责。与《刑法》相衔接
第三十条	医患双方选择协商解决医疗纠纷的,应当在专门场所协商,不得影响正常医疗秩序。医患双方人数较多的,应当推举代表进行协商,每方代表人数不超过5人。 协商解决医疗纠纷应当坚持自愿、合法、平等的原则,尊重当事人的权利,尊重客观事实。医患双方应当文明、理性表达意见和要求,不得有违法行为。 协商确定赔付金额应当以事实为依据,防止畸高或者畸低。对分歧较大或者索赔数额较高的医疗纠纷,鼓励医患双方通过人民调解的途径解决。 医患双方经协商达成一致的,应当签署书面和解协议书	医患协商的人数、场所规定

续表

序号	原文	理解精要
第三十一条	申请医疗纠纷人民调解的,由医患双方共同向医疗纠纷人民调解委员会提出申请;一方申请调解的,医疗纠纷人民调解委员会在征得另一方同意后进行调解。 申请人可以以书面或者口头形式申请调解。书面申请的,申请书应当载明申请人的基本情况、申请调解的争议事项和理由等;口头申请的,医疗纠纷人民调解员应当当场记录申请人的基本情况、申请调解的争议事项和理由等,并经申请人签字确认。 医疗纠纷人民调解委员会获悉医疗机构内发生重大医疗纠纷,可以主动开展工作,引导医患双方申请调解。 当事人已经向人民法院提起诉讼并且已被受理,或者已经申请卫生主管部门调解并且已被受理的,医疗纠纷人民调解委员会不予受理;已经受理的,终止调解	医疗纠纷人民调解遵循自愿原则
第三十二条	设立医疗纠纷人民调解委员会,应当遵守《中华人民共和国人民调解法》的规定,并符合本地区实际需要。医疗纠纷人民调解委员会应当自设立之日起30个工作日内向所在地县级以上地方人民政府司法行政部门备案。 医疗纠纷人民调解委员会应当根据具体情况,聘任一定数量的具有医学、法学等专业知识且热心调解工作的人员担任专(兼)职医疗纠纷人民调解员。 医疗纠纷人民调解委员会调解医疗纠纷,不得收取费用。医疗纠纷人民调解工作所需经费按照国务院财政、司法行政部门的有关规定执行	医疗纠纷人民调解委员会的设立、运行规定,体现了政府鼓励支持的政策导向
第三十三条	医疗纠纷人民调解委员会调解医疗纠纷时,可以根据需要咨询专家,并可以从本条例第三十五条规定的专家库中选取专家	创设的专家咨询制度可以弥补人民调解员专业知识的不足。提高调解的规范性、公正性和成功率

续表

序号	原文	理解精要
第三十四条	医疗纠纷人民调解委员会调解医疗纠纷，需要进行医疗损害鉴定以明确责任的，由医患双方共同委托医学会或者司法鉴定机构进行鉴定，也可以经医患双方同意，由医疗纠纷人民调解委员会委托鉴定。 医学会或者司法鉴定机构接受委托从事医疗损害鉴定，应当由鉴定事项所涉专业的临床医学、法医学等专业人员进行鉴定；医学会或者司法鉴定机构没有相关专业人员的，应当从本条例第三十五条规定的专家库中抽取相关专业专家进行鉴定。 医学会或者司法鉴定机构开展医疗损害鉴定，应当执行规定的标准和程序，尊重科学，恪守职业道德，对出具的医疗损害鉴定意见负责，不得出具虚假鉴定意见。医疗损害鉴定的具体管理办法由国务院卫生、司法行政部门共同制定。 鉴定费预先向医患双方收取，最终按照责任比例承担	统一了医疗纠纷诉前鉴定制度，鉴定主体包括医学会、司法鉴定机构，鉴定程序、鉴定内容、鉴定标准趋于一致。目前司法部和国家卫生健康委员会正研制医疗损害鉴定方面的规范
第三十五条	医疗损害鉴定专家库由设区的市级以上人民政府卫生、司法行政部门共同设立。专家库应当包含医学、法学、法医学等领域的专家。聘请专家进入专家库，不受行政区域的限制	医疗损害鉴定专家库模式主要是沿袭了医学会医疗事故鉴定的做法

续表

序号	原文	理解精要
第三十六条	医学会、司法鉴定机构作出的医疗损害鉴定意见应当载明并详细论述下列内容： (一)是否存在医疗损害以及损害程度； (二)是否存在医疗过错； (三)医疗过错与医疗损害是否存在因果关系； (四)医疗过错在医疗损害中的责任程度	“(四)医疗过错在医疗损害中的责任程度”值得商榷。司法鉴定主要解决案件涉及的事实有关的专门性问题，不宜直接回答法律问题。类似于交通事故中，对于当事人的事故责任比例通常由交警等部门认定，对于损害的后果伤残等级、死亡原因等由技术鉴定部门解决。在涉及责任认定过程中，可以借助技术手段查明交通行为过程，但鉴定人不直接作出事故责任多少的认定
第三十七条	咨询专家、鉴定人员有下列情形之一的，应当回避，当事人也可以以口头或者书面形式申请其回避： (一)是医疗纠纷当事人或者当事人的近亲属； (二)与医疗纠纷有利害关系； (三)与医疗纠纷当事人有其他关系，可能影响医疗纠纷公正处理	医疗纠纷鉴定适用回避制度，异地鉴定是一个较好的做法。调解期限不包括鉴定时间，但应防止因此造成处理周期过长的情况，应规定鉴定的期限要求
第三十八条	医疗纠纷人民调解委员会应当自受理之日起30个工作日内完成调解。需要鉴定的，鉴定时间不计入调解期限。因特殊情况需要延长调解期限的，医疗纠纷人民调解委员会和医患双方可以约定延长调解期限。超过调解期限未达成调解协议的，视为调解不成	医疗纠纷鉴定适用回避制度，异地鉴定是一个较好的做法。调解期限不包括鉴定时间，但应防止因此造成处理周期过长的情况，应规定鉴定的期限要求
第三十九条	医患双方经人民调解达成一致的，医疗纠纷人民调解委员会应当制作调解协议书。调解协议书经医患双方签字或者盖章，人民调解员签字并加盖医疗纠纷人民调解委员会印章后生效。 达成调解协议的，医疗纠纷人民调解委员会应当告知医患双方可以依法向人民法院申请司法确认	医疗纠纷人民调解协议书具有法律效力，经人民法院司法确认后，可以向人民法院申请强制执行

续表

序号	原文	理解精要
第四十条	医患双方申请医疗纠纷行政调解的，应当参照本条例第三十一条第一款、第二款的规定向医疗纠纷发生地县级人民政府卫生主管部门提出申请。 卫生主管部门应当自收到申请之日起5个工作日内作出是否受理的决定。当事人已经向人民法院提起诉讼并且已被受理，或者已经申请医疗纠纷人民调解委员会调解并且已被受理的，卫生主管部门不予受理；已经受理的，终止调解。 卫生主管部门应当自受理之日起30个工作日内完成调解。需要鉴定的，鉴定时间不计入调解期限。超过调解期限未达成调解协议的，视为调解不成	医疗纠纷行政调解遵循自愿原则
第四十一条	卫生主管部门调解医疗纠纷需要进行专家咨询的，可以从本条例第三十五条规定的专家库中抽取专家；医患双方认为需要进行医疗损害鉴定以明确责任的，参照本条例第三十四条的规定进行鉴定。 医患双方经卫生主管部门调解达成一致的，应当签署调解协议书	明确了专家咨询制度
第四十二条	医疗纠纷人民调解委员会及其人民调解员、卫生主管部门及其工作人员应当对医患双方的个人隐私等事项予以保密。 未经医患双方同意，医疗纠纷人民调解委员会、卫生主管部门不得公开进行调解，也不得公开调解协议的内容	遵守保密原则
第四十三条	发生医疗纠纷，当事人协商、调解不成的，可以依法向人民法院提起诉讼。当事人也可以直接向人民法院提起诉讼	调解不是诉讼的前置程序

续表

序号	原文	理解精要
第四十四条	发生医疗纠纷,需要赔偿的,赔付金额依照法律的规定确定	医疗纠纷赔偿标准按照《民法总则》《侵权责任法》的规定执行。排除了《医疗事故处理条例》第50条的规定
	第四章　法律责任	
第四十五条	医疗机构篡改、伪造、隐匿、毁灭病历资料的,对直接负责的主管人员和其他直接责任人员,由县级以上人民政府卫生主管部门给予或者责令给予降低岗位等级或者撤职的处分,对有关医务人员责令暂停6个月以上1年以下执业活动;造成严重后果的,对直接负责的主管人员和其他直接责任人员给予或者责令给予开除的处分,对有关医务人员由原发证部门吊销执业证书;构成犯罪的,依法追究刑事责任	规定了篡改、伪造、隐匿、毁灭病历资料的行为实行行政处罚(含停业、行政开除、吊销执业证书)、刑事处罚
第四十六条	医疗机构将未通过技术评估和伦理审查的医疗新技术应用于临床的,由县级以上人民政府卫生主管部门没收违法所得,并处5万元以上10万元以下罚款,对直接负责的主管人员和其他直接责任人员给予或者责令给予降低岗位等级或者撤职的处分,对有关医务人员责令暂停6个月以上1年以下执业活动;情节严重的,对直接负责的主管人员和其他直接责任人员给予或者责令给予开除的处分,对有关医务人员由原发证部门吊销执业证书;构成犯罪的,依法追究刑事责任	强化了医疗机构对医疗新技术应用的规范化要求,并明确了法律责任

续表

序号	原文	理解精要
第四十七条	医疗机构及其医务人员有下列情形之一的，由县级以上人民政府卫生主管部门责令改正，给予警告，并处1万元以上5万元以下罚款；情节严重的，对直接负责的主管人员和其他直接责任人员给予或者责令给予降低岗位等级或者撤职的处分，对有关医务人员可以责令暂停1个月以上6个月以下执业活动；构成犯罪的，依法追究刑事责任： (一)未按规定制定和实施医疗质量安全管理制度； (二)未按规定告知患者病情、医疗措施、医疗风险、替代医疗方案等； (三)开展具有较高医疗风险的诊疗活动，未提前预备应对方案防范突发风险； (四)未按规定填写、保管病历资料，或者未按规定补记抢救病历； (五)拒绝为患者提供查阅、复制病历资料服务； (六)未建立投诉接待制度、设置统一投诉管理部门或者配备专(兼)职人员； (七)未按规定封存、保管、启封病历资料和现场实物； (八)未按规定向卫生主管部门报告重大医疗纠纷； (九)其他未履行本条例规定义务的情形	明确了医疗机构、医务人员的行政、刑事法律责任。相比之前的规定，显得更加具体、严格，对本条例的实施将发挥重要作用
第四十八条	医学会、司法鉴定机构出具虚假医疗损害鉴定意见的，由县级以上人民政府卫生、司法行政部门依据职责没收违法所得，并处5万元以上10万元以下罚款，对该医学会、司法鉴定机构和有关鉴定人员责令暂停3个月以上1年以下医疗损害鉴定业务，对直接负责的主管人员和其他直接责任人员给予或者责令给予降低岗位等级或者撤职的处分；情节严重的，该医学会、司法鉴定机构和有关鉴定人员5年内不得从事医疗损害鉴定业务或者撤销登记，对直接负责的主管人员和其他直接责任人员给予或者责令给予开除的处分；构成犯罪的，依法追究刑事责任	规定了医学会、司法鉴定机构出局虚假医疗损害鉴定意见的行政和刑事法律责任。本条规定的行为属于故意行为，不包括因水平、能力因素而导致的鉴定意见瑕疵或差错

续表

序号	原文	理解精要
第四十九条	尸检机构出具虚假尸检报告的，由县级以上人民政府卫生、司法行政部门依据职责没收违法所得，并处 5 万元以上 10 万元以下罚款，对该尸检机构和有关尸检专业技术人员责令暂停 3 个月以上 1 年以下尸检业务，对直接负责的主管人员和其他直接责任人员给予或者责令给予降低岗位等级或者撤职的处分；情节严重的，撤销该尸检机构和有关尸检专业技术人员的尸检资格，对直接负责的主管人员和其他直接责任人员给予或者责令给予开除的处分；构成犯罪的，依法追究刑事责任	尸体检验机构的入围条件目前有卫生健康行政机关进行遴选。部分属于司法鉴定机构，部分属于医疗机构或高等院校的内设病理检验机构
第五十条	医疗纠纷人民调解员有下列行为之一的，由医疗纠纷人民调解委员会给予批评教育、责令改正；情节严重的，依法予以解聘： (一)偏袒一方当事人； (二)侮辱当事人； (三)索取、收受财物或者牟取其他不正当利益； (四)泄露医患双方个人隐私等事项	明确了调解员的法律责任
第五十一条	新闻媒体编造、散布虚假医疗纠纷信息的，由有关主管部门依法给予处罚；给公民、法人或者其他组织的合法权益造成损害的，依法承担消除影响、恢复名誉、赔偿损失、赔礼道歉等民事责任	创设了媒体的法律责任
第五十二条	县级以上人民政府卫生主管部门和其他有关部门及其工作人员在医疗纠纷预防和处理工作中，不履行职责或者滥用职权、玩忽职守、徇私舞弊的，由上级人民政府卫生等有关部门或者监察机关责令改正；依法对直接负责的主管人员和其他直接责任人员给予处分；构成犯罪的，依法追究刑事责任	明确了卫生健康行政机关的法律责任

续表

序号	原文	理解精要
第五十三条	医患双方在医疗纠纷处理中,造成人身、财产或者其他损害的,依法承担民事责任;构成违反治安管理行为的,由公安机关依法给予治安管理处罚;构成犯罪的,依法追究刑事责任	规定了患者及其亲属、医疗机构及其工作人员在医疗纠纷处理中可能面临的民事、行政和刑事法律责任
第五章　附　则		
第五十四条	军队医疗机构的医疗纠纷预防和处理办法,由中央军委机关有关部门会同国务院卫生主管部门依据本条例制定	属于授权条款
第五十五条	对诊疗活动中医疗事故的行政调查处理,依照《医疗事故处理条例》的相关规定执行	明确了《医疗事故处理条例》仅适用于医疗事故的行政调查处理程序,不涉及民事赔偿、民事诉讼、民事调解。将来需要进一步研究刑法医疗事故罪有关的执行细则问题
第五十六条	本条例自 2018 年 10 月 1 日起施行	本规定颁布后有几个月时间学习、宣传的过渡期

附录一:《中华人民共和国民法总则》节选

（中华人民共和国主席令第66号）

《中华人民共和国民法总则》已由中华人民共和国第十二届全国人民代表大会第五次会议于2017年3月15日通过,现予公布,自2017年10月1日起施行。

中华人民共和国主席习近平

二〇一七年三月十五日

第八章　民 事 责 任

第一百七十六条　民事主体依照法律规定和当事人约定,履行民事义务,承担民事责任。

第一百七十七条　二人以上依法承担按份责任,能够确定责任大小的,各自承担相应的责任;难以确定责任大小的,平均承担责任。

第一百七十八条　二人以上依法承担连带责任的,权利人有权请求部分或者全部连带责任人承担责任。

连带责任人的责任份额根据各自责任大小确定;难以确定责任大小的,平均承担责任。实际承担责任超过自己责任份额的连带责任人,有权向其他连带责任人追偿。

连带责任,由法律规定或者当事人约定。

第一百七十九条　承担民事责任的方式主要有:

(一)停止侵害;

(二)排除妨碍;

(三)消除危险;

(四)返还财产;

(五)恢复原状;

(六)修理、重作、更换;

(七)继续履行;

(八)赔偿损失;

(九)支付违约金;

(十)消除影响、恢复名誉;

(十一)赔礼道歉。

法律规定惩罚性赔偿的,依照其规定。

本条规定的承担民事责任的方式,可以单独适用,也可以合并适用。

第一百八十条 因不可抗力不能履行民事义务的,不承担民事责任。法律另有规定的,依照其规定。

不可抗力是指不能预见、不能避免且不能克服的客观情况。

第一百八十二条 因紧急避险造成损害的,由引起险情发生的人承担民事责任。

危险由自然原因引起的,紧急避险人不承担民事责任,可以给予适当补偿。

紧急避险采取措施不当或者超过必要的限度,造成不应有的损害的,紧急避险人应当承担适当的民事责任。

第一百八十四条 因自愿实施紧急救助行为造成受助人损害的,救助人不承担民事责任。

第一百八十六条 因当事人一方的违约行为,损害对方人身权益、财产权益的,受损害方有权选择请求其承担违约责任或者侵权责任。

第一百八十七条 民事主体因同一行为应当承担民事责任、行政责任和刑事责任的,承担行政责任或者刑事责任不影响承担民事责任;民事主体的财产不足以支付的,优先用于承担民事责任。

附录二:《中华人民共和国侵权责任法》节选

（中华人民共和国主席令第二十一号）

《中华人民共和国侵权责任法》已由中华人民共和国第十一届全国人民代表大会常务委员会第十二次会议于2009年12月26日通过，现予公布，自2010年7月1日起施行。

中华人民共和国主席　胡锦涛

2009年12月26日

第七章　医疗损害责任

第五十四条　患者在诊疗活动中受到损害，医疗机构及其医务人员有过错的，由医疗机构承担赔偿责任。

第五十五条　医务人员在诊疗活动中应当向患者说明病情和医疗措施。需要实施手术、特殊检查、特殊治疗的，医务人员应当及时向患者说明医疗风险、替代医疗方案等情况，并取得其书面同意；不宜向患者说明的，应当向患者的近亲属说明，并取得其书面同意。

医务人员未尽到前款义务，造成患者损害的，医疗机构应当承担赔偿责任。

第五十六条　因抢救生命垂危的患者等紧急情况，不能取得患者或者其近亲属意见的，经医疗机构负责人或者授权的负责人批准，可以立即实施相应的医疗措施。

第五十七条　医务人员在诊疗活动中未尽到与当时的医疗水平相应的诊疗义务，造成患者损害的，医疗机构应当承担赔偿责任。

第五十八条　患者有损害，因下列情形之一的，推定医疗机构有过错：

（一）违反法律、行政法规、规章以及其他有关诊疗规范的规定；

（二）隐匿或者拒绝提供与纠纷有关的病历资料；

（三）伪造、篡改或者销毁病历资料。

第五十九条　因药品、消毒药剂、医疗器械的缺陷，或者输入不合格的血液造成患者损害的，患者可以向生产者或者血液提供机构请求赔偿，也可以向医疗机构请求赔偿。患者向医疗机构请求赔偿的，医疗机构赔偿后，有权向负有责任的生产者或者血液提供机构追偿。

第六十条 患者有损害,因下列情形之一的,医疗机构不承担赔偿责任:

(一)患者或者其近亲属不配合医疗机构进行符合诊疗规范的诊疗;

(二)医务人员在抢救生命垂危的患者等紧急情况下已经尽到合理诊疗义务;

(三)限于当时的医疗水平难以诊疗。

前款第一项情形中,医疗机构及其医务人员也有过错的,应当承担相应的赔偿责任。

第六十一条 医疗机构及其医务人员应当按照规定填写并妥善保管住院志、医嘱单、检验报告、手术及麻醉记录、病理资料、护理记录、医疗费用等病历资料。

患者要求查阅、复制前款规定的病历资料的,医疗机构应当提供。

第六十二条 医疗机构及其医务人员应当对患者的隐私保密。泄露患者隐私或者未经患者同意公开其病历资料,造成患者损害的,应当承担侵权责任。

第六十三条 医疗机构及其医务人员不得违反诊疗规范实施不必要的检查。

第六十四条 医疗机构及其医务人员的合法权益受法律保护。干扰医疗秩序,妨害医务人员工作、生活的,应当依法承担法律责任。

附录三:《中华人民共和国民事诉讼法》节选

(1991 年 4 月 9 日第七届全国人民代表大会第四次会议通过
根据 2007 年 10 月 28 日第十届全国人民代表大会常务委员会第三十次会议《关于修改〈中华人民共和国民事诉讼法〉的决定》第一次修正
根据 2012 年 8 月 31 日第十一届全国人民代表大会常务委员会第二十八次会议《关于修改〈中华人民共和国民事诉讼法〉的决定》第二次修正)

第一章　任务、适用范围和基本原则

第一条　中华人民共和国民事诉讼法以宪法为根据,结合我国民事审判工作的经验和实际情况制定。

第二条　中华人民共和国民事诉讼法的任务,是保护当事人行使诉讼权利,保证人民法院查明事实,分清是非,正确适用法律,及时审理民事案件,确认民事权利义务关系,制裁民事违法行为,保护当事人的合法权益,教育公民自觉遵守法律,维护社会秩序、经济秩序,保障社会主义建设事业顺利进行。

第三条　人民法院受理公民之间、法人之间、其他组织之间以及他们相互之间因财产关系和人身关系提起的民事诉讼,适用本法的规定。

第四条　凡在中华人民共和国领域内进行民事诉讼,必须遵守本法。

第五条　外国人、无国籍人、外国企业和组织在人民法院起诉、应诉,同中华人民共和国公民、法人和其他组织有同等的诉讼权利义务。

外国法院对中华人民共和国公民、法人和其他组织的民事诉讼权利加以限制的,中华人民共和国人民法院对该国公民、企业和组织的民事诉讼权利,实行对等原则。

第六条　民事案件的审判权由人民法院行使。

人民法院依照法律规定对民事案件独立进行审判,不受行政机关、社会团体和个人的干涉。

第七条　人民法院审理民事案件,必须以事实为根据,以法律为准绳。

第八条　民事诉讼当事人有平等的诉讼权利。人民法院审理民事案件,应当保障和便利当事人行使诉讼权利,对当事人在适用法律上一律平等。

第九条　人民法院审理民事案件,应当根据自愿和合法的原则进行调解;调解不成的,应当及时判决。

第十条 人民法院审理民事案件,依照法律规定实行合议、回避、公开审判和两审终审制度。

第十二条 人民法院审理民事案件时,当事人有权进行辩论。

第十三条 民事诉讼应当遵循诚实信用原则。

当事人有权在法律规定的范围内处分自己的民事权利和诉讼权利。

第十四条 人民检察院有权对民事诉讼实行法律监督。

第四章 回　　避

第四十四条 审判人员有下列情形之一的,应当自行回避,当事人有权用口头或者书面方式申请他们回避:

(一)是本案当事人或者当事人、诉讼代理人近亲属的;

(二)与本案有利害关系的;

(三)与本案当事人、诉讼代理人有其他关系,可能影响对案件公正审理的。

审判人员接受当事人、诉讼代理人请客送礼,或者违反规定会见当事人、诉讼代理人的,当事人有权要求他们回避。

审判人员有前款规定的行为的,应当依法追究法律责任。

前三款规定,适用于书记员、翻译人员、鉴定人、勘验人。

第四十五条 当事人提出回避申请,应当说明理由,在案件开始审理时提出;回避事由在案件开始审理后知道的,也可以在法庭辩论终结前提出。

被申请回避的人员在人民法院作出是否回避的决定前,应当暂停参与本案的工作,但案件需要采取紧急措施的除外。

第四十六条 院长担任审判长时的回避,由审判委员会决定;审判人员的回避,由院长决定;其他人员的回避,由审判长决定。

第四十七条 人民法院对当事人提出的回避申请,应当在申请提出的三日内,以口头或者书面形式作出决定。申请人对决定不服的,可以在接到决定时申请复议一次。复议期间,被申请回避的人员,不停止参与本案的工作。人民法院对复议申请,应当在三日内作出复议决定,并通知复议申请人。

第六章 证　　据

第六十三条 证据包括:

(一)当事人的陈述;

(二)书证;

（三）物证；

（四）视听资料；

（五）电子数据；

（六）证人证言；

（七）鉴定意见；

（八）勘验笔录。

证据必须查证属实，才能作为认定事实的根据。

第六十四条　当事人对自己提出的主张，有责任提供证据。

当事人及其诉讼代理人因客观原因不能自行收集的证据，或者人民法院认为审理案件需要的证据，人民法院应当调查收集。

人民法院应当按照法定程序，全面地、客观地审查核实证据。

第六十五条　当事人对自己提出的主张应当及时提供证据。

人民法院根据当事人的主张和案件审理情况，确定当事人应当提供的证据及其期限。当事人在该期限内提供证据确有困难的，可以向人民法院申请延长期限，人民法院根据当事人的申请适当延长。当事人逾期提供证据的，人民法院应当责令其说明理由；拒不说明理由或者理由不成立的，人民法院根据不同情形可以不予采纳该证据，或者采纳该证据但予以训诫、罚款。

第六十六条　人民法院收到当事人提交的证据材料，应当出具收据，写明证据名称、页数、份数、原件或者复印件以及收到时间等，并由经办人员签名或者盖章。

第六十七条　人民法院有权向有关单位和个人调查取证，有关单位和个人不得拒绝。

人民法院对有关单位和个人提出的证明文书，应当辨别真伪，审查确定其效力。

第六十八条　证据应当在法庭上出示，并由当事人互相质证。对涉及国家秘密、商业秘密和个人隐私的证据应当保密，需要在法庭出示的，不得在公开开庭时出示。

第六十九条　经过法定程序公证证明的法律事实和文书，人民法院应当作为认定事实的根据，但有相反证据足以推翻公证证明的除外。

第七十条　书证应当提交原件。物证应当提交原物。提交原件或者原物确有困难的，可以提交复制品、照片、副本、节录本。

提交外文书证，必须附有中文译本。

第七十一条　人民法院对视听资料，应当辨别真伪，并结合本案的其他证据，审查确定能否作为认定事实的根据。

第七十二条 凡是知道案件情况的单位和个人,都有义务出庭作证。有关单位的负责人应当支持证人作证。

不能正确表达意思的人,不能作证。

第七十三条 经人民法院通知,证人应当出庭作证。有下列情形之一的,经人民法院许可,可以通过书面证言、视听传输技术或者视听资料等方式作证:

(一)因健康原因不能出庭的;

(二)因路途遥远,交通不便不能出庭的;

(三)因自然灾害等不可抗力不能出庭的;

(四)其他有正当理由不能出庭的。

第七十四条 证人因履行出庭作证义务而支出的交通、住宿、就餐等必要费用以及误工损失,由败诉一方当事人负担。当事人申请证人作证的,由该当事人先行垫付;当事人没有申请,人民法院通知证人作证的,由人民法院先行垫付。

第七十五条 人民法院对当事人的陈述,应当结合本案的其他证据,审查确定能否作为认定事实的根据。

当事人拒绝陈述的,不影响人民法院根据证据认定案件事实。

第七十六条 当事人可以就查明事实的专门性问题向人民法院申请鉴定。当事人申请鉴定的,由双方当事人协商确定具备资格的鉴定人;协商不成的,由人民法院指定。

当事人未申请鉴定,人民法院对专门性问题认为需要鉴定的,应当委托具备资格的鉴定人进行鉴定。

第七十七条 鉴定人有权了解进行鉴定所需要的案件材料,必要时可以询问当事人、证人。

鉴定人应当提出书面鉴定意见,在鉴定书上签名或者盖章。

第七十八条 当事人对鉴定意见有异议或者人民法院认为鉴定人有必要出庭的,鉴定人应当出庭作证。经人民法院通知,鉴定人拒不出庭作证的,鉴定意见不得作为认定事实的根据;支付鉴定费用的当事人可以要求返还鉴定费用。

第七十九条 当事人可以申请人民法院通知有专门知识的人出庭,就鉴定人作出的鉴定意见或者专业问题提出意见。

第八十条 勘验物证或者现场,勘验人必须出示人民法院的证件,并邀请当地基层组织或者当事人所在单位派人参加。当事人或者当事人的成年家属应当到场,拒不到场的,不影响勘验的进行。

有关单位和个人根据人民法院的通知,有义务保护现场,协助勘验工作。

勘验人应当将勘验情况和结果制作笔录,由勘验人、当事人和被邀参加人签名或者盖章。

第八十一条　在证据可能灭失或者以后难以取得的情况下,当事人可以在诉讼过程中向人民法院申请保全证据,人民法院也可以主动采取保全措施。

因情况紧急,在证据可能灭失或者以后难以取得的情况下,利害关系人可以在提起诉讼或者申请仲裁前向证据所在地、被申请人住所地或者对案件有管辖权的人民法院申请保全证据。

证据保全的其他程序,参照适用本法第九章保全的有关规定。

第十章　对妨害民事诉讼的强制措施

第一百零九条　人民法院对必须到庭的被告,经两次传票传唤,无正当理由拒不到庭的,可以拘传。

第一百一十条　诉讼参与人和其他人应当遵守法庭规则。

人民法院对违反法庭规则的人,可以予以训诫,责令退出法庭或者予以罚款、拘留。

人民法院对哄闹、冲击法庭,侮辱、诽谤、威胁、殴打审判人员,严重扰乱法庭秩序的人,依法追究刑事责任;情节较轻的,予以罚款、拘留。

第一百一十一条　诉讼参与人或者其他人有下列行为之一的,人民法院可以根据情节轻重予以罚款、拘留;构成犯罪的,依法追究刑事责任:

(一)伪造、毁灭重要证据,妨碍人民法院审理案件的;

(二)以暴力、威胁、贿买方法阻止证人作证或者指使、贿买、胁迫他人作伪证的;

(三)隐藏、转移、变卖、毁损已被查封、扣押的财产,或者已被清点并责令其保管的财产,转移已被冻结的财产的;

(四)对司法工作人员、诉讼参加人、证人、翻译人员、鉴定人、勘验人、协助执行的人,进行侮辱、诽谤、诬陷、殴打或者打击报复的;

(五)以暴力、威胁或者其他方法阻碍司法工作人员执行职务的;

(六)拒不履行人民法院已经发生法律效力的判决、裁定的。

人民法院对有前款规定的行为之一的单位,可以对其主要负责人或者直接责任人员予以罚款、拘留;构成犯罪的,依法追究刑事责任。

第一百一十二条　当事人之间恶意串通,企图通过诉讼、调解等方式侵害他人合法权益的,人民法院应当驳回其请求,并根据情节轻重予以罚款、拘留;构成犯罪的,依法追究刑事责任。

第一百一十三条 被执行人与他人恶意串通,通过诉讼、仲裁、调解等方式逃避履行法律文书确定的义务的,人民法院应当根据情节轻重予以罚款、拘留;构成犯罪的,依法追究刑事责任。

第一百一十四条 有义务协助调查、执行的单位有下列行为之一的,人民法院除责令其履行协助义务外,并可以予以罚款:

(一)有关单位拒绝或者妨碍人民法院调查取证的;

(二)有关单位接到人民法院协助执行通知书后,拒不协助查询、扣押、冻结、划拨、变价财产的;

(三)有关单位接到人民法院协助执行通知书后,拒不协助扣留被执行人的收入、办理有关财产权证照转移手续、转交有关票证、证照或者其他财产的;

(四)其他拒绝协助执行的。

人民法院对有前款规定的行为之一的单位,可以对其主要负责人或者直接责任人员予以罚款;对仍不履行协助义务的,可以予以拘留;并可以向监察机关或者有关机关提出予以纪律处分的司法建议。

第一百一十五条 对个人的罚款金额,为人民币十万元以下。对单位的罚款金额,为人民币五万元以上一百万元以下。

拘留的期限,为十五日以下。

被拘留的人,由人民法院交公安机关看管。在拘留期间,被拘留人承认并改正错误的,人民法院可以决定提前解除拘留。

第一百一十七条 采取对妨害民事诉讼的强制措施必须由人民法院决定。任何单位和个人采取非法拘禁他人或者非法私自扣押他人财产追索债务的,应当依法追究刑事责任,或者予以拘留、罚款。

第十一章 诉讼费用

第一百一十八条 当事人进行民事诉讼,应当按照规定交纳案件受理费。财产案件除交纳案件受理费外,并按照规定交纳其他诉讼费用。

当事人交纳诉讼费用确有困难的,可以按照规定向人民法院申请缓交、减交或者免交。

收取诉讼费用的办法另行制定。

附录四:最高人民法院关于审理人身损害赔偿案件适用法律若干问题的解释

(2003 年 12 月 4 日最高人民法院审判委员会第 1299 次会议通过)

为正确审理人身损害赔偿案件,依法保护当事人的合法权益,根据《中华人民共和国民法通则》(以下简称民法通则)、《中华人民共和国民事诉讼法》(以下简称民事诉讼法)等有关法律规定,结合审判实践,就有关适用法律的问题作如下解释:

第一条 因生命、健康、身体遭受侵害,赔偿权利人起诉请求赔偿义务人赔偿财产损失和精神损害的,人民法院应予受理。

本条所称"赔偿权利人",是指因侵权行为或者其他致害原因直接遭受人身损害的受害人、依法由受害人承担扶养义务的被扶养人以及死亡受害人的近亲属。

本条所称"赔偿义务人",是指因自己或者他人的侵权行为以及其他致害原因依法应当承担民事责任的自然人、法人或者其他组织。

第二条 受害人对同一损害的发生或者扩大有故意、过失的,依照民法通则第一百三十一条的规定,可以减轻或者免除赔偿义务人的赔偿责任。但侵权人因故意或者重大过失致人损害,受害人只有一般过失的,不减轻赔偿义务人的赔偿责任。

适用民法通则第一百零六条第三款规定确定赔偿义务人的赔偿责任时,受害人有重大过失的,可以减轻赔偿义务人的赔偿责任。

第三条 二人以上共同故意或者共同过失致人损害,或者虽无共同故意、共同过失,但其侵害行为直接结合发生同一损害后果的,构成共同侵权,应当依照民法通则第一百三十条规定承担连带责任。

二人以上没有共同故意或者共同过失,但其分别实施的数个行为间接结合发生同一损害后果的,应当根据过失大小或者原因力比例各自承担相应的赔偿责任。

第四条 二人以上共同实施危及他人人身安全的行为并造成损害后果,不能确定实际侵害行为人的,应当依照民法通则第一百三十条规定承担连带责任。共同危险行为人能够证明损害后果不是由其行为造成的,不承担赔偿责任。

第五条 赔偿权利人起诉部分共同侵权人的,人民法院应当追加其他共同侵权人作为共同被告。赔偿权利人在诉讼中放弃对部分共同侵权人的诉讼请求的,其他共同侵权人对被放弃诉讼请求的被告应当承担的赔偿份额不承担连带责任。责任范围难以确定的,推定各共同侵权人承担同等责任。

人民法院应当将放弃诉讼请求的法律后果告知赔偿权利人,并将放弃诉讼请求的情况在法律文书中叙明。

第六条 从事住宿、餐饮、娱乐等经营活动或者其他社会活动的自然人、法人、其他组织,未尽合理限度范围内的安全保障义务致使他人遭受人身损害,赔偿权利人请求其承担相应赔偿责任的,人民法院应予支持。

因第三人侵权导致损害结果发生的,由实施侵权行为的第三人承担赔偿责任。安全保障义务人有过错的,应当在其能够防止或者制止损害的范围内承担相应的补充赔偿责任。安全保障义务人承担责任后,可以向第三人追偿。赔偿权利人起诉安全保障义务人的,应当将第三人作为共同被告,但第三人不能确定的除外。

第七条 对未成年人依法负有教育、管理、保护义务的学校、幼儿园或者其他教育机构,未尽职责范围内的相关义务致使未成年人遭受人身损害,或者未成年人致他人人身损害的,应当承担与其过错相应的赔偿责任。

第三人侵权致未成年人遭受人身损害的,应当承担赔偿责任。学校、幼儿园等教育机构有过错的,应当承担相应的补充赔偿责任。

第八条 法人或者其他组织的法定代表人、负责人以及工作人员,在执行职务中致人损害的,依照民法通则第一百二十一条的规定,由该法人或者其他组织承担民事责任。上述人员实施与职务无关的行为致人损害的,应当由行为人承担赔偿责任。

属于《国家赔偿法》赔偿事由的,依照《国家赔偿法》的规定处理。

第九条 雇员在从事雇佣活动中致人损害的,雇主应当承担赔偿责任;雇员因故意或者重大过失致人损害的,应当与雇主承担连带赔偿责任。雇主承担连带赔偿责任的,可以向雇员追偿。

前款所称"从事雇佣活动",是指从事雇主授权或者指示范围内的生产经营活动或者其他劳务活动。雇员的行为超出授权范围,但其表现形式是履行职务或者与履行职务有内在联系的,应当认定为"从事雇佣活动"。

第十条 承揽人在完成工作过程中对第三人造成损害或者造成自身损害的,定作人不承担赔偿责任。但定作人对定作、指示或者选任有过失的,应当承担相应的赔偿责任。

第十一条 雇员在从事雇佣活动中遭受人身损害,雇主应当承担赔偿责任。雇佣关系以外的第三人造成雇员人身损害的,赔偿权利人可以请求第三人承担赔偿责任,也可以请求雇主承担赔偿责任。雇主承担赔偿责任后,可以向第三人追偿。

雇员在从事雇佣活动中因安全生产事故遭受人身损害,发包人、分包人知道或者应当知道接受发包或者分包业务的雇主没有相应资质或者安全生产条件的,应当与雇主承担连带赔偿责任。

属于《工伤保险条例》调整的劳动关系和工伤保险范围的,不适用本条规定。

第十二条 依法应当参加工伤保险统筹的用人单位的劳动者,因工伤事故遭受人身损害,劳动者或者其近亲属向人民法院起诉请求用人单位承担民事赔偿责任的,告知其按《工伤保险条例》的规定处理。

因用人单位以外的第三人侵权造成劳动者人身损害,赔偿权利人请求第三人承担民事赔偿责任的,人民法院应予支持。

第十三条 为他人无偿提供劳务的帮工人,在从事帮工活动中致人损害的,被帮工人应当承担赔偿责任。被帮工人明确拒绝帮工的,不承担赔偿责任。帮工人存在故意或者重大过失,赔偿权利人请求帮工人和被帮工人承担连带责任的,人民法院应予支持。

第十四条 帮工人因帮工活动遭受人身损害的,被帮工人应当承担赔偿责任。被帮工人明确拒绝帮工的,不承担赔偿责任;但可以在受益范围内予以适当补偿。

帮工人因第三人侵权遭受人身损害的,由第三人承担赔偿责任。第三人不能确定或者没有赔偿能力的,可以由被帮工人予以适当补偿。

第十五条 为维护国家、集体或者他人的合法权益而使自己受到人身损害,因没有侵权人、不能确定侵权人或者侵权人没有赔偿能力,赔偿权利人请求受益人在受益范围内予以适当补偿的,人民法院应予支持。

第十六条 下列情形,适用民法通则第一百二十六条的规定,由所有人或者管理人承担赔偿责任,但能够证明自己没有过错的除外:

(一)道路、桥梁、隧道等人工建造的构筑物因维护、管理瑕疵致人损害的;

(二)堆放物品滚落、滑落或者堆放物倒塌致人损害的;

(三)树木倾倒、折断或者果实坠落致人损害的。

前款第(一)项情形,因设计、施工缺陷造成损害的,由所有人、管理人与设计、施工者承担连带责任。

第十七条 受害人遭受人身损害,因就医治疗支出的各项费用以及因误工减少的收入,包括医疗费、误工费、护理费、交通费、住宿费、住院伙食补助费、必要的营养费,赔偿义务人应当予以赔偿。

受害人因伤致残的,其因增加生活上需要所支出的必要费用以及因丧失劳动能力导致的收入损失,包括残疾赔偿金、残疾辅助器具费、被扶养人生活费,以及因康复护理、继续治疗实际发生的必要的康复费、护理费、后续治疗费,赔偿义务人也应当予以赔偿。

受害人死亡的,赔偿义务人除应当根据抢救治疗情况赔偿本条第一款规定的相关费用外,还应当赔偿丧葬费、被扶养人生活费、死亡补偿费以及受害人亲属办理丧葬事宜支出的交通费、住宿费和误工损失等其他合理费用。

第十八条 受害人或者死者近亲属遭受精神损害,赔偿权利人向人民法院请求赔偿精神损害抚慰金的,适用《最高人民法院关于确定民事侵权精神损害赔偿责任若干问题的解释》予以确定。

精神损害抚慰金的请求权,不得让与或者继承。但赔偿义务人已经以书面方式承诺给予金钱赔偿,或者赔偿权利人已经向人民法院起诉的除外。

第十九条 医疗费根据医疗机构出具的医药费、住院费等收款凭证,结合病历和诊断证明等相关证据确定。赔偿义务人对治疗的必要性和合理性有异议的,应当承担相应的举证责任。

医疗费的赔偿数额,按照一审法庭辩论终结前实际发生的数额确定。器官功能恢复训练所必要的康复费、适当的整容费以及其他后续治疗费,赔偿权利人可以待实际发生后另行起诉。但根据医疗证明或者鉴定结论确定必然发生的费用,可以与已经发生的医疗费一并予以赔偿。

第二十条 误工费根据受害人的误工时间和收入状况确定。

误工时间根据受害人接受治疗的医疗机构出具的证明确定。受害人因伤致残持续误工的,误工时间可以计算至定残日前一天。

受害人有固定收入的,误工费按照实际减少的收入计算。受害人无固定收入的,按照其最近三年的平均收入计算;受害人不能举证证明其最近三年的平均收入状况的,可以参照受诉法院所在地相同或者相近行业上一年度职工的平均工资计算。

第二十一条 护理费根据护理人员的收入状况和护理人数、护理期限确定。

护理人员有收入的,参照误工费的规定计算;护理人员没有收入或者雇佣护工的,参照当地护工从事同等级别护理的劳务报酬标准计算。护理人员原则上为一人,但医疗机构或者鉴定机构有明确意见的,可以参照确定护理人员人数。

护理期限应计算至受害人恢复生活自理能力时止。受害人因残疾不能恢复生活自理能力的，可以根据其年龄、健康状况等因素确定合理的护理期限，但最长不超过二十年。

受害人定残后的护理，应当根据其护理依赖程度并结合配制残疾辅助器具的情况确定护理级别。

第二十二条 交通费根据受害人及其必要的陪护人员因就医或者转院治疗实际发生的费用计算。交通费应当以正式票据为凭；有关凭据应当与就医地点、时间、人数、次数相符合。

第二十三条 住院伙食补助费可以参照当地国家机关一般工作人员的出差伙食补助标准予以确定。

受害人确有必要到外地治疗，因客观原因不能住院，受害人本人及其陪护人员实际发生的住宿费和伙食费，其合理部分应予赔偿。

第二十四条 营养费根据受害人伤残情况参照医疗机构的意见确定。

第二十五条 残疾赔偿金根据受害人丧失劳动能力程度或者伤残等级，按照受诉法院所在地上一年度城镇居民人均可支配收入或者农村居民人均纯收入标准，自定残之日起按二十年计算。但六十周岁以上的，年龄每增加一岁减少一年；七十五周岁以上的，按五年计算。

受害人因伤致残但实际收入没有减少，或者伤残等级较轻但造成职业妨害严重影响其劳动就业的，可以对残疾赔偿金作相应调整。

第二十六条 残疾辅助器具费按照普通适用器具的合理费用标准计算。伤情有特殊需要的，可以参照辅助器具配制机构的意见确定相应的合理费用标准。

辅助器具的更换周期和赔偿期限参照配制机构的意见确定。

第二十七条 丧葬费按照受诉法院所在地上一年度职工月平均工资标准，以六个月总额计算。

第二十八条 被扶养人生活费根据扶养人丧失劳动能力程度，按照受诉法院所在地上一年度城镇居民人均消费性支出和农村居民人均年生活消费支出标准计算。被扶养人为未成年人的，计算至十八周岁；被扶养人无劳动能力又无其他生活来源的，计算二十年。但六十周岁以上的，年龄每增加一岁减少一年；七十五周岁以上的，按五年计算。

被扶养人是指受害人依法应当承担扶养义务的未成年人或者丧失劳动能力又无其他生活来源的成年近亲属。被扶养人还有其他扶养人的，赔偿义务人只赔偿受害人依法应当负担的部分。被扶养人有数人的，年赔偿总额累计不超过上一年度城镇居民人均消费性支出额或者农村居民人均年生活消费支出额。

第二十九条 死亡赔偿金按照受诉法院所在地上一年度城镇居民人均可支

配收入或者农村居民人均纯收入标准，按二十年计算。但六十周岁以上的，年龄每增加一岁减少一年；七十五周岁以上的，按五年计算。

第三十条 赔偿权利人举证证明其住所地或者经常居住地城镇居民人均可支配收入或者农村居民人均纯收入高于受诉法院所在地标准的，残疾赔偿金或者死亡赔偿金可以按照其住所地或者经常居住地的相关标准计算。

被扶养人生活费的相关计算标准，依照前款原则确定。

第三十一条 人民法院应当按照民法通则第一百三十一条以及本解释第二条的规定，确定第十九条至第二十九条各项财产损失的实际赔偿金额。

前款确定的物质损害赔偿金与按照第十八条第一款规定确定的精神损害抚慰金，原则上应当一次性给付。

第三十二条 超过确定的护理期限、辅助器具费给付年限或者残疾赔偿金给付年限，赔偿权利人向人民法院起诉请求继续给付护理费、辅助器具费或者残疾赔偿金的，人民法院应予受理。赔偿权利人确需继续护理、配制辅助器具，或者没有劳动能力和生活来源的，人民法院应当判令赔偿义务人继续给付相关费用五至十年。

第三十三条 赔偿义务人请求以定期金方式给付残疾赔偿金、被扶养人生活费、残疾辅助器具费的，应当提供相应的担保。人民法院可以根据赔偿义务人的给付能力和提供担保的情况，确定以定期金方式给付相关费用。但一审法庭辩论终结前已经发生的费用、死亡赔偿金以及精神损害抚慰金，应当一次性给付。

第三十四条 人民法院应当在法律文书中明确定期金的给付时间、方式以及每期给付标准。执行期间有关统计数据发生变化的，给付金额应当适时进行相应调整。

定期金按照赔偿权利人的实际生存年限给付，不受本解释有关赔偿期限的限制。

第三十五条 本解释所称"城镇居民人均可支配收入"、"农村居民人均纯收入"、"城镇居民人均消费性支出"、"农村居民人均年生活消费支出"、"职工平均工资"，按照政府统计部门公布的各省、自治区、直辖市以及经济特区和计划单列市上一年度相关统计数据确定。

"上一年度"，是指一审法庭辩论终结时的上一统计年度。

第三十六条 本解释自2004年5月1日起施行。2004年5月1日后新受理的一审人身损害赔偿案件，适用本解释的规定。已经作出生效裁判的人身损害赔偿案件依法再审的，不适用本解释的规定。

在本解释公布施行之前已经生效施行的司法解释，其内容与本解释不一致的，以本解释为准。

附录五：最高人民法院关于民事诉讼证据的若干规定

（2001年12月6日最高人民法院审判委员会第1201次会议通过
法释〔2001〕33号）

为保证人民法院正确认定案件事实，公正、及时审理民事案件，保障和便利当事人依法行使诉讼权利，根据《中华人民共和国民事诉讼法》（以下简称《民事诉讼法》）等有关法律的规定，结合民事审判经验和实际情况，制定本规定。

一、当事人举证

第一条　原告向人民法院起诉或者被告提出反诉，应当附有符合起诉条件的相应的证据材料。

第二条　当事人对自己提出的诉讼请求所依据的事实或者反驳对方诉讼请求所依据的事实有责任提供证据加以证明。

没有证据或者证据不足以证明当事人的事实主张的，由负有举证责任的当事人承担不利后果。

第三条　人民法院应当向当事人说明举证的要求及法律后果，促使当事人在合理期限内积极、全面、正确、诚实地完成举证。

当事人因客观原因不能自行收集的证据，可申请人民法院调查收集。

第四条　下列侵权诉讼，按照以下规定承担举证责任：

（一）因新产品制造方法发明专利引起的专利侵权诉讼，由制造同样产品的单位或者个人对其产品制造方法不同于专利方法承担举证责任；

（二）高度危险作业致人损害的侵权诉讼，由加害人就受害人故意造成损害的事实承担举证责任；

（三）因环境污染引起的损害赔偿诉讼，由加害人就法律规定的免责事由及其行为与损害结果之间不存在因果关系承担举证责任；

（四）建筑物或者其他设施以及建筑物上的搁置物、悬挂物发生倒塌、脱落、坠落致人损害的侵权诉讼，由所有人或者管理人对其无过错承担举证责任；

（五）饲养动物致人损害的侵权诉讼，由动物饲养人或者管理人就受害人有过错或者第三人有过错承担举证责任；

（六）因缺陷产品致人损害的侵权诉讼，由产品的生产者就法律规定的免责事由承担举证责任；

（七）因共同危险行为致人损害的侵权诉讼，由实施危险行为的人就其行为与损害结果之间不存在因果关系承担举证责任；

（八）因医疗行为引起的侵权诉讼，由医疗机构就医疗行为与损害结果之间不存在因果关系及不存在医疗过错承担举证责任。

有关法律对侵权诉讼的举证责任有特殊规定的，从其规定。

第五条　在合同纠纷案件中，主张合同关系成立并生效的一方当事人对合同订立和生效的事实承担举证责任；主张合同关系变更、解除、终止、撤销的一方当事人对引起合同关系变动的事实承担举证责任。

对合同是否履行发生争议的，由负有履行义务的当事人承担举证责任。

对代理权发生争议的，由主张有代理权一方当事人承担举证责任。

第六条　在劳动争议纠纷案件中，因用人单位作出开除、除名、辞退、解除劳动合同、减少劳动报酬、计算劳动者工作年限等决定而发生劳动争议的，由用人单位负举证责任。

第七条　在法律没有具体规定，依本规定及其他司法解释无法确定举证责任承担时，人民法院可以根据公平原则和诚实信用原则，综合当事人举证能力等因素确定举证责任的承担。

第八条　诉讼过程中，一方当事人对另一方当事人陈述的案件事实明确表示承认的，另一方当事人无需举证。但涉及身份关系的案件除外。

对一方当事人陈述的事实，另一方当事人既未表示承认也未否认，经审判人员充分说明并询问后，其仍不明确表示肯定或者否定的，视为对该项事实的承认。

当事人委托代理人参加诉讼的，代理人的承认视为当事人的承认。但未经特别授权的代理人对事实的承认直接导致承认对方诉讼请求的除外；当事人在场但对其代理人的承认不作否认表示的，视为当事人的承认。

当事人在法庭辩论终结前撤回承认并经对方当事人同意，或者有充分证据证明其承认行为是在受胁迫或者重大误解情况下作出且与事实不符的，不能免除对方当事人的举证责任。

第九条　下列事实，当事人无需举证证明：

（一）众所周知的事实；

（二）自然规律及定理；

（三）根据法律规定或者已知事实和日常生活经验法则，能推定出的另一事实；

(四)已为人民法院发生法律效力的裁判所确认的事实;

(五)已为仲裁机构的生效裁决所确认的事实;

(六)已为有效公证文书所证明的事实。

前款(一)、(三)、(四)、(五)、(六)项,当事人有相反证据足以推翻的除外。

第十条 当事人向人民法院提供证据,应当提供原件或者原物。如需自己保存证据原件、原物或者提供原件、原物确有困难的,可以提供经人民法院核对无异的复制件或者复制品。

第十一条 当事人向人民法院提供的证据系在中华人民共和国领域外形成的,该证据应当经所在国公证机关予以证明,并经中华人民共和国驻该国使领馆予以认证,或者履行中华人民共和国与该所在国订立的有关条约中规定的证明手续。

当事人向人民法院提供的证据是在香港、澳门、台湾地区形成的,应当履行相关的证明手续。

第十二条 当事人向人民法院提供外文书证或者外文说明资料,应当附有中文译本。

第十三条 对双方当事人无争议但涉及国家利益、社会公共利益或者他人合法权益的事实,人民法院可以责令当事人提供有关证据。

第十四条 当事人应当对其提交的证据材料逐一分类编号,对证据材料的来源、证明对象和内容作简要说明,签名盖章,注明提交日期,并依照对方当事人人数提出副本。

人民法院收到当事人提交的证据材料,应当出具收据,注明证据的名称、份数和页数以及收到的时间,由经办人员签名或者盖章。

二、人民法院调查收集证据

第十五条 《民事诉讼法》第六十四条规定的“人民法院认为审理案件需要的证据”,是指以下情形:

(一)涉及可能有损国家利益、社会公共利益或者他人合法权益的事实;

(二)涉及依职权追加当事人、中止诉讼、终结诉讼、回避等与实体争议无关的程序事项。

第十六条 除本规定第十五条规定的情形外,人民法院调查收集证据,应当依当事人的申请进行。

第十七条 符合下列条件之一的,当事人及其诉讼代理人可以申请人民法院调查收集证据:

（一）申请调查收集的证据属于国家有关部门保存并须人民法院依职权调取的档案材料；

（二）涉及国家秘密、商业秘密、个人隐私的材料；

（三）当事人及其诉讼代理人确因客观原因不能自行收集的其他材料。

第十八条 当事人及其诉讼代理人申请人民法院调查收集证据，应当提交书面申请。申请书应当载明被调查人的姓名或者单位名称、住所地等基本情况、所要调查收集的证据的内容、需要由人民法院调查收集证据的原因及其要证明的事实。

第十九条 当事人及其诉讼代理人申请人民法院调查收集证据，不得迟于举证期限届满前七日。

人民法院对当事人及其诉讼代理人的申请不予准许的，应当向当事人或其诉讼代理人送达通知书。当事人及其诉讼代理人可以在收到通知书的次日起三日内向受理申请的人民法院书面申请复议一次。人民法院应当在收到复议申请之日起五日内作出答复。

第二十条 调查人员调查收集的书证，可以是原件，也可以是经核对无误的副本或者复制件。是副本或者复制件的，应当在调查笔录中说明来源和取证情况。

第二十一条 调查人员调查收集的物证应当是原物。被调查人提供原物确有困难的，可以提供复制品或者照片。提供复制品或者照片的，应当在调查笔录中说明取证情况。

第二十二条 调查人员调查收集计算机数据或者录音、录像等视听资料的，应当要求被调查人提供有关资料的原始载体。提供原始载体确有困难的，可以提供复制件。提供复制件的，调查人员应当在调查笔录中说明其来源和制作经过。

第二十三条 当事人依据《民事诉讼法》第七十四条的规定向人民法院申请保全证据，不得迟于举证期限届满前七日。

当事人申请保全证据的，人民法院可以要求其提供相应的担保。

法律、司法解释规定诉前保全证据的，依照其规定办理。

第二十四条 人民法院进行证据保全，可以根据具体情况，采取查封、扣押、拍照、录音、录像、复制、鉴定、勘验、制作笔录等方法。

人民法院进行证据保全，可以要求当事人或者诉讼代理人到场。

第二十五条 当事人申请鉴定，应当在举证期限内提出。符合本规定第二十七条规定的情形，当事人申请重新鉴定的除外。

对需要鉴定的事项负有举证责任的当事人,在人民法院指定的期限内无正当理由不提出鉴定申请或者不预交鉴定费用或者拒不提供相关材料,致使对案件争议的事实无法通过鉴定结论予以认定的,应当对该事实承担举证不能的法律后果。

第二十六条 当事人申请鉴定经人民法院同意后，由双方当事人协商确定有鉴定资格的鉴定机构、鉴定人员，协商不成的，由人民法院指定。

第二十七条 当事人对人民法院委托的鉴定部门作出的鉴定结论有异议申请重新鉴定,提出证据证明存在下列情形之一的,人民法院应予准许:

(一)鉴定机构或者鉴定人员不具备相关的鉴定资格的;

(二)鉴定程序严重违法的;

(三)鉴定结论明显依据不足的;

(四)经过质证认定不能作为证据使用的其他情形。

对有缺陷的鉴定结论,可以通过补充鉴定、重新质证或者补充质证等方法解决的,不予重新鉴定。

第二十八条 一方当事人自行委托有关部门作出的鉴定结论,另一方当事人有证据足以反驳并申请重新鉴定的,人民法院应予准许。

第二十九条 审判人员对鉴定人出具的鉴定书,应当审查是否具有下列内容:

(一)委托人姓名或者名称、委托鉴定的内容;

(二)委托鉴定的材料;

(三)鉴定的依据及使用的科学技术手段;

(四)对鉴定过程的说明;

(五)明确的鉴定结论;

(六)对鉴定人鉴定资格的说明;

(七)鉴定人员及鉴定机构签名盖章。

第三十条 人民法院勘验物证或者现场,应当制作笔录，记录勘验的时间、地点、勘验人、在场人、勘验的经过、结果，由勘验人、在场人签名或者盖章。对于绘制的现场图应当注明绘制的时间、方位、测绘人姓名、身份等内容。

第三十一条 摘录有关单位制作的与案件事实相关的文件、材料，应当注明出处，并加盖制作单位或者保管单位的印章，摘录人和其他调查人员应当在摘录件上签名或者盖章。

摘录文件、材料应当保持内容相应的完整性,不得断章取义。

三、举证时限与证据交换

第三十二条 被告应当在答辩期届满前提出书面答辩,阐明其对原告诉讼请求及所依据的事实和理由的意见。

第三十三条 人民法院应当在送达案件受理通知书和应诉通知书的同时向当事人送达举证通知书。举证通知书应当载明举证责任的分配原则与要求、可以向人民法院申请调查取证的情形、人民法院根据案件情况指定的举证期限以及逾期提供证据的法律后果。

举证期限可以由当事人协商一致,并经人民法院认可。

由人民法院指定举证期限的,指定的期限不得少于三十日,自当事人收到案件受理通知书和应诉通知书的次日起计算。

第三十四条 当事人应当在举证期限内向人民法院提交证据材料,当事人在举证期限内不提交的,视为放弃举证权利。

对于当事人逾期提交的证据材料,人民法院审理时不组织质证。但对方当事人同意质证的除外。

当事人增加、变更诉讼请求或者提起反诉的,应当在举证期限届满前提出。

第三十五条 诉讼过程中,当事人主张的法律关系的性质或者民事行为的效力与人民法院根据案件事实作出的认定不一致的,不受本规定第三十四条规定的限制,人民法院应当告知当事人可以变更诉讼请求。

当事人变更诉讼请求的,人民法院应当重新指定举证期限。

第三十六条 当事人在举证期限内提交证据材料确有困难的,应当在举证期限内向人民法院申请延期举证,经人民法院准许, 可以适当延长举证期限。当事人在延长的举证期限内提交证据材料仍有困难的, 可以再次提出延期申请, 是否准许由人民法院决定。

第三十七条 经当事人申请,人民法院可以组织当事人在开庭审理前交换证据。

人民法院对于证据较多或者复杂疑难的案件,应当组织当事人在答辩期届满后、开庭审理前交换证据。

第三十八条 交换证据的时间可以由当事人协商一致并经人民法院认可,也可以由人民法院指定。

人民法院组织当事人交换证据的,交换证据之日举证期限届满。当事人申请延期举证经人民法院准许的,证据交换日相应顺延。

第三十九条 证据交换应当在审判人员的主持下进行。

在证据交换的过程中，审判人员对当事人无异议的事实、证据应当记录在卷；对有异议的证据，按照需要证明的事实分类记录在卷，并记载异议的理由。通过证据交换，确定双方当事人争议的主要问题。

第四十条　当事人收到对方交换的证据后提出反驳并提出新证据的，人民法院应当通知当事人在指定的时间进行交换。

证据交换一般不超过两次。但重大、疑难和案情特别复杂的案件，人民法院认为确有必要再次进行证据交换的除外。

第四十一条　《民事诉讼法》第一百二十五条第一款规定的"新的证据"，是指以下情形：

（一）一审程序中的新的证据包括：当事人在一审举证期限届满后新发现的证据；当事人确因客观原因无法在举证期限内提供，经人民法院准许，在延长的期限内仍无法提供的证据。

（二）二审程序中的新的证据包括：一审庭审结束后新发现的证据；当事人在一审举证期限届满前申请人民法院调查取证未获准许，二审法院经审查认为应当准许并依当事人申请调取的证据。

第四十二条　当事人在一审程序中提供新的证据的，应当在一审开庭前或者开庭审理时提出。

当事人在二审程序中提供新的证据的，应当在二审开庭前或者开庭审理时提出；二审不需要开庭审理的，应当在人民法院指定的期限内提出。

第四十三条　当事人举证期限届满后提供的证据不是新的证据的，人民法院不予采纳。

当事人经人民法院准许延期举证，但因客观原因未能在准许的期限内提供，且不审理该证据可能导致裁判明显不公的，其提供的证据可视为新的证据。

第四十四条　《民事诉讼法》第一百七十九条第一款第（一）项规定的"新的证据"，是指原审庭审结束后新发现的证据。

当事人在再审程序中提供新的证据的，应当在申请再审时提出。

第四十五条　一方当事人提出新的证据的，人民法院应当通知对方当事人在合理期限内提出意见或者举证。

第四十六条　由于当事人的原因未能在指定期限内举证，致使案件在二审或者再审期间因提出新的证据被人民法院发回重审或者改判的，原审裁判不属于错误裁判案件。一方当事人请求提出新的证据的另一方当事人负担由此增加的差旅、误工、证人出庭作证、诉讼等合理费用以及由此扩大的直接损失，人民法院应予支持。

四、质　　证

第四十七条　证据应当在法庭上出示,由当事人质证。未经质证的证据,不能作为认定案件事实的依据。

当事人在证据交换过程中认可并记录在卷的证据，经审判人员在庭审中说明后，可以作为认定案件事实的依据。

第四十八条　涉及国家秘密、商业秘密和个人隐私或者法律规定的其他应当保密的证据,不得在开庭时公开质证。

第四十九条　对书证、物证、视听资料进行质证时,当事人有权要求出示证据的原件或者原物。但有下列情况之一的除外:

(一)出示原件或者原物确有困难并经人民法院准许出示复制件或者复制品的;

(二)原件或者原物已不存在,但有证据证明复制件、复制品与原件或原物一致的。

第五十条　质证时,当事人应当围绕证据的真实性、关联性、合法性,针对证据证明力有无以及证明力大小，进行质疑、说明与辩驳。

第五十一条　质证按下列顺序进行:

(一)原告出示证据,被告、第三人与原告进行质证;

(二)被告出示证据,原告、第三人与被告进行质证;

(三)第三人出示证据,原告、被告与第三人进行质证。

人民法院依照当事人申请调查收集的证据,作为提出申请的一方当事人提供的证据。

人民法院依照职权调查收集的证据应当在庭审时出示,听取当事人意见,并可就调查收集该证据的情况予以说明。

第五十二条　案件有两个以上独立的诉讼请求的，当事人可以逐个出示证据进行质证。

第五十三条　不能正确表达意志的人,不能作为证人。

待证事实与其年龄、智力状况或者精神健康状况相适应的无民事行为能力人和限制民事行为能力人,可以作为证人。

第五十四条　当事人申请证人出庭作证,应当在举证期限届满十日前提出,并经人民法院许可。

人民法院对当事人的申请予以准许的,应当在开庭审理前通知证人出庭作证,并告知其应当如实作证及作伪证的法律后果。

证人因出庭作证而支出的合理费用,由提供证人的一方当事人先行支付,由败诉一方当事人承担。

第五十五条 证人应当出庭作证,接受当事人的质询。

证人在人民法院组织双方当事人交换证据时出席陈述证言的,可视为出庭作证。

第五十六条 《民事诉讼法》第七十条规定的“证人确有困难不能出庭”,是指有下列情形:

(一)年迈体弱或者行动不便无法出庭的;

(二)特殊岗位确实无法离开的;

(三)路途特别遥远,交通不便难以出庭的;

(四)因自然灾害等不可抗力的原因无法出庭的;

(五)其他无法出庭的特殊情况。

前款情形,经人民法院许可,证人可以提交书面证言或者视听资料或者通过双向视听传输技术手段作证。

第五十七条 出庭作证的证人应当客观陈述其亲身感知的事实。证人为聋哑人的,可以其他表达方式作证。

证人作证时,不得使用猜测、推断或者评论性的语言。

第五十八条 审判人员和当事人可以对证人进行询问。证人不得旁听法庭审理;询问证人时,其他证人不得在场。人民法院认为有必要的,可以让证人进行对质。

第五十九条 鉴定人应当出庭接受当事人质询。

鉴定人确因特殊原因无法出庭的,经人民法院准许,可以书面答复当事人的质询。

第六十条 经法庭许可,当事人可以向证人、鉴定人、勘验人发问。

询问证人、鉴定人、勘验人不得使用威胁、侮辱及不适当引导证人的言语和方式。

第六十一条 当事人可以向人民法院申请由一至二名具有专门知识的人员出庭就案件的专门性问题进行说明。人民法院准许其申请的,有关费用由提出申请的当事人负担。

审判人员和当事人可以对出庭的具有专门知识的人员进行询问。

经人民法院准许,可以由当事人各自申请的具有专门知识的人员就有案件中的问题进行对质。

具有专门知识的人员可以对鉴定人进行询问。

第六十二条 法庭应当将当事人的质证情况记入笔录,并由当事人核对后签名或者盖章。

五、证据的审核认定

第六十三条 人民法院应当以证据能够证明的案件事实为依据依法作出裁判。

第六十四条 审判人员应当依照法定程序,全面、客观地审核证据,依据法律的规定,遵循法官职业道德,运用逻辑推理和日常生活经验,对证据有无证明力和证明力大小独立进行判断,并公开判断的理由和结果。

第六十五条 审判人员对单一证据可以从下列方面进行审核认定:

(一)证据是否原件、原物,复印件、复制品与原件、原物是否相符;

(二)证据与本案事实是否相关;

(三)证据的形式、来源是否符合法律规定;

(四)证据的内容是否真实;

(五)证人或者提供证据的人,与当事人有无利害关系。

第六十六条 审判人员对案件的全部证据,应当从各证据与案件事实的关联程度、各证据之间的联系等方面进行综合审查判断。

第六十七条 在诉讼中,当事人为达成调解协议或者和解的目的作出妥协所涉及的对案件事实的认可,不得在其后的诉讼中作为对其不利的证据。

第六十八条 以侵害他人合法权益或者违反法律禁止性规定的方法取得的证据,不能作为认定案件事实的依据。

第六十九条 下列证据不能单独作为认定案件事实的依据:

(一)未成年人所作的与其年龄和智力状况不相当的证言;

(二)与一方当事人或者其代理人有利害关系的证人出具的证言;

(三)存有疑点的视听资料;

(四)无法与原件、原物核对的复印件、复制品;

(五)无正当理由未出庭作证的证人证言。

第七十条 一方当事人提出的下列证据,对方当事人提出异议但没有足以反驳的相反证据的,人民法院应当确认其证明力:

(一)书证原件或者与书证原件核对无误的复印件、照片、副本、节录本;

(二)物证原物或者与物证原物核对无误的复制件、照片、录像资料等;

(三)有其他证据佐证并以合法手段取得的、无疑点的视听资料或者与视听资料核对无误的复制件;

（四）一方当事人申请人民法院依照法定程序制作的对物证或者现场的勘验笔录。

第七十一条　人民法院委托鉴定部门作出的鉴定结论，当事人没有足以反驳的相反证据和理由的，可以认定其证明力。

第七十二条　一方当事人提出的证据，另一方当事人认可或者提出的相反证据不足以反驳的，人民法院可以确认其证明力。

一方当事人提出的证据，另一方当事人有异议并提出反驳证据，对方当事人对反驳证据认可的，可以确认反驳证据的证明力。

第七十三条　双方当事人对同一事实分别举出相反的证据，但都没有足够的依据否定对方证据的，人民法院应当结合案件情况，判断一方提供证据的证明力是否明显大于另一方提供证据的证明力，并对证明力较大的证据予以确认。

因证据的证明力无法判断导致争议事实难以认定的，人民法院应当依据举证责任分配的规则作出裁判。

第七十四条　诉讼过程中，当事人在起诉状、答辩状、陈述及其委托代理人的代理词中承认的对己方不利的事实和认可的证据，人民法院应当予以确认，但当事人反悔并有相反证据足以推翻的除外。

第七十五条　有证据证明一方当事人持有证据无正当理由拒不提供，如果对方当事人主张该证据的内容不利于证据持有人，可以推定该主张成立。

第七十六条　当事人对自己的主张，只有本人陈述而不能提出其他相关证据的，其主张不予支持。但对方当事人认可的除外。

第七十七条　人民法院就数个证据对同一事实的证明力，可以依照下列原则认定：

（一）国家机关、社会团体依职权制作的公文书证的证明力一般大于其他书证；

（二）物证、档案、鉴定结论、勘验笔录或者经过公证、登记的书证，其证明力一般大于其他书证、视听资料和证人证言；

（三）原始证据的证明力一般大于传来证据；

（四）直接证据的证明力一般大于间接证据；

（五）证人提供的对与其有亲属或者其他密切关系的当事人有利的证言，其证明力一般小于其他证人证言。

第七十八条　人民法院认定证人证言，可以通过对证人的智力状况、品德、知识、经验、法律意识和专业技能等的综合分析作出判断。

第七十九条　人民法院应当在裁判文书中阐明证据是否采纳的理由。

对当事人无争议的证据,是否采纳的理由可以不在裁判文书中表述。

六、其　他

第八十条　对证人、鉴定人、勘验人的合法权益依法予以保护。

当事人或者其他诉讼参与人伪造、毁灭证据，提供假证据，阻止证人作证，指使、贿买、胁迫他人作伪证，或者对证人、鉴定人、勘验人打击报复的，依照《民事诉讼法》第一百零二条的规定处理。

第八十一条　人民法院适用简易程序审理案件,不受本解释中第三十二条、第三十三条第三款和第七十九条规定的限制。

第八十二条　本院过去的司法解释，与本规定不一致的，以本规定为准。

第八十三条　本规定自 2002 年 4 月 1 日起施行。2002 年 4 月 1 日尚未审结的一审、二审和再审民事案件不适用本规定。

本规定施行前已经审理终结的民事案件,当事人以违反本规定为由申请再审的,人民法院不予支持。

本规定施行后受理的再审民事案件,人民法院依据《民事诉讼法》第一百八十四条的规定进行审理的,适用本规定。

附录六：最高人民法院关于确定民事侵权精神损害赔偿责任若干问题的解释

（2001年1月26日最高人民法院审判委员会第1161次会议通过）

为在审理民事侵权案件中正确确定精神损害赔偿责任，根据《中华人民共和国民法通则》等有关法律规定，结合审判实践经验，对有关问题作如下解释。

第一条 自然人因下列人格权利遭受非法侵害，向人民法院起诉请求赔偿精神损害的，人民法院应当依法予以受理：

（一）生命权、健康权、身体权；

（二）姓名权、肖像权、名誉权、荣誉权；

（三）人格尊严权、人身自由权。

违反社会公共利益、社会公德侵害他人隐私或者其他人格利益，受害人以侵权为由向人民法院起诉请求赔偿精神损害的，人民法院应当依法予以受理。

第二条 非法使被监护人脱离监护，导致亲子关系或者近亲属间的亲属关系遭受严重损害，监护人向人民法院起诉请求赔偿精神损害的，人民法院应当依法予以受理。

第三条 自然人死亡后，其近亲属因下列侵权行为遭受精神痛苦，向人民法院起诉请求赔偿精神损害的，人民法院应当依法予以受理：

（一）以侮辱、诽谤、贬损、丑化或者违反社会公共利益、社会公德的其他方式，侵害死者姓名、肖像、名誉、荣誉；

（二）非法披露、利用死者隐私，或者以违反社会公共利益、社会公德的其他方式侵害死者隐私；

（三）非法利用、损害遗体、遗骨，或者以违反社会公共利益、社会公德的其他方式侵害遗体、遗骨。

第四条 具有人格象征意义的特定纪念物品，因侵权行为而永久性灭失或者毁损，物品所有人以侵权为由，向人民法院起诉请求赔偿精神损害的，人民法院应当依法予以受理。

第五条 法人或者其他组织以人格权利遭受侵害为由，向人民法院起诉请求赔偿精神损害的，人民法院不予受理。

第六条 当事人在侵权诉讼中没有提出赔偿精神损害的诉讼请求，诉讼终结后又基于同一侵权事实另行起诉请求赔偿精神损害的,人民法院不予受理。

第七条 自然人因侵权行为致死,或者自然人死亡后其人格或者遗体遭受侵害,死者的配偶、父母和子女向人民法院起诉请求赔偿精神损害的,列其配偶、父母和子女为原告;没有配偶、父母和子女的,可以由其他近亲属提起诉讼,列其他近亲属为原告。

第八条 因侵权致人精神损害,但未造成严重后果,受害人请求赔偿精神损害的,一般不予支持,人民法院可以根据情形判令侵权人停止侵害、恢复名誉、消除影响、赔礼道歉。

因侵权致人精神损害,造成严重后果的,人民法院除判令侵权人承担停止侵害、恢复名誉、消除影响、赔礼道歉等民事责任外,可以根据受害人一方的请求判令其赔偿相应的精神损害抚慰金。

第九条 精神损害抚慰金包括以下方式:

(一)致人残疾的,为残疾赔偿金;

(二)致人死亡的,为死亡赔偿金;

(三)其他损害情形的精神抚慰金。

第十条 精神损害的赔偿数额根据以下因素确定:

(一)侵权人的过错程度,法律另有规定的除外;

(二)侵害的手段、场合、行为方式等具体情节;

(三)侵权行为所造成的后果;

(四)侵权人的获利情况;

(五)侵权人承担责任的经济能力;

(六)受诉法院所在地平均生活水平。

法律、行政法规对残疾赔偿金、死亡赔偿金等有明确规定的,适用法律、行政法规的规定。

第十一条 受害人对损害事实和损害后果的发生有过错的,可以根据其过错程度减轻或者免除侵权人的精神损害赔偿责任。

第十二条 在本解释公布施行之前已经生效施行的司法解释,其内容有与本解释不一致的,以本解释为准。

附录七:《全国人民代表大会常务委员会关于司法鉴定管理问题的决定》释义

一、司法鉴定是指在诉讼活动中鉴定人运用科学技术或者专门知识对诉讼涉及的专门性问题进行鉴别和判断并提供鉴定意见的活动。

〔释义〕本条是关于司法鉴定概念的规定。

司法鉴定通常也称为鉴定,在诉讼活动中,司法鉴定是查明案件事实的一种重要方法和手段,随着科学技术的不断进步,其在诉讼中的作用也越来越重要。为了有利于明确本决定的调整范围,本条特对司法鉴定的概念做了规定。根据本条规定,司法鉴定的概念主要包括以下几层意思:

第一,司法鉴定是在诉讼活动中进行的,是一项涉及诉讼的活动。

本决定之所以将诉讼法中的"鉴定"称为"司法鉴定",并不是鉴定活动本身具有司法职能,而是因为鉴定是在司法诉讼活动中进行的。在现实生活和工作中,需要运用科学技术或者专门知识进行鉴别和判断的问题很多,但这类活动不一定都属于本条规定的司法鉴定。只有在诉讼活动中对案件的某些专门性问题进行鉴别和判断的活动,才属于本条规定的司法鉴定,由本决定加以调整。我国的诉讼活动,包括刑事诉讼、民事诉讼、行政诉讼三种。因此,本条规定的"在诉讼活动中",就是指在刑事、民事、行政三种诉讼活动中。

第二,司法鉴定的主体是鉴定人。

本条规定的"鉴定人",是指在诉讼活动中,依法接受委托对诉讼涉及的专门性问题进行鉴别和判断并提供鉴定意见的人。鉴定人不属于司法工作人员,而是一种特殊的证人,有的国家的法律将鉴定人称为"专家证人"。作为一种特殊的证人,鉴定人有依法就提供的鉴定意见出庭作证的义务。根据有关法律规定,鉴定人必须具有解决相关诉讼涉及的专门性问题所必需的科学技术或者专门知识。实践中应当注意的是,不能把鉴定机构等同于鉴定人。鉴定机构是由一定人数的鉴定人组成的组织,鉴定机构接受当事人或有关部门委托进行鉴定的,应当指派鉴定人进行鉴定,鉴定意见应由具体从事鉴定的人员对鉴定意见签名。

第三,司法鉴定的目的是为了解决诉讼涉及的专门性问题。

依照我国有关法律规定,对于诉讼涉及的专门性问题,需要进行鉴定的,应当依法进行鉴定。刑事诉讼法第119条规定:"为了查明案情,需要解决案件中某些专门性问题的时候,应当指派、聘请有专门知识的人进行鉴定。”民事诉讼法第72条规定:“人民法院对专门性问题认为需要鉴定的,应当交由法定鉴定部门鉴定;没有法定鉴定部门的,由人民法院指定的鉴定部门鉴定。”行政诉讼法第35条规定:“在诉讼过程中,人民法院认为对专门性问题需要鉴定的,应当交由法定鉴定部门鉴定;没有法定鉴定部门的,由人民法院指定的鉴定部门鉴定。”可见,司法鉴定的目的就是为了解决诉讼涉及的专门性问题。本条规定的“诉讼涉及的专门性问题”,是指在刑事、民事、行政诉讼中,属于案件证明对象范围内的事项,如血型的确定,精神疾病盼认定等,仅凭侦查人员、检察人员或者审判人员的直观、直觉或者逻辑推理还是无法作出肯定或者否定的判断,必须依法运用科学技术手段或者专门知识进行鉴别和判断才能得出正确的结论。诉讼涉及的专门性问题是一个外延很广泛的概念,对于具体哪些事项属于诉讼涉及的专门性问题,诉讼法及本决定都没有明确规定,由案件的具体情况决定。有的案件不存在专门性问题,就不需要进行鉴定;有的案件比较复杂,可能要进行多项鉴定。

第四,司法鉴定的方法是运用科学技术或者专门知识进行鉴别和判断。

司法鉴定是诉讼活动中一项重要的调查取证活动,由于在诉讼活动中有些问题不是能够凭着直观、直觉或逻辑推理直接认识和判断的,因此必须借助于科学技术或者专门知识进行鉴别和判断。本条规定的“科学技术”,是指人类在利用自然和改造自然过程中形成的反映自然、社会、思维等客观规律的知识体系。所谓“专门知识”是指人们在某一领域的生产劳动及实践中积累起来的知识经验。

第五,鉴定人应当提供鉴定意见。

鉴定人在完成鉴定工作后,应当依照法律规定的要求,向委托人提供本人签名的书面鉴定意见。本条规定的“鉴定意见”,即诉讼法规定的鉴定结论,是指鉴定人在运用科学技术或者专门知识对诉讼中涉及的专门性问题进行鉴别和判断的基础上,给出的结论性意见。本条之所以将诉讼法规定的“鉴定结论”修改为“鉴定意见”,主要是称为鉴定意见更为科学、准确,更符合鉴定活动的本质特征。鉴定意见作为鉴定人个人的认识和判断,表达的只是鉴定人个人的意见,对整个案件来说,鉴定意见只是诸多证据中的一种证据,审判人员应当结合案件的全部证据,加以综合审查判断,从而正确认定案件事实,作出正确判决。但在当前司法实践中,由于对鉴定结论的本质特征缺乏必要的知识,一些审判人员往往对鉴定结论不加分析判断,不对鉴定结论进行必要的质证和审查,在审判中盲目地予以认定,导致审判受制于鉴定,“打官司”变成了“打鉴定”,在诉讼中出现了不少问题。特别是在一个案件中对某一事项有多种不同鉴定结论的情况下,审判人员往往以鉴定人员的学历高低、资历深浅,或者鉴定机构的级别来决定对鉴定结论的取舍,而忽视通过对每个鉴定人进行质证,进而审查其鉴定结论的科学性、可靠性,从中选择正确的鉴定结论。本决定将鉴定结论修改为鉴定意见,有利于摆正这类证据在诉讼中的位置,转变办案人员的观念,以便发挥办案人员在审查判断鉴定意见时的主动性和能动性,减少其主观臆断,提高办案质量。

二、国家对从事下列司法鉴定业务的鉴定人和鉴定机构实行登记管理制度:

(一)法医类鉴定;

(二)物证类鉴定;

(三)声像资料鉴定;

(四)根据诉讼需要由国务院司法行政部门商最高人民法院、最高人民检察院确定的其他应当对鉴定人和鉴定机构实行登记管理的鉴定事项。

法律对前款规定事项的鉴定人和鉴定机构的管理另有规定的,从其规定。

〔释义〕本条是国家对有关鉴定人和鉴定机构实行登记管理的规定。分为两款。

第1款是国家对哪些鉴定人和鉴定机构实行登记管理的规定。本款规定主要有两方面内容:一是规定了司法鉴定登记管理制度;二是司法鉴定登记管理制度适用于哪些鉴定人和鉴定机构。本款规定的"登记管理制度",主要是指依法对鉴定人和鉴定机构实行登记制度,即对一定范围的从事司法鉴定业务的人员和机构实行执业准入的制度。登记管理的范围,本款第一、二、三项分别规定为"法医类鉴定"、"物证类鉴定"、"声像资料鉴定"。根据本决定第17条的规定,法医类鉴定,包括法医病理鉴定、法医临床鉴定、法医精神病鉴定、法医物证鉴定和法医毒物鉴定。物证类鉴定,包括文书鉴定、痕迹鉴定和微量鉴定。声像资料鉴定,包括对录音带、录像带、磁盘、光盘、图片等载体上记录的声音、图像信息的真实性、完整性及其所反映的情况过程进行的鉴定和对记录的声音、图像中的语言、人体、物体作出种类或者同一认定。这些鉴定都属于司法鉴定中最为常见的鉴定,目前有条件先纳入国家登记管理。关于登记管理工作的一些具体步骤和要求,本决定第3条、第6条等相关条文中另有规定,这里不作进一步阐述。这里应注意的是,对于本款规定以外的其他鉴定种类,不实行登记制度。之所以这样规定,主要是考虑到司法鉴定涉及的专门性问题十分广泛,将各行各业的技术部门全部纳入登记管理范围不现实也不可能,管不好也管不了。实践中如果有的案件涉及的专门性问题需要鉴定,而登记范围以内的鉴定人或鉴定机构不能进行鉴定的,可以要求登记范围以外的技术部门或人员进行鉴定,并不妨碍司法鉴定工作。但是,同时考虑到司法鉴定工作的实际需要,为了方便为诉讼活动提供鉴定服务,本条又规定,对上述三类鉴定种类以外的鉴定种类,如果需要实行登记管理的,可以适用本款第4项的规定增加进来。这是一项法律授权性规定,留有较大灵活性。根据诉讼的需要,可以对在实践中出现的实用性很广泛的鉴定种类,国务院司法行政部门经与最高人民法院、最高人民检察院商定,增加到对鉴定人和鉴定机构实行登记管理的范围中去。

第2款是关于法律对第1款规定事项的鉴定人和鉴定机构的管理另有规定的,如何处理的规定。根据本款规定,法律对第1款规定事项的鉴定人和鉴定机构的管理另有规定的,从其规定。这里规定的“法律”,是指我国全国人民代表大会及其常务委员会通过的法律或者法律性文件,不包括行政法规、地方性法规、部门及地方规章。所谓“对第1款规定事项的鉴定人和鉴定机构的管理另有规定”,主要是指法律对第1款前3项规定的法医类鉴定、物证类鉴定、声像资料鉴定,以及根据第4项增加鉴定事项中的某些特定鉴定事项,对管理制度另有明确规定的。所谓“从其规定”,是指在法律适用上,其他生效的法律对本条第1款规定的鉴定人和鉴定机构的种类在登记管理方面另有规定的,依照其他法律的规定,不适用本条规定。

三、国务院司法行政部门主管全国鉴定人和鉴定机构的登记管理工作。省级人民政府司法行政部门依照本决定的规定,负责对鉴定人和鉴定机构的登记、名册编制和公告。

〔释义〕本条是关于鉴定人和鉴定机构登记管理的主管机关及其管理权限的规定。

根据本条规定,首先应当明确的是,对鉴定人和鉴定机构的登记管理工作由司法行政部门负责。在本决定实施以前,我国对鉴定人和鉴定机构的登记管理有两套系统,一是司法行政部门的登记管理;另一个是法院系统的登记管理。1998年,国务院机构改革“三定一方案赋予司法部指导面向社会服务的司法鉴定工作的职能。为了规范面向社会服务的司法鉴定工作,司法部根据“三定”方案的要求,先后制定颁布了《司法鉴定机构登记管理办法》、《司法鉴定人管理办法》、《司法鉴定执业分类规定(试行)》等多个部门规章,规定了对面向社会服务的司法鉴定机构和司法鉴定人实行登记注册管理的制度。鉴定机构和鉴定人必须向司法行政机关申请注册,经批准登记并予以公告,才能开展司法鉴定业务。并要求各省建立司法鉴定管理委员会,指导、协调本地区司法鉴定机构的鉴定工作。许多省也相应制定了司法鉴定的地方性法规。其后,最高人民法院也先后颁布了《人民法院司法鉴定工作暂行规定》、《人民法院对外委托和组织司法鉴定管理办法》,规定人民法院建立鉴定机构和鉴定人名册制度,鉴定机构和鉴定人向法院申请,缴纳申请费,经法院批准,列入人民法院鉴定人名册。这样就形成了司法行政部门和人民法院同时对鉴定人和鉴定机构进行登记管理的局面。许多已经在司法行政系统登记的鉴定人和鉴定机构又到法院系统进行登记注册。由于两套登记管理系统,按照各自规定的条件注册登记,不仅导致登记管理工作的重复和浪费,而且由于对鉴定结论的采信是由法院决定的,对未列入人民法院鉴定人名册的鉴定机构或鉴定人作的鉴定,法院往往不予认可,进行重新鉴定,又导致了鉴定资源使用上的重复和浪费。加剧了司法鉴定工作长期存在的条块分割、政出多门、多头鉴定、重复鉴定,出现案件因鉴定工作不顺畅而久拖不决的情况。

近几年来,如何理顺鉴定机构管理体制的问题一直是司法体制改革研究工作中的一个问题。经过充分论证研究,在各方面达成基本共识的基础上,本决定规定,国务院司法行政部门主管全国鉴定人和鉴定机构的登记管理工作。省级人民政府司法行政部门依照本决定的规定,负责对鉴定人和鉴定机构的登记、名册编制和公告工作。将司法鉴定人和司法鉴定机构的登记管理工作,统一交由司法行政部门负责。这样规定,对于规范鉴定机构的设置,更好地为社会提供鉴定服务,保障诉讼的顺利进行,具有重要的意义。本条规定的“登记管理工作”,主要是指对鉴定人和鉴定机构按照本法规定的条件进行注册登记、编制名册、向社会公布的工作。至于鉴定机构和鉴定人开展鉴定业务的日常工作,如鉴定活动中涉及诉讼的程序、鉴定仪器设备的购置和维护、鉴定人员的技术培训等,不属于这里说的“登记管理工作”的范畴。

根据本条规定,对鉴定机构和鉴定人实行两级管理制度,由国务院司法行政部门即司法部负责对鉴定人和鉴定机构进行登记管理的全面工作,省级(包括省、自治区、直辖市)人民政府司法行政部门即司法厅(局)具体实施对鉴定人和鉴定机构进行登记、名册编制和公告工作。国务院司法行政部门是国家司法行政管理的最高机关,负责全国范围内的司法行政管理工作,由其全面负责对司法鉴定实行登记管理,便于其在全国范围内统一设定、规划管理的内容和管理的方式。防止出现“条块分割、各自为政”的情况,切实保障鉴定机构和鉴定人独立、自主地开展鉴定活动。所谓“主管”,是指国务院司法行政部门并不负责具体的登记管理事务,而是对登记管理工作进行领导、规范和监督,如制定实施本决定的实施细则,并报国务院批准,以解决如何接受申请、进行审核、登记、编制名册以及向社会公告等具体问题,与国务院价格主管部门协商确定鉴定的收费项目和收费标准等。省级司法行政部门负责具体的登记、名册编制和公告工作,即由省级司法行政部门按照本决定和司法部制定的规范性文件负责具体登记管理工作。省级以下各级司法行政部门(不含省级)不承担对鉴定人和鉴定机构的登记、名册编制和公告工作。根据本条规定,一个省(包括自治区、直辖市)应当有一个统一的鉴定人和鉴定机构名册。这样规定,主要是为了建立统一的鉴定人鉴定机构准入制度,保证鉴定工作的质量和水平,同时有利于委托选择和委托鉴定机构和鉴定人,方便当事人参与诉讼活动。本条规定的“登记”,是指对符合本决定第4条条件的人员,或者符合第5条条件的法人和其他组织,向司法行政部门提出从事司法鉴定业务和设立鉴定机构的申请,由司法行政部门经过审核,对符合条件的予以登记注册,成为鉴定人或者鉴定机构的活动。“名册编制”是指司法行政部门对经过登记注册的鉴定人和鉴定机构进行汇总、分类,编制成名册的活动。编制统一的鉴定人和鉴定机构名册,便于管理和相关人员查阅。名册的编制应当采用科学的方法进行。比如,可以根据专业技术领域或鉴定业务的种类进行编制,或者根据地域范围进行编制等。“公告”是指司法行政部门利用媒体等形式向社会公布鉴定人和鉴定机构的名册,以便社会公众了解鉴定人从业的范围和鉴定机构的基本情况,方便当事人和司法机关在诉讼中进行司法鉴定的委托。

四、具备下列条件之一的人员,可以申请登记从事司法鉴定业务:

(一)具有与所申请从事的司法鉴定业务相关的高级专业技术职称;

(二)具有与所申请从事的司法鉴定业务相关的专业执业资格或者高等院校相关专业本科以上学历,从事相关工作五年以上;

(三)具有与所申请从事的司法鉴定业务相关工作十年以上经历,具有较强的专业技能。

因故意犯罪或者职务过失犯罪受过刑事处罚的,受过开除公职处分的,以及被撤销鉴定人登记的人员,不得从事司法鉴定业务。

[释义]本条是关于自然人申请从事司法鉴定业务资格、条件的规定。

本条共分两款。

第1款是关于自然人从事司法鉴定业务条件的规定。根据本款规定,需要具备本款第1到3项所列条件之一,才能从事司法鉴定业务。在诉讼活动中,鉴定人是凭借其具有的专门知识、技能或特别经验,对诉讼中涉及的专门性问题,从专业的角度提出意见。在有的国家将他们规定为专家证人。为了保证鉴定人提出的鉴定意见具有一定的权威性、客观性和科学性,就需要一定的专业知识和实践经验,也就是说他应当是其所从事鉴定业务领域的专家。本款规定了申请登记从事鉴定业务的条件,具体来说:

第一,具有与所申请从事的司法鉴定业务相关的高级专业技术职称。

司法鉴定是一种专业技术工作,鉴定人是以专家身份提供证据、参与诉讼活动的,鉴定人应当具备较高的技术职称,对其所从事的司法鉴定领域的专门知识有过系统的学习,具备一定的学历条件,这样才能与其任务、地位、身份相称。

根据本项规定,具备高级专业技术职称的可以申请从事司法鉴定业务。我国目前专业技术职务评审已开展28个系列。包括:高等学校教师、自然科学研究、社会科学研究、工程技术、卫生技术、农业技术、新闻、档案、文物博物、出版、图书资料、工艺美术、教练员、技工学校教师、翻译、播音、会计、统计、经济、中专学校教师、中学教师、小学教师、实验技术、律师、公证、艺术、船舶技术、民用航空,其中以考代评的专业技术资格系列有计算机软件工程师、国际商务师、会计师、审计师、统计师、经济师、卫生、出版等系列。不同的行业领域有不同的高级专业技术职称,如在高等学校、科研机构从事教学科研工作,高级专业技术职称是指教授、副教授,研究员、副研究员;会计专业职务的高级职称是指高级会计师;卫生技术人员的高级职称是指主任医(药、护、技)师、副主任医(药、护、技)师,文物、博物专业职务的高级职称是指研究馆员、副研究馆员,等等。

这里规定的"相关",是指高级专业技术职称必须与所申请从事的鉴定业务有关联。司法鉴定有很多种类、涉及领域较多,不同的鉴定专业特点也不同,为了保证鉴定的科学性,要求申请人需要具有与所申请从事的司法鉴定业务"相关"的高级专业技术职称。

第二,具有与所申请从事的司法鉴定业务相关的专业执业资格或者高等院校相关专业本科以上学历,从事相关工作5年以上。

专业技术人员执业资格是对从事某一职业所必备的学识、技术和能力的基本要求。"执业资格"是政府对某些责任较大、社会通用性强、关系公共利益的专业技术工作实行的准入控制,是专业技术人员依法独立开业或独立从事某种专业技术工作学识、技术和能力的必备条件。执业资格一般要通过考试方法取得。专业技术资格考试所取得的资格是以考代评的专业技术职称。根据本项规定,只要取得各自专业的执业资格或者具有相关专业本科以上学历,并从事相关工作5年以上,即可以申请从事司法鉴定业务。比如不担任主任医师或副主任医师的执业医师,如果已有5年以上医师工作经历,或者具有医科大学本科以上学历,从事5年以上医学研究工作的,可以申请从事司法鉴定业务。

第三,具有与所申请从事的司法鉴定业务相关工作10年以上经历,具有较强的专业技能。

由于实践中有的鉴定工作需要丰富的实践经验和专业技能,而国家目前并没有设定这方面的,学科和评定这方面的技术职称,比如指纹鉴定、笔迹鉴定等。因此本项规定,具有较强的专业技能,并从事相关工作10年以上的,也可以申请从事司法鉴定业务。

根据本款的规定,符合上述三项条件规定中任何一项规定的人,即属于具备申请登记从事司法鉴定业务的条件。

本条第2款是关于不得从事司法鉴定的人员的规定。通常情况下,自然人具有第1款所规定的条件,即可申请从事司法鉴定业务,但本款规定了例外情况。根据本款规定,下列三种人员不得从事司法鉴定业务:

第一,因为故意犯罪或者职务过去犯罪行为,曾受过刑事处罚的人员。

本条规定中的故意犯罪是指根据我国刑法规定所有故意实施的犯罪行为。所谓职务过失犯罪是指行为人违背职务上必要的注意义务,造成严重后果的行为,这里的职务过失犯罪,不能仅理解为刑法分则第九章规定的渎职罪的范围,凡是与履行自己工作职务有关的职务过失犯罪,也都包括在内。仅仅曾经实施过上述规定的犯罪行为,并不必然丧失从事司法鉴定业务的资格,还必须是曾经受过刑事处罚的。"受过刑事处罚",是指依照我国的刑事法律,行为人的行为构成犯罪,并经人民法院判处刑罚,包括被人民法院依法判处刑法规定的各种主刑和附加刑。如某人被人民法院判处有期徒刑1年,宣告缓刑1年,在缓刑考验期内遵守刑法的有关规定,缓刑考验期满,原判的刑法不再执行,这种情况也属于"受过刑事处罚"。如果某人虽曾受到司法机关的追诉,但其行为符合刑法规定的不需要判处刑罚或免除处罚的情况,因而人民法院决定免予刑事处罚的,则不属于"受过刑事处罚"。同样,如果检察机关对上述情况依照刑事诉讼法的规定决定不予起诉的,也不在"受过刑事处罚"之列。对于因故意犯罪或职务过失犯罪受过刑事处罚的,一律不得从事司法鉴定业务。

第二,受过开除公职处分的人员。

这里规定的"开除",是指依法定的程序被用人单位开除。开除是行政处分中最为严厉的一种处罚。这里的"公职",主要是指在国家机关、国有公司、企业、事业单位、人民团体中担任职务。开除公职的原因可能多种多样,但是无论什么原因,只要是被开除公职,就不得从事司法鉴定业务。

第三,被撤销鉴定人登记的人员。

是指符合本决定第13条规定条件之一,曾被省级司法行政主管部门给予撤销登记处理的人。本决定第13条第2款规定:鉴定人或者鉴定机构有下列情形之一的,由省级人民政府司法行政部门给予停止从事司法鉴定业务3个月以上1年以下的处罚;情节严重的,撤销登记:1.因严重不负责任给当事人合法权益造成重大损失的;2.提供虚假证明文件或者采取其他欺诈手段,骗取登记的;3.经人民法院依法通知,拒绝出庭作证的;4.法律、行政法规规定的其他情形。

五、法人或者其他组织申请从事司法鉴定业务的,应当具备下列条件:

(一)有明确的业务范围;

（二）有在业务范围内进行司法鉴定所必需的仪器、设备；

（三）有在业务范围内进行司法鉴定所必需的依法通过计量认证或者实验室认可的检测实验室；

（四）每项司法鉴定业务有三名以上鉴定人。

〔释义〕本条是对法人或其他组织申请从事司法鉴定业务条件的规定。

所谓“法人”，是指具有民事权利能力和民事行为能力，依法独立享有民事权利和承担民事义务的组织。“其他组织”，是指不具备法人条件的其他团体或单位。

法人或者其他组织申请从事司法鉴定业务，必须同时具备如下四项条件：

第一，有明确的业务范围。

首先，法人或者其他组织申请从事司法鉴定业务必须有业务范围。业务范围表明了鉴定机构的鉴定活动所涉及的专业领域，是鉴定机构自身定位的重要依据。

其次，法人或者其他组织所申请从事的鉴定业务的范围必须是明确的。所谓明确，是指需要对从事的一种或者多种鉴定业务作出明确说明。司法鉴定有不同的种类，法人或者其他组织可以申请从事一种或者多种鉴定业务，如法医类鉴定或者声像资料鉴定或者同时从事这两种鉴定业务，也可以只申请从事法医类鉴定种类中的法医临床鉴定等。总之，在申请时必须提出明确的鉴定事项范围。不同类型的鉴定要求是不同的，明确的业务范围，既有利于社会了解该鉴定机构所能提供的服务项目，也有利于司法行政主管部门对鉴定机构的审查、管理。

第二，有在业务范围内进行司法鉴定所必需的仪器、设备。

司法鉴定以科学技术为基础，进行司法鉴定必须有一定的物质基础。这里规定的“必需的仪器、设备”，应当根据申请从事鉴定业务的范围来确定。根据鉴定的范围，如果不需要该仪器、设备，则不能硬性要求申请人具备该仪器、设备；如果从事所申请的鉴定业务该仪器、设备是最起码的条件，那么不具备该仪器、设备，则不能批准该鉴定机构的申请。科技的高速发展为司法鉴定提供了越来越科学的方法和手段，但犯罪手段的不断发展，智能化犯罪的发展，也给司法鉴定工作带来了挑战，这都要求鉴定组织及时完善装备，保证鉴定的科学性。

第三，有在业务范围内进行司法鉴定所必需的依法通过计量认证或实验室认可的检测实验室。

实验室是指从科学上为阐明某一现象或事物的本质、特性而创造特定的条件，以便观察它的变化规律和结果的机构。实验室主要是从事校准和（或）检测工作的机构。可以分为校准实验室和检测实验室。实验室可以是在一个固定的地点,也可在远离固定设施的场所,或是在有关的临时或移动的设施中开展校准和(或)检测工作。

"检测实验室"是指从事检测工作的实验室。所谓检测(测试、检验)是指对给定的产品、材料、设备、生物体、物理现象、工艺过程或服务,按照规定的程序确定一种或多种特性或性能的技术操作,如在工厂(企业)的检测实验室需要进行生产过程中的工序检验和产品出厂前的最终检验,通常包括外观检查、性能测试和其他特性的试验、经检验符合产品规范要求的产品,出具产品合格证。检测的对象涉及面很宽,在工业部门主要是材料和产品。校准的目的是为了保证测量设备准确可靠,而检测是为了确定材料或产品的性能或属性而进行的测量或试验。对材料或产品的某些性能是需要定量确定其量值的,例如收录机灵敏度、酒精中乙醇的浓度等。但也有一些特性只能按规定的方法或程序进行操作,以其是否能通过(或不被损坏)来评定,如环境特性试验、安全性试验、可靠性试验、抗腐蚀性试验等。还有一些情况不可能严格区分测量和试验,例如电磁兼容性测试,既包括对电子设备电磁敏感度的试验,也包括对电子设备产生的电磁干扰场强度的定量测量,对测试的结果通常要出具测试报告。

计量是为实现单位统一及量值准确可靠而进行的科技、法制和管理活动,它属于测量而又严于一般的测量。"计量认证"是指由政府计量行政部门对有关技术机构(如检测实验室)的检定、测试能力和可靠性进行的考核和证明。根据有关规定,为社会提供公证数据的技术机构,必须经省级以上人民政府计量行政部门对其计量检定、测试能力和可靠性考核合格,取得计量认证合格证书。这里所称的公证数据,是指面向社会从事检测工作的技术机构为他人决定、仲裁、裁决所出具的可引起一定法律后果的数据。根据计量认证管理法规规定,经计量认证合格的检测机构出具的数据,用于贸易的出证、产品质量评价、成果鉴定作为公证数据,具有法律效力。

关于本条规定的"实验室认可"。按照 ISO/IEC 导则 2 的定义,认可是"权威机构对某一机构或某个人有能力执行特定任务的正式承认"。所以,实验室认可主要是指:"权威机构对实验室有能力进行规定类型的检测和(或)校准所给予的一种正式承认。"其对象是各类检测和(或)校准实验室;认可是由政府主管行政部门授权组建的权威机构(中国实验室国家认可委员会,简称 CNA - CL)进行的。通过实验室认可能够提高校准和检测数据的可信度,使用户放心使用实验室,为校准的检测结果在国际上相互承认奠定基础。申请认可的实验室应依据 GB/T 15481—2000 idt ISO/IEC 17025:1999《检测和校准实验室能力的通用要求》建立、实施和维持与其活动范围相适应的质量体系。应将其政策、制度、计划、程序和指导书制定成文件，并达到确保实验室检测和(或)校准结果质量所需的程度。

计量认证是法制计量管理的重要工作内容之一。对检测机构来说，就是检测机构进入检测服务市场的强制性核准制度，即：具备计量认证资质、取得计量认证法定地位的机构，才能为社会从事检测服务。国家实验室认可是与国外实验室认可制度一致的。通过国家实验室认可的检测技术机构，证明其符合国际上通行的校准与检测实验室能力的通用要求。我国目前对不同地位和能力的检测实验室采取计量认证或实验室认可的模式。

本条规定的“所必需的”，是指根据申请所从事的鉴定业务范围来确定，如果其所申请从事的鉴定业务不是必须要具备检测实验室，则不能以此力由而不批准登记；如果检测实验室是该鉴定业务范围的必备条件，则在不具备检测实验室的情况下不应批准其注册登记。进行司法鉴定业务如果需要检测实验室，则该实验室必须依法通过计量认证或者实验室认可。这也是确保司法鉴定的科学性、公正性，证明其确有实力完成相关工作的必要条件。

第四，每项司法鉴定业务有3名以上鉴定人。

这是保证鉴定机构正常运转的基本要求。进里说的“鉴定人”，是指符合本决定第4条规定的鉴定从业条件的人员。如果在申请登记时拟承担鉴定工作的人是未经司法行政部门审核批准通过的鉴定人，则必须在申请登记鉴定机构的同时，提出担任鉴定人的申请。司法行政部门应当先审验其鉴定人的申请是否符合法定条件，再决定其鉴定机构的申请是否符合法定条件。

六、申请从事司法鉴定的个人、法人或者其他组织，由省级人民政府司法行政部门审核，对符合条件的予以登记，编入鉴定人和鉴定机构名册并公告。

省级人民政府司法行政部门应当根据鉴定人或者鉴定机构的增加和撤销登记情况，定期更新所编制的鉴定人和鉴定机构名册并公告。

〔释义〕本条是关于编制、公告以及更新鉴定人和鉴定机构名册的规定。

本条共分两款。第1款是关于申请从事司法鉴定业务的个人、法人或者其他组织由省级人民政府司法行政部门审核登记、予以公告的规定。根据1款的规定申请从事鉴定业务的个人和申请设立鉴定机构的法人或其他组织，应当向省级人民政府司法行政部门提出申请。申请登记的人员应当按照本法的有关规定向司法行政部门提交相关材料：如：从事司法鉴定业务的申请；拟从事的司法鉴定业务的范围；证明自己具有本决定要求的科学技术或者专业知极韵高级专业技术职称证书、专业执业资格证明、高等院校相关专业本科以上学历证明；或者证明自己具有本决定要求的一定年限的从业经历和专业技能的材料等。设立鉴定机构的申请,除应明确所从事鉴定业务的范围外,还应当提供具有鉴定所必需的仪器、设备的证明材料;具有依法通过计量认证或实验室认可的鉴定业务所必需的检测实验室的相关证明材料;每项司法鉴定必须有3名以上合格的鉴定人名单等。如果申请在该机构中从事鉴定业务的人员还没有获得鉴定人登记,在提出设立鉴定机构申请的同时,可以提交鉴定人的从业申请。如果经过审核认定申请从事司法鉴定业务的人员符合条件,可以先批准其鉴定人的申请,再根据第5条第4项的规定审查该申请成立的鉴定机构的每个司法鉴定项目是否具有3个以上合格的鉴定人。

对于从事司法鉴定业务的申请,省级人民政府司法行政部门应当进行审核。即应当根据法律和有关规定,对申请人提供的各项证明材料是否符合规定要求进行审查与核实。这里说的"审核",主要是审查核实申请人和申请机构是否具备法定的登记条件,所提供的各项证明材料是否真实等,如医师提供的技术职称证明和执业资格证明,只要是该人的真实证明的就可以了,并不要求司法行政部门再对该医师是否具有相应的技术水平进行考核或检查,更不宜组织统一的考试考核审查申请人是否具备某项科学技术或专业知识。对于本决定第4条第4项规定的"具有与所申请从事的司法鉴定业务相关工作十年以上经历,具有较强的专业技能"的人员,司法行政部门应当根据有关业务主管部门提供的意见和材料,核实其是否具有鉴定所必需的"较强的专业技能"。对于符合法定条件的申请,司法行政机关应当予以批准,登记注册,发给鉴定人和鉴定机构从业登记的证明,并将其编入鉴定人或鉴定机构名册,通过媒体方式向社会公告。

本条第2款是对鉴定人和鉴定机构因为增加和撤销登记而更新名册的规定。鉴定人和鉴定机构的"增加",是指由于新申请从事司法鉴定业务的人员和申请设立鉴定机构的法人、组织经过批准,使鉴定人和鉴定机构的数量增加。"撤销登记"主要是指司法行政部门根据本决定第13条的规定,取消已经获得的登记或者已在公告名册中的鉴定人和鉴定机构资格。本决定第13条规定了几种撤销登记的情形:鉴定人或鉴定机构因严重不负责任给当事人合法权益造成重大损失的;提供虚假证明文件或者采取其他欺诈手段,骗取登记的;经人民法院依法通知,拒绝出庭作证的;故意作虚假鉴定的;以及法律、行政法规规定的其他情形。另外,对于隐瞒本决定第4条第2款规定的情形获得鉴定人登记的,一经发现,也应当撤销登记。这几种情形是,因故意犯罪或者职务过失犯罪受过刑事处罚的、受过开除公职处分的以及曾经被撤销鉴定人登记的。广义的撤销登记还包括鉴定人和鉴定机构自愿停止司法鉴定业务,经批准停业,取消登记。

对于鉴定人和鉴定机构增加和撤销登记的情况,司法行政部门应当进行汇总，定期公告更新名册。司法行政部门可以根据鉴定人和鉴定机构增加和撤销的数量确定合理的更新时间以及更新的方式，可以是全部更新；也可以是部分更新。即可以重新编制和公告名册，也可以只将增加和撤销的情况进行部分更新或补充，进行公告。

七、侦查机关根据侦查工作的需要设立的鉴定机构，不得面向社会接受委托从事司法鉴定业务。

人民法院和司法行政部门不得设立鉴定机构。

〔释义〕本条是关于侦查机关设立的鉴定机构不得面向社会提供司法鉴定服务以及人民法院和司法行政部门不得设立鉴定机构的规定。本条共分两款。

本条第1款是关于侦查机关设立的鉴定机构不得面向社会提供司法鉴定服务的规定。根据本款规定，侦查机关根据侦查工作的需要可以设立鉴定机构，但侦查机关设立的鉴定机构不得面向社会接受委托从事司法鉴定业务。决定作这样的规定，充分考虑了我国的国情，认真研究了目前我国司法鉴定队伍的现状和存在的主要问题。目前，我国各级侦查机关，包括公安机关、检察机关自侦部门和国家安全机关等，普遍设立了从事有关鉴定业务的鉴定机构，配备了大量的鉴定人员。侦查机关设立鉴定机构的形式也是多样的，既包括设在侦查机关内部的职能部门，如司法鉴定处、科、室等，也包括侦查机关所属的事业单位，如研究所等。还有的是两块牌子，一套人马，既是职能机构，又是事业单位。侦查机关设立的鉴定机构，既承担了直接为所在部门的办案活动提供鉴定服务的职能，也为一定地域内的司法机关办案活动提供鉴定服务，还有的承担着相关鉴定业务的科学研究职能。这些鉴定机构由侦查机关设立，与侦查机关存在隶属关系，其主要职能是为侦查机关的侦查工作提供鉴定服务。但近些年来，随着侦查机关鉴定机构的普遍设立和发展，其中有许多除了为侦查工作提供服务外，还接受社会上有关企事业单位和个人的委托，为诉讼中需要鉴定的专门性问题提供鉴定服务，以及接受有关国家机关、企事业单位和个人的委托，为诉讼之外的有关需要鉴定的事项提供鉴定服务，等等。在研究如何进一步对侦查机关设立的鉴定机构从事鉴定工作进行规范的过程中，许多方面都提出，侦查机关所属的鉴定机构，是专门为侦查活动提供技术支持的机构，作为侦查机关的一部分，不宜面向社会接受委托从事经营性的有偿的司法鉴定业务，以保持政府机构的廉洁性和公正形象。但与此同时，目前司法鉴定队伍的主干力量是在侦查机关工作的鉴定人员。尤其是在诉讼中普遍运用的法医类、物证类和声像资料鉴定等方面，侦查机关内部，尤其是在公安机关设立的鉴定机构中，有一批好的设备和业务精湛的鉴定人员。因此，在坚持不允许侦查机关设立的鉴定机构面向社会开展经营性的有偿服务原则的同时，还要充分利用这些鉴定机构所掌握的人员和设备等资源,保障各类诉讼活动的正常进行。基于上述考虑,本款做了这样的规定。

本款的规定包含了以下几层意思:

1. 本款规范的主体是“侦查机关”。

这里所规定的“侦查机关”,是指在刑事诉讼中对犯罪行为实施侦查权的机关。我国刑事诉讼法第3条规定,“对刑事案件的侦查、拘留、执行逮捕、预审,由公安机关负责”。“检察机关直接受理的案件的侦查”,“由人民检察院负责。”第4条规定:“国家安全机关依照法律规定,办理危害国家安全的刑事案件,行使与公安机关相同的职权。”第225条规定:“军队保卫部门对军队内部发生的刑事案件行使侦查权。”因此,这里所说的侦查机关,具体包括公安机关、人民检察院、国家安全机关、军队保卫部门等。

2. 依照本款规定,侦查机关可以根据侦查工作的需要设立鉴定机构。

侦查工作具有很强的专业性和紧急性。在任何时间和地点,只要发现有犯罪事实发生需要进行侦查的,侦查机关应当及时开始侦查工作。考虑到侦查工作的这种特殊性,侦查机关仅仅依靠外部的鉴定人员难以满足侦查工作的需要,根据本款规定,侦查机关可以设立自己的鉴定机构。需要注意的是,本款并不要求所有的侦查机关在每一级都普遍设立鉴定机构。是否设立鉴定机构,设立的鉴定机构中配备哪些鉴定事项的设备与人员,要根据侦查工作的实际需要来考虑,要防止重复设立,也要防止设立鉴定机构达不到应有的技术水平,不能胜任司法鉴定工作。

3. 侦查机关设立的鉴定机构,不得面向社会接受委托从事司法鉴定业务。

这里所规定的“不得面向社会接受委托从事司法鉴定业务”,指的是侦查机关设立的鉴定机构,不得接受社会上的企事业单位、其他组织和个人的委托,就各类诉讼中涉及的专门性问题出具鉴定意见。需要注意的是,这一规定并没有禁止侦查机关之间相互委托和接受司法机关委托从事司法鉴定业务。为了充分利用侦查机关已有的鉴定力量,避免资源浪费,防止侦查机关重复设立和低水平设立鉴定机构,同时考虑到决定开始实施后人民法院不再设立或者保留自己的鉴定机构,侦查机关之间相互委托和接受司法机关委托从事司法鉴定业务是非常必要的。比如对于检察机关和国家安全机关来说,就没有层层设立鉴定机构,所设立的鉴定机构也不一定对在其侦查工作中可以遇到的所有鉴定事项都要配备鉴定设备和鉴定人员,在司法实践中遇到自己的鉴定机构无法解决而需要进行鉴定的专门性问题,可以委托其他侦查机关设立的鉴定机构出具鉴定意见。再比如,在法庭审理过程中,人民法院也可以委托侦查机关设立的鉴定机构进行鉴定,但当事人直接委托侦查机关设立的鉴定机构进行司法鉴定的，侦查机关设立的鉴定机构不得接受该委托。

本条第2款是关于人民法院和司法行政部门不得设立鉴定机构的规定。根据这一规定，在本决定开始施行后，人民法院和司法行政部门不得再设立鉴定机构，也不能保留原来已经设立的鉴定机构。决定作这样的规定，也是充分考虑了我国的国情，认真研究了目前我国司法鉴定队伍的现状和存在的主要问题。目前，我国各级人民法院和司法行政部门，有许多设立了自己的有隶属关系的鉴定机构。这些鉴定机构，对于满足诉讼需要，辅助人民法院及时正确地处理案件，发挥了一定的作用，但同时也存在一些问题。对于人民法院设立鉴定机构的问题，在研究如何进一步对现有的鉴定机构进行规范的过程中，许多方面都提出，人民法院设立自己的有隶属关系的鉴定机构，造成了在诉讼活动中人民法院“自审自鉴”的问题。人民法院在审判活动中，经常会面对不一致的几份鉴定意见，如果其中有的鉴定意见是由人民法院设立的鉴定机构提供的，很难保证人民法院在认定鉴定意见的过程中能够完全保持中立，也损害了人民法院在审判活动中的公正形象。在实践中，也出现过个别人民法院由于利益驱动，在没有必要性的情况下，也要委托人民法院设立的鉴定机构进行重复性的鉴定，造成了不好的影响。同时，在人民法院内部设立具有隶属关系的鉴定机构，也难以保证鉴定机构和鉴定人从事司法鉴定业务的独立性。因此，本款规定，人民法院不得设立鉴定机构。对于司法行政部门设立鉴定机构的问题，考虑到本决定将司法行政部门确定为鉴定人和鉴定机构的登记管理主管部门，本决定开始施行后，司法行政部门不宜再自己设立鉴定机构，也不宜再保留自己已经设立的鉴定机构。根据本决定第6条的规定，司法行政部门要对申请从事司法鉴定业务的个人、法人或者其他组织进行审核，对符合条件的予以登记，编入鉴定人和鉴定机构名册并公告。同时本决定第13条还规定，由司法行政部门对有违反本决定规定行为的鉴定人和鉴定机构予以处罚。如果司法行政部门仍然保留或者可以设立鉴定机构，不仅不利于司法行政部门对鉴定人和鉴定机构的登记管理工作，也会影响司法行政部门登记管理工作的中立性和公正性。需要注意的是，根据本决定第18条的规定，本决定自2005年10月1日起施行。根据本款规定，自本决定施行之日起，人民法院和司法行政部门就不得再设立鉴定机构，也不得继续保留原已设立的鉴定机构。

八、各鉴定机构之间没有隶属关系；鉴定机构接受委托从事司法鉴定业务，不受地域范围的限制。

鉴定人应当在一个鉴定机构中从事司法鉴定业务。

〔释义〕本条是关于鉴定机构之间没有隶属关系，鉴定机构从事司法鉴定业务不受地域范围限制,以及鉴定人应当在一个鉴定机构中从事司法鉴定业务的规定。本条共分两款。

本条第1款是关于鉴定机构之间没有隶属关系和鉴定机构从事司法鉴定业务不受地域范围限制的规定。本款共规定了两个方面的问题。

一、各鉴定机构之间没有隶属关系。

司法鉴定是一种科学技术活动,是鉴定人运用科学技术或者专门知识对诉讼涉及的专门性问题进行鉴别和判断并提供鉴定意见的活动。根据本决定第10条的规定,司法鉴定实行鉴定人负责制度,鉴定人应当独立进行鉴定。因此,鉴定人和鉴定机构在进行司法鉴定提供鉴定意见时只服从科学,而不受任何行政命令的影响。各鉴定人在科学面前是平等的,各鉴定机构之间也应当是平等的,而不能有任何隶属关系。

二、鉴定机构接受委托从事司法鉴定业务,不受地域范围的限制。

根据这一规定,任何司法机关或者诉讼当事人,在各类诉讼中遇到专门性问题需要进行鉴定的,可以依法委托在我国境内任何地方的鉴定机构进行鉴定并提供鉴定意见。同样,任何鉴定机构,在其业务范围内,也可以依法接受位于我国境内任何地方的司法机关或者诉讼当事人的委托从事司法鉴定业务。任何鉴定机构的鉴定人,也可以在全国任何人民法院出庭作证。任何单位或者个人无权限制任何鉴定机构从事司法鉴定业务的地域范围。本款作这样的规定,主要是考虑到两方面的因素。一是鉴定机构在全国各地的配置是不平均的,有的县市可能没有鉴定机构,即使是有鉴定机构,大多数鉴定机构也不可能使自己的业务范围涵盖所有的鉴定事项,因此,允许鉴定机构在全国范围内从事司法鉴定业务,可以有效地利用鉴定资源;为诉讼活动的顺利进行提供服务。二是限制鉴定机构从事司法鉴定业务的地域范围,可能会人为地造成鉴定机构在某个地域范围内的垄断地位,不利于各鉴定机构之间的正当竞争,不利于鉴定机构的发展,也不利于提高鉴定机构的服务水平。

本条第2款是关于鉴定人应当在一个鉴定机构中从事司法鉴定业务的规定。根据本款规定,鉴定人从事司法鉴定业务,首先必须成为一个鉴定机构的工作成员。换句话说,一方面,鉴定人如果不属于任何鉴定机构,是不能从事司法鉴定业务的;另一方面,任何鉴定人不得同时属于两个或者两个以上鉴定机构。根据本决定第9条的规定,鉴定人从事司法鉴定业务,由所在的鉴定机构统一接受委托。鉴定人个人不得直接接受委托从事司法鉴定业务,因此,鉴定人必须属于某个鉴定机构。同时,根据本决定第5条第4项的规定,法人或者其他组织申请从事司法鉴定业务的,其申请的每项司法鉴定业务必须有3名以上鉴定人。如果鉴定人可以同时在多个鉴定机构中从事司法鉴定业务，不仅可能会影响其对司法机关或者诉讼当事人提供司法鉴定服务的质量，也会使鉴定机构应当具备的上述条件要求徒具形式。

九、在诉讼中，对本决定第二条所规定的鉴定事项发生争议，需要鉴定的，应当委托列入鉴定人名册的鉴定人进行鉴定。鉴定人从事司法鉴定业务，由所在的鉴定机构统一接受委托。

鉴定人和鉴定机构应当在鉴定人和鉴定机构名册注明的业务范围内从事司法鉴定业务。

鉴定人应当依照诉讼法律规定实行回避。

〔释义〕本条是关于诉讼中委托鉴定、鉴定人和鉴定机构业务范围以及鉴定人回避的规定。本条共分3款。

本条第1款是关于诉讼中委托鉴定问题的规定。本款规定包含三个方面的内容：

1. 在诉讼中，对本决定第2条所规定的鉴定事项发生争议，需要鉴定的，应当委托列入鉴定人名册的鉴定人进行鉴定。

这一规定适用的范围是"本决定第二条所规定的鉴定事项"，即法医类鉴定，包括法医病理鉴定、法医临床鉴定、法医精神病鉴定、法医物证鉴定和法医毒物鉴定；物证类鉴定，包括文书鉴定、痕迹鉴定和微量鉴定；声像资料鉴定；以及根据诉讼需要，由国务院司法行政部门商最高人民法院、最高人民检察院确定的其他应当对鉴定人和鉴定机构实行登记管理的鉴定事项。对于本决定第2条规定以外的鉴定事项，不受这一规定的限制。在诉讼中，对于上述鉴定事项可能会发生争议，如一方诉讼当事人已经作出的鉴定意见错误，或者对鉴定人、鉴定程序等认为存在问题，影响鉴定意见准确性的，或者有多个不同的鉴定意见存在争议时，首先应当判断是否有重新鉴定、补充鉴定的需要，对于办案机关经过审查案件的其他证据，或者通过鉴定人出庭接受质证，对案件涉及的专门性问题可以作出判断予以认定的，可以不进行鉴定。对于需要进行鉴定的，根据这一规定，不能委托没有被列入由省级人民政府司法行政部门编制并公告的鉴定人名册的鉴定人进行鉴定，而应当委托列入鉴定人名册的鉴定人进行鉴定。这里所说的"列入鉴定人名册的鉴定人"，是指依照本决定第6条的规定，申请从事司法鉴定业务，经省级人民政府司法行政部门审核符合条件，被予以登记，编入鉴定人名册并公告的鉴定人。

2. 根据本款的规定，并不要求在诉讼中对本决定第2条所规定的鉴定事项都一律要经过列入鉴定人名册的鉴定人进行鉴定。之所以这样规定，主要是从实际出发,方便当事人参加诉讼,简化程序。比如有的案件,其需要鉴定的事项在诉讼之前已经过鉴定,在诉讼中各方对该鉴定也没有异议,因此没有必要再委托鉴定人名册中的鉴定人进行鉴定。又比如发生了伤害案件,当事人首先考虑的是进行治疗或者抢救,而不是先找有关鉴定机构进行鉴定。受害人在接受治疗或者抢救后,如果根据医生的诊断书和伤情记录等,对受害人的伤害情况已很明确,控辩双方以及办案部门都没有争议的,办案部门就可以根据有关规定判定损伤的程度,不需要再对伤害程度进行鉴定。只有在诉讼中对第2条规定的鉴定事项发生争议,办案部门认为需要鉴定的,依照本款的规定,就应当委托列入鉴定人名册的鉴定人进行鉴定。

3. 鉴定人从事司法鉴定业务,由所在的鉴定机构统一接受委托。

为了保证鉴定机构对鉴定人应有的管理和监督,防止鉴定人在鉴定活动中不认真履行鉴定义务,也防止个别鉴定人利用特殊的地位在鉴定活动中出现滥收费等侵害委托人合法权益的问题,更好地保障诉讼当事人的合法权益,本决定禁止鉴定人脱离鉴定机构私下直接接受委托,而要由所在的鉴定机构统一接受委托。同样,司法机关或者诉讼当事人无论出于何种原因希望确定由某个鉴定人提供鉴定意见的,也必须通过该鉴定人所在的鉴定机构办理委托手续。

本条第2款是关于鉴定人和鉴定机构应当在名册注明的业务范围内从事司法鉴定业务的规定。鉴定人从事司法鉴定业务,运用的是其掌握的科学技术或者专门知识。在当今社会科学技术门类越来越细化的情况下,任何鉴定人都不可能是全能的,不可能对任何鉴定事项都有能力提供鉴定意见。基于上述考虑,本决定第4条在规定鉴定人的条件时,特别强调鉴定人具有的高级专业技术职称、专业执业资格、学历或者工作经历,都必须是“与所申请从事的司法鉴定业务相关”。本决定第5条在规定鉴定机构的条件时,要求提出申请的法人或者其他组织应当“有明确的业务范围”,并且“每项司法鉴定业务有三名以上鉴定人”。根据上述规定以及本款的规定,鉴定人在申请登记时,应当列明所申请从事的司法鉴定业务,并具备相应的条件;鉴定机构在申请登记时,应当提出“明确的业务范围”,并具备相应的条件。鉴定人和鉴定机构提出申请经审核被予以登记编入名册的,鉴定人只能从事其所申请并经登记后在名册中注明的司法鉴定业务,鉴定机构也只能在名册注明的业务范围内统一接受委托从事司法鉴定业务。如果要扩大鉴定业务范围,应当按照有关规定再进行申请,经省级人民政府司法行政部门审核后予以登记的,才能开展扩大的司法鉴定业务。

本条第3款是关于鉴定人回避的规定。关于鉴定人在诉讼中回避的问题,我国刑事诉讼法、民事诉讼法以及行政诉讼法都做了具体规定。鉴定人依法回避,对于保证鉴定人提供鉴定意见的独立性和中立性,保障诉讼当事人的合法权益,保证案件得到公正的处理,都具有重要的意义。当事人及其法定代理人申请鉴定人回避的权利,是一项重要的诉讼权利。人民法院、人民检察院和公安机关,都有义务保障当事人及其法定代理人依法行使申请回避的权利。鉴定人也有义务自觉遵守诉讼法律规定的回避制度。考虑到鉴定人在诉讼中回避制度的重要性,本款规定,鉴定人应当依照诉讼法律规定实行回避。关于鉴定人回避的诉讼法律规定,根据我国刑事诉讼法第28条和第31条的规定,鉴定人有下列情形之一的,应当自行回避,当事人及其法定代理人也有权要求他们回避:1.是本案的当事人或者是当事人的近亲属的;2.本人或者他的近亲属和本案有利害关系的;3.担任过本案的证人、鉴定人、辩护人、诉讼代理人的;4.与本案当事人有其他关系,可能影响公正处理案件的。根据我国民事诉讼法第45条的规定,鉴定人有下列情形之一的,必须回避,当事人有权用口头或者书面方式申请他们回避:1.是本案当事人或者当事人、诉讼代理人的近亲属;2.与本案有利害关系;3.与本案当事人有其他关系,可能影响对案件公正审理的。根据我国行政诉讼法第47条的规定,当事人认为鉴定人与本案有利害、关系或者有其他关系可能影响公正审判,有权申请鉴定人回避。鉴定人认为自己与本案有利害关系或者有其他关系,应当申请回避。

十、司法鉴定实行鉴定人负责制度。鉴定人应当独立进行鉴定,对鉴定意见负责并在鉴定书上签名或者盖章。多人参加的鉴定,对鉴定意见有不同意见的,应当注明。

〔释义〕本条是关于鉴定人负责制度和鉴定人独立进行鉴定的规定。

司法鉴定是具有科学技术和专门知识的鉴定人接受司法机关或当事人的委托,对诉讼中遇到的专门性问题进行鉴别和判断并提供鉴定意见的活动。一方面,鉴定意见作为诉讼中的证据种类之一,实质上是一种个人意见,是鉴定人凭借其专门知识对某个问题做出的一种认识和判断。鉴定意见是否客观、准确,取决于鉴定人自己的科学技术水平和判断能力,应当由鉴定人自己负责。有的国家的法律将鉴定人规定为“专家证人”,鉴定意见即专家证人提供的意见。另一方面,为了保障鉴定人根据科学进行准确的鉴定,必须防止权势、人情和金钱的干扰。因此本条规定了鉴定人负责制度和鉴定人独立进行鉴定两项原则。只有真正实行鉴定人独立进行鉴定原则,才能切实保障鉴定意见的客观性和公正性,鉴定人才有可能完全依据科学知识和科学规律进行鉴定;也只有实行鉴定人负责制度,才能增强鉴定人的责任感,按照科学规律和操作规程进行鉴定。

鉴定人负责制度,要求鉴定意见必须以鉴定人个人名义作出,即必须个人署名,个人对鉴定意见负责。鉴定人接受委托后,从检材的提取、保管、检验、甄别等等,都应由鉴定人根据鉴定的技术操作规范进行,其他任何人不得干涉或施加影响,更不得指令鉴定人一定要作出某种鉴定意见,或代替鉴定人进行鉴定。鉴定后,鉴定人应当作出鉴定意见,并在鉴定书上签名或盖章。

在诉讼中,有时会遇到特别疑难、复杂的问题,为了获得更加客观、公正的证据,需要几个鉴定人同时对该问题共同进行鉴定,即所谓的"专家会诊"。对于多人共同鉴定的,仍应贯彻个人负责和独立进行鉴定的原则。鉴定过程中可以互相研究讨论,但每令人都有提出自己的鉴定意见的权利,任何人不能以年龄、职务、学历、职称、技术水平、工作经历等差别要求别人服从自己的意见。如果大家的鉴定意见是一致的,每个鉴定人也应当在鉴定书上签名或者盖章。对于有不同鉴定意见的,根据本条的规定,对不同的鉴定意见,应当在鉴定书中予以注明,并由该鉴定人鉴名或盖章。不能以少数服从多数为理由否定少数人的鉴定意见。

十一、在诉讼中,当事人对鉴定意见有异议的,经人民法院依法通知,鉴定人应当出庭作证。

〔释义〕本条是关于当事人在诉讼当中对鉴定意见有异议的,鉴定人应当出庭作证的规定。

本条规定的"当事人",是指与案件有直接利害关系并以自己的名义参加诉讼,受人民法院裁定、判决约束的人。根据刑事诉讼法第 82 条规定,刑事诉讼的当事人是指被害人、自诉人、犯罪嫌疑人、被告人、附带民事诉讼的原告人和被告人。民事诉讼法第 49 条规定,公民、法人和其他组织可以作为民事诉讼的当事人,法人由其法定代表人进行诉讼,其他组织由其主要负责人进行诉讼。根据行政诉讼法的规定,行政诉讼中的当事人,是指因对具体行政行为发生争议,以自己的名义到人民法院起诉、应诉和参加诉讼,并受人民法院裁定、判决约束的公民、法人、其他组织和行政机关。主要表现为一方是对行政机关具体行政行为不服的公民、法人或者其他组织,另一方是作出具体行政行为的行政机关或者法律、法规授权的组织。"对鉴定意见有异议",是指诉讼中当事人对作为证据的鉴定意见有不同的意见,如认为鉴定意见有错误或鉴定方法不科学、鉴定程序有错误等。根据不同情况,当事人对鉴定意见有异议,有的可能是对一种鉴定意见有异议,有的可能是对一个案件中多份鉴定意见有异议。

在当事人对鉴定意见有异议的情况下,经人民法院依法通知,鉴定人应当出庭作证。根据诉讼法律的规定,鉴定结论是证据的一种,是鉴定人凭借其专门知识对案件中的专门性问题进行鉴别和判断后所提出的个人意见。所以,鉴定人实质上是对某个专门性问题提供意见证据的证人,有些国家的法律将其称为"专家证人"。鉴定人是诉讼参与人,根据鉴定人负责制度,实施鉴定的个人应该对自己的行为和出具的鉴定意见负责。鉴定人出庭作证，在法庭上对自己的行为和出具的鉴定意见，从科学依据、鉴定步骤、鉴定方法、可靠程度等方面进行解释和说明，并在法庭上当面回答质询和提问，可以使法官能够更好地审查鉴定意见的可信度，或对几个不同的鉴定意见进行分析对比，从中采信正确的鉴定意见。如果经过法庭质证，鉴定人不能说服法官确信其鉴定意见的正确性，则法官可以决定重新进行鉴定。这对于使判决建筑在科学的基础之上，是十分必要的，也有利于当事人进一步了解案件真实情况，排除疑虑，服从判决。刑事诉讼法第 47 条规定，证人证言必须在法庭上经过诉讼人、被害人和被告人、辩护人双方讯问、质证，法庭听取各方证人的证言并且经过查实以后，才能作为定案的根据。民事诉讼法第 70 条规定，凡是知道案件情况的单位和个人，都有义务出庭作证。目前在司法实践中，证人，包括鉴定人不出庭作证的问题较为普遍，不利于树立判决的公正性。特别是在有多种不同的鉴定意见或证人证言的情况下，法官为什么采信某一种鉴定意见或证人证言，而不采信另外的鉴定意见或证人证言，不经过公开的质证，容易造成暗箱操作，损害判决的公正和权威。因此，规定鉴定人出庭作证是非常重要的一项诉讼程序制度。本条明确要求鉴定人在当事人对鉴定意见有异议的时候，经人民法院依法通知应当出庭作证，使鉴定人出庭作证成为一项法定义务。

十二、鉴定人和鉴定机构从事司法鉴定业务，应当遵守法律、法规，遵守职业道德和职业纪律，尊重科学，遵守技术操作规范。

〔释义〕本条是关于鉴定人和鉴定机构的法定义务的规定。

鉴定意见是各类诉讼中重要的证据种类之一。在许多案件中，鉴定意见对于诉讼的结果往往起到至关重要的作用，直接影响到判决或者裁定的实体内容。因此，严格规定鉴定人和鉴定机构在从事司法鉴定业务时应当履行的法定义务，对于保证鉴定人和鉴定机构为诉讼当事人提供高质量的鉴定服务，保护诉讼当事人的合法权益，保障诉讼活动的顺利进行，具有重要的意义。本条对鉴定人和鉴定机构从事司法鉴定业务规定了以下四项法定义务：

1. 遵守法律、法规。

每一个公民都有义务遵守法律、法规。本条将遵守法律、法规规定为鉴定人和鉴定机构的首要义务，主要是强调鉴定人和鉴定机构必须遵守与从事司法鉴定业务相关的法律、法规。我国有多部法律都对司法鉴定活动作出规定。如我国刑法规定了鉴定人作虚假鉴定的刑事责任。刑事诉讼法将鉴定结论规定为证据的一个种类，并对鉴定人的回避、需要鉴定的事项、鉴定的程序、鉴定结论在法庭上的宣读、重新鉴定等做了规定。如刑事诉讼法规定，鉴定人有下列情形之一的，应当自行回避，当事人及其法定代理人也有权要求他们回避：(1)是本案的当事人或者是当事人的近亲属的;(2)本人或者他的近亲属和本案有利害关系的;(3)担任过本案的证人、鉴定人、辩护人、诉讼代理人的;(4)与本案当事人有其他关系,可能影响公正处理案件的。我国民事诉讼法和行政诉讼法也对民事诉讼和行政诉讼中的鉴定问题做了规定。鉴定人和鉴定机构应当严格遵守上述法律的相关规定。这里所说的"法规",包括行政法规、政府规章和地方性法规。行政法规、政府规章和地方性法规中,也将会根据本决定的规定以及在总结实践经验的基础上,对鉴定人和鉴定机构的管理、鉴定的程序及操作规范等作出规定,鉴定人和鉴定机构应当严格遵守这些规定。此外,最高人民法院、最高人民检察院就有关法律所作的司法解释中,对司法鉴定问题也有一些规定,这些规定对鉴定人和鉴定机构也具有约束力。

2. 遵守职业道德和职业纪律。

鉴定人和鉴定机构从事司法鉴定业务,其所提供的鉴定意见经常会对当事人的合法权益产生重大影响,一份错误的鉴定意见有可能会导致不应负刑事责任的人被判刑,或者使当事人遭受数额巨大的经济损失。提高鉴定人和鉴定机构的道德水平,增强对鉴定人和鉴定机构的纪律约束,加强鉴定人的职业责任感,对于维护司法鉴定领域的健康发展,保护当事人的合法权益,促进司法公正,提高社会的诚信度,都具有重大意义。因此,遵守职业道德和职业纪律,是鉴定人和鉴定机构的一项重要义务。鉴定人在从事司法鉴定业务时应当认真负责,绝不能为了私利搞"人情鉴定"、"关系鉴定",更不能作虚假鉴定,损害司法的公正性。

3. 尊重科学。

司法鉴定时鉴定人运用科学技术或者专门知识对诉讼涉及的专门性问题进行鉴别和判断并提供鉴定意见的活动。鉴定人都是掌握一定科学技术或者专门知识,并以之为各类诉讼提供服务的人。科学性事司法鉴定活动的一个重要特征。鉴定人和鉴定机构在从事司法鉴定业务时,必须尊重科学,不能主观臆断或者凭借想当然进行鉴定,也不能屈从于个别领导或者部门对鉴定工作的干预,而损害鉴定工作的科学性、客观性。

4. 遵守技术操作规范。

对诉讼中的专门性问题进行司法鉴定是一项具有高度技术性的工作。不同的鉴定种类和鉴定项目,都有各自的技术操作规范和操作程序。技术操作规范对于保证鉴定意见的准确性具有决定性的作用。如果不严格遵守司法鉴定的技术操作规范,就很难保证鉴定意见的科学性和准确性,从而影响案件裁决的正确性。人民法院对于违反技术操作规范,可能影响鉴定意见准确性的,应当不予以采纳,在必要时可以重新鉴定。因此,遵守技术操作规范,也是鉴定人和鉴定机构的一项重要义务。

十三、鉴定人或者鉴定机构有违反本决定规定行为的，由省级人民政府司法行政部门予以警告，责令改正。

鉴定人或者鉴定机构有下列情形之一的，由省级人民政府司法行政部门给予停止从事司法鉴定业务三个月以上一年以下的处罚；情节严重的，撤销登记：

（一）因严重不负责任给当事人合法权益造成重大损失的；

（二）提供虚假证明文件或者采取其他欺诈手段，骗取登记的；

（三）经人民法院依法通知，拒绝出庭作证的；

（四）法律、行政法规规定的其他情形。

鉴定人故意作虚假鉴定，构成犯罪的，依法追究刑事责任；尚不构成犯罪的，依照前款规定处罚。

〔释义〕本条是关于鉴定人和鉴定机构的法律责任的规定。本条共分三款。

本条第1款是关于鉴定人和鉴定机构有违反本决定规定行为的处罚规定。本条所规定的处罚对象有两种；一是鉴定人；二是鉴定机构。无论是鉴定人，还是鉴定机构，有违反本决定规定行为的，都应当予以处罚。如果违反本决定规定的行为全部是鉴定人个人的责任，则处罚个人；如果属于鉴定机构的责任，则处罚鉴定机构。本条所规定的处罚主体是省级人民政府司法行政部门。除省级人民政府司法行政部门外，其他国家机关以及其他各级人民政府司法行政部门都不能依照本条的规定对鉴定人或者鉴定机构予以处罚。根据本款的规定，鉴定人或者鉴定机构有违反本决定规定行为的，由省级人民政府司法行政部门予以警告，责令改正。

本条第2款是关于鉴定人和鉴定机构有严重违法情形的处罚规定。本款共规定了以下四种严重的违法情形：

1. 因严重不负责任给当事人合法权益造成重大损失的。

这里所规定的"严重不负责任"，是指鉴定人或者鉴定机构由于疏忽大意，管理混乱等原因，造成检材丢失、检材受污染、延误鉴定、错误鉴定等。"给当事人合法权益造成重大损失"，是指由于检材丢失、检材受污染、延误鉴定、错误鉴定等原因，造成当事人无法起诉、无法应诉、严重损害其诉讼实体利益甚至造成败诉等结果，其合法权益损失重大的。

2. 提供虚假证明文件或者采取其他欺诈手段，骗取登记的。

根据本决定第2条的规定，国家对从事法医类鉴定、物证类鉴定、声像资料鉴定以及根据诉讼需要由国务院司法行政部门商最高人民法院、最高人民检察院确定的其他应当对鉴定人和鉴定机构实行登记管理的鉴定事项的鉴定人和鉴定机构,实行登记管理制度。本决定第4条、第5条分别对申请登记的鉴定人的条件和申请登记的鉴定机构的条件作出了具体明确的规定。根据本决定第6条的规定,申请登记的鉴定人和鉴定机构,只有经省级人民政府司法行政部门审核,符合条件的,才能被予以登记,编入鉴定人和鉴定机构名册并公告。本决定作这样的规定,主要是考虑到鉴定意见是诉讼中的重要证据,在有些案件中,对于诉讼的结果往往起到至关重要的作用。因此,国家针对上述诉讼中常见的鉴定项目实行登记管理制度,并规定较高的准入条件,有利于保证鉴定人和鉴定机构必要的素质水平,更好地为诉讼当事人服务,保障诉讼活动的顺利进行。通过提供虚假文件或者采取其他欺诈手段骗取登记的行为,损害了国家对鉴定人和鉴定机构的登记管理制度,并构成了损害当事人合法权益,影响诉讼顺利进行的隐患,必须依法予以处罚。

3. 经人民法院依法通知,拒绝出庭作证的。

本决定第11条规定:“在诉讼中,当事人对鉴定意见有异议的,经人民法院依法通知,鉴定人应当出庭作证。”根据这一规定,遵照人民法院的通知出庭作证,是鉴定人的一项重要的义务。鉴定意见,是鉴定人根据自己的认识和判断对诉讼中某个问题提出的一种证据。当诉讼当事人对鉴定意见提出异议时,鉴定人应当出庭接受当事人的提问和质询,说明自己作出鉴定的正确性和可靠性。这也是诉讼法律规定的证据必须经过法庭当庭质证的基本要求。鉴定人不履行这一义务的,应当予以处罚。这里所说的“拒绝出庭作证”,是指经人民法院依法通知后,鉴定人没有正当理由拒绝出庭或者在法庭上拒绝作证的行为。如果鉴定人因为突发疾病或者其他自己无法控制的原因等,无法按照人民法院通知中指明的时间出席法庭,不能认定是这里所规定的违法行为而予以处罚。

4. 法律、行政法规规定的其他情形。

除了本决定外,其他的法律以及国务院制定的行政法规,也可能对鉴定人和鉴定机构的严重违法情形甚至犯罪行为作出规定,也可以依照本款的规定予以处罚。需要注意的是,根据本条第3款的规定,鉴定人故意作虚假鉴定,尚不构成犯罪的,也要依照本款的规定处罚。

根据本款的规定,鉴定人或者鉴定机构有本款规定的四种情形之一,或者故意作虚假鉴定,尚不构成犯罪的,由省级人民政府司法行政部门给予停止从事司法鉴定业务3个月以上1年以下的处罚;情节严重的,撤销登记。这里所规定的“情节严重”,是指有上述四种情形之一,并具备严重情节的,如给当事人合法权益造成特别重大损失的,完全不具备本决定规定的条件而伪造有关证明文件骗取登记的,有多次多种严重违法情形的,以及有严重违法情形,影响特别恶劣的,等等。对于撤销登记的，应当及时将被撤销登记的鉴定人或者鉴定机构的名单在鉴定人和鉴定机构名册中予以清除，并进行公告。

本条第3款是关于鉴定人的刑事责任的规定。根据本款的规定，鉴定人故意作虚假鉴定，构成犯罪的，依法追究刑事责任。我国刑法第305条规定："在刑事诉讼中，证人、鉴定人、记录人、翻译人对与案件有重要关系的情节，故意作虚假证明、鉴定、记录、翻译，意图陷害他人或者隐匿罪证的，处三年以下有期徒刑或者拘役；情节严重的，处三年以上七年以下有期徒刑。"本款同时规定，鉴定人故意作虚假鉴定，尚不构成犯罪的，依照本条第2款的规定处罚。这里所说的"尚不构成犯罪"，是指鉴定人故意作虚假鉴定，但依照刑法第305条的规定，尚不构成犯罪的，如在民事或者行政诉讼中故意作虚假鉴定的，对与案件没有重要关系的情节故意作虚假鉴定的，等等。对于鉴定人由于过失造成错误鉴定的，不属于本款规定的范围。但如果其过失属于严重不负责任，并给当事人的合法权益造成重大损失的，则属于本条第2款所规定应予以处罚的情形，应当依照本条第2款的规定予以处罚。

十四、司法行政部门在鉴定人和鉴定机构的登记管理工作中，应当严格依法办事，积极推进司法鉴定的规范化、法制化。对于滥用职权、玩忽职守，造成严重后果的直接责任人员，应当追究相应的法律责任。

〔释义〕本条是关于司法行政部门在鉴定人和鉴定机构的登记管理工作中应当严格依法办事，推进司法鉴定工作规范化、法制化的规定。

司法行政部门在鉴定人和鉴定机构的登记管理工作中，应当严格依法办事，积极推进司法鉴定的规范化、法制化。这是对司法行政部门及其工作人员在鉴定人和鉴定机构的登记管理工作中的基本要求。根据本法规定，负责登记管理工作的司法行政部门是指国务院司法行政部门和省级人民政府司法行政部门。国务院司法行政部门主管全国的鉴定人和鉴定机构的登记管理工作，其职责主要是通过制定规范性文件实现管理活动，这是促进司法鉴定工作的规范化和法制化的基础性工作。如根据需要会同有关部门起草、制定有关司法鉴定登记管理工作的具体规则或规定，从司法鉴定执业分类标准、司法鉴定技术操作标准、司法鉴定程序标准、实验室及鉴定仪器设备标准、鉴定文书标准、鉴定收费标准等方面具体规范司法鉴定管理工作，以纠正目前司法鉴定管理工作比较混乱的问题。省级人民政府司法行政部门依照本决定的规定，以及国务院司法行政部门作出的有关登记管理方面的具体规定，具体负责对鉴定人和鉴定机构的登记、名册编制和公告工作。

司法行政部门在对鉴定人和鉴定机构的登记管理工作中，无论是制定规范性管理文件，还是做具体的登记管理工作，都应当严格依法办事。对于在登记管理工作中司法行政部门工作人员滥用职权、玩忽职守,造成严重后果的,应当追究其相应的法律责任。“滥用职权”是指国家机关工作人员违反法律规定的权限和程序,滥用职权或者超越职权的行为。“玩忽职守”是指国家机关工作人员不履行、不正确履行或者放弃履行其职责的行为。“相应的法律责任”是指根据造成的严重后果分别情况追究行为人的刑事责任、行政责任等。“造成严重后果”包括刑法意义上和其他法律意义上的严重后果。刑法意义上造成严重后果是指上述行为致使公共财产、国家和人民利益遭受重大损失,构成犯罪的。刑法第397条规定:“国家机关工作人员滥用职权或者玩忽职守,致使公共财产、国家和人民利益遭受重大损失的,处三年以下有期徒刑或者拘役;情节特别严重的,处三年以上七年以下有期徒刑。本法另有规定的,依照规定。”“国家机关工作人员徇私舞弊,犯前款罪的,处五年以下有期徒刑或者拘役;情节特别严重的,处五年以上十年以下有期徒刑。本法另有规定的,依照规定。”在鉴定人和鉴定机构的登记管理工作中,司法行政部门工作人员有滥用职权、玩忽职守行为,如将不符合条件的个人或单位予以注册登记,致使在一些重大案件的鉴定工作中出现假鉴定、错误鉴定,使公共财产、国家和人民利益遭受重大损失的,应当依照刑法按滥用职权罪或玩忽职守罪追究其刑事责任。其他法律意义上的造成严重后果,主要是指上述行为尚未构成犯罪的,应当按照有关法律规定,对有关的责任人员给予行政处分或追究相应的责任。根据有关规定,需要给予行政处分的,可以区分不同情况,给予直接责任人员警告、记过、记大过、降级处分,甚至撤职、开除的处分。

十五、司法鉴定的收费项目和收费标准由国务院司法行政部门商国务院价格主管部门确定。

〔释义〕本条是关于司法鉴定的收费项目和收费标准如何确定的规定。

健全和完善司法鉴定收费制度,对于保证司法鉴定的顺利开展、保障当事人的合法权益有着重要意义。司法实践中,鉴定收费问题一直比较混乱,难以统一,虽然有的部门和地方作出一些规定,但执行中存在的问题较多,有的鉴定部门单纯追求经济效益,收费标准定得不合理,有的定得过高。这个问题处理不好,往往会加重当事人的经济负担,使普通老百姓“打官司”更加困难。因此,要根据有利于保护当事人诉讼权益、方便群众“打官司”的原则,以及根据刑事诉讼、民事诉讼和行政诉讼的特点,分别情况来确定司法鉴定的收费项目和收费标准,以保障当事人的诉讼权利和诉讼的顺利进行。必要时可考虑建立援助制度,通过援助制度,帮助确有困难,无力支付鉴定费用的诉讼当事人。

本法授权国务院司法行政部门在商得国务院价格主管部门同意后,确定司法鉴定的收费项目和收费标准。“收费项目”是指某一种类司法鉴定中具体的鉴定项目，如物证类鉴定包括文书鉴定、痕迹鉴定和微量鉴定，文书鉴定又细分为笔迹鉴定、印章鉴定等。“收费标准”是指司法鉴定中针对鉴定项目的收费标准。根据《中华人民共和国价格法》的规定，具体的收费项目和收费标准，应当以明示的方式向社会公布。

十六、对鉴定人和鉴定机构进行登记、名册编制和公告的具体办法，由国务院司法行政部门制定，报国务院批准。

〔释义〕本条是关于制定鉴定人和鉴定机构登记、名册编制和公告的具体办法的规定。

为了加强对鉴定人和鉴定机构的管理，适应司法机关和公民、组织进行诉讼的需要，保障诉讼活动的顺利进行，本决定第2条规定，国家对从事法医类鉴定、物证类鉴定、声像资料鉴定以及根据诉讼需要由国务院司法行政部门商最高人民法院、最高人民检察院确定的其他鉴定事项的鉴定人和鉴定机构实行登记管理制度。本决定第3条规定，国务院司法行政部门主管全国鉴定人和鉴定机构的登记管理工作，省级人民政府司法行政部门依照本决定的规定，负责对鉴定人和鉴定机构的登记、名册编制和公告。将司法鉴定登记、名册编制和公告的工作统一由司法行政部门管理，对于规范鉴定人和鉴定机构设置的范围，便于社会进行监督，以及加强鉴定人和鉴定机构对自身的约束和管理具有重要的意义。对鉴定人和鉴定机构如何进行登记、名册编制和公告的工作，以及如何根据鉴定人和鉴定机构的增加和撤销登记情况，定期更新名册，都需要有关部门作出具体的规定，以便于操作。本条对此作出规定，对鉴定人和鉴定机构进行登记、名册编制和公告的具体方法，由国务院司法行政部门制定，即司法部制定有关鉴定人和鉴定机构登记、名册编制和公告的具体实施办法，并报请国务院予以批准。

十七、本决定下列用语的含义是：

（一）法医类鉴定。包括法医病理鉴定、法医临床鉴定、法医精神病鉴定、法医物证鉴定和法医毒物鉴定。

（二）物证类鉴定，包括文书鉴定、痕迹鉴定和微量鉴定。

（三）声像资料鉴定，包括对录音带、录像带、磁盘、光盘、图片等载体上记录的声音、图像信息的真实性、完整性及其所反映的情况过程进行的鉴定和对记录的声音、图像中的语言、人体、物体作出种类或者同一认定。

〔释义〕本条是关于法医类鉴定、物证类鉴定和声像资料鉴定含义的规定。本条共分为三项。

本条第1项是关于法医类鉴定含义的规定。根据本项规定，法医类鉴定，包括法医病理鉴定、法医临床鉴定、法医精神病鉴定、法医物证鉴定和法医毒物鉴定。这是根据当时我国司法鉴定的专业设置情况、学科发展方向、技术手段、检验和鉴定内容,并参考国际惯例而制定的。

"法医病理鉴定",俗称尸体鉴定。参考目前国内的有关规定,法医病理鉴定,是指运用法医病理学的理论和技术,通过尸体外表检查、尸体解剖检验、组织切片观察、毒物分析和书证审查等,对涉及与法律有关的医学问题进行鉴定或推断。其主要内容包括:死亡原因鉴定、死亡方式鉴定、死亡时间推断、致伤(死)物认定、生前伤与死后伤鉴别、死后个体识别等。刑事诉讼法第104条规定:"对于死因不明的尸体,公安机关有权决定解剖,并通知死者家属到场。"公安部关于《刑事案件现场勘查规则》规定:"勘验有尸体的现场,必须有法医参加,尸体检验要求做到:详细检查死者的衣着情况,尸体的外表现象以及伤痕的形状、大小和位置;根据需要,捺印十指指纹和掌纹,提取血、尿、胃内容等;对无名尸体的相貌特征,生理、病理特征,以及衣着、携带物品和尸体包装物的特征,进行细致检查,详细记载,并一律捺印十指指纹和掌纹。"法医病理鉴定主要涉及以下内容:一是确定死亡原因,主要在于确定自然死亡(病死或老死)还是非自然死亡(暴力死亡),在同时存在损伤与疾病时,要分析损伤、疾病与死亡的关系,对于存在几种致命性损伤,应确定主要死因,以便澄清谁应负主要致死责任。二是判定致死方式,即判定是他杀、自杀还是意外死亡,判定致死方式要比确定死亡原因复杂,常须结合现场勘验和案情调查进行全面分析,然后作出判断。三是推断死亡时间,是指人死后到尸体检验的时间,推定死亡时间有助于侦查范围的确定,主要根据尸体现象所见和对生物化学变化的检测,结合当时当地的气象条件进行综合判断。四是认定致死伤物体,主要是根据损伤的形态、大小、程度及其他性质,如损伤内的附着物来推定的,或对咬痕、扼痕、捆绑痕、注射针孔以及各种工具打击痕迹等的性质、形成方式和方法来判断。五是鉴别生前伤与死后伤,即推断死者损伤是生前造成的还是死后形成的,以及生前损伤后经过的时间。在鉴定中,还可通过骨骼、牙、毛发的检验推定死者的性别、身高、年龄、血型等。

"法医临床鉴定",俗称活体损伤鉴定。法医临床鉴定,是指运用法医临床学的理论和技术,对涉及与法律有关的医学问题进行鉴定和评定。其主要内容包括:人身损伤程度鉴定、损伤与疾病关系评定、道路交通事故受伤人员伤残程度评定、职工工伤与职业病致残程度评定、劳动能力评定、活体年龄鉴定、性功能鉴定、诈病(伤)及造作病(伤)鉴定、致伤物和致伤方式推断等。刑事诉讼法第105条规定:"为了确定被害人、犯罪嫌疑人的某些特征、伤害情况或者生理状态,可以对人身进行检查。被告人如果拒绝检查,侦查人员认为有必要的时候,可以强制检查。检查妇女的身体,应当由女工作人员或者医师进行。"活体损伤的鉴定是以活体为主要研究对象,运用临床医学的理论与技术,研究并解决涉及法律问题的人体伤、残及其他生理、病理等问题。法医临床鉴定主要涉及以下内容:一是损伤程度的鉴定。这是活体检查中最常见的内容,确定损伤的性质与程度、推定致伤物体与作用方式、估价损伤的预后及可能发生的后遗症。其中的损伤程度鉴定直接关系到定罪与量刑,民事赔偿和治安行政处罚。根据损伤的严重程度分为重伤、轻伤和轻微伤。二是伤残程度与劳动能力鉴定。鉴定时须参考与残疾程度鉴定有关的法规,主要有道路交通事故伤残十级分类法,职业伤与职业病致残程度鉴定标准,人身保险伤残程度分类表等。三是性问题鉴定,检验是否被强奸,有无性病传染,有无妊娠分娩,是否堕胎,确定性功能状态。四是疾病的诊察确定现有疾病与损伤的因果关系。疾病是否由损伤所引起,或原有疾病因损伤而加重、恶化。五是诈病(伤)及造作病(伤)鉴定,诈病是身体健康的人为了达到个人目的伪装有病,如伪装肢体瘫痪或伪装精神病,造作病是故意毁损自己或授意别人毁损自己造成的损伤或疾病。活体损伤鉴定,主要是根据伤病的具体情况选择应用相应的临床医学诊断方法,如采用视觉、听觉脑干诱发电位、CT、核磁共振、PET 等检查方法,但应当注意的是在法医学鉴定中被检查者出于各自的动机,有可能夸大病情或伤情,也有可能隐匿病情或伤情,所以,要以客观检查为主,探讨各种症状,对被检查者的陈述和症状进行审查,才能保证鉴定的客观、公正。

“法医精神病鉴定”,是指运用司法精神病学的理论和方法,对涉及与法律有关的精神状态、法定能力(如刑事责任能力、受审能力、服刑能力、民事行为能力、监护能力、被害人自我防卫能力、作证能力等)、精神损伤程度、智能障碍等问题进行鉴定。民法通则第 13 条规定:“不能辨认自己行为的精神病人是无民事行为能力人,由他的法定代理人代理民事活动。不能完全辨认自己行为的精神病人是限制民事行为能力人,可以进行与他的精神健康状况相适应的民事活动;其他民事活动由他的法定代理人代理,或者征得他的法定代理人的同意。”刑法第 18 条规定:“精神病人在不能辨认或者不能控制自己行为的时候造成危害结果,经法定程序鉴定确认的,不负刑事责任,但是应当责令他的家属或者监护人严加看管和医疗;在必要的时候,由政府强制医疗。间歇性的精神病人在精神正常的时候犯罪,应当负刑事责任。尚未完全丧失辨认或者控制自己行为能力的精神病人犯罪的,应当负刑事责任,但是可以从轻或者减轻处罚。”刑事诉讼法第 48 条规定:“凡是知道案件情况的人,都有作证的义务。生理上、精神上有缺陷或者年幼,不能辨别是非、不能正确表达的人,不能作证人。”行政处罚法第 26 条规定:“精神病人在不能辨认或者不能控制自己行为时有违法行为的,不予行政处罚,但应当责令其监护人严加看管和治疗。间歇性精神病人在精神正常时有违法行为的,应当给予行政处罚。”治安管理处罚条例第10条规定:“精神病人在不能辨认或者不能控制自己行为的时候违反治安管理的,不予处罚,但是应当责令其监护人严加看管和治疗。间歇性的精神病人在精神正常的时候违反治安管理的,应予处罚。”精神病鉴定的目的在于确定行为人是否具有刑事责任能力和民事行为能力,判断有无责任能力。对精神病的鉴定首先是从临床精神病学的基础出发,全面检查分析,确定有无精神病,同时从法律的角度确定犯罪时的精神状态及严重程度和它与犯罪的因果关系两方面考虑,具体判断标准如下:一是不能辨认自己的行为,一个人虽患有精神疾病,但如果仍有辨认自己行为的能力,还是要负相应的刑事责任。二是不能控制自己的行为,即虽可能有辨认能力但丧失了控制能力,其行为已无法受到主观意识的支配和控制。三是必须是在发生危害行为的当时处于不能辨认或者不能控制自己行为的状态。四是在精神疾病的间歇期或是疾病缓和期出现危害行为的,因其精神活动已恢复正常,即不能评定为无责任能力。五是处于智能缺损状态,即尚未完全丧失辨认或者控制自己行为能力的状态,应当在一定程度上负刑事责任。

“法医物证鉴定”,俗称人体物证鉴定。法医物证鉴定,是指运用免疫学、生物学、生物化学、分子生物学等的理论和方法,利用遗传学标记系统的多态性对生物学检材的种类、种属及个体来源进行鉴定。其主要内容包括:个体识别、亲子鉴定、种族和种属认定等。在法医工作和日常生活中需要进行个体识别的情况很多,在尸体方面,交通事故的遇难者、路上突然死亡者或无名尸体、凶杀后移尸案件、碎尸或尸体毁容案件、江湖河海的浮尸、车船及飞机失事遭致多人伤亡、执行死刑时验明正身等都需要进行个体识别。活体方面,有因年幼失散、拐骗敲诈或追捕罪犯等也要进行个体识别,以确定身份。此外,亲子鉴定也是十分重要的,即应用医学和生物学的理论和技术,通过对遗传特征的检验来判断所称父母与子女是否有亲缘关系。DNA是细胞基本遗传物质,通常可通过DNA的分析来判断亲生关系。

“法医毒物鉴定”,是指运用法医毒物学的理论和方法,结合现代仪器分析技术,对体内外未知毒(药)物、毒品及代谢物进行定性、定量分析,并通过对毒物毒性、中毒机理、代谢功能的分析,结合中毒表现、尸检所见,综合作出毒(药)物中毒的鉴定。毒物是在一定条件下,以较小剂量给予时,可与生物体相互作用,引起生物体功能性或器质性损害的化学物。毒物鉴定的意义在于澄清死亡案件的性质,在法医检案工作中,常遇到突然死亡、死因不明的案件,通过法医毒化分析,区分是中毒死亡还是因病猝死。毒物,广泛地说还包括毒品,是指某些物质,其少量进入人体或者动物体后,被体内消化产生物理反应或者化学反应,侵害机体的组织和器官，破坏机体正常的生理功能，引起功能障碍、组织损伤，甚至危及生命造成死亡的那些物质。根据毒理学原理，毒物可分为腐蚀性毒物，如硫酸、盐酸、硝酸、苯酚、氢氧化钠、氨及氢氧化氨等；毁坏性毒物，能引起生物体器质损害的毒物，如砷、汞、钡、铅、铬、镁、其他重金属盐类等；障碍功能的毒物，如阿托品、可卡因、甲醇、安定药、苯丙胺、氰化物、亚硝酸盐和一氧化碳；农药，如有机磷、有机氮、百菌清、百草枯、溴甲烷等；杀鼠剂，如磷化锌、敌鼠强、杀鼠灵等；有毒植物，如乌头、钩吻、曼陀罗、夹竹桃等；有毒动物，如蛇毒、河豚、蟾蜍、蜂毒等；细菌及霉菌性毒素，如沙门菌、肉毒、葡萄球菌、黄曲霉素、黑斑病甘薯等。在司法实践中，经常会遇到毒物的鉴定问题，一般在投毒、自杀、意外中毒、走私、吸毒、贩毒、种毒等案件中，会遇到毒物的鉴定问题。毒物鉴定首先要详细了解中毒经过、临床症状、尸体解剖所见、检材的种类和数量等，通过对毒物分析，来判定是否中毒、是否是中毒死亡、是何种毒物、通过何种途径、何时进入体内引起中毒的。

本条第 2 项是关于物证类鉴定含义的规定。根据本项规定，物证类鉴定，包括文书鉴定、痕迹鉴定和微量鉴定。

“文书鉴定”，是指运用文件检验学的原理和技术，对文书的笔迹、印章、印文、文书的制作及工具、文书形成时间等问题进行鉴定。文书，是指公文和书信，但在实际办案中作为证据的文书往往超出了公文和书信的范围，如车票、船票、飞机票、发票、收据、人民币等，其内容的真伪及制作方法都需要进行鉴别。文书鉴定是对案件中涉及的文字书写、文字制作、文书物证反映的具体内容、文书的制作方法、文书的真假等有关问题的分析、鉴别、认定等活动。文书鉴定不仅在分析案情、缩小调查范围、明确案件的调查方向、认定犯罪嫌疑人等方面可以提供证据。文书鉴定包括笔迹鉴定，伪造、变造文书鉴定，打印、复印、印刷文书鉴定，文书物质材料鉴定，文书制作时间鉴定。笔迹是书写人利用笔或其他书写工具，写在纸张或者其他材料上，反映书写人书写习惯特征的一种文字符号。由于每个人生理特征、心理因素和学习写字时的方式、方法、环境、条件的不同，由这些因素所决定的书写习惯也不相同。笔迹鉴定的主要目的是，确定遗留在文书物证上的字迹是否为某人所留，以及确认遗留在不同地方的字迹是否为一人所写。伪造、变造文书是指按照一定真实的样本，或者根据个人的特殊需要，利用各种技术方法设计、制造的文书，或者采用挖补、擦刮、改写、填写、消退、改换、拼接等手段，对真实文书进行的伪造。在司法鉴定中，经常遇到的伪造文书有伪造护照、身份证、有价证券、人民币、外币、介绍信、票据等。对文书的鉴定主要通过对检材与真样的比照检验来进行，要比较制作版型，还要从版面内容如图案、文字、印文、底纹、印刷油墨、纸张以及防伪材料等方面来进行鉴别。为了更好地观察和比较文书中的一些细小特征,检验人员需要借助显微镜、比对投影仪、紫外线灯或其他专门鉴别仪器进行鉴别。可疑文书被确定为伪造的之后,有时还需要进一步确定具体的伪造方法,为侦查提供方向,为抓获犯罪嫌疑人提供线索。随着办公现代化的发展,电脑、打印机、复印机等已广泛运用于人们的日常学习、工作和生活中。目前,在案件侦查过程中,已开始对制作文书的打印机、复印机进行认定。在案件调查中,对文书物质材料的鉴定,对确定侦查方向,缩小侦查范围,查缉犯罪嫌疑人具有重要意义。文书物质材料是指制作文书所使用的纸张、墨水、油墨、印油等材料。

"痕迹鉴定",是指运用痕迹学的原理和技术,对有关人体、物体形成痕迹的同一性及分离痕迹与原整体相关性等问题进行鉴定。运用枪械学、弹药学、弹道学的理论和技术,对枪弹及射击后的残留物、残留物形成的痕迹、自制枪支和弹药及杀伤力进行鉴定。痕迹是指由于人、动物或者其他物体的运动,在物质性客体上形成的物体的移动、物质增减、形态结构改变等物质性变化。现在痕迹鉴定仍然在各种诉讼活动中广泛运用,几乎所有的现场都会涉及痕迹的鉴定问题。在诉讼活动中,最常见的痕迹鉴定主要有指纹鉴定、足迹鉴定、工具痕迹鉴定和枪弹痕迹鉴定等。指纹是指手指上的乳突线花纹。指纹具有人各不同,触物留痕、排列规律和终身不变的特征。由于指纹上布满了汗腺并不断分泌着汗液,往往还从其他物体上沾有油脂、油漆、灰尘、血迹等,当其接触物体时,就必然留下指纹,而且指纹的稳定性非常突出,一旦形成,终身都不会改变。指纹在诉讼中有"证据之王"的誉称,通过指纹鉴定可以直接认定遗留指纹的个人。近些年来,虽然一些作案人反侦查意识增强,但随着计算机、激光等高科技仪器的发展和运用,指纹发现、显现、提取和比对技术也有了飞跃,大大提高了指纹在司法活动中的证据作用。在刑事诉讼中,通过对指纹的分析和识别,可以为分析案情、为串并联案件,以及为认定犯罪嫌疑人提供方向和证据。足迹是人们在站立和行走时,与地面或其他承受面接触形成的脚掌或鞋、袜等形象痕迹。足迹是刑事案件调查中经常使用的一种重要物证。足迹有两大类特征:一是足迹的形象特征,即单个足迹所反映的赤脚、鞋或袜外表结构特征;一是足迹的步伐特征,即单个或成趟足迹,反映人的行走习惯规律的特征,这些特征是经过长期练习和反复实践形成并固定下来的,由于性别、年龄、身高、体重、职业、步行姿势等各种因素的不同,每个人所反映出的步伐特征也不一样。通过对足迹的分析鉴定,可以判断人的身高、年龄、体重、走路姿势等,还可以分析遗留的时间、作案人逃跑的方向等,在条件较好时,通过足迹循迹追踪,或将足迹作为警犬嗅源,直接抓获或认定犯罪嫌疑人。工具痕迹是指利用工具破坏物体或者打击人体时,在物体或人体上形成的痕迹。工具痕迹是犯罪现场上最常见的一种痕迹,作案人使用改锥、钳子撬门压锁、剪切障碍物都会留下工具痕迹。通过对工具痕迹的分析、鉴定,可以确定作案手段,分析作案人的个人行为特征,为案件性质的确定,为侦查方向的确立提供证据。枪弹痕迹是指枪支在发射子弹的过程中形成的痕迹。它包括留在弹头、弹壳上的痕迹以及射击附带痕迹。子弹在击发时,通常要经过装弹、射击和排壳3个过程。在机械作用和弹药燃烧后产生的强大压力之下,弹头、弹壳与枪支机件会产生强烈摩擦,从而在弹头、弹壳上形成反映枪管内壁、弹匣口、击针等形象痕迹。在子弹被击发时,伴随着弹头穿射目的物,从枪管喷出的枪油、未燃尽火药、烟垢等微量物质,往往会附着在弹壳壁内部和目的物的弹头入射口表面,这些微量物质就会形成痕迹。通过对枪弹痕迹的分析,可以判断发射枪支的种类,认定发射枪支;还可以判断作案人的射击距离、射击角度、射击顺序,确定案件的性质,为侦查提供方向。

"微量鉴定",是指运用物理学、化学和仪器分析等方法,通过对有关物质材料的成分及其结构进行定性、定量分析,对检材的种类、检材和嫌疑样本的同类性和同一性进行鉴定。在现场或其他与案件有关地点,提取到的各种量小体微的物质,都有可能成为微量物证。在当今刑事犯罪中,作案人作案手段和方法日益狡猾,事前精心策划、事中处处伪装、事后极力破坏,在犯罪现场很难提取到明显的痕迹物证,由于微量物证具有体小量微,在现场容易留下,但不易被注意的特点,往往使作案人不能破坏或伪装。随着现场勘查技术和微量物证分析技术的快速发展,微量物证的范围及作用正在不断扩大。在司法实践中,常见的微量物证鉴定有爆炸残留物、射击残留物、纵火物证、泥土、灰尘、粉尘、玻璃或金属残渣等物证的鉴定,还有纤维、纺织品、塑料、橡胶、油脂、涂料等物证的鉴定。

本条第3项是关于声像资料鉴定含义的规定。

"声像资料鉴定",是指运用物理学和计算机学的原理和技术,对录音带、录像带、磁盘、光盘、片等载体上记录的声音、图像信息的真实性、完整性及其所反映的情况过程进行鉴定;并对记录的声音、图像中的语言、人体、物体作出种类或同一认定。

声像资料以其记载的信息起证明作用,但在很多情况下,需要通过鉴定才能揭示声像资料记载的信息与待证事实的联系并使之发挥证明作用。如录音资料可以证明人在有关事件中用语言表达的思想内容,录有嫌疑人在电话中勒索钱财的声音内容,录音资料可以作为证明嫌疑人实施犯罪行为的证明。对声像资料的鉴定主要是鉴定声像资料的真实性、完整性及其所反映的情况过程,以及对声像中的语言、人体、物体作出种类和同一的认定。认定种类的鉴定,其鉴定只表明检材与样本种类属性相同,或单独确定被认定客体的种属范围,不能肯定认定客体与被认定客体的同一关系。认定同一的鉴定,是运用物理学和计算机学的原理和技术,确定与案件有关的具体物的同一。根据声像资料在案件中记录下的反映有关客体特征的信息与案件发生后搜集到的作为样本的声像资料进行比较可以认定具体的人、物和有关情况。如在利用录音资料作为证据时,可能需要证明录音资料中的声音是否为某一特定的人所发出的问题。由于每个人说话时都有自己独特的语音习惯特征,并可通过录音资料反映出来,通过鉴定可以认定录音资料的具体内容是否为某一特定的人所说,从而为案件的调查和审理提供依据。声像资料记载的信息主要是以电磁方式或通过电磁方式转化为其他方式存在的。具体的记录方法有很多种,鉴定时需要根据具体记录方法保存信息的规律进行分析,找到有证据价值的信息,这种分析经常需要借助于一定的仪器设备,如要分辨模糊的录音材料中的语音信号或模糊录像资料中的图像信号就需要一定的语音或图像处理设备去除背景噪声等。

实际中使用的声像资料经常是经过复制的,利用一定的设备可以在复制的过程中对复制的信息进行删除和修改的处理。声像证据是否被复制修改对其证明力有重要影响,也是审查声像证据可靠性的重要方面。以录音资料为例,除了由于技术条件所限未记录下有意义的信息或无法分辨记录内容的情况外,原始的录音一般能够真实地反映实际中有关声音的情况。未经编制而复制的录音资料,根据复制的方式不同,可能有不同程度的失真。失真程度严重时,会影响到对其内容的分辨,甚至失去证据价值。但在一般情况下,复制的录音资料能真实地反应实际情况,采用数字信号记录并复制的录音资料,可以多次复制而不损失任何有用的信息,如果是经过编辑后复制的录音资料,虽然其中包含有价值的信息,但录制的内容可能被人为改变而不能反映事件发生时的真实情况,其证明力将会大大降低。对于录音资料是否曾经过编辑,可以通过鉴定解决。

十八、本决定自2005年10月1日起施行。

〔释义〕本条是关于本决定具体生效日期的规定。

法律的生效、实施时间,是指法律在全国范围内开始执行的起始时间。我国法律关于法律生效、实施的时间的规定,主要采取三种形式:一是直接在法中规定,本法自××年×月×日起施行;二是在法律条文中没有规定具体的生效时间,而是规定本法自公布之日起施行,即从公布之日为开始施行的时间;三是规定一个法律的生效日期要以另一个法律的生效日期为基础,如企业破产法(试行)规定,本法自全民所有制工业企业法实施满3个月之日起试行。《关于司法鉴定管理问题的决定》第18条规定:"本决定自2005年10月1日起施行。"也就是说本决定自2005年10月1日起开始发生法律效力,这可以归于上述第一种形式。

关于司法鉴定管理问题的决定是由第十届全国人大常委会第十四次会议于

2005年2月28日通过的，于2005年10月1日起开始实施。之所以作出这样的规定，一是决定规定的司法鉴定人和鉴定机构的登记管理体制，对现行登记管理体制做了重大改变。如将现行两套登记管理系统改为由司法行政部门统一登记管理的系统，这些都是我国鉴定工作管理体制上的重大变化，有关部门需要有一定的学习、了解的时间，需要有工作转型或转轨的准备时间。二是根据本决定的规定，对鉴定人和鉴定机构进行登记、名册编制和公布的具体办法，由国务院司法行政部门制定，报国务院批准，这也需要一定的时间。同时，司法行政部门对鉴定人和鉴定机构提出的申请进行审核，批准登记，直至公告，也需要一定的过程。这些准备工作都应当在决定实施之前进行完毕，以便从决定施行之日起，就有符合法定条件的鉴定人和鉴定机构为诉讼提供鉴定服务，避免出现立法和执法的"断档"现象。三是决定规定有关部门不得设立鉴定机构的，这些部门现有的鉴定机构如何转型，或者通过撤销、合并，改变其现有归属，也需要一段时间。因此，本决定规定，本决定自2005年10月1日起施行，为各部门的工作留出准备时间。司法鉴定问题，涉及刑事诉讼、民事诉讼和行政诉讼3大诉讼活动，其业务性较强，牵涉的单位和人员也较多，各有关部门要在工作程序上有一定的衔接和安排，需要各方面的通力合作，根据法律的原则规定，制定一套具体的操作规则，使法律得以顺利贯彻实施。

附录八:司法鉴定执业分类规定(试行)

(2000年11月29日司法部发布　司法通〔2000〕159号)

第一章　总　　则

第一条　为加强对面向社会服务的司法鉴定工作的管理,规范司法鉴定执业活动,根据面向社会服务的司法鉴定工作的实际需要,制定本执业分类规定。

第二条　本执业分类规定根据当前我国司法鉴定的专业设置情况、学科发展方向、技术手段、检验和鉴定内容,并参考国际惯例而制订。

第三条　本执业分类规定是确定面向社会服务的司法鉴定人职业(执业)资格和司法鉴定机构鉴定业务范围的依据。

第二章　分　　则

第四条　法医病理鉴定:运用法医病理学的理论和技术,通过尸体外表检查、尸体解剖检验、组织切片观察、毒物分析和书证审查等,对涉及与法律有关的医学问题进行鉴定或推断。其主要内容包括:死亡原因鉴定、死亡方式鉴定、死亡时间推断、致伤(死)物认定、生前伤与死后伤鉴别、死后个体识别等。

第五条　法医临床鉴定:运用法医临床学的理论和技术,对涉及与法律有关的医学问题进行鉴定和评定。其主要内容包括:人身损伤程度鉴定、损伤与疾病关系评定、道路交通事故受伤人员伤残程度评定、职工工伤与职业病致残程度评定、劳动能力评定、活体年龄鉴定、性功能鉴定、医疗纠纷鉴定、诈病(伤)及造作病(伤)鉴定、致伤物和致伤方式推断等。

第六条　法医精神病鉴定:运用司法精神病学的理论和方法,对涉及与法律有关的精神状态、法定能力(如刑事责任能力、受审能力、服刑能力、民事行为能力、监护能力、被害人自我防卫能力、作证能力等)、精神损伤程度、智能障碍等问题进行鉴定。

第七条　法医物证鉴定:运用免疫学、生物学、生物化学、分子生物学等的理论和方法,利用遗传学标记系统的多态性对生物学检材的种类、种属及个体来源进行鉴定。其主要内容包括:个体识别、亲子鉴定、性别鉴定、种族和种属认定等。

第八条　法医毒物鉴定:运用法医毒物学的理论和方法,结合现代仪器分析技术，对体内外未知毒（药）物、毒品及代谢物进行定性、定量分析，并通过对毒物毒性、中毒机理、代谢功能的分析，结合中毒表现、尸检所见，综合作出毒（药）物中毒的鉴定。

第九条　司法会计鉴定：运用司法会计学的原理和方法，通过检查、计算、验证和鉴证对会计凭证、会计帐簿、会计报表和其它会计资料等财务状况进行鉴定。

第十条　文书司法鉴定：运用文件检验学的原理和技术，对文书的笔迹、印章、印文、文书的制作及工具、文书形成时间等问题进行鉴定。

第十一条　痕迹司法鉴定：运用痕迹学的原理和技术，对有关人体、物体形成痕迹的同一性及分离痕迹与原整体相关性等问题进行鉴定。运用枪械学、弹药学、弹道学的理论和技术，对枪弹及射击后残留物、残留物形成的痕迹、自制枪支和弹药及杀伤力进行鉴定。

第十二条　微量物证鉴定：运用物理学、化学和仪器分析等方法，通过对有关物质材料的成份及其结构进行定性、定量分析，对检材的种类、检材和嫌疑样本的同类性和同一性进行鉴定。

第十三条　计算机司法鉴定：运用计算机理论和技术，对通过非法手段使计算机系统内数据的安全性、完整性或系统正常运行造成的危害行为及其程度等进行鉴定。

第十四条　建筑工程司法鉴定：运用建筑学理论和技术，对与建筑工程相关的问题进行鉴定。其主要内容包括：建筑工程质量评定、工程质量事故鉴定、工程造价纠纷鉴定等。

第十五条　声像资料司法鉴定：运用物理学和计算机学的原理和技术，对录音带、录像带、磁盘、光盘、图片等载体上记录的声音、图像信息的真实性、完整性及其所反映的情况过程进行鉴定；并对记录的声音、图像中的语言、人体、物体作出种类或同一认定。

第十六条　知识产权司法鉴定：根据技术专家对本领域公知技术及相关专业技术的了解，并运用必要的检测、化验、分析手段，对被侵权的技术和相关技术的特征是否相同或者等同进行认定；对技术转让合同标的是否成熟、实用，是否符合合同约定标准进行认定；对技术开发合同履行失败是否属于风险责任进行认定；对技术咨询、技术服务以及其他各种技术合同履行结果是否符合合同约定，或者有关法定标准进行认定；对技术秘密是否构成法定技术条件进行认定；对其他知识产权诉讼中的技术争议进行鉴定。

第三章 附 则

第十七条 本执业分类规定尚未确定具体类别称谓的司法鉴定由省级司法行政机关确定,报司法部备案。

第十八条 本执业分类规定由司法部负责解释。

第十九条 本执业分类规定自2001年1月1日起施行。

附录九：司法鉴定程序通则

（中华人民共和国司法部令第132号）

《司法鉴定程序通则》已经2015年12月24日司法部部务会议修订通过，现将修订后的《司法鉴定程序通则》发布，自2016年5月1日起施行。

部长　吴爱英

2016年3月2日

司法鉴定程序通则

第一章　总　　则

第一条　为了规范司法鉴定机构和司法鉴定人的司法鉴定活动，保障司法鉴定质量，保障诉讼活动的顺利进行，根据《全国人民代表大会常务委员会关于司法鉴定管理问题的决定》和有关法律、法规的规定，制定本通则。

第二条　司法鉴定是指在诉讼活动中鉴定人运用科学技术或者专门知识对诉讼涉及的专门性问题进行鉴别和判断并提供鉴定意见的活动。司法鉴定程序是指司法鉴定机构和司法鉴定人进行司法鉴定活动的方式、步骤以及相关规则的总称。

第三条　本通则适用于司法鉴定机构和司法鉴定人从事各类司法鉴定业务的活动。

第四条　司法鉴定机构和司法鉴定人进行司法鉴定活动，应当遵守法律、法规、规章，遵守职业道德和执业纪律，尊重科学，遵守技术操作规范。

第五条　司法鉴定实行鉴定人负责制度。司法鉴定人应当依法独立、客观、公正地进行鉴定，并对自己作出的鉴定意见负责。司法鉴定人不得违反规定会见诉讼当事人及其委托的人。

第六条　司法鉴定机构和司法鉴定人应当保守在执业活动中知悉的国家秘密、商业秘密，不得泄露个人隐私。

第七条 司法鉴定人在执业活动中应当依照有关诉讼法律和本通则规定实行回避。

第八条 司法鉴定收费执行国家有关规定。

第九条 司法鉴定机构和司法鉴定人进行司法鉴定活动应当依法接受监督。对于有违反有关法律、法规、规章规定行为的，由司法行政机关依法给予相应的行政处罚；对于有违反司法鉴定行业规范行为的，由司法鉴定协会给予相应的行业处分。

第十条 司法鉴定机构应当加强对司法鉴定人执业活动的管理和监督。司法鉴定人违反本通则规定的，司法鉴定机构应当予以纠正。

第二章 司法鉴定的委托与受理

第十一条 司法鉴定机构应当统一受理办案机关的司法鉴定委托。

第十二条 委托人委托鉴定的，应当向司法鉴定机构提供真实、完整、充分的鉴定材料，并对鉴定材料的真实性、合法性负责。司法鉴定机构应当核对并记录鉴定材料的名称、种类、数量、性状、保存状况、收到时间等。

诉讼当事人对鉴定材料有异议的，应当向委托人提出。

本通则所称鉴定材料包括生物检材和非生物检材、比对样本材料以及其他与鉴定事项有关的鉴定资料。

第十三条 司法鉴定机构应当自收到委托之日起七个工作日内作出是否受理的决定。对于复杂、疑难或者特殊鉴定事项的委托，司法鉴定机构可以与委托人协商决定受理的时间。

第十四条 司法鉴定机构应当对委托鉴定事项、鉴定材料等进行审查。对属于本机构司法鉴定业务范围，鉴定用途合法，提供的鉴定材料能够满足鉴定需要的，应当受理。

对于鉴定材料不完整、不充分，不能满足鉴定需要的，司法鉴定机构可以要求委托人补充；经补充后能够满足鉴定需要的，应当受理。

第十五条 具有下列情形之一的鉴定委托，司法鉴定机构不得受理：

（一）委托鉴定事项超出本机构司法鉴定业务范围的；

（二）发现鉴定材料不真实、不完整、不充分或者取得方式不合法的；

（三）鉴定用途不合法或者违背社会公德的；

（四）鉴定要求不符合司法鉴定执业规则或者相关鉴定技术规范的；

（五）鉴定要求超出本机构技术条件或者鉴定能力的；

（六）委托人就同一鉴定事项同时委托其他司法鉴定机构进行鉴定的；

（七）其他不符合法律、法规、规章规定的情形。

第十六条　司法鉴定机构决定受理鉴定委托的，应当与委托人签订司法鉴定委托书。司法鉴定委托书应当载明委托人名称、司法鉴定机构名称、委托鉴定事项、是否属于重新鉴定、鉴定用途、与鉴定有关的基本案情、鉴定材料的提供和退还、鉴定风险，以及双方商定的鉴定时限、鉴定费用及收取方式、双方权利义务等其他需要载明的事项。

第十七条　司法鉴定机构决定不予受理鉴定委托的，应当向委托人说明理由，退还鉴定材料。

第三章　司法鉴定的实施

第十八条　司法鉴定机构受理鉴定委托后，应当指定本机构具有该鉴定事项执业资格的司法鉴定人进行鉴定。

委托人有特殊要求的，经双方协商一致，也可以从本机构中选择符合条件的司法鉴定人进行鉴定。

委托人不得要求或者暗示司法鉴定机构、司法鉴定人按其意图或者特定目的提供鉴定意见。

第十九条　司法鉴定机构对同一鉴定事项，应当指定或者选择二名司法鉴定人进行鉴定；对复杂、疑难或者特殊鉴定事项，可以指定或者选择多名司法鉴定人进行鉴定。

第二十条　司法鉴定人本人或者其近亲属与诉讼当事人、鉴定事项涉及的案件有利害关系，可能影响其独立、客观、公正进行鉴定的，应当回避。

司法鉴定人曾经参加过同一鉴定事项鉴定的，或者曾经作为专家提供过咨询意见的，或者曾被聘请为有专门知识的人参与过同一鉴定事项法庭质证的，应当回避。

第二十一条　司法鉴定人自行提出回避的，由其所属的司法鉴定机构决定；委托人要求司法鉴定人回避的，应当向该司法鉴定人所属的司法鉴定机构提出，由司法鉴定机构决定。

委托人对司法鉴定机构作出的司法鉴定人是否回避的决定有异议的，可以撤销鉴定委托。

第二十二条　司法鉴定机构应当建立鉴定材料管理制度，严格监控鉴定材料的接收、保管、使用和退还。

司法鉴定机构和司法鉴定人在鉴定过程中应当严格依照技术规范保管和使用鉴定材料，因严重不负责任造成鉴定材料损毁、遗失的，应当依法承担责任。

第二十三条 司法鉴定人进行鉴定，应当依下列顺序遵守和采用该专业领域的技术标准、技术规范和技术方法：

（一）国家标准；

（二）行业标准和技术规范；

（三）该专业领域多数专家认可的技术方法。

第二十四条 司法鉴定人有权了解进行鉴定所需要的案件材料，可以查阅、复制相关资料，必要时可以询问诉讼当事人、证人。

经委托人同意，司法鉴定机构可以派员到现场提取鉴定材料。现场提取鉴定材料应当由不少于二名司法鉴定机构的工作人员进行，其中至少一名应为该鉴定事项的司法鉴定人。现场提取鉴定材料时，应当有委托人指派或者委托的人员在场见证并在提取记录上签名。

第二十五条 鉴定过程中，需要对无民事行为能力人或者限制民事行为能力人进行身体检查的，应当通知其监护人或者近亲属到场见证；必要时，可以通知委托人到场见证。

对被鉴定人进行法医精神病鉴定的，应当通知委托人或者被鉴定人的近亲属或者监护人到场见证。

对需要进行尸体解剖的，应当通知委托人或者死者的近亲属或者监护人到场见证。

到场见证人员应当在鉴定记录上签名。见证人员未到场的，司法鉴定人不得开展相关鉴定活动，延误时间不计入鉴定时限。

第二十六条 鉴定过程中，需要对被鉴定人身体进行法医临床检查的，应当采取必要措施保护其隐私。

第二十七条 司法鉴定人应当对鉴定过程进行实时记录并签名。记录可以采取笔记、录音、录像、拍照等方式。记录应当载明主要的鉴定方法和过程，检查、检验、检测结果，以及仪器设备使用情况等。记录的内容应当真实、客观、准确、完整、清晰，记录的文本资料、音像资料等应当存入鉴定档案。

第二十八条 司法鉴定机构应当自司法鉴定委托书生效之日起三十个工作日内完成鉴定。

鉴定事项涉及复杂、疑难、特殊技术问题或者鉴定过程需要较长时间的，经本机构负责人批准，完成鉴定的时限可以延长，延长时限一般不得超过三十个工作日。鉴定时限延长的，应当及时告知委托人。

司法鉴定机构与委托人对鉴定时限另有约定的，从其约定。

在鉴定过程中补充或者重新提取鉴定材料所需的时间，不计入鉴定时限。

第二十九条 司法鉴定机构在鉴定过程中,有下列情形之一的,可以终止鉴定:

(一)发现有本通则第十五条第二项至第七项规定情形的;

(二)鉴定材料发生耗损,委托人不能补充提供的;

(三)委托人拒不履行司法鉴定委托书规定的义务、被鉴定人拒不配合或者鉴定活动受到严重干扰,致使鉴定无法继续进行的;

(四)委托人主动撤销鉴定委托,或者委托人、诉讼当事人拒绝支付鉴定费用的;

(五)因不可抗力致使鉴定无法继续进行的;

(六)其他需要终止鉴定的情形。

终止鉴定的,司法鉴定机构应当书面通知委托人,说明理由并退还鉴定材料。

第三十条 有下列情形之一的,司法鉴定机构可以根据委托人的要求进行补充鉴定:

(一)原委托鉴定事项有遗漏的;

(二)委托人就原委托鉴定事项提供新的鉴定材料的;

(三)其他需要补充鉴定的情形。

补充鉴定是原委托鉴定的组成部分,应当由原司法鉴定人进行。

第三十一条 有下列情形之一的,司法鉴定机构可以接受办案机关委托进行重新鉴定:

(一)原司法鉴定人不具有从事委托鉴定事项执业资格的;

(二)原司法鉴定机构超出登记的业务范围组织鉴定的;

(三)原司法鉴定人应当回避没有回避的;

(四)办案机关认为需要重新鉴定的;

(五)法律规定的其他情形。

第三十二条 重新鉴定应当委托原司法鉴定机构以外的其他司法鉴定机构进行;因特殊原因,委托人也可以委托原司法鉴定机构进行,但原司法鉴定机构应当指定原司法鉴定人以外的其他符合条件的司法鉴定人进行。

接受重新鉴定委托的司法鉴定机构的资质条件应当不低于原司法鉴定机构,进行重新鉴定的司法鉴定人中应当至少有一名具有相关专业高级专业技术职称。

第三十三条 鉴定过程中,涉及复杂、疑难、特殊技术问题的,可以向本机构以外的相关专业领域的专家进行咨询,但最终的鉴定意见应当由本机构的司法鉴定人出具。

专家提供咨询意见应当签名,并存入鉴定档案。

第三十四条 对于涉及重大案件或者特别复杂、疑难、特殊技术问题或者多个鉴定类别的鉴定事项,办案机关可以委托司法鉴定行业协会组织协调多个司法鉴定机构进行鉴定。

第三十五条 司法鉴定人完成鉴定后,司法鉴定机构应当指定具有相应资质的人员对鉴定程序和鉴定意见进行复核;对于涉及复杂、疑难、特殊技术问题或者重新鉴定的鉴定事项,可以组织三名以上的专家进行复核。

复核人员完成复核后,应当提出复核意见并签名,存入鉴定档案。

第四章 司法鉴定意见书的出具

第三十六条 司法鉴定机构和司法鉴定人应当按照统一规定的文本格式制作司法鉴定意见书。

第三十七条 司法鉴定意见书应当由司法鉴定人签名。多人参加的鉴定,对鉴定意见有不同意见的,应当注明。

第三十八条 司法鉴定意见书应当加盖司法鉴定机构的司法鉴定专用章。

第三十九条 司法鉴定意见书应当一式四份,三份交委托人收执,一份由司法鉴定机构存档。司法鉴定机构应当按照有关规定或者与委托人约定的方式,向委托人发送司法鉴定意见书。

第四十条 委托人对鉴定过程、鉴定意见提出询问的,司法鉴定机构和司法鉴定人应当给予解释或者说明。

第四十一条 司法鉴定意见书出具后,发现有下列情形之一的,司法鉴定机构可以进行补正:

(一)图像、谱图、表格不清晰的;

(二)签名、盖章或者编号不符合制作要求的;

(三)文字表达有瑕疵或者错别字,但不影响司法鉴定意见的。

补正应当在原司法鉴定意见书上进行,由至少一名司法鉴定人在补正处签名。必要时,可以出具补正书。

对司法鉴定意见书进行补正,不得改变司法鉴定意见的原意。

第四十二条 司法鉴定机构应当按照规定将司法鉴定意见书以及有关资料整理立卷、归档保管。

第五章 司法鉴定人出庭作证

第四十三条 经人民法院依法通知,司法鉴定人应当出庭作证,回答与鉴定事项有关的问题。

第四十四条 司法鉴定机构接到出庭通知后,应当及时与人民法院确认司法鉴定人出庭的时间、地点、人数、费用、要求等。

第四十五条 司法鉴定机构应当支持司法鉴定人出庭作证,为司法鉴定人依法出庭提供必要条件。

第四十六条 司法鉴定人出庭作证,应当举止文明,遵守法庭纪律。

第六章 附 则

第四十七条 本通则是司法鉴定机构和司法鉴定人进行司法鉴定活动应当遵守和采用的一般程序规则,不同专业领域对鉴定程序有特殊要求的,可以依据本通则制定鉴定程序细则。

第四十八条 本通则所称办案机关,是指办理诉讼案件的侦查机关、审查起诉机关和审判机关。

第四十九条 在诉讼活动之外,司法鉴定机构和司法鉴定人依法开展相关鉴定业务的,参照本通则规定执行。

第五十条 本通则自2016年5月1日起施行。司法部2007年8月7日发布的《司法鉴定程序通则》(司法部第107号令)同时废止。

附录十:卫生部关于重新发布施行《解剖尸体规则》的通知

(〔1979〕卫教字第1329号)

各省、市、自治区卫生局、各医药院校:

我部于一九五七年七月十五日发布《解剖尸体规则》以来,对教学、医疗、科研工作起了积极的作用,但在执行过程中也遇到了一些问题。根据各地反映的意见,在调查研究、总结经验的基础上,对原《规则》作了一批修改并经呈报国务院批准,现予重新发布试行。在试行过程中,有何意见请函告我部。

另希各有关医疗卫生单位在做好病理解剖的基础上,积极地组织好临床病例讨论会,充分发挥病理解剖的作用,不断提高诊疗技术水平和教学质量,更好地为人民服务。

解剖尸体规则

(1979年9月10日卫生部发布)

第一条 为便利教学,提高诊疗质量,促进医学科学事业的发展,参照我国社会风俗习惯,特制定本规定。

第二条 尸体解剖分为下列三种。

一、普通解剖:限于医药院校和其他有关教学、科研单位的人体学科在教学和科学研究时施行。下列尸体可收集作普通解剖之用:

1. 死者生前有遗嘱或家属自愿供解剖者;

2. 无主认领的尸体。

二、法医解剖:限于各级人民法院、人民检察院、公安局以及医学院校附设的法医科(室)施行。凡符合下列条件之一者应进行法医解剖:

1. 涉及刑事案,必须经过尸体解剖始能判明死因的尸体和无名尸体需查明死因及性质者;

2. 急死或突然死亡,有他杀或自杀嫌疑者;

3. 因工、农业中毒或烈性传染病死亡涉及法律问题的尸体。

三、病理解剖:限于教学、医疗、医学科学研究和医疗预防机构的病理科(室)施行。凡符合下列条件之一者应进行病理解剖:

1. 死因不清楚者;

2. 有科学研究价值者;

3. 死者生前有遗嘱或家属愿供解剖者;

4. 疑拟职业中毒、烈性传染病或集体中毒死亡者。

上述1、2项的尸体,一般应先取得家属或单位负责人的同意。但对享受国家公费医疗或劳保医疗并在国家医疗卫生机构住院病死者,医疗卫生机构认为有必要明确死因和诊断时,原则上应当进行病理解剖,各有关单位应积极协助医疗卫生机构做好家属工作。

第三条 解剖尸体必须经过医师进行死亡鉴定,签署死亡证明后,方可进行。

第四条 供普通解剖使用的无主尸体,应保存一个月后方可使用。在此一个月内,如发现姓名及通讯地点时,应及时通知尸主,在限期内前来认领。逾期不领者,在呈报主管机关或公安部门批准后,即可解剖。

第五条 病理解剖科(室)只接受医疗、预防、科研、卫生行政机构和其他有关国家机关的委托进行尸体解剖。

第六条 在实行病理解剖时,如发现有他杀或自杀可疑时,病理解剖单位应报请公安局派法医进行解剖或由法医与病理医师共同解剖。

第七条 凡病理解剖或法医解剖的尸体,可以留取部分组织或器官作为诊断及研究之用。但应以尽量保持外形完整为原则。如有损坏外形的必要时,应征得家属或死者生前所在单位的同意。

第八条 病理解剖或法医解剖,一般应在一个月内向委托单位发出诊断报告,如发现其死因为烈性传染病者,应于确定诊断后十二小时内报告当地卫生主管部门。

第九条 病理解剖应尊重少数民族风俗习惯,要积极宣传病理解剖的科学意义,提倡移风易俗。

第十条 死者生前有遗嘱或家属自愿供解剖者,如系自费医疗,医院可酌情补助火葬费(每例不超过四十元为限)。

第十一条 凡开展病理解剖和法医解剖的单位,应建立解剖簿,登记下列事项:

1. 尸体编号、姓名、年龄、性别、籍贯;

2. 尸体来历;

3. 附解剖原因;

4. 临床诊断；

5. 解剖年、月、日；

6. 解剖人姓名；

7. 解剖后诊断；

8. 解剖报告日期；

9. 备注。

如无法知其姓名、籍贯者，第1项可仅列编号、性别以及估计年龄，其余可填未详字样。

第十二条 施行病理解剖和法医解剖的单位，应将解剖尸体的情况（包括尸体解剖诊断），每年至少向其主管部门书面汇报一次。

第十三条 自本规则发布之日起，凡与本规则有抵触的过去有关规定一律停止实行。

附录十一：医疗损害司法鉴定技术指南（讨论稿）

前　　言

本指南依据《中华人民共和国民法通则》、《中华人民共和国侵权责任法》及人身损害赔偿相关的其他法律、部门规章的有关规定，运用人身损害过错规则和原因力规则的法学理论，结合人身损害参与度评定的基本理论和实践经验而制定。

本指南包括医疗损害司法鉴定技术规范和医疗损害司法鉴定程序规范两部分。医疗损害司法鉴定技术规范包括技术鉴定问题分类、病历内容和审查规范、医疗过错判定规范、损害后果判定规范、参与度评定规范以及鉴定意见书写规范六部分；医疗损害司法鉴定程序规范包括委托及受理程序规范、鉴定材料的审查、听证会、临床专家库建设、临床专家会诊及检查、医疗过错评定、损害后果评定、因果关系判定及医疗损害参与度评定、鉴定人讨论及鉴定意见形成以及鉴定人出庭十部分。

本指南由法大法庭科学技术鉴定研究所提出。

本指南由中华人民共和国司法部批准。

本指南由中华人民共和国司法部司法鉴定管理局归口管理。

本指南起草单位：法大法庭科学技术鉴定研究所。

本指南主要起草人：常林、朱广友、王旭、李冬、郭绍将、冯时、杨笑非、张风芹。

第一部分　医疗损害司法鉴定技术规范

Ⅰ　技术鉴定问题分类

1　范围

1.1　本规范对医疗损害技术鉴定中的问题进行了分类，界定了医疗损害技术鉴定的受理范围。

2　规范性引用文件

下列文件对于本研究件的应用是必不可少的。凡是注日期的引用文件，仅所注日期的版本适用于本研究件。凡是不注日期的引用文件，其最新版本(包括所有的修改单)适用于本研究件。

2.1 根据《中华人民共和国侵权责任法》及临床诊疗规范的相关规定制定本规范。

3 术语和定义

3.1 错误受孕(Wrongful Conception)

错误受孕是指本不愿生育孩子的父母，由于医生节育手术过失、指导过失或避孕药物使用不当，而使不愿生育的妇女受孕。

3.2 错误出生(Wrongful Birth)

错误出生是指因医疗机构或医务人员的过失而未诊断出胎儿的潜在性缺陷，或未对其父母尽合理告知义务而导致有缺陷小孩的出生。

3.3 过度检查(Excessive Examination)

过度检查是指医疗机构或者医务人员，违反基本诊疗规范，采取与所患疾病无关的、不必要的诊疗检查。

3.4 丧失生存机会(Lose Survival Chance)

丧失生存机会在医疗行为中，医生因过失未能施行符合医疗水准的诊治，导致患者失去了生存机会。

3.5 丧失康复机会(Lose Rehabilitative Chance)

丧失康复机会在医疗行为中，医生因过失未能施行符合医疗水准的诊治，导致患者失去了获取符合客观情况的医疗水准的治疗而康复的机会。

4 分类

4.1 医疗损害技术鉴定范围

4.1.1 损害类型与技术鉴定

表1 损害类型与技术鉴定

损害类型	法医学解释	二级分类	技术鉴定范围	建议
技术责任	违反关于疾病诊疗指南或者未尽与当时医疗水平相当的注意义务		属于	应首先确认人身损害后果

续表

损害类型	法医学解释	二级分类	技术鉴定范围	建议
伦理责任	侵犯患者知情权或隐私权	侵犯隐私权	不属于	由法院裁判
		侵犯知情权	属于	应首先确认人身损害后果，与技术责任同时考察
产品责任	产品治疗瑕疵直接引发损害后果		不属于	由质监部门指定机构进行鉴定
管理责任	违反后勤保障、人员任选、硬件配备等管理职责，引发损害后果	直接引发人身损害后果	不属于	由法院裁判
		医疗技术责任的基础条件	不属于	在医疗损害技术鉴定中予以综合评价

4.1.2 几种特殊情况的说明

a）依法成立的医疗美容机构对美容者生命健康权的侵害属于受理范围。

b）原则上因产前检查引起争议的医疗纠纷的可以受理，但属于法律规定的产前检查应诊断的严重畸形（无脑儿、脑膨出、开放性脊柱裂、胸腹壁缺损内脏外翻、单腔心、致命性软骨发育不全）除外。

c）健康体检引发的医疗纠纷一般可以受理。

d）疫苗接种引发的医疗纠纷通常属于产品责任，原则上不予受理。

4.2 其他技术鉴定范围

4.2.1 辅助鉴定项目，主要指对病历资料和临床检材、药物、尸体等的鉴定，范围较宽，其主旨是为医疗损害技术鉴定服务。主要包括：

a）涉及死亡的病例，或涉及病理学诊断的案件，可委托法医病理学或临床病理学鉴定；

b）涉及病历资料涂改、添加等，可委托文件检验鉴定；

c）有关离体组织的器官的个人识别，可委托法医物证学鉴定；

d）怀疑药物、毒物的案例，可委托法医毒物分析鉴定；

e）患者有可能有精神心理障碍问题的，可委托法医精神病鉴定。

4.2.2 普通鉴定项目，是指在医疗机构内发生的非直接的医疗服务行为所引起的纠纷，这更多地反映的是服务领域与服务行为的共性，是属于医务人员对患者及服务对象诊疗护理义务之外的义务。如因医院地板湿滑，患者不慎摔倒致严重骨折的伤残鉴定。

4.2.3　专家意见,即对患者疾病的诊断、治疗、预后以及其他临床专业问题作出的评价。

4.3　涉及法律的技术问题

4.3.1　法庭确认的技术问题：

a)非法行医行为的确认；

b)是否违反医疗行为的分级制度或者行政许可制度；

c)侵犯患者隐私权的；

d)医疗机构违反后勤保障、人员任选、硬件配备等管理职责,直接引发损害后果的；

e)病例是否存在隐匿等情形的；

f)其他基本事实问题。

4.3.2　法律规定的技术问题：不需要鉴定,应直接遵循法律的相关规定认定责任。如胎儿出生时患有在产前检查中应当诊断的严重畸形可直接认定产检医疗机构的责任。

4.4　有争议的技术鉴定问题

4.4.1　错误受孕、错误出生

我国法律、法规尚未对此种情况作出明确规定,目前在司法实践中相关案件并不常见,也没有相应的鉴定技术规范,原则上不予受理。

4.4.2　过度检查

关于过度检查的纠纷常涉及检查的合理性、科学性以及费用支出的问题,该问题专业性较强,应由相关专家进行评价,原则上不予受理。

4.4.3　丧失生存、康复机会

我国法律、法规尚未将丧失生存、康复机会作为一个独立的损害后果,目前在司法实践中相关案件并不常见,也没有相应的鉴定技术规范,原则上不予受理。

Ⅱ　病历内容的审查规范

1　范围

1.1　本规范规定了医疗损害技术鉴定实践中对病历审查的原则和方法。

2　规范性引用文件

下列文件对于本研究件的应用是必不可少的。凡是注日期的引用文件,仅所注日期的版本适用于本研究件。凡是不注日期的引用文件,其最新版本(包括所有的修改单)适用于本研究件。

2.1　《病历书写基本规范》(2014 年版)

2.2　《中医病历书写规范》

2.3 《医疗机构病历管理规定》(2013 年版)

2.4 《医疗机构管理条例实施细则》

3 术语和定义

本规范采用下列术语和定义:

3.1 病历(Medical Record)

病历是医务人员在医疗活动过程中形成的文字、符号、图表、影像、切片等资料的总和,包括门(急)诊病历和住院病历。

3.2 深入审查(In-Depth Review)

深入审查是指鉴定人对临床病历资料全面、细致的审查。必须审查全部的病历,在审查过程中,应对自己不熟悉的领域进行文献研究,并咨询相关临床专家。

3.3 实质审查(Substantive Review)

实质审查是指鉴定人针对原告质疑的医疗行为或与医疗损害后果关系密切的医疗行为、诊疗记录进行审查,必要时邀请相关临床专家参加。

4 病历审查的原则

4.1 问题意识原则

病历审查应在明确双方争议焦点的前提下进行,主要针对与患方认为医疗机构积气医务人员的诊疗行为存在过错相关的病历进行重点审查。

4.2 证据意识原则

病历审查过程中,对医疗机构及其医务人员的某一诊疗行为认定、怀疑或排除其有过错,应在病历中寻找客观证据。

4.3 规范性/合法性原则

病历审查过程中对诊疗行为的评价,是通过病历中的记录来评定当时采取的诊疗行为是否符合相应法律、行政法规、规章以及其他有关诊疗规范的规定。

4.4 不苛求原则

病历是医务人员在医疗过程中随手记录的文件,在进行病历审查的时候,不宜对其内容和形式有太多的苛求。

5 病历的审查

病历审查可分为门诊病历审查和住院病历审查。

5.1 门(急)诊病历审查

5.1.1 初次就诊时的问诊是否全面、详细;专科检查是否有针对性;是否有特异性的辅助检查;对异常检查结果是否做了相应的处置。

5.1.2 对于多次就诊病情仍未见好转的,审查其是否尽到相应的高度诊疗义务,是否有告知患者及其家属的书面证明。

5.2 住院病历审查

住院病历审查分为深入审查和实质审查:

5.2.1 深入审查

a)确认院方是否针对患者的症状和体征进行了全面、合理的检查。尤其要明确在患者入院时,院方是否进行了必要的入院检查。

b)审查诊断:有时病历被改动时,在完整病历中各处的诊断不一定全部被改动过。因此必须审查病历首页、出院小结、病程记录和最后诊断是否一致,必要时要审查病程记录中特别是主任医师查房时的意见。

c)院方在完善检查后,是否根据检查结果对患者进行了相应的处置。尤其要明确院方是否根据检查结果,确立了正确的治疗方向。

d)医生是否针对异常检查结果做出了正确的处置。

e)所有的检查结果和报告是否准确、无误。在审查仪器检查记录报告时,应同时审查所提供的检查原件,如X光片、CT片等。因有的报告是后来补上的,报告内容与偏重所示不相符合。要注意审查报告单上所记录的基本情况(号码、姓名、年龄等)与片中的是否一致。

f)所有的临床记录是否符合时间顺序,是否存在相互矛盾或不一致的内容。

g)更为详细的临床病例审查还应包括病史记录和护理记录,具体审查内容包括:体温、脉搏和呼吸记录表;日常生活活动表;实验室报告;会诊记录等。

h)审查医嘱:一般医生开过医嘱后,护理人员要记录有否执行的情况,要特别审查医嘱与报告单是否相符,不能缺项,以防被隐匿。有的医嘱明确注有"急"字,但执行的时间却是在两天后,致使延误了治疗。

i)审查入院病历中的各项记录:有的医务人员在记录时没有问清情况,在一些项目上随意记录,如"生育史、婚姻史、家族史、药物过敏史"等。

5.2.2 实质审查

a)明确严重不良反应或医源性损害出现的时间和类型,就这一结果出现的原因列出质疑表格,并列出可就这些问题进行咨询的人员名单。

b)对有关严重不良反应或意愿性损害的记录进行重点审查。审查患者最为质疑的医疗行为,并对病历中内容不一致、尚未确定的内容进行逐一标注。

c)除非无法提供原始病历,否则鉴定人一定要审查原始病历。明确病历中缺失、涂改或修正的内容,并对上述内容进行重点审查,明确原因。

d)确认原始病历与复印件的一致性。

e)如有必要,应在法庭授权的情况下,对患者入院前和出院后的相关诊治记录进行审查。

f)行特殊检查、特殊治疗,义务人员应当及时向患者和/或其家属说明医疗风险、替代医疗方案等情况的,审查是否具有书面告知并签字。

Ⅲ 过错判定规范

1 范围

1.1 本规范规定了医疗损害技术鉴定中,对医疗行为进行过错判定的原则。

1.2 本规范适用于侵害公民生命健康权的医疗损害民事纠纷案件。

2 规范性引用文件

下列文件对于本研究件的应用是必不可少的。凡是注日期的引用文件,仅所注日期的版本适用于本研究件。凡是不注日期的引用文件,其最新版本(包括所有的修改单)适用于本研究件。

2.1 《中华人民共和国侵权责任法》

2.2 《人身损害参与度评定指南》(2014 年版)

2.3 《医疗损害司法鉴定技术规范——损害后果评定规范》(2015 年版)

2.4 《医疗损害司法鉴定技术规范——参与度评定规范》(2015 年版)

3 术语和定义

本规范采用下列术语和定义:

3.1 医疗损害(Medical Malpractice)

医疗损害特指患者在诊疗活动中由于医疗机构及其医务人员的过错导致的损害。

3.2 医疗过错(Medical Offence)

医疗过错是指在诊疗活动中,医方因故意或者过失医疗行为,对患方造成医疗损害的事实,这里指的是过失医疗行为。

3.3 医疗行为违法性(Illegality of Medical Practice)

医疗行为违法性是指医疗行为违反法律、行政法规、规章、诊疗规范以及行业内约定俗成规定的情形。

3.4 诊疗义务(Duty of Medical Practice)

诊疗义务是指在特定条件下医务人员在实施诊疗行为过程中,基于相关专业水平而应达到的注意标准,包括预见医疗行为结果和避免损害结果发生的义务。

4 判定原则

4.1 同行评议原则

司法鉴定机构进行医疗损害技术鉴定时应聘请相关领域临床专家参加对医疗行为的评价,应当适当兼顾被审查医院的资质。

4.2 围绕争议原则

判定医疗行为是否存在过错,以医患双方的争议焦点以及损害后果有关联的医疗行为为主,兼顾评价整个医疗过程。

4.3 医院等级与专科技术相结合原则

判定医疗行为是否存在过错,要充分考虑医院等级与医疗水平等因素,同时兼顾专科医院、专科医生在专门领域的诊疗义务。

4.4 当时医疗水平原则

判定医疗行为是否存在过错,应以医疗活动发生时的医疗水平(通常惯例)为基准。

4.5 紧急救治原则

判定为抢救生命的紧急救治行为是否存在过错,应以相对合理的诊疗义务为判断基准。

5 医疗损害技术过错判定依据

5.1 医疗行为违法性的判定

5.1.1 结合临床经验和同行专家的意见,根据相关法律、行政法规、规章以及其他诊疗规范的规定综合判定。

5.1.2 患者有损害,医疗行为违反下列情形之一的,判定其具有过错:

a)规范医疗行为的法律、法规及部门规章;

b)卫生行政部门颁布的或授权其他机构颁布的临床诊疗规范、临床操作指南;

c)药品、医疗器械说明书;

d)中华人民共和国药典;

e)教育部、国家卫生和计划生育委员会颁布的临床医学本科及以上医学专业教科书;

f)临床实践中约定俗成的诊疗惯例;

g)行业相关领域专家共识;

h)涉案医疗机构自行编制的诊疗规范和规章制度;

i)其他与本案技术处理相关的技术规范;

5.2 医务人员违反诊疗义务的判定

患者有损害,医疗机构积气医务人员违反下列情形之一的,判定其存在医疗过错:

a)在相同条件下,相同资质医务人员通常具有的学识和技术,或者在相同病例中通常履行的诊疗义务;

b)医务人员在处理具体病例的特殊情况时,应体现出的专业只会和最佳判断;

c)医疗机构应为患者的诊疗行为提供适格且恰当的医务人员,并能保证各科室人员的相互协作;

d)对医疗活动中的某些技术性选择和不确定性问题,医务人员可以依据学说或自己的经验作出自由裁量,且需兼顾患者的知情同意。

e)采取临床实验性治疗必须经患者知情同意,需履行损害甚微和措施周全的诊疗义务。

5.3　特别规定Ⅰ

根据《侵权责任法》第六十条规定,部分医疗损害情形下医疗机构免责,本规范明确了医疗行为无过错的具体参考要素,以及具有过错的情况。

5.3.1　患者或其近亲属不配合医疗机构进行符合诊疗规范的诊疗导致损害后果发生;

5.3.1.1　判定医疗行为无过错的具体参考要素:

a)有证据表明,患者在充分了解自身疾病及医疗措施相关信息的情况下,自愿自行拒绝接受诊疗;

b)患方不配合治疗,不属于法律规定的紧急情况;

c)患方不配合治疗,没有违反法律强制性规定及公序良俗;

d)患方要求医疗机构实施明显不符合诊疗规范的诊疗,医疗机构予以拒绝。

5.3.1.2　医疗机构在以下情况放弃治疗,造成患者损害的,判定医疗行为具有过错:

a)有证据表明,患者对病情存在重大误解而不配合诊疗,出现严重后果的;

b)无法表达真实意思或者行为能力受限的患者不配合诊疗;

c)患者及其近亲属作出的意思表达违反法律强制性规定或公序良俗;

d)在患者不积极配合的情况下,医疗机构诊疗措施消极,导致出现严重不良后果。

5.3.2　患者因病情危重导致损害后果发生

5.3.2.1　判定医疗行为无过错的具体参考要素:

a)诊疗行为完全是为了抢救生命或阻却病情加重,可以不要求诊断必须明确;

b)医疗机构积气医务人员对常规程序作了简化,时候及时补充记录,特别情况下不苛求必须符合诊疗常规;

c)患者目前后果的发生主要是由病情危重导致;

d)目前后果的发生,受实施抢救时的条件或环境影响。

5.3.2.2 病情危重患者出现严重损害后果,医疗行为具有下列情形之一的,判定其过错加重:

a)对病情危重程度认识不足;

b)采取的抢救措施不积极,固守管理程序规定,罔顾患者生命;

c)转院严重延误;

d)医院管理存在严重问题,不具备抢救的客观条件;

e)抢救措施有重大失误。

5.3.3 患者因出现医疗意外导致损害后果发生

5.3.3.1 判定医疗行为无过错的具体参考要素:

a)患者存在潜在的特异体质或特殊病情,损害后果的发生难以预料;

b)损害后果的发生难以用并发症或医疗过失等医学理论作出合理解释;

c)依据现有医学证据推断医疗意外是否导致后果发生的主要原因;

d)诊疗过程中实施了合理的对症处理措施。

5.3.3.2 判定医疗行为具有过错的参考要素:

医疗意外发生后的诊疗措施存在严重过错,从而促进或加重了损害后果的发生。

5.3.4 患者因罕见疾病发生导致损害后果发生

5.3.4.1 判定医疗行为无过错的具体参考要素:

a)依诊疗规范进行了常规医学检查和鉴别诊断,并实施了对症治疗措施;

b)患者病情无明显好转的情况下及时组织了会诊并采取各种检查措施;

c)在评估了自身医疗水平和患者病情的情况下,及时履行了转诊义务;

d)在明确疾病诊断的过程中,出现误诊可视为合理的情况。

5.3.4.2 判定医疗行为具有过错的具体参考要素:

在未明确诊断罕见疾病的情况下,对病情进展未予高度重视,并导致出现严重损害后果。

5.3.5 患者因并发症出现导致损害后果发生

5.3.5.1 判定医疗行为无过错的具体参考要素:

a)疾病诊断明确,对病情进展及可能出现的并发症有合理的判断;

b)对拟选择的诊治措施可能出现的并发症有预见并履行了规范的告知义务,采取了相应的措施;

c)在明确患者个体特殊性的情况下,医务人员针对其可能出现的相应并发症,履行了诊疗义务;

d)抢救生命垂危的患者等紧急情况下出现的并发症,医疗机构及其医务人员履行了相对合理的诊疗义务。

5.3.5.2 判定医疗行为有过错的具体参考要素:

患者有损害,医疗行为具有下列情形之一的,判定其有过错:

a)病历资料缺乏证据支持医务人员对并发症作出通常判断;

b)医务人员对患者个体特殊性及其可能出现的并发症认识不足;

c)患者出现的严重并发症与医务人员未充分告知替代医疗方案等情况有关;

d)医务人员在避免和应对并发症上存在明显技术过错。

5.4 特别规定Ⅱ

针对问诊、会诊及转诊涉及的诊疗义务,本规定制定了过错认定的依据。

5.4.1 问诊

a)未针对疾病的发生发展过程以及既往诊疗经过进行详细询问;

b)患者就同一主诉短期内反复到门诊就诊,病情仍不见好转,医务人员未予高度重视;

c)患者临床症状与影像学检查、实验室检查不一致时,未进行进一步的病史采集;

d)病历未记载详细问诊信息,或只记录阳性体征,未记录阴性体征。

5.4.2 会诊

a)患者病情危重或突然加重时,急诊会诊不及时;

b)患者病情超出本科室专业范围,未及时邀请其他专科协助诊疗;

c)邀请院外会诊时超出本医疗机构诊疗科目或其他相应资质,或者其技术力量、设备、设施不能为会诊提供必要的医疗安全保障;

d)会诊建议未及时得到执行。

5.4.3 转诊

a)主要病情明显不属于本科室专业范围时,未及时转科;

b)主要病情明显超出本医疗机构处置能力时,未及时转院;

c)患者当时情况不适宜转院,可能使病情加重或死亡;

d)转诊过程无足够的医疗条件支持,难以安全运送;

e)未先行联系接受转诊的医疗机构,只是对方未做好接受准备;

f)等待转诊期间,未采取合理的救治措施,致使病情加重或死亡。

6 医疗损害伦理过错判定依据

6.1 判定原则

6.1.1 医疗伦理损害责任见于《侵权责任法》第55条、第56条和第62条的规定,包括侵犯患者知情同意权、隐私权和医疗决定权三种类型,其中侵犯隐私权不属于医疗损害技术鉴定规定的伦理损害类型。

6.1.2 具体原则:

a)医疗告知原则

在医疗活动中,医务人员应当将患者病情、医疗措施、医疗风险等如实向患方说明,并及时解答其疑问,以征得对方的意见。

b)知情同意原则

患者及其家属在充分理解和接受与疾病相关的诊疗结果、治疗决策、病情预后等足够信息的基础上,通过权衡利弊,自愿作出真实意思的表示和选择。

c)法定手续原则

法律规定告知需要获得患者或家属书面同意的,以及紧急情况下需要医疗机构负责人或授权负责人签字的,需履行相应法定程序。

6.2 医疗告知基本内容考察要素

a)告知患者关于其疾病的诊断及其可能的预后及风险,包括医务人员所知道的和应当知道的;

b)所建议使用的处置措施的目的和方法;

c)采用所建议的处置措施的好处和风险;

d)除了建议的处置措施外,可供选择的其他替代医疗方案;

e)可能发生的医疗费用,及不属医疗保险范围等;

f)拒绝接受所建议的处置措施所存在的风险;

g)属于自己专门领域内或虽属于自己专门领域内但医院或本人无条件为病人提供适当的治疗时,应及时建议病人转诊或转院治疗;

h)针对具体病例的特殊性,向患者说明。

6.3 医疗告知中伦理过错判定的参考要素

医疗告知违反下列情形之一的,判定其具有伦理过错:

a)医疗机构应充分告知本规范6.2中的内容;

b)明确患者个体特殊性的情况下,应有针对性地进行重点告知;

c)应告知患者替代医疗方案,并允许患者自主作出选择;

d)在不宜向患者告知的情况下,应获得其近亲属的书面同意;

6.4 不必征得患者同意的特殊情况

a)抢救生命垂危的患者等紧急情况,经医疗机构负责人或授权的负责人批准的;

b)基于对社会公共利益的考量,对严重传染病患者、严重精神障碍者、吸毒者等采取强制医疗的；

c)依据一般生活经验无须告知的。

6.5 尸体解剖告知中伦理过错考察要素

医疗机构及其医务人员就尸体解剖应告知如下内容：

a)明确死亡原因对判定医疗过错的重要性，以及尸体解剖对判定死亡原因的重要性；

b)尸体解剖的法定时限及尸体保存时限，以及尽早解剖的重要性；

c)实施尸体解剖的法定程序，并与死者家属协商启动尸体解剖的相关事宜；

d)上述规范应形成书面意见，双方签字，死者家属拒绝签字的，应有证据证明。

6.6 尸体解剖告知存在伦理过错的判定参考要素

因下列情形之一未进行尸体解剖的，判定医疗行为具有伦理过错：

a)缺乏证据表明医疗机构已将尸体解剖的重要性、法定时限等信息告知死者近亲属；

b)死者近亲属同意进行尸体解剖，医疗机构拒绝配合的。

6.7 尸体解剖告知伦理过错在死亡原因推断中的评价原则

a)尸体解剖告知存在伦理过错，但对死亡原因推断无技术性争议，不影响鉴定继续进行的，原则上不涉及医疗损害因果关系及参与度评定；

b)尸体解剖告知存在伦理过错，对死亡原因有争议的，原则上以有利于患方的原则推断死亡原因。

Ⅳ 损害后果评定规范

1 范围

1.1 本规范规定了医疗损害技术鉴定中，对损害后果进行评定的原则。

1.2 本规范适用于侵害公民生命健康权的医疗损害民事纠纷案件。

1.3 本规范的使用须以医疗过错明确存在。

2 规范性引用文件

下列文件对于本研究件的应用是必不可少的。凡是注日期的引用文件，仅所注日期的版本适用于本研究件。凡是不注日期的引用文件，其最新版本(包括所有的修改单)适用于本研究件。

2.1 《人体损害残疾等级评定指南》(2014 年版)

2.2 《医疗损害司法鉴定技术规范——过错判定规范》(2015 年版)

3 术语和定义

本规范采用下列术语和定义：

3.1　损害后果(The Consequences of Malpractice)

在医疗纠纷案件中,由于医疗损害因素或与其他因素的共同参与,导致患者出现机体组织正常结构破坏、功能障碍或死亡等情况。

医疗纠纷涉及的过度检查、医疗费、护理费的部分财产损失不属于技术鉴定的损害后果。

3.2　轻微损害(Minor Damage)

医疗损害因素引起患者组织器官功能轻微异常,或者诱发加重了原有疾病,经治疗可以恢复或症状缓解。

4　评定原则

4.1　依法分开原则

本规范评定的损害后果以医学问题为主,具体包括死亡、残疾和轻微损害,过度检查等非专门性问题以及我国现行法律未明确规定的错误出生等问题,不属于本规范所评定的损害后果。

4.2　专业判断原则

损害后果应由法医学专家或与具有相关知识的专家共同确定;为满足医疗损害技术鉴定的需要,本规范结合医学及法医学理论,对损害后果进行了特别的分类。

5　死亡后果判定

本规范对死亡的分类基于医务人员及常人对死亡的主观感受,结合死亡发生的过程,主要是为医疗损害技术鉴定提供分析的思路,并不表明医疗损害因素在死亡后果中的作用程度。

本规范将死亡分为转归性死亡、突发性死亡和条件性死亡。

5.1　转归性死亡

死亡的发生通常被认为是临床正常转归的结果。换言之,死亡的发生与患者自身疾病密切相关,死亡发生的过程可以用疾病进展解释。转归性死亡分为病情危重死亡和并发症死亡两种类型。

5.1.1　病情危重死亡

患者病情危重,经抢救治疗后仍发生死亡的后果。

a)患者入院就诊时即病情危重,临床治疗以抢救生命为主要目的;

b)患者在此危重状态下,死亡发生率较高,死亡的发生通常能够被理解和接受。

5.1.2　并发症死亡

患者病情反复发作或原发疾病持续存在,经过对症治疗处理,后出现病情渐进性加重,最终死于并发症。

a)并发症是病情进展中的临床转归；

b)并发症是对原有疾病采取必要诊疗措施而并发的另一种疾病,其发生通常难以避免；

c)长期医疗依赖,反复对症治疗,临床效果仍有限,终因并发症死亡；

d)有时出现的难以控制的严重并发症,引发突然死亡,虽为常人难以理解,但临床上尚可以合理理解。

5.2 突发性死亡

死亡的发生通常超出临床正常转归,出人意料,常人难以接受。难以用已知的病情解释死亡的发生机制。突发性死亡可分为医疗意外死亡、罕见疾病死亡、医疗损害性死亡和猝死。

5.2.1 医疗意外死亡

受现有医学条件的限制或者由于患者病情、体质的特殊性而发生难以预料、不能防范的死亡后果。

a)患者既往体健,或未发现既往患与死因有关联的疾病；

b)经尸体解剖证实引起死亡原因的疾病或条件属于医疗意外。

5.2.2 罕见疾病死亡

患者所患疾病发病率极低,通常医疗水平无法及时诊断,或虽然诊断明确但缺少有效治疗措施,患者死亡是罕见疾病发作的后果。

在现有科学技术和客观条件下,患者所患疾病难以及时准确诊断,可能导致治疗时机丧失。

5.2.3 医疗损害性死亡

患者死亡完全由医疗损害所导致,即若无医疗损害,患者死亡可完全避免。

a)有明确的医疗损害存在,可以排除医疗意外或罕见疾病引起的死亡；

b)患者病情经治疗后好转,医疗损害因素的介入导致死亡突然发生。

5.2.4 猝死

a)患者因潜在性疾病,突然死亡,通常与此次诊疗的疾病无关联性。

b)患者原发疾病出现严重并发症,在医疗损害或与别的外界因素的刺激下引起的死亡。

5.3 条件性死亡

患者死亡是由于医疗损害与其他因素共同参与所导致。

a)有明确的医疗损害因素的参与,或与上述诸因素之一共同作用引起死亡；

b)患者自身疾病不足以导致死亡,医疗损害因素与其他因素在损害后果中形成竞合关系。

6　疾病后果评定

6.1　医疗损害性残疾

残疾主要由医疗损害因素引起,即若无医疗损害因素,残疾不会发生。

a)患者的疾病通过常规治疗,通常不会遗留残疾,目前出现的残疾后果脱离疾病转归路线;

b)残疾的发生出人意料,常人难以接受;

c)医疗损害是发生残疾的基本条件或与残疾发生高度相关;

d)若患者先前即存在残疾,应与医疗损害所致残疾在功能和部位上不存在关联性。

6.2　原发疾病性残疾

患者残疾是自身疾病或与其他因素共同参与的结果,即若无患者疾病因素,残疾一般不会发生。

a)残疾的发生符合疾病的通常转归;

b)即使发生残疾从常识上难以理解,但在医学上也可以完全合理解释;

c)无证据表明医疗损害因素与残疾具有相关性;

d)即使医疗行为恰当,患者仍有很大可能出现残疾后果。

6.3　合并累加性残疾

患者在自身疾病因素和医疗损害因素的共同参与下,导致残疾出现或原残疾加重。

a)患者疾病因素或原有残疾是损害后果发生的基本条件;

b)疾病或医疗损害因素单独作用均难以解释残疾的出现或加重;

c)残疾评定时对于导致残疾出现的,应进行独立评定;

d)对于原有残疾加重的,应有推断原有残疾的基础以上晋升一个等级。

7　轻微损害

医疗损害因素所致患者的损害极小,主要表现为一过性功能障碍或轻微异常,或者医疗损害因素对损害后果的作用极小:

a)医疗损害因素引起的功能障碍经治疗完全恢复,不留后遗症;

b)损害后果极其轻微,对患者生活无明显影响的,不构成残疾的;

c)医疗损害因素对原有疾病仅起诱发或加重作用。

V　参与度评定规范

1　范围

1.1　本规范规定了医疗损害技术鉴定中,评定医疗损害因素与损害后果之间因果关系及参与度的原则。

1.2 本规范适用于侵害公民生命健康权的医疗损害民事纠纷案件。

1.2.1 本规范适用于医疗技术损害、医疗伦理损害以及二者竞合的医疗损害纠纷案件;医疗产品损害和医疗管理损害纠纷案件可根据情况参考使用。

1.2.2 本规范不适用于错误出生、错误受孕等损害后果的参与度评定。

2 规范性引用文件

下列文件对于本研究件的应用是必不可少的。凡是注日期的引用文件,仅所注日期的版本适用于本研究件。凡是不注日期的引用文件,其最新版本(包括所有的修改单)适用于本研究件。

2.1 《人身损害参与度评定指南》(2014 年版)

2.2 《医疗损害司法鉴定技术规范——过错评定规范》(2015 年版)

2.3 《医疗损害司法鉴定技术规范——损害后果评定规范》(2015 年版)

3 术语和定义

本标准采用下列术语和定义:

3.1 医疗损害(Medical Malpractice)

医疗损害特指患者在诊疗过程中由于医疗机构及其医务人员的过错导致的损害。

3.2 医疗损害参与度(Contribute Ratios of Medical Malpractice)

医疗损害参与度是指医疗机构及医务人员在诊疗过程中所发生的过错行为在损害结果中所起作用的原因力大小。

3.3 患者主观因素(Subjective Factors of Patient)

患者主观因素是指由于患者拒绝就医、不配合治疗或者不执行治疗方案而导致损害发生的情形。

4 评定原则

4.1 综合分析原则

分析医疗损害与患者后果之间是否存在因果关系以及其具体参与度的评定,需要结合患者自身疾病及其主观因素、医学技术发展水平和其他客观情况等因素综合分析。

4.2 必要条件原则

单独原因导致后果的发生,或者虽存在其他因素,但是与后果之间没有因果关系;若排除该原因,则后果必然不会发生,即可认定该因果关系成立。医疗损害参与度中 A 级与 F 级应符合必要条件原则。

4.3 实质性因素原则

同时存在多种因素可能导致损害后果发生,需对各种因素加以分析和评价,以观察各因素与损害后果的逻辑关联性,类似一种充分条件的判断。若分析认为医疗损害因素属于导致后果的原因之一,即可认定该因果关系成立。医疗损害参与度B级、C级、D级和E级应符合实质性因素原则。

5 医疗损害参与度评定规则

5.1 参与度A级

医疗损害在患者目前后果中没有作用,即患者后果完全由其他因素(单一因素或复合因素)造成。

具体评定参考要素:

a)现有医学证据表明,患者目前后果与自身疾病有直接因果关系;

b)或因医疗意外引起目前后果;

c)或特殊情况下其他因素造成目前后果;

d)无医学证据证明医疗损害与患者目前后果存在因果关系;

e)即使没有医疗损害,患者目前后果仍会发生。

5.2 参与度B级

医疗损害因素在患者损害后果中起到轻微作用,即损害后果主要由其他因素(单一因素或复合因素)引起。

具体评定参考要素:

a)患者病情及其程度比较明确,与目前后果的发生具有高度关联性;

b)医疗损害因素对目前后果的发生起诱发作用;

c)或医疗损害因素对患者原有疾病的病情有一定促进加重作用;

d)即使没有医疗损害因素,患者目前后果仍很有可能发生。

5.3 参与度C级

医疗损害因素在患者损害后果中起到次要作用,即损害后果主要由其他因素(单一因素或复合因素)引起。

具体评定参考要素:

a)现有医学证据表明,患者自身疾病是引起损害后果的基础条件;

b)或者可能存在其他因素,且与损害后果发生之间关系密切;

c)医疗损害因素对损害后果的发生起辅助作用;

d)如果没有医疗损害因素,损害后果发生的可能性会显著降低或损害程度会明显减轻。

5.4 参与度D级

医疗损害因素与其他因素(单一因素或复合因素)在损害后果发生过程中起同等作用,即医疗损害在损害后果的发生中起到50%的作用。

具体评定参考要素：

a）医疗损害因素与患者自身疾病和/或其他因素，二者在损害后果的发生中存在竞争关系；

b）二者在损害后果的发生中相互作用、难分主次；

c）二者在损害后果发生中作用相当；

d）如果二者缺一，患者损害后果不会发生。

5.5　参与度E级

医疗损害因素在患者损害后果中起主要作用，即损害后果主要由医疗损害因素引起。

具体评定参考要素：

a）医疗损害比较明确，是损害后果发生的基本条件或与损害后果发生高度相关；

b）医疗损害明确存在，出现难以接受的严重损害后果（死亡等）；

c）患者自身疾病等因素在损害后果发生中起次要作用或轻微作用；

d）如果没有医疗损害因素，损害后果不会发生。

5.6　参与度F级

医疗损害因素与患者损害后果之间有直接因果关系，即损害后果完全由医疗损害因素引起。

具体评定参考要素：

a）医疗损害比较明确，损害后果的出现突然并难以接受；

b）目前损害后果不属于疾病的自然转归或者与患者疾病严重程度无关；

c）医疗损害可以完全解释损害后果的发生机理；

d）如果没有医疗损害，此后果不可能发生。

表2　医疗损害参与度对照

划分等级	理论系数值（%）	原因力程度	参与度参考范围（%）
A	0	无	0
B	10	轻微	1～20
C	25	次要	21～40
D	50	同等	41～60
E	75	主要	61～30
F	100	全部	31～100

6 存在伦理过错的医疗损害参与度评定规则

6.1 单独存在伦理过错的医疗损害参与度评定规则

6.1.1 不宜评定参与度

①未履行告知—知情—同意义务,但实施了相应诊疗措施;

②对医疗行为进行系统评价,未发现医疗技术性过错;

③且所选诊疗措施恰当,有益于患者疾病的治疗。

6.1.2 参与度评定不超过 B 级

①未履行告知—知情—同意义务,但实施了相应诊疗措施;

②对医疗行为进行系统评价,未发现医疗技术性过错;

③如果进行详细告知,患者有条件权衡医疗风险,并选择替代医疗方案;

④本例中患者未行使选择权,且诊疗效果有限,并遗留较严重的机体痛苦。

6.2 伦理过错与技术损害并存的医疗损害参与度评定规则

a)评定本例医疗损害参与度,应以医疗技术损害为主,结合伦理过错综合分析;

b)当存在未告,知并发症风险、替代治疗方案或履行法定手续等严重伦理过错时,根据损害后果情况,参与度可以调整;

c)确定存在伦理过错,同时存在医疗技术损害,原则上参与度最多可增加一级;

d)医疗技术损害参与度已达 E 级以上,参与度原则上不再调整。

7 医疗损害参与度在损害后果评定中的特别规定

7.1 总则

a)医疗损害已经确认,通过尸体解剖明确死亡原因,或未进行尸体解剖的,由法医学专家或与具有相关知识的专家共同确定;

b)根据《医疗损害司法鉴定技术规范——损害后果评定规范》,就损害后果中的特殊情形,作出规定。

7.2 转归性死亡

在病情危重死亡中,死亡发生率较高的疾病,虽有医疗损害因素的介入,医疗损害参与度原则上不宜超过 B 级。

7.3 突发性死亡

7.3.1 经尸体解剖或鉴定证实引起死亡的疾病等情况属于罕见疾病或医疗意外,虽有医疗损害因素的介入,医疗损害参与度原则上不宜超过 B 级。

7.3.2 有证据表明患者死亡主要由医疗损害引起,则医疗损害参与度为 E 级或 F 级。

7.4　轻微损害

患者出现轻微损害后果的，不宜对医疗损害进行参与度评定。

Ⅵ　鉴定意见书写规范

1　范围

1.1　本规范规定了医疗损害技术鉴定的文书书写原则、方法。

2　规范性引用文件

下列文件对于本研究件的应用是必不可少的。凡是注日期的引用文件，仅所注日期的版本适用于本研究件。凡是不注日期的引用文件，其最新版本（包括所有的修改单）适用于本研究件。

2.1　《司法鉴定文书规范（征求意见稿）》(2006年版)

3　术语和定义

3.1　司法鉴定意见(Forensic Expert Opinion)

司法鉴定意见是指鉴定人运用科学知识、原理和方法，对委托的案件中某些专门性问题进行检验、分析后做出的书面判断意见。

3.2　司法鉴定文书(The Report of Forensic Expertise)

司法鉴定文书是司法鉴定意见的载体，是指鉴定人在鉴定活动完成后，依照法律、法规和规章规定的条件和程序而制作的法律文书。

4　医疗损害技术鉴定文书的制作要点

4.1　鉴定文书的基本要点

医疗损害技术鉴定文书主要包括以下内容：

a)委托人姓名或者名称、委托鉴定的内容；

b)委托鉴定的材料；

c)简要案情；

d)病历摘要；

e)既往鉴定的摘要；

f)鉴定的依据及使用的科学技术手段；

g)对鉴定过程的说明；

h)检查、检验结果分析说明；

i)明确的鉴定意见；

j)对鉴定人鉴定资格的说明；

k)鉴定人员及鉴定机构签名盖章。

4.2　医疗损害技术鉴定文书的特别说明

4.2.1　委托鉴定的内容和材料

医疗损害技术鉴定委托的常规项目为：

a)分析确认医疗机构及其医务人员在诊疗活动中是否存在医疗过失；

b)确定医疗损害的后果；

c)推断医疗过失与损害后果之间是否存在因果关系。

相关鉴定材料主要包括委托书、病历材料和影像学片等。所涉及鉴定材料数量较大时，可在序言部分仅说明材料的种类和数量，详细内容在附件中予以说明。

4.2.2　病历摘要

病历摘要可以选择鉴定人根据鉴定的需要简略摘要或针对全部病历资料详细摘要的形式。

选择简略摘要时病历要素需齐全。病历摘要的通常内容：患者姓名、就诊医院、病案号以及主要就诊经历，包括入院时间、诊断、主要处置(手术等)、转归等。

在摘录病历资料时，应突出重点，即委托项目和双方争议焦点，要遵循有选择且不加工的病历摘要原则。一般应摘录双方争议的重点部分以及对被鉴定人所患疾病的主要诊断及治疗进过，包括直接危害患者生命的或此次就诊主要针对的原发病及并发症的诊治资料，且应与后面的分析部分紧密相关。涉及多次住院、转院的，应当重点摘录被告医院争议医疗行为的相关病历。按照病历的原始记录模式摘录，不对病历和医疗经过进行简单归纳或基本概括等加工，以免会丢失重要信息。

因无法全部、完整摘录病历资料，应注明“病历资料摘录仅供了解患者治疗过程使用，详细情况以原始病历资料为准”。

4.2.3　听证记录

对于听证会的记录，应注意：

a)应说明双方当事人对送检材料及对鉴定人回避问题无争议，写明听证时间、地点等要素；

b)写明双方与委托事项直接相关的听证意见，对双方争议的焦点问题进行总结；

c)整理双方争议焦点，经双方当事人签字确认后可附在附件中。

4.2.4　分析说明

4.2.4.1　分析说明时应遵循的原则：

a)指出针对本鉴定所涉及医疗行为判断过失的法律依据；

b)认定为有过失的，还应给出支持此判断的病历材料依据；

c)认定为无过失的,不宜进行参与度评定;

d)分析说明得出鉴定意见的表述应科学客观。

4.2.4.2 分析说明的书写主要包括:

a)简要概括本案的基本情况,写明临床诊治主要过程,描述患者损害后果;

b)对医疗机构诊疗行为的评价:

①写明医疗机构合理的诊疗行为;

②写明医疗机构存在过错的诊疗行为。

c)关于过错行为与损害后果的因果关系分析:

①写明主要的损害后果;

②写明过错行为与损害后果之间的因果关系分析、鉴别、判断,以及得出意见的过程;

③可以适当引用相关资料佐证分析说明的内容,但应注明出处。

第二部分 医疗损害司法鉴定程序规范

Ⅰ 委托及受理程序规范

1 委托人

1.1 人民法院委托的医疗损害技术鉴定。

1.2 医患双方协商一致,委托的医疗损害技术鉴定。

1.3 医疗纠纷调解委员会等调解机构委托的医疗损害技术鉴定。

2 委托事项

2.1 医疗损害技术鉴定的目的是解决医疗损害纠纷中的专门性问题。

a)医疗机构及医务人员对患者的诊疗行为是否存在过错;

b)患者是否存在医疗损害后果及其严重程度;

c)医疗过错与医疗损害后果之间的因果关系及参与度;

d)其他需要通过鉴定解决的专门性问题。

3 受理范围

3.1 具体详见《医疗损害司法鉴定技术规范——技术鉴定问题分类》。

4 审查

4.1 对委托人交付的委托、鉴定材料进行形式审查。

4.2 主要审查并记录委托材料中是否包含以下内容及其数量:

a)鉴定委托书、起诉状、答辩状、代理词、患者的身份证件或其他身份证明复

印件,双方当事人愿意提供的其他相关材料等复印件;

b)重要病历资料(作为一方当事人的医院的全部病历以及气他经治医院的相关病历);影像学资料(X线片/CT/MRI片);

c)其他鉴定机构鉴定书复印件、尸检报告等。

明确材料是否基本齐全,认为材料明显缺乏可能影响鉴定实施的应通知委托人补充材料。

5 受理及鉴定人选任

5.1 对于符合受理条件的应予以受理,受理后鉴定机构应根据专业特长选择副高级职称的鉴定人担任本案的鉴定人;对疑难、复杂或者特殊的鉴定事项,可以指定或者选择多名司法鉴定人进行鉴定。

5.2 司法鉴定人或鉴定机构有如下情形之一,可能影响其独立、客观、公正进行鉴定的,应当回避:

a)司法鉴定人或其近亲属与委托人、代理人以及当事人有利害关系的;

b)司法鉴定人是本案的当事人或者与当事人有直系血亲、三代以内旁系血亲及姻亲关系的;

c)司法鉴定人或其近亲属在所涉医疗机构工作的;

d)司法鉴定人与本案当事人之间存在其他利害关系,可能影响案件公正处理的;

e)鉴定机构人员担任过本案的证人、专家辅助人、勘验人、辩护人或诉讼代理人的,鉴定机构应当回避。

6 退卷

6.1 对不属于受理范围、材料不足影响鉴定实施的,应及时退卷,通知委托人并说明理由。

Ⅱ 鉴定材料的审查

1 鉴定材料内容

能够证明诊疗活动及当事人主张的材料,都可以作为鉴定材料,主要包括:门(急)诊病历手册、住院病历、影像学片以及鉴定委托书、民事起诉状、质证笔录、录音录像证据等其他鉴定材料。

病历是医疗损害技术鉴定的基础鉴定材料。

1.1 委托人对委托鉴定材料的真实性、合法性、完整性负责。

1.2 当病历资料与录音、录像资料以及证人证言之间存在冲突,且医患双方对病历真实性存在争议时,鉴定人应要求委托人对鉴定材料予以确以,并出具出面证明。

1.3 医患双方共同委托医疗损害技术鉴定的,应在委托鉴定时明确送检的鉴定材料,鉴定材料的真伪由医患双方负责。

1.4 当事人一方对鉴定材料提出异议,鉴定人应要求其针对异议提供书面意见,并附相关证据;后将书面意见及相关证据转交给委托机关,由其进行审查;同时应视情况中止听证会或中止鉴定。

1.5 鉴定人在当事人一方对鉴定材料的真实性、合法性或完整性提出异议时,有权向其告知以下内容:

a)鉴定材料真实性、合法性和完整性的相应具体内容;

b)针对其提出的异议,应提供哪些相关证据;

c)针对该异议,可能的解决方式;

d)若查明其行为是为了达到不正当目的,在明知没有事实根据和正当理由的情况下提出异议,则应承担相应的法律责任。

2 病历材料审查

包括病历审查和尸检报告审查。

2.1 病历审查

2.1.1 对病历形式的审查

即主要审查病历中是否缺乏认定或推断基本医疗事实所必需的内容。

2.1.2 对病历内容的审查

包括深入审查和实质审查。具体详见《医疗损害司法鉴定技术规范——病历内容和审查规范》。

2.2 尸检报告审查

2.2.1 常规审查

a)尸检报告作为鉴定材料提交之前,应经法庭质证。

b)鉴定人应当依据法医学尸体解剖规范,对尸检报告形式是否完整、检材描述、组织切片是否清晰、内容是否完备等情况进行初步审查。

2.2.2 深入审查

a)大体解剖是否符合规范,描述是否详细。

b)组织切片阅读是否准确。

c)直接死因、中介死因、根本死因之间逻辑关系是否成立。

2.2.3 存疑的尸检报告

鉴定人对死因判断存在疑问,应当将疑点书面回函委托机关,要求其尽可能调取原鉴定的病理切片、蜡块等;无法调取病理切片、蜡块的,鉴定人可组织病历专家进行死因讨论,并将讨论形成的意见存档。

3 病历材料审查的标准化形式

在病历材料审查过程中,应针对双方争议的医疗环节/行为、患者病情恶化或出现医源性损害时的相关记录作出摘要,拟咨询相关临床专家的问题进行整理归纳。

4 简明摘要中的疑问处理

需要被鉴定人补充辅助检查材料的,要求其到指定的医疗机构进行相关的实验室或影像学检查。

需要咨询相关临床专家的,可以通过听证会或临床专家会诊的形式解决。

Ⅲ 听证会

1 听证会一般形式

一般采用现场听证会的形式听取医患各方的陈述意见,经与委托人协商,也可采用远程视频听证会、电话听证会等形式。

听证会因故不能按期举行的,鉴定工作可以继续进行。

2 参与人员

2.1 原则上被鉴定人应到场。

2.2 听证会由本案司法鉴定人主持,医、患各方的参与人员原则上不宜超过三人。

2.3 具体参与人员包括:司法鉴定鉴定人、鉴定助理和提供咨询意见的临床专家;患方(包括患者本人和/或其家属、患方代理人、专家辅助人);医方(包括当事医务人员和/或其所在医疗机构的代表、医方代理人、专家辅助人)。

3 听取陈述意见的程序

3.1 司法鉴定人宣布听证会开始,并介绍案件的鉴定人。宣布如下注意事项:

a)医、患各方应在规定时限以内发表陈述意见;

b)各方陈述时应针对具体的医疗行为、诊疗过程及诊疗后果;

c)各方陈述后,鉴定人为进一步了解有关情况,可向各方提问,被提问方应针对提问做出明确回答;

d)各方不得打断对方的陈述,也不得向对方提问或进行辩论,不得采用辱骂、诋毁、威胁语言和行为;

e)各方有权向鉴定人提交书面陈述意见;

f)在鉴定终结以前,医、患各方未经许可,不得私自以任何形式联系鉴定人。

3.2 鉴定人依照《司法鉴定程序通则》有关规定,询问医、患各方对鉴定人有无提出回避申请。并说明:

a)司法鉴定实行鉴定人负责制,在鉴定过程中会根据需要聘请相关医学专家提供咨询意见,但其意见仅供鉴定时参考。鉴定人对鉴定意见及鉴定意见出具以后的后续工作负责。

b)鉴定期限一般自正式签署《鉴定协议书》并鉴定材料提供完成之日起计算,有约定的从其约定。

3.3 鉴定人要求医、患各方分别确认鉴定材料,询问有无补充鉴定材料的要求。并宣布:鉴定材料确认后,将以此作为鉴定依据,完成鉴定工作。需补充鉴定材料的,或者鉴定人认为有必要补充医学检查的,应当在规定期限内完成。所有补充材料均应提交委托人,由委托人审核后转交鉴定人。

3.4 医、患各方分别进行第一轮陈述(建议每方限时20分钟),按先患方,后医方的次序进行。

3.5 第一轮陈述完毕后,鉴定人询问医、患各方有无补充陈述。

3.6 鉴定人或与临床专家向医、患各方提问。

3.7 鉴定人与委托人或其代表协商后,宣布听证会结束。

4 听证会后的一般处理

听证会结束后,鉴定人应根据听证情况进行进一步处理:

a)无影响鉴定的情况,直接进入鉴定实质程序;

b)当事人一方对病理报告、尸检报告有争议的,函告法官补充委托项目或建议选择其他鉴定机构进行鉴定;

c)患方当事人对病历资料提出质疑的,函告法官进一步确认,视情况中止鉴定;

d)主要争议点超出司法鉴定范围或者司法鉴定机构能力的,按退案处理;

e)当事人提出鉴定人回避的,应中止鉴定活动及时与法官沟通,按相关程序处理。

Ⅳ 临床专家库建设

1 临床专家库的建设路径

1.1 以市为单位,由司法部会商卫生与计划生育委员会在全国范围内建立统一的医疗损害技术鉴定临床专家库(以下简称专家库)。

1.2 医学会医疗事故技术鉴定专家库向司法鉴定机构开放,由司法鉴定机构根据鉴定工作的实际需要对临床专家进行遴选。

1.3 各地卫生行政部门组织退休的临床医生担当司法鉴定机构的技术顾问,为医疗损害技术鉴定提供专业咨询意见。

1.4 根据学科专业组名录在专家库内部设置学科专业组,覆盖医疗纠纷的学科专业案件范围。

1.5 司法行政部门可以根据本地区的医疗工作和医疗损害技术鉴定实际情况对学科专业组进行适当调整。

2 专家库成员的选任标准

2.1 具有良好的业务素质和职业品德;

2.2 受聘于医疗卫生机构或者医学教学、科研机构并担任相应专业高级技术职务3年以上;

2.3 对我国医疗机构及其医务人员的技术能力和职业水平有全面而准确的把握;

2.4 具有一定的法律知识和鉴定知识,并愿意为司法活动提供服务和帮助,有客观公正的职业精神;

2.5 语言表达能力强,健康状况能够胜任医疗事故技术鉴定工作。

3 专家库成员的产生方式

3.1 医疗卫生机构或医学教学、科研机构、同级的医药卫生专业学会应当按照医疗损害技术鉴定活动的需要和司法行政部门的要求,推荐专家库成员候选人。

3.2 符合条件的个人经所在单位同意后也可以直接向组建专家库的司法行政部门申请。

3.3 符合条件的医疗卫生专业技术人员,有义务受聘进入专家库。

3.4 退休的临床医学专家,根据卫生行政部门的指派,成为常驻司法鉴定机构的技术顾问。

4 专家库成员的变更

专家库成员聘用期为4年。在聘用期间出现下列情形之一的,应当由专家库成员所在单位及时报告当地司法行政机关,司法行政机关应根据实际情况及时进行调整。

a)因健康原因不能胜任医疗事故技术鉴定的;

b)变更受聘单位或被解聘的;

c)不具备完全民事行为能力的;

d)受刑事处罚的;

e)省级以上卫生行政部门规定的其他情形;

f)聘用期满需继续聘用的,由司法行政机关重新审核、聘用;

g)其他不适合入选临床专家库的情形。

V 临床专家会诊及检查

1 临床专家会诊相关规定

1.1 根据《医疗损害司法鉴定技术规范——过错判定规范》(2015 年版)中"同行评议原则"之规定,医疗损害技术鉴定原则上均应邀请临床专家进行会诊。

1.2 临床专家会诊可在听证会后进行,或单独邀请临床专家另行会诊;在听证会后进行会诊的,当事人应当回避。

1.3 临床专家会诊应以解决鉴定人提出的医学领域专业问题或疑点为目的,切忌对鉴定过程中的其他非医学相关问题提供意见。

1.4 必要时,临床专家可与鉴定人共同对被鉴定人进行(身体)检查。

2 临床专家的聘请

2.1 争议涉及多学科专业的,其中主要学科专业的专家不得少于专家鉴定组成员的二分之一。

2.2 临床专家符合下列情形之一的,应当回避:

a)是医疗损害争议当事人或者当事人的近亲属的;

b)与医疗损害争议方有利害关系的;

c)与损害争议当事人有其他关系,可能影响鉴定公正的。

2.3 临床专家应回避而没有回避,对鉴定意见造成实质性影响的,鉴定意见应当予以撤销。

3 临床专家的权利

3.1 参加听证会和电话会诊,有获取一定报酬的权利;

3.2 定期接受医疗损害技术鉴定理论培训的权利;

3.3 为医疗损害技术鉴定提供专业性的理论依据,在鉴定意见书上不署名,不负责出庭接受质询。

4 临床专家的义务

4.1 保持中立、科学的态度,客观的提供专家意见。

5 临床专家意见的适用

5.1 贯彻鉴定人负责制,临床专家意见仅为鉴定人出具鉴定意见提供必要的参考和帮助。

5.2 两名及两名以上临床专家意见冲突时,鉴定人应根据情况综合判断后适用,或另行聘请其他临床专家重新进行评定。

5.3 鉴定人与临床专家意见相左时,应另行聘请至少两位临床专家,综合所有专家意见后出具鉴定意见。

6 法医临床检验

6.1 法医临床检验主要包括体表检验、神经系统检查和肢体重要参与数测量等。

6.2 具体法医临床检验参照司法鉴定技术规范《法医临床检验规范》(SF/ZJD0103003－2011)。

Ⅵ 鉴定人讨论及鉴定意见形成

1 鉴定意见的讨论

1.1 第一鉴定人整理有关会诊材料,与参与此案的其他鉴定人协商并取得相同或相似的初步意见后,结合临床专家意见和医疗损害技术鉴定理论与技术,针对委托要求,给出明确的鉴定意见。

1.2 鉴定人形成医疗损害司法鉴定意见,应根据委托事项,按照医疗过错评定、损害后果评定以及参与度评定的顺序进行,具体评价依据,详见本指南中《过错评定规范》、《损害后果评定规范》以及《参与度评定规范》部分。

1.3 疑难案例或鉴定人无法形成一致意见的:

a)可提请鉴定机构召开法医临床学讨论会;

b)在讨论过程中发现新的问题时,可再次咨询专家;

c)原则上最终鉴定意见形成应尊重第一鉴定人意见。

2 鉴定意见书的制作

鉴定意见书是司法鉴定机构和司法鉴定人在规定的鉴定期限内对委托人提供的鉴定材料进行检验、鉴别后出具的司法鉴定人专业判断意见的文书。

鉴于文书作为鉴定人发表专家意见的载体,其格式不必拘泥于形式的统一,应当具备以下基本要素:序言;案情简述;病历摘要;检查记录,附图片;分析说明;鉴定意见;鉴定人签字,鉴定机构盖章;鉴定人资格说明;附件。[具体书写规范参照《司法鉴定文书规范(征求意见稿)》(2006年版)]

3 鉴定意见书写方法

具体详见《医疗损害司法鉴定技术规范——鉴定意见书规范》。

4 鉴定意见书复核、签发

鉴定意见书送交其他鉴定人复核、签发。

5 鉴定意见书的送达

鉴定意见书在规定的鉴定期限内制作完成后,其送达的方式,可以邮寄给委托人或委托人到鉴定机构领取,有特别约定的从其约定。

Ⅶ 鉴定人出庭

1 鉴定人出庭相关规定

1.1 医疗损害责任纠纷中,当事人对鉴定意见有异议的,或者人民法院认为有必要的,鉴定人应当出庭。

1.2 鉴定人接到出庭通知后,认为符合不出庭作证情形的,应写出书面申请并及时提交人民法院,由人民法院决定其是否出庭;对人民法院准许不出庭的,鉴定人可以书面的形式答复当事人的质询。

1.3 鉴定人的申请被人民法院驳回的,其应当出庭,否则法庭可以通过不采纳其提供的鉴定意见的方式予以处理;或者其应承当相应的法律责任。

1.4 鉴定人有正当理由无法出庭作证,经人民法院同意的,可以通过远程视频、声音传送等方式进行作证。

1.5 鉴定人针对出庭提出的问题,经法官同意,可对鉴定意见进行补充说明或补充鉴定。

2 鉴定人出庭的手续

2.1 人民法院通知鉴定人出庭

a)人民法院根据医疗损害案件情况的需要有权决定鉴定人是否出庭作证,决定鉴定人出庭的,应依法通知鉴定人出庭作证;

b)鉴定人是否出庭应当以人民法院的出庭通知书为依据,当事人的要求不是鉴定人出庭的必然依据。

2.2 鉴定人接受人民法院出庭通知

a)鉴定人接到人民法院通知出庭的通知时,应在出庭通知书的送达回证上签字;

b)同时积极做好出庭前的准备,并按照人民法院通知要求的时间、地点等按时出庭作证。

2.3 鉴定人出庭后的身份核实

a)鉴定人出庭作证时,审判长有权核实其身份、鉴定资格、鉴定的业务范围、所在的鉴定机构以及当事人、案件之间的关系等;

b)作证前,审判长有告知鉴定人如实作证的义务,并要求其在如实作证的保证书上签名。

3 鉴定人出庭的原则

3.1 尊重法庭、尊重法官的原则

鉴定人应衣着得体、举止庄重;同时应注意法庭规则,请求回答问题或拒绝回答问题,都应得到法官的同意。

3.2　切中主题、抓住重点的原则

鉴定人出庭回答问题应局限于与鉴定意见相关的问题,主要说明鉴定程序的公正性和鉴定意见的可靠性等,不就专门问题的不同学术观点展开讨论或争论。

3.3　语言规范、通俗易懂的原则

使用明白易懂的语言或形式多样化的说明,必要时可举一些生动活泼的例子,提供直观形象的照片和草图。

4　鉴定人出庭作证的准备

4.1　分析预测案件相关人员可能提出的问题

鉴定人出庭作证前,最为首要的任务就是了解和掌握相关人员可能提出的问题。

4.1.1　人民法院已将当事人对鉴定意见提出异议的争议焦点书面交予鉴定人的,鉴定人可将其作为参考;

4.1.2　人民法院未提供当事人对鉴定意见所提出的针对性问题或其准备质询的问题,鉴定人需根据案卷资料,掌握当事人的诉讼期望,双方当事人矛盾、纠纷症结和争议点,预测出庭作证可能提出的问题。

4.2　全面系统准备出庭材料

4.2.1　重新熟悉鉴定文书和档案资料。

a)系统全面重新温习鉴定材料;

b)重视鉴定文书的每一个字词,甚至标点符号;

c)熟悉以下内容:案件基本情况、听证会上双方陈述及临床专家意见以及支持鉴定意见的依据等。

4.2.2　寻找支持自身观点的相关支撑材料。

a)鉴定相关学科知识,包括与鉴定相关的临床医学知识;

b)与案件有关的法律知识;

c)查阅和参考文献应以教科书等成熟的理论为主。

4.2.3　制作出庭作证报告。

a)出庭报告主要包括:鉴定程序、鉴定意见及其主要依据以及其他与鉴定意见有关的问题等;

b)必要时制作需要当庭演示的图片、幻灯片等。

4.2.4　准备鉴定人出庭各类证明。

具体包括:所在鉴定机构《司法鉴定许可证》、《司法鉴定人执业证》、相关专业技术职务任职资格证及个人身份证明等。

附录十二:医患纠纷鉴定听证会程序

1 目的

为进一步完善医患纠纷司法鉴定的程序制度,有利于保障诉讼双方在司法鉴定程序中的参与权,提高鉴定程序的透明度,增强鉴定意见的科学性、客观性和公信力,特制定本程序。

2 适用范围

适用于中心医患纠纷司法鉴定的执行及管理。

3 程序

3.1 委托方依据职权或者应当事人及其他诉讼参与人的申请,委托中心对诉讼涉及的医患纠纷专业问题进行司法鉴定(委托鉴定事项属于重新鉴定的,应当在委托书中注明)。委托人应当向中心提供真实、完整、充分的鉴定材料,并对鉴定材料的真实性、合法性负责。

3.2 中心指定专人审核委托方提供的鉴定材料,确定是否受理鉴定案件;中心受理案件鉴定后,应及时告知鉴定风险,确定听证会召开时间,并通知委托方及诉讼双方一同参与听证会。

3.3 中心指定具有相应资质的鉴定人组织并主持医患纠纷司法鉴定听证会;对疑难、复杂或者特殊的鉴定事项,必要时由两名以上鉴定人及相关领域专家一同参加听证。

3.4 听证会主持人员仅代表中心召开听证会,会后须与其他鉴定人及相关领域专家共同参与案件讨论,并出具最终鉴定意见。

3.5 听证会相关事项告知:

3.5.1 简述听证会召开目的及要求;

3.5.2 确认医患双方有无回避申请;

3.5.3 告知听证双方相关听证程序;

3.5.4 风险告知:

3.5.4.1 具有出具不确定性鉴定意见的风险;

3.5.4.2 鉴定材料不全,中止鉴定的风险;

3.5.5 其他应当告知的事项。

3.6 诉讼双方应各自选择一名主要发言人,陈述本方涉及医患纠纷的相关事项,其他人员可进行相应补充。第一轮陈述完毕后,双方可就未陈述的问题或针对对方的陈述进行补充或辩驳。主持人员有权询问双方相关鉴定事实。

3.7 双方当事人在听证会中提出的补充材料,应通过委托方确认后转交中心。

3.8 中心在完成委托的鉴定事项后,应当在60个工作日内向委托方出具司法鉴定文书。鉴定事项涉及复杂、疑难、特殊的技术问题或者检验过程需要较长时间的,书面告知委托方。

4 相关记录

HZSJ－LC－K001－2009 专家会诊申请表

HZSJ－LC－K002－2009 专家会诊意见回复

HZSJ－LC－K003－2009 参加听证会人员登记表

HZSJ－LC－K004－2009 参加听证会确认函

HZSJ－LC－K005－2009 鉴定听证会记录

HZSJ－LC－K006－2011 案件受理评审记录

HZSJ－QR－1410－2009 专家登记表

附录十三：上海市司法局关于2013年医患纠纷人民调解工作质量检查情况通报

各区县司法局：

2013年第三季度，市医调办在全市范围内组织了一次医患纠纷人民调解工作质量检查活动。根据活动安排，各区县在自查阶段对2012年10月至2013年6月所受理医患纠纷的调解卷宗立卷归档、调解文书制作等情况进行了检查，对检查所发现的情况认真进行了整改。在抽查阶段，市医调办从各区县医调委已办结的医患纠纷中抽取了381件进行检查。现将有关情况通报如下：

一、存在的问题

（一）工作流程不规范

1. 纠纷登记不规范。有83件纠纷受理日期与调解协议签署日期相同，未能反应纠纷调解的真实过程。主要原因为：当事人未提交书面申请或一方当事人未明示调解意愿，而后医患双方于签订调解协议时一并补写调解申请书，医调委以协议签订日补办受理登记。

2. 受理后告知不及时。有22件纠纷未在规定的时间内将受理情况通知当事人。主要原因为：

（1）收到申请后，拖延办理，未及时进行审核；

（2）征询另一方当事人意见所需时间较长，导致超出规定时间发出受理通知书。

3. 未按规定进行专家咨询。有92件患者死亡的医患纠纷未按规定进行专家咨询，占所抽查患者死亡纠纷的57.5%。主要原因有：

（1）缺乏对专家咨询有利于提高工作专业化水平的认识；

（2）地域偏远，专家不愿前往；

（3）纠纷责任归属明确、双方当事人并无争议。

4. 未有效引导当事人进行司法确认。有23件协议金额超过20万元的医患纠纷未进行司法确认，调解案卷中亦无人民调解员引导当事人申请司法确认的记录。原因有：

（1）对司法确认重要性认识不足，未与同级人民法院建立快捷、便利的司法确认工作机制；

(2)调解协议所附当事人身份证明、授权委托材料存在瑕疵,不符合司法确认要求。

5. 盲目追求纠纷受理量、调解成功率。

(1)为提高医调委纠纷受理数,对医患双方已自行协商达成一致的纠纷,在未核实纠纷主要事实或审核协议内容情况下,以医调委名义制作调解协议书。

(2)为提高调解成功率,纠纷受理后不作登记,待医患双方签订协议之时,再予登记在案。

(二)纠纷材料收集不规范

1. 调解申请材料。个别区县的调解案卷中,缺少当事人调解申请书,或者未对当事人口头申请作书面记录。

2. 当事人身份证明。有78件纠纷的调解案卷缺少患者身份证明、患者家属的亲属关系证明、医疗机构执业证书复印件、医疗机构法人代表身份证明,占所抽查纠纷数的21%。

3. 授权委托材料。有63件纠纷的调解案卷缺少代理人的授权委托书、代理人身份证明,占所抽查纠纷数的17%。

4. 事实证明材料。有52件纠纷的调解案卷缺少医患关系证明或与纠纷重要事实相关的病历资料,占所抽查纠纷数的14%。

(三)调解文书制作不规范

1. 纠纷登记表。有4个区县的调解案卷存在未制作纠纷受理登记表的情况。

2. 纠纷受理通知书。有77件纠纷在受理后未向当事人制发受理通知书,仅以口头告知且无书面记录,占所抽查纠纷数的20%。

3. 调解记录。有27件纠纷缺少调解记录,占所抽查医患纠纷的7%。这种情况在调解终止的纠纷中较为多见。有69件纠纷的调解记录未要求当事人逐页签字确认,占所抽查纠纷的18%。

4. 专家咨询意见书。有29件纠纷的专家咨询意见书未按格式制作,占所抽查纠纷的8%。主要是专家咨询意见书缺漏项目、内容填写不规范或填写错误。

5. 调解协议书。有4份为手写,有2份缺少纠纷概述、协议内容等要素,有19份无当事人签名或盖章、无医调委盖章或人民调解员签名。个别中心城区甚至将其他人民调解委员会的调解协议格式范本,简单填写部分栏目后,作为医调委调解协议归档。

二、下一步工作要求

各区县要认真对照本次检查所通报的情况,切实按照市司法局、市医调办有关规定,加强对医调委指导,对工作中存在的问题予以纠正,进一步提高医患纠纷人民调解工作的规范化、专业化水平。

（一）加强对医调委组织队伍建设指导

各区县应当严格依照《人民调解法》及司法部、本市有关规定，规范医调委的组织建设、规范使用医调委名称。要加强医调委人民调解员队伍专业化程度，优先选任具有医学或法律专业背景的人民调解员。要根据人民调解员不同经历和专业，有针对性的开展医学知识、法律常识、调解方法、调解员行为规范等方面的培训，使之不断加强规范意识、服务意识，丰富专业知识，提升调解能力。

（二）加强对医调委业务工作的指导

要进一步规范调解工作流程，收到调解申请后，应当如实登记，并在规定的时间内给予答复，如不能及时受理应及时向当事人说明情况；对医患双方已作自行协商的纠纷，要严格审查协议内容，收集必要的证明材料，并尽量引导当事人申请司法确认。要进一步加强和规范纠纷材料的收集，对有关当事人身份、亲属关系、授权委托、纠纷重要事实的材料必须按照有关法律、法规的要求收集齐全。要进一步规范调解文书制作，要使用规定的格式文本制作调解笔录（记录），采用手写方式的，字迹应当清晰端正；要严格按照《市医调办关于印发医患纠纷人民调解协议文书格式的通知》的要求制作调解协议书。

（三）进一步加强专家咨询工作

对符合条件的的纠纷应当及时进行专家咨询，对专家咨询中的分析说明应当详细记录，严格按照市医调办的格式规范制作专家咨询意见书；人民调解员参考专家咨询意见提出调解建议的，应当向当事人作详尽解释和说明。

（四）加大引导当事人进行司法确认的力度

要主动告知当事人司法确认的法律性质和后果。要加强与区县人民法院的协调、联系，在法律规定的范围内，主动协助当事人申请办理司法确认手续，为当事人申请司法确认提供便利。

特此通报。

上海市司法局

二〇一三年十二月十三日

附录十四:上海市医患纠纷预防与调解办法

(上海市人民政府令第12号)

《上海市医患纠纷预防与调解办法》已经2014年1月6日市政府第36次常务会议通过,现予公布,自2014年3月1日起施行。

市长　杨　雄

二〇一四年一月十一日

上海市医患纠纷预防与调解办法

第一章　总　　则

第一条　(目的和依据)

为了保护医患双方当事人的合法权益,维护医疗机构正常秩序,及时预防与处置医患纠纷,根据《中华人民共和国人民调解法》等有关法律、法规的规定,结合本市实际,制定本办法。

第二条　(定义)

本办法所称的医患纠纷,是指医疗机构及其医务人员与患者之间因医疗、护理等执业行为发生的争议。

第三条　(适用范围)

本市行政区域内医患纠纷的预防和人民调解,适用本办法。

第四条　(部门职责)

司法行政部门负责指导医患纠纷人民调解工作,推进医患纠纷人民调解工作的规范化建设。

公安部门负责保障医疗机构正常的医疗秩序,依法及时处置扰乱医疗机构和医患纠纷人民调解场所秩序的违法行为。

卫生计生部门负责指导医疗机构建立医患纠纷预防机制,引导医疗机构通过人民调解化解医患纠纷。

第五条　（医患纠纷人民调解委员会）

区、县医患纠纷人民调解委员会（以下简称医调委）是专业调解所在行政区域内医患纠纷的群众性组织，接受区、县司法行政部门的指导。

医调委调解医患纠纷，不收取任何费用。

医调委依法独立调解医患纠纷，不受任何组织或者个人的干涉。

第六条　（人民调解员）

医调委应当根据所在行政区域内医疗机构数量、规模及其就诊人数等情况，聘任相应数量的专职和兼职人民调解员。

医调委的人民调解员应当公道正派，热心人民调解工作，且具有医学、卫生管理或者法律等专业知识。

第七条　（咨询专家库）

市卫生计生部门应当会同市司法行政部门组建医患纠纷人民调解咨询专家库（以下简称"专家库"）。

市司法行政部门应当会同市卫生计生部门制定医患纠纷人民调解专家咨询程序和规则。

第八条　（经费保障）

市和区、县人民政府应当为医患纠纷人民调解工作提供必要的办公条件和经费保障。

医患纠纷人民调解工作所需运行经费、补助经费、调解员补贴经费和专家咨询费，由市和区、县财政按照有关规定予以保障。

人民调解员补贴经费和专家咨询费的标准，根据本市实际情况和工作需要，由市司法行政部门会同市财政部门确定或者调整。

第九条　（医疗责任保险）

卫生计生部门应当引导医疗机构参加医疗责任保险，鼓励医疗机构与医疗责任保险的承保机构（以下简称承保机构）协商合作，发挥医疗责任保险在医患纠纷人民调解工作中的风险分担作用。

本市公立医疗机构应当参加医疗责任保险，按照有关规定计提的医疗风险基金，应当用于参加医疗责任保险。

第十条　（承保机构）

承保机构应当按照国家有关规定，根据"公平、公正、合规"的经营原则，合理设计保险条款，科学厘定保险费率，加强医疗责任保险业务管理和风险管控，发挥医疗责任保险防范和化解医疗机构医疗风险的积极作用。

第二章 纠纷预防

第十一条 (监督管理)

卫生计生部门应当加强对医疗机构及其医务人员执业行为的监督管理,督促医疗机构及其医务人员提高医疗技术水平和服务质量。

卫生计生部门应当对医患纠纷中有关医疗质量安全的信息定期进行统计分类、分析评价,并向医疗机构发布指导意见。

第十二条 (执业要求)

医疗机构及其医务人员应当依照法律、法规、规章和诊疗护理规范的规定开展执业活动。

第十三条 (法律和医疗知识的宣传普及)

医疗机构应当按照规定公开医疗服务信息,并通过多种途径,向患者以及社会公众宣传医疗卫生法律、法规,普及相关医疗卫生知识。

第十四条 (主动预防)

医疗机构应当制定防范和处置医患纠纷的预案,定期分析医患纠纷的成因,预防医患纠纷的产生,妥善处理医患纠纷。

医疗机构应当建立处理医患纠纷工作机制,接受患者或者其近亲属对医疗服务的投诉,向其提供咨询服务。

第十五条 (治安防范)

医疗机构应当建立治安防范制度,并根据有关规定以及就诊人数、场所规模、医院等级等情况,落实各项安全防范措施。

第十六条 (告知义务)

医疗机构需要对患者实施手术、特殊检查、特殊治疗的,医务人员应当依法及时向患者或者其近亲属说明医疗风险、替代医疗方案等情况,并取得其书面同意。

第十七条 (病历的保管、复制和封存)

医疗机构应当妥善保管患者住院病历资料以及由医疗机构保管的患者门(急)诊病历资料。

患者或者其近亲属需要复印或者复制病历资料的,医疗机构应当按照病历管理的有关规定提供,并开列清单和加盖证明印章。

患者或者其近亲属要求封存病历资料或者现场实物的,医患双方当事人应当共同实施封存。封存病历资料或者现场实物的,医疗机构应当开列封存清单,由医患双方当事人盖章或者签名后,各执一份。

第十八条 (尸体处理)

患者在医疗机构内死亡的,医疗机构应当立即将尸体移放太平间,并按照有关规定处理,患者家属应当予以配合。

第十九条 (相关事项的告知)

发生医患纠纷的,医疗机构应当指定专门人员解答患者或者其近亲属的疑问,并告知下列事项:

(一)人民调解等医患纠纷处理的途径;

(二)有关病历资料、现场实物封存和启封的规定;

(三)有关病历资料复印或者复制的规定。

患者死亡,医患双方当事人不能确定死因或者对死因有异议的,医疗机构应当告知尸检的规定和程序。

第二十条 (报告)

发生重大医患纠纷的,医疗机构应当及时向卫生计生部门报告。

第二十一条 (行为禁止)

医患双方当事人应当依法维护医疗机构的医疗秩序。

禁止任何单位和个人实施下列行为:

(一)在医疗机构焚烧纸钱、摆设灵堂、摆放花圈、私拉横幅、违规停尸、聚众滋事、围堵大门或者重要出入口影响人员正常进出;

(二)在医疗机构内寻衅滋事;

(三)冲击或者占据医疗机构办公、诊疗场所;

(四)非法携带易燃、易爆危险物品或者管制器具进入医疗机构;

(五)侮辱、威胁、恐吓、故意伤害医务人员或者限制医务人员人身自由,或者威胁其他人员人身安全的行为;

(六)在医疗机构内故意损毁或者盗窃、抢夺公私财物;

(七)阻挠将尸体移放太平间或者殡仪馆;

(八)其他扰乱医疗机构正常秩序的行为。

第二十二条 (现场处置)

卫生计生部门接到重大医患纠纷报告后,应当督促医疗机构采取必要的救治和处理措施;必要时,应当派员进行现场指导和协调,引导医患双方当事人通过人民调解等法律途径解决纠纷。

公安部门对扰乱医疗机构正常秩序的行为,应当及时采取下列措施予以处置:

(一)开展教育疏导,制止过激行为;

(二)依法处置现场发生的违法犯罪行为;

(三)将涉嫌违法犯罪的人员带离现场调查。

医疗机构应当配合公安部门维持现场秩序。

第三章 纠纷调解

第二十三条 (申请调解)

发生医患纠纷的,医患双方当事人可以向医疗机构所在地的医调委申请调解。

医患双方当事人可以共同或者分别向医调委申请调解。患方当事人单独申请调解的,公立医疗机构应当予以配合。

患方当事人请求赔偿金额在3万元以上的医患纠纷,医疗机构应当告知其可以向医调委申请调解,并与患方当事人共同接受调解。

第二十四条 (申请调解的形式)

医患双方当事人可以书面申请调解,也可以口头申请调解;口头申请调解的,医调委应当当场记录申请人基本情况、申请调解的争议事项和理由等内容。

获悉医疗机构内正在发生重大医患纠纷的,医调委应当指派人民调解员开展现场疏导工作,并可以接受医患双方当事人的调解申请。

第二十五条 (其他参加人)

患方当事人可以委托其近亲属、律师或者基层法律服务工作者参加医患纠纷调解。受委托的近亲属、律师或者基层法律服务工作者应当出示近亲属关系证明或者授权委托书;律师或者基层法律服务工作者还应当同时出示执业证。

第二十六条 (调解期限)

医调委应当自医患双方当事人提出调解申请之日起的60日内调结。因特殊情况需要延长调解期限的,医调委和医患双方当事人可以约定延长调解期限;超过约定期限仍未达成调解协议的,视为调解不成。

第二十七条 (不予调解的情形)

医患纠纷有下列情形之一的,医调委不予调解:

(一)一方当事人已经向卫生计生部门申请医疗事故争议行政处理,卫生计生部门已经受理或者已经作出处理的;

(二)一方当事人已经向人民法院提起诉讼,人民法院已经受理或者已经作出裁判的;

(三)其他不宜由医调委调解的情形。

第二十八条 (调解员的确定)

医调委接受医患纠纷调解申请后,应当指定1名或者数名人民调解员进行调解,也可以由医患双方当事人选择1名或者数名人民调解员进行调解。

第二十九条　(调解员回避)

人民调解员有下列情形之一的,应当回避;医患双方当事人有权以口头或者书面方式提出回避申请:

(一)是当事人或者当事人、代理人的近亲属的;

(二)具有在医患纠纷所涉医疗机构工作经历的;

(三)与医患纠纷所涉药品、医疗器械的生产、销售单位有利害关系的;

(四)医患双方当事人认为可能影响公正调解的其他情形。

医调委对回避申请应当及时作出决定,并告知医患双方当事人。

第三十条　(调解保密)

医调委及其人民调解员应当对医患双方当事人的商业秘密、个人隐私或者个人信息予以保密。

未经医患双方当事人同意,调解不得公开进行,也不得公开与调解有关的内容。

除法律、法规和本办法另有规定外,医调委在调解医患纠纷过程中获得的有关材料,不得用于调解以外的其他用途,也不得向其他任何组织或者个人提供。

第三十一条　(专家咨询)

医患纠纷具有下列情形之一的,医调委应当启动专家咨询程序:

(一)预估赔付金额超过10万元的;

(二)患者已死亡的;

(三)医患双方对争议事实存在重大分歧的;

(四)预估保险理赔金额超过10万元且承保机构建议的;

(五)其他需要进行专家咨询的情形。

咨询专家的选定,应当根据回避原则,从专家库中选取。必要时,可以根据调解工作实际,从专家库外另行选取咨询专家。

第三十二条　(专家咨询意见)

医调委可以就下列事项征求咨询专家意见:

(一)医疗机构在执行诊疗规范、履行告知义务等方面是否存在过错;

(二)医疗过错行为与损害结果之间是否存在因果关系;

(三)医疗过错行为在损害结果中的责任程度;

(四)其他与争议事实有关的专业问题。

咨询专家应当根据独立、客观、公正的原则,就医调委的咨询事项提供意见,并在咨询意见书上签名或者盖章。

专家咨询意见书是医调委调解的参考依据。

第三十三条 (公平调解)

人民调解员应当平等对待医患双方当事人,尊重当事人意思表达的权利,充分听取当事人的陈述;不得压制、阻碍当事人发表意见,也不得偏袒一方当事人。

人民调解员应当在充分了解纠纷事实经过和调查核实的基础上,适时向医患双方当事人提出解决纠纷的建议。

第三十四条 (医患双方当事人的义务)

医疗机构应当对医患纠纷进行先期核查,及时向医调委提交有关证明材料并提出初步意见。

医患双方当事人应当根据人民调解员要求,提供相关病历资料。

第三十五条 (通知承保机构)

医疗机构参加医疗责任保险的,医调委可以在调解过程中,通知承保机构列席。

承保机构收到医调委列席调解通知但未列席的,不影响调解进行。

第三十六条 (承保机构列席调解)

承保机构接到医调委通知后,根据下列情形列席调解,提供医疗责任保险专业服务:

(一)预估保险理赔金额在3万元以下的,承保机构可以自行确定是否派员列席调解;

(二)预估保险理赔金额在3万元以上的,承保机构应当派员列席调解,并就具体理赔事项提出意见。

本条前款有关预估保险理赔金额的规定,由市司法行政部门会同保险监管部门和承保机构协商后,适时进行调整。

第三十七条 (调解协议)

人民调解员应当根据公平自愿、合情合理的原则,按照调解规则,协助医患双方当事人确定纠纷解决方案。

医患双方当事人经调解达成协议的,医调委应当制作调解协议书。调解协议书由医患双方当事人签名或者盖章,经人民调解员签名并加盖医调委印章后生效。

调解协议无财产给付内容,且医患双方当事人认为无需制作调解协议书的,可以采取口头协议方式,但人民调解员应当书面记录协议内容,并由医患双方当事人、人民调解员和医调委签名或者盖章。

第三十八条 (保险理赔)

经医调委主持下达成的调解协议书,是医疗责任保险理赔的依据。

第三十九条 （司法确认）

达成调解协议后，医患双方当事人认为有必要的，可以依法向人民法院申请司法确认。

调解协议不能即时履行的，人民调解员应当引导医患双方当事人申请司法确认。

第四十条 （调解协议履行）

医患双方当事人应当自觉履行调解协议；对调解协议的履行或者调解协议的内容发生争议的，可以向人民法院提起诉讼。

第四十一条 （书面建议）

医调委可以根据医患纠纷调解情况，向卫生计生部门和医疗机构提出有关预防医患纠纷的书面建议。

第四十二条 （引导措施）

医患双方当事人不愿调解或者经调解不能达成调解协议的，医调委应当依据有关法律、法规的规定，告知医患双方当事人可以依法通过向卫生计生部门申请处理或者向人民法院提起诉讼等其他法律途径解决纠纷。

第四章 法律责任

第四十三条 （有关违法行为的法律责任）

有本办法第二十一条第二款规定行为的，由公安部门依据《中华人民共和国治安管理处罚法》予以处罚；构成犯罪的，依法追究刑事责任。

第四十四条 （医疗机构及其医务人员的法律责任）

医疗机构及其医务人员违反本办法的规定，有下列情形之一的，由卫生计生部门依照《中华人民共和国执业医师法》、《医疗事故处理条例》的有关规定予以处理：

（一）违反卫生行政规章制度或者技术操作规范，造成严重后果的；

（二）未经患者或者其近亲属同意，实施实验性临床医疗的；

（三）未如实告知患者病情、医疗措施和医疗风险的；

（四）隐匿、伪造或者擅自销毁医学文书及有关资料的；

（五）未按照规定封存、保管和启封病历资料和实物的；

（六）泄露患者隐私，造成严重后果的；

（七）无正当理由，拒绝为患者或者其近亲属提供复印或者复制病历资料服务的。

第四十五条 （人民调解员的法律责任）

人民调解员在调解工作中有下列行为之一的，由医调委给予批评教育、责令

改正,情节严重的,予以解聘:

(一)偏袒一方当事人的;

(二)侮辱当事人的;

(三)索取、收受财物或者牟取其他不正当利益的;

(四)泄露当事人的个人隐私、商业秘密的。

第五章 附 则

第四十六条 (施行日期)

本办法自2014年3月1日起施行。

附录十五:医疗质量管理办法

(国家卫生和计划生育委员会令第10号)

《医疗质量管理办法》已于2016年7月26日经国家卫生计生委委主任会议讨论通过,现予公布,自2016年11月1日起施行。

主任:李斌

2016年9月25日

医疗质量管理办法

第一章 总 则

第一条 为加强医疗质量管理,规范医疗服务行为,保障医疗安全,根据有关法律法规,制定本办法。

第二条 本办法适用于各级卫生计生行政部门以及各级各类医疗机构医疗质量管理工作。

第三条 国家卫生计生委负责全国医疗机构医疗质量管理工作。

县级以上地方卫生计生行政部门负责本行政区域内医疗机构医疗质量管理工作。

国家中医药管理局和军队卫生主管部门分别在职责范围内负责中医和军队医疗机构医疗质量管理工作。

第四条 医疗质量管理是医疗管理的核心,各级各类医疗机构是医疗质量管理的第一责任主体,应当全面加强医疗质量管理,持续改进医疗质量,保障医疗安全。

第五条 医疗质量管理应当充分发挥卫生行业组织的作用,各级卫生计生行政部门应当为卫生行业组织参与医疗质量管理创造条件。

第二章 组织机构和职责

第六条 国家卫生计生委负责组织或者委托专业机构、行业组织（以下称专业机构）制订医疗质量管理相关制度、规范、标准和指南，指导地方各级卫生计生行政部门和医疗机构开展医疗质量管理与控制工作。省级卫生计生行政部门可以根据本地区实际，制订行政区域医疗质量管理相关制度、规范和具体实施方案。

县级以上地方卫生计生行政部门在职责范围内负责监督、指导医疗机构落实医疗质量管理有关规章制度。

第七条 国家卫生计生委建立国家医疗质量管理与控制体系，完善医疗质量控制与持续改进的制度和工作机制。

各级卫生计生行政部门组建或者指定各级、各专业医疗质量控制组织（以下称质控组织）落实医疗质量管理与控制的有关工作要求。

第八条 国家级各专业质控组织在国家卫生计生委指导下，负责制订全国统一的质控指标、标准和质量管理要求，收集、分析医疗质量数据，定期发布质控信息。

省级和有条件的地市级卫生计生行政部门组建相应级别、专业的质控组织，开展医疗质量管理与控制工作。

第九条 医疗机构医疗质量管理实行院、科两级责任制。

医疗机构主要负责人是本机构医疗质量管理的第一责任人；临床科室以及药学、护理、医技等部门（以下称业务科室）主要负责人是本科室医疗质量管理的第一责任人。

第十条 医疗机构应当成立医疗质量管理专门部门，负责本机构的医疗质量管理工作。

二级以上的医院、妇幼保健院以及专科疾病防治机构（以下称二级以上医院）应当设立医疗质量管理委员会。医疗质量管理委员会主任由医疗机构主要负责人担任，委员由医疗管理、质量控制、护理、医院感染管理、医学工程、信息、后勤等相关职能部门负责人以及相关临床、药学、医技等科室负责人组成，指定或者成立专门部门具体负责日常管理工作。其他医疗机构应当设立医疗质量管理工作小组或者指定专（兼）职人员，负责医疗质量具体管理工作。

第十一条 医疗机构医疗质量管理委员会的主要职责是：

（一）按照国家医疗质量管理的有关要求，制订本机构医疗质量管理制度并组织实施；

（二）组织开展本机构医疗质量监测、预警、分析、考核、评估以及反馈工作，定期发布本机构质量管理信息；

（三）制订本机构医疗质量持续改进计划、实施方案并组织实施；

（四）制订本机构临床新技术引进和医疗技术临床应用管理相关工作制度并组织实施；

（五）建立本机构医务人员医疗质量管理相关法律、法规、规章制度、技术规范的培训制度，制订培训计划并监督实施；

（六）落实省级以上卫生计生行政部门规定的其他内容。

第十二条 二级以上医院各业务科室应当成立本科室医疗质量管理工作小组，组长由科室主要负责人担任，指定专人负责日常具体工作。医疗质量管理工作小组主要职责是：

（一）贯彻执行医疗质量管理相关的法律、法规、规章、规范性文件和本科室医疗质量管理制度；

（二）制订本科室年度质量控制实施方案，组织开展科室医疗质量管理与控制工作；

（三）制订本科室医疗质量持续改进计划和具体落实措施；

（四）定期对科室医疗质量进行分析和评估，对医疗质量薄弱环节提出整改措施并组织实施；

（五）对本科室医务人员进行医疗质量管理相关法律、法规、规章制度、技术规范、标准、诊疗常规及指南的培训和宣传教育；

（六）按照有关要求报送本科室医疗质量管理相关信息。

第十三条 各级卫生计生行政部门和医疗机构应当建立健全医疗质量管理人员的培养和考核制度，充分发挥专业人员在医疗质量管理工作中的作用。

第三章 医疗质量保障

第十四条 医疗机构应当加强医务人员职业道德教育，发扬救死扶伤的人道主义精神，坚持“以患者为中心”，尊重患者权利，履行防病治病、救死扶伤、保护人民健康的神圣职责。

第十五条 医务人员应当恪守职业道德，认真遵守医疗质量管理相关法律法规、规范、标准和本机构医疗质量管理制度的规定，规范临床诊疗行为，保障医疗质量和医疗安全。

第十六条 医疗机构应当按照核准登记的诊疗科目执业。卫生技术人员开展诊疗活动应当依法取得执业资质，医疗机构人力资源配备应当满足临床工作需要。

医疗机构应当按照有关法律法规、规范、标准要求,使用经批准的药品、医疗器械、耗材开展诊疗活动。

医疗机构开展医疗技术应当与其功能任务和技术能力相适应,按照国家关于医疗技术和手术管理有关规定,加强医疗技术临床应用管理。

第十七条　医疗机构及其医务人员应当遵循临床诊疗指南、临床技术操作规范、行业标准和临床路径等有关要求开展诊疗工作,严格遵守医疗质量安全核心制度,做到合理检查、合理用药、合理治疗。

第十八条　医疗机构应当加强药学部门建设和药事质量管理,提升临床药学服务能力,推行临床药师制,发挥药师在处方审核、处方点评、药学监护等合理用药管理方面的作用。临床诊断、预防和治疗疾病用药应当遵循安全、有效、经济的合理用药原则,尊重患者对药品使用的知情权。

第十九条　医疗机构应当加强护理质量管理,完善并实施护理相关工作制度、技术规范和护理指南;加强护理队伍建设,创新管理方法,持续改善护理质量。

第二十条　医疗机构应当加强医技科室的质量管理,建立覆盖检查、检验全过程的质量管理制度,加强室内质量控制,配合做好室间质量评价工作,促进临床检查检验结果互认。

第二十一条　医疗机构应当完善门急诊管理制度,规范门急诊质量管理,加强门急诊专业人员和技术力量配备,优化门急诊服务流程,保证门急诊医疗质量和医疗安全,并把门急诊工作质量作为考核科室和医务人员的重要内容。

第二十二条　医疗机构应当加强医院感染管理,严格执行消毒隔离、手卫生、抗菌药物合理使用和医院感染监测等规定,建立医院感染的风险监测、预警以及多部门协同干预机制,开展医院感染防控知识的培训和教育,严格执行医院感染暴发报告制度。

第二十三条　医疗机构应当加强病历质量管理,建立并实施病历质量管理制度,保障病历书写客观、真实、准确、及时、完整、规范。

第二十四条　医疗机构及其医务人员开展诊疗活动,应当遵循患者知情同意原则,尊重患者的自主选择权和隐私权,并对患者的隐私保密。

第二十五条　医疗机构开展中医医疗服务,应当符合国家关于中医诊疗、技术、药事等管理的有关规定,加强中医医疗质量管理。

第四章　医疗质量持续改进

第二十六条　医疗机构应当建立本机构全员参与、覆盖临床诊疗服务全过程的医疗质量管理与控制工作制度。医疗机构应当严格按照卫生计生行政部门和质控组织关于医疗质量管理控制工作的有关要求，积极配合质控组织开展工作，促进医疗质量持续改进。

医疗机构应当按照有关要求，向卫生计生行政部门或者质控组织及时、准确地报送本机构医疗质量安全相关数据信息。

医疗机构应当熟练运用医疗质量管理工具开展医疗质量管理与自我评价，根据卫生计生行政部门或者质控组织发布的质控指标和标准完善本机构医疗质量管理相关指标体系，及时收集相关信息，形成本机构医疗质量基础数据。

第二十七条 医疗机构应当加强临床专科服务能力建设，重视专科协同发展，制订专科建设发展规划并组织实施，推行“以患者为中心、以疾病为链条”的多学科诊疗模式。加强继续医学教育，重视人才培养、临床技术创新性研究和成果转化，提高专科临床服务能力与水平。

第二十八条 医疗机构应当加强单病种质量管理与控制工作，建立本机构单病种管理的指标体系，制订单病种医疗质量参考标准，促进医疗质量精细化管理。

第二十九条 医疗机构应当制订满意度监测指标并不断完善，定期开展患者和员工满意度监测，努力改善患者就医体验和员工执业感受。

第三十条 医疗机构应当开展全过程成本精确管理，加强成本核算、过程控制、细节管理和量化分析，不断优化投入产出比，努力提高医疗资源利用效率。

第三十一条 医疗机构应当对各科室医疗质量管理情况进行现场检查和抽查，建立本机构医疗质量内部公示制度，对各科室医疗质量关键指标的完成情况予以内部公示。

医疗机构应当定期对医疗卫生技术人员开展医疗卫生管理法律法规、医院管理制度、医疗质量管理与控制方法、专业技术规范等相关内容的培训和考核。

医疗机构应当将科室医疗质量管理情况作为科室负责人综合目标考核以及聘任、晋升、评先评优的重要指标。

医疗机构应当将科室和医务人员医疗质量管理情况作为医师定期考核、晋升以及科室和医务人员绩效考核的重要依据。

第三十二条 医疗机构应当强化基于电子病历的医院信息平台建设，提高医院信息化工作的规范化水平，使信息化工作满足医疗质量管理与控制需要，充分利用信息化手段开展医疗质量管理与控制。建立完善医疗机构信息管理制度，保障信息安全。

第三十三条 医疗机构应当对本机构医疗质量管理要求执行情况进行评估，对收集的医疗质量信息进行及时分析和反馈，对医疗质量问题和医疗安全风险进行预警，对存在的问题及时采取有效干预措施，并评估干预效果，促进医疗质量的持续改进。

第五章 医疗安全风险防范

第三十四条 国家建立医疗质量（安全）不良事件报告制度，鼓励医疗机构和医务人员主动上报临床诊疗过程中的不良事件，促进信息共享和持续改进。

医疗机构应当建立医疗质量（安全）不良事件信息采集、记录和报告相关制度，并作为医疗机构持续改进医疗质量的重要基础工作。

第三十五条 医疗机构应当建立药品不良反应、药品损害事件和医疗器械不良事件监测报告制度，并按照国家有关规定向相关部门报告。

第三十六条 医疗机构应当提高医疗安全意识，建立医疗安全与风险管理体系，完善医疗安全管理相关工作制度、应急预案和工作流程，加强医疗质量重点部门和关键环节的安全与风险管理，落实患者安全目标。医疗机构应当提高风险防范意识，建立完善相关制度，利用医疗责任保险、医疗意外保险等风险分担形式，保障医患双方合法权益。制订防范、处理医疗纠纷的预案，预防、减少医疗纠纷的发生。完善投诉管理，及时化解和妥善处理医疗纠纷。

第六章 监督管理

第三十七条 县级以上地方卫生计生行政部门负责对本行政区域医疗机构医疗质量管理情况的监督检查。医疗机构应当予以配合，不得拒绝、阻碍或者隐瞒有关情况。

第三十八条 县级以上地方卫生计生行政部门应当建立医疗机构医疗质量管理评估制度，可以根据当地实际情况，组织或者委托专业机构，利用信息化手段开展第三方评估工作，定期在行业内发布评估结果。

县级以上地方卫生计生行政部门和各级质控组织应当重点加强对县级医院、基层医疗机构和民营医疗机构的医疗质量管理和监督。

第三十九条 国家卫生计生委依托国家级人口健康信息平台建立全国医疗质量管理与控制信息系统，对全国医疗质量管理的主要指标信息进行收集、分析和反馈。

省级卫生计生行政部门应当依托区域人口健康信息平台，建立本行政区域的医疗质量管理与控制信息系统，对本行政区域医疗机构医疗质量管理相关信息进行收集、分析和反馈，对医疗机构医疗质量进行评价，并实现与全国医疗质量管理与控制信息系统互连互通。

第四十条 各级卫生计生行政部门应当建立医疗机构医疗质量管理激励机

制，采取适当形式对医疗质量管理先进的医疗机构和管理人员予以表扬和鼓励，积极推广先进经验和做法。

第四十一条 县级以上地方卫生计生行政部门应当建立医疗机构医疗质量管理情况约谈制度。对发生重大或者特大医疗质量安全事件、存在严重医疗质量安全隐患，或者未按要求整改的各级各类医疗机构负责人进行约谈；对造成严重后果的，予以通报，依法处理，同时报上级卫生计生行政部门备案。

第四十二条 各级卫生计生行政部门应当将医疗机构医疗质量管理情况和监督检查结果纳入医疗机构及其主要负责人考核的关键指标，并与医疗机构校验、医院评审、评价以及个人业绩考核相结合。考核不合格的，视情况对医疗机构及其主要负责人进行处理。

第七章 法律责任

第四十三条 医疗机构开展诊疗活动超出登记范围、使用非卫生技术人员从事诊疗工作、违规开展禁止或者限制临床应用的医疗技术、使用不合格或者未经批准的药品、医疗器械、耗材等开展诊疗活动的，由县级以上地方卫生计生行政部门依据国家有关法律法规进行处理。

第四十四条 医疗机构有下列情形之一的，由县级以上卫生计生行政部门责令限期改正；逾期不改的，给予警告，并处三万元以下罚款；对公立医疗机构负有责任的主管人员和其他直接责任人员，依法给予处分：

（一）未建立医疗质量管理部门或者未指定专（兼）职人员负责医疗质量管理工作的；

（二）未建立医疗质量管理相关规章制度的；

（三）医疗质量管理制度不落实或者落实不到位，导致医疗质量管理混乱的；

（四）发生重大医疗质量安全事件隐匿不报的；

（五）未按照规定报送医疗质量安全相关信息的；

（六）其他违反本办法规定的行为。

第四十五条 医疗机构执业的医师、护士在执业活动中，有下列行为之一的，由县级以上地方卫生计生行政部门依据《执业医师法》、《护士条例》等有关法律法规的规定进行处理；构成犯罪的，依法追究刑事责任：

（一）违反卫生法律、法规、规章制度或者技术操作规范，造成严重后果的；

（二）由于不负责任延误急危患者抢救和诊治，造成严重后果的；

（三）未经亲自诊查，出具检查结果和相关医学文书的；

（四）泄露患者隐私，造成严重后果的；

(五)开展医疗活动未遵守知情同意原则的;

(六)违规开展禁止或者限制临床应用的医疗技术、不合格或者未经批准的药品、医疗器械、耗材等开展诊疗活动的;

(七)其他违反本办法规定的行为。

其他卫生技术人员违反本办法规定的,根据有关法律、法规的规定予以处理。

第四十六条 县级以上地方卫生计生行政部门未按照本办法规定履行监管职责,造成严重后果的,对直接负责的主管人员和其他直接责任人员依法给予行政处分。

第八章 附 则

第四十七条 本办法下列用语的含义:

(一)医疗质量:指在现有医疗技术水平及能力、条件下,医疗机构及其医务人员在临床诊断及治疗过程中,按照职业道德及诊疗规范要求,给予患者医疗照顾的程度。

(二)医疗质量管理:指按照医疗质量形成的规律和有关法律、法规要求,运用现代科学管理方法,对医疗服务要素、过程和结果进行管理与控制,以实现医疗质量系统改进、持续改进的过程。

(三)医疗质量安全核心制度:指医疗机构及其医务人员在诊疗活动中应当严格遵守的相关制度,主要包括:首诊负责制度、三级查房制度、会诊制度、分级护理制度、值班和交接班制度、疑难病例讨论制度、急危重患者抢救制度、术前讨论制度、死亡病例讨论制度、查对制度、手术安全核查制度、手术分级管理制度、新技术和新项目准入制度、危急值报告制度、病历管理制度、抗菌药物分级管理制度、临床用血审核制度、信息安全管理制度等。

(四)医疗质量管理工具:指为实现医疗质量管理目标和持续改进所采用的措施、方法和手段,如全面质量管理(TQC)、质量环(PDCA 循环)、品管圈(QCC)、疾病诊断相关组(DRGs)绩效评价、单病种管理、临床路径管理等。

第四十八条 本办法自 2016 年 11 月 1 日起施行。

附录十六:关于印发《全国疑似预防接种异常反应监测方案》的通知

(卫办疾控发〔2010〕94 号)

各省、自治区、直辖市卫生厅局、食品药品监管局(药品监管局),新疆生产建设兵团卫生局、食品药品监管局,中国疾病预防控制中心,国家药品不良反应监测中心:

为做好疫苗使用安全性监测工作,卫生部与国家食品药品监管局组织制定了《全国疑似预防接种异常反应监测方案》。现印发给你们,请参照执行。

二〇一〇年六月三日

全国疑似预防接种异常反应监测方案

为加强疫苗使用的安全性监测,根据《中华人民共和国传染病防治法》、《中华人民共和国药品管理法》、《疫苗流通和预防接种管理条例》、《突发公共卫生事件应急条例》等法律、法规,参照世界卫生组织的疫苗不良反应监测指南,制定本方案。

一、目的

规范疑似预防接种异常反应监测工作,调查核实疑似预防接种异常反应发生情况和原因,为改进疫苗质量和提高预防接种服务质量提供依据。

二、监测病例定义

疑似预防接种异常反应(Adverse Event Following Immunization,简称 AEFI)是指在预防接种后发生的怀疑与预防接种有关的反应或事件。

三、报告

(一)报告范围。疑似预防接种异常反应报告范围按照发生时限分为以下情形:

——24 小时内:如过敏性休克、不伴休克的过敏反应(荨麻疹、斑丘疹、喉头水肿等)、中毒性休克综合征、晕厥、癔症等。

——5 天内：如发热（腋温≥38.6℃）、血管性水肿、全身化脓性感染（毒血症、败血症、脓毒血症）、接种部位发生的红肿（直径＞2.5cm）、硬结（直径＞2.5cm）、局部化脓性感染（局部脓肿、淋巴管炎和淋巴结炎、蜂窝组织炎）等。

——15 天内：如麻疹样或猩红热样皮疹、过敏性紫癜、局部过敏坏死反应（Arthus 反应）、热性惊厥、癫痫、多发性神经炎、脑病、脑炎和脑膜炎等。

——6 周内：如血小板减少性紫癜、格林巴利综合征、疫苗相关麻痹型脊髓灰质炎等。

——3 个月内：如臂丛神经炎、接种部位发生的无菌性脓肿等。

——接种卡介苗后 1—12 个月：如淋巴结炎或淋巴管炎、骨髓炎、全身播散性卡介苗感染等。

——其他：怀疑与预防接种有关的其他严重疑似预防接种异常反应。

（二）报告单位和报告人。医疗机构、接种单位、疾病预防控制机构、药品不良反应监测机构、疫苗生产企业、疫苗批发企业及其执行职务的人员为疑似预防接种异常反应的责任报告单位和报告人。

（三）报告程序。疑似预防接种异常反应报告实行属地化管理。责任报告单位和报告人发现属于报告范围的疑似预防接种异常反应（包括接到受种者或其监护人的报告）后应当及时向受种者所在地的县级卫生行政部门、药品监督管理部门报告。发现怀疑与预防接种有关的死亡、严重残疾、群体性疑似预防接种异常反应、对社会有重大影响的疑似预防接种异常反应时，责任报告单位和报告人应当在发现后 2 小时内向所在地县级卫生行政部门、药品监督管理部门报告；县级卫生行政部门和药品监督管理部门在 2 小时内逐级向上一级卫生行政部门、药品监督管理部门报告。

责任报告单位和报告人应当在发现疑似预防接种异常反应后 48 小时内填写疑似预防接种异常反应个案报告卡（附表 1），向受种者所在地的县级疾病预防控制机构报告；发现怀疑与预防接种有关的死亡、严重残疾、群体性疑似预防接种异常反应、对社会有重大影响的疑似预防接种异常反应时，在 2 小时内填写疑似预防接种异常反应个案报告卡或群体性疑似预防接种异常反应登记表（附表 2），以电话等最快方式向受种者所在地的县级疾病预防控制机构报告。县级疾病预防控制机构经核实后立即通过全国预防接种信息管理系统进行网络直报。各级疾病预防控制机构和药品不良反应监测机构应当通过全国预防接种信息管理系统实时监测疑似预防接种异常反应报告信息。

对于死亡或群体性疑似预防接种异常反应，同时还应当按照《突发公共卫生事件应急条例》的有关规定进行报告。

四、调查诊断

(一)核实报告。县级疾病预防控制机构接到疑似预防接种异常反应报告后,应当核实疑似预防接种异常反应的基本情况、发生时间和人数、主要临床表现、初步临床诊断、疫苗接种等,完善相关资料,做好深入调查的准备工作。

(二)调查。除明确诊断的一般反应(如单纯发热、接种部位的红肿、硬结等)外的疑似预防接种异常反应均需调查。

县级疾病预防控制机构对需要调查的疑似预防接种异常反应,应当在接到报告后48 小时内组织开展调查,收集相关资料,并在调查开始后3 日内初步完成疑似预防接种异常反应个案调查表(附表3)的填写,并通过全国预防接种信息管理系统进行网络直报。

怀疑与预防接种有关的死亡、严重残疾、群体性疑似预防接种异常反应、对社会有重大影响的疑似预防接种异常反应,由市级或省级疾病预防控制机构在接到报告后立即组织预防接种异常反应调查诊断专家组进行调查。

对于死亡或群体性疑似预防接种异常反应,同时还应当按照《突发公共卫生事件应急条例》的有关规定进行调查。

(三)资料收集。一是临床资料。了解病人的既往预防接种异常反应史、既往健康状况(如有无基础疾病等)、家族史、过敏史,掌握病人的主要症状和体征及有关的实验室检查结果、已采取的治疗措施和效果等资料。必要时对病人进行访视和临床检查。对于死因不明需要进行尸体解剖检查的病例,应当按照有关规定进行尸检。

二是预防接种资料。疫苗进货渠道、供货单位的资质证明、疫苗购销记录;疫苗运输条件和过程、疫苗贮存条件和冰箱温度记录、疫苗送达基层接种单位前的贮存情况;疫苗的种类、生产企业、批号、出厂日期、有效期、来源(包括分发、供应或销售单位)、领取日期、同批次疫苗的感官性状;接种服务组织形式、接种现场情况、接种时间和地点、接种单位和接种人员的资质;接种实施情况、接种部位、途径、剂次和剂量、打开的疫苗何时用完;安全注射情况、注射器材的来源、注射操作是否规范;接种同批次疫苗其他人员的反应情况、当地相关疾病发病情况。

(四)诊断。县级卫生行政部门、药品监督管理部门接到疑似预防接种异常反应报告后,对需要进行调查诊断的,交由县级疾病预防控制机构组织专家进行调查诊断。死亡、严重残疾、群体性疑似预防接种异常反应、对社会有重大影响的疑似预防接种异常反应,由市级或省级疾病预防控制机构组织预防接种异常反应调查诊断专家组进行调查诊断。

疑似预防接种异常反应的调查诊断结论应当在调查结束后30 天内尽早作

出。调查诊断专家组应当依据法律、行政法规、部门规章和技术规范，结合临床表现、医学检查结果和疫苗质量检验结果等，进行综合分析，作出调查诊断结论。

调查诊断怀疑引起疑似预防接种异常反应的疫苗有质量问题的，药品监督管理部门负责组织对相关疫苗质量进行检验，出具检验结果报告。药品监督管理部门或药品检验机构应当及时将疫苗质量检测结果向相关疾病预防控制机构反馈。

（五）调查报告。对死亡、严重残疾、群体性疑似预防接种异常反应、对社会有重大影响的疑似预防接种异常反应，疾病预防控制机构应当在调查开始后 7 日内完成初步调查报告，及时将调查报告向同级卫生行政部门、上一级疾病预防控制机构报告，向同级药品不良反应监测机构通报。药品不良反应监测机构向同级药品监督管理部门、上一级药品不良反应监测机构报告。县级疾病预防控制机构应当及时通过全国预防接种信息管理系统上报初步调查报告。

调查报告包括以下内容：对疑似预防接种异常反应的描述，疑似预防接种异常反应的诊断、治疗及实验室检查，疫苗和预防接种组织实施情况，疑似预防接种异常反应发生后所采取的措施，疑似预防接种异常反应的原因分析，对疑似预防接种异常反应的初步判定及依据，撰写调查报告的人员、时间等。

（六）分类。疑似预防接种异常反应经过调查诊断分析，按发生原因分成以下五种类型：

1. 不良反应：合格的疫苗在实施规范接种后，发生的与预防接种目的无关或意外的有害反应，包括一般反应和异常反应。

（1）一般反应：在预防接种后发生的，由疫苗本身所固有的特性引起的，对机体只会造成一过性生理功能障碍的反应，主要有发热和局部红肿，同时可能伴有全身不适、倦怠、食欲不振、乏力等综合症状。

（2）异常反应：合格的疫苗在实施规范接种过程中或者实施规范接种后造成受种者机体组织器官、功能损害，相关各方均无过错的药品不良反应。

2. 疫苗质量事故：由于疫苗质量不合格，接种后造成受种者机体组织器官、功能损害。

3. 接种事故：由于在预防接种实施过程中违反预防接种工作规范、免疫程序、疫苗使用指导原则、接种方案，造成受种者机体组织器官、功能损害。

4. 偶合症：受种者在接种时正处于某种疾病的潜伏期或者前驱期，接种后巧合发病。

5. 心因性反应：在预防接种实施过程中或接种后因受种者心理因素发生的个体或者群体的反应。

五、处置原则

（一）因预防接种异常反应造成受种者死亡、严重残疾或者器官组织损伤的，依照《疫苗流通和预防接种管理条例》有关规定给予受种者一次性补偿。

（二）当受种方、接种单位、疫苗生产企业对疑似预防接种异常反应调查诊断结论有争议时，按照《预防接种异常反应鉴定办法》的有关规定处理。

（三）因疫苗质量不合格给受种者造成损害的，以及因接种单位违反预防接种工作规范、免疫程序、疫苗使用指导原则、接种方案给受种者造成损害的，依照《中华人民共和国药品管理法》及《医疗事故处理条例》有关规定处理。

（四）建立媒体沟通机制，引导媒体对疑似预防接种异常反应作出客观报道，澄清事实真相。开展与受种者或其监护人的沟通，对疑似预防接种异常反应发生原因、事件处置的相关政策等问题进行解释和说明。

六、分析评价与信息交流

（一）监测指标。

以省（区、市）为单位，每年达到以下疑似预防接种异常反应监测指标要求：

——疑似预防接种异常反应在发现后48小时内报告率≥90%；

——需要调查的疑似预防接种异常反应在报告后48小时内调查率≥90%；

——死亡、严重残疾、群体性疑似预防接种异常反应、对社会有重大影响的疑似预防接种异常反应在调查后7日内完成初步调查报告率≥90%；

——疑似预防接种异常反应个案调查表在调查后3日内报告率≥90%；

——疑似预防接种异常反应个案调查表关键项目填写完整率达到100%；

——疑似预防接种异常反应分类率≥90%；

——疑似预防接种异常反应报告县覆盖率达到100%。

（二）数据的审核与分析利用。预防接种信息管理系统的数据由各级疾病预防控制机构维护管理，各级药品不良反应监测机构应当共享疑似预防接种异常反应监测信息。县级疾病预防控制机构应当根据疑似预防接种异常反应调查诊断进展和结果，随时对疑似预防接种异常反应个案报告信息和调查报告内容进行订正和补充。

各级疾病预防控制机构和药品不良反应监测机构对疑似预防接种异常反应报告信息实行日审核、定期分析报告制度。国家、省级疾病预防控制机构和药品不良反应监测机构至少每月进行一次分析报告，市、县级疾病预防控制机构和药品不良反应监测机构至少每季度进行一次分析报告。

国家、省级疾病预防控制机构和药品不良反应监测机构对于全国范围内开展的群体性预防接种活动，应当及时进行疑似预防接种异常反应监测信息的分析报告。地方各级疾病预防控制机构和药品不良反应监测机构对于全省(区、市)范围内或局部地区开展的群体性预防接种或应急接种活动,应当及时进行疑似预防接种异常反应监测信息的分析报告。

疾病预防控制机构着重于分析评价疑似预防接种异常反应发生情况及监测系统运转情况,并将分析评价情况上报同级卫生行政部门和上级疾病预防控制机构,同时向下级疾病预防控制机构和接种单位反馈;药品不良反应监测机构着重于分析评价疫苗安全性问题,并将分析评价情况上报同级药品监督管理部门和上级药品不良反应监测机构,同时向下级药品不良反应监测机构反馈。疾病预防控制机构和药品不良反应监测机构应当实时跟踪疑似预防接种异常反应监测信息,如发现重大不良事件、疫苗安全性相关问题等情况,应当及时分析评价并按上述要求处理。

国家、省级疾病预防控制机构和药品不良反应监测机构实行会商制度,针对疑似预防接种异常反应监测、重大不良事件或疫苗安全性相关问题等情况随时进行协商。

(三)信息交流。国家和省级卫生行政部门、药品监督管理部门、疾病预防控制机构、药品不良反应监测机构、药品检验机构等应当每月以例会、座谈会等形式,针对疑似预防接种异常反应监测情况、疫苗安全性相关问题等内容进行信息交流。如发现重大不良事件或安全性问题,部门间应当及时进行信息交流,药品监督管理部门及时向疫苗生产企业通报。

七、职责

(一)卫生行政部门和药品监督管理部门。卫生部和国家食品药品监督管理局负责对疑似预防接种异常反应监测工作的监督管理工作;联合发布全国疑似预防接种异常反应监测和重大不良事件处理的信息。

地方各级卫生行政部门会同药品监督管理部门负责组织开展本辖区内疑似预防接种异常反应监测、调查处理;药品监督管理部门对涉及疫苗质量问题的疑似预防接种异常反应进行调查处理。省级卫生行政部门和药品监督管理部门联合发布本省(区、市)疑似预防接种异常反应监测和重大不良事件处理的信息。

(二)疾病预防控制机构。地方各级疾病预防控制机构负责疑似预防接种异常反应报告、组织调查诊断、参与处理等工作;开展疑似预防接种异常反应知识宣传;对疾病预防控制人员、医务人员和接种人员进行培训;开展对下级疾病预防控制机构、医疗机构和接种单位监测工作的检查指导和信息反馈;负责辖区疑似预防接种异常反应监测数据的审核;对疑似预防接种异常反应监测数据进行分析与评价;定期与相关部门进行信息交流;开展受种者或其监护人的沟通工作。

中国疾病预防控制中心负责对预防接种信息管理系统的维护，对地方疑似预防接种异常反应调查诊断与处理、疑似预防接种异常反应监测培训等提供技术支持，对疑似预防接种异常反应监测数据进行分析与评价；定期与相关部门进行信息交流。

（三）药品不良反应监测机构。地方各级药品不良反应监测机构参与疑似预防接种异常反应报告、调查诊断和处理等工作；开展药品不良反应相关知识宣传；开展对药品不良反应监测人员、疫苗生产企业和疫苗批发企业相关人员的培训；开展对下级药品不良反应监测机构、疫苗生产企业和疫苗批发企业的检查指导和信息反馈；对疑似预防接种异常反应监测数据进行分析与评价；定期与相关部门进行信息交流。

国家药品不良反应监测中心负责对地方疑似预防接种异常反应调查诊断与处理、疑似预防接种异常反应监测培训等提供技术支持，对疑似预防接种异常反应监测数据进行分析与评价；定期与相关部门进行信息交流。

（四）药品检验机构。对导致疑似预防接种异常反应的可疑疫苗、稀释液或注射器材等进行采样和相关实验室检查，并向药品监督管理部门报告结果。

（五）疫苗生产企业、批发企业。向受种者所在地的县级疾病预防控制机构报告所发现的疑似预防接种异常反应；向调查人员提供所需要的疫苗相关信息。

（六）医疗机构。向所在地县级疾病预防控制机构报告所发现的疑似预防接种异常反应；对疑似预防接种异常反应进行临床诊治；向调查人员提供所需要的疑似预防接种异常反应临床资料。

（七）接种单位。向所在地县级疾病预防控制机构报告所发现的疑似预防接种异常反应；向调查人员提供所需要的疑似预防接种异常反应临床资料和疫苗接种等情况。

附表1～附表3（略）

附表4

名词解释

名称	英文名称	定义
疫苗	Vaccine	为了预防、控制传染病的发生、流行，用于人体预防接种、使机体产生对某种疾病的特异免疫力的生物制品

续表

名称	英文名称	定义
预防接种	Immunization 或 Vaccination	利用人工制备的抗原或抗体通过适宜的途径对机体进行接种，使机体获得对某种传染病的特异免疫力，以提高个体或群体的免疫水平，预防和控制针对传染病的发生和流行
预防接种安全性	Immunization Safety 或 Vaccination Safety	通过制定正确使用疫苗的公共卫生规范和策略，最大限度减小因注射传播疾病的风险和保证疫苗效果。即从疫苗规范生产到正确使用的一系列过程，通常包括注射安全性与疫苗安全性
疑似预防接种异常反应	Adverse Event Following Immunization	在预防接种后发生的怀疑与预防接种有关的反应或事件。包括不良反应、疫苗质量事故、接种事故、偶合症、心因性反应
严重疑似预防接种异常反应	Serious Adverse Event Following Immunization	疑似预防接种异常反应中有下列情形之一者：导致死亡；危及生命；导致永久或显著的伤残或器官功能损伤。严重疑似预防接种异常反应包括过敏性休克、过敏性喉头水肿、过敏性紫癜、血小板减少性紫癜、局部过敏坏死反应（Arthus 反应）、热性惊厥、癫痫、臂丛神经炎、多发性神经炎、格林巴利综合征、脑病、脑炎和脑膜炎、疫苗相关麻痹型脊髓灰质炎、卡介苗骨髓炎、全身播散性卡介苗感染、晕厥、中毒性休克综合征、全身化脓性感染等
群体性疑似预防接种异常反应	Adverse Event Following Immunization Cluster	短时间内同一接种单位的受种者中，发生的 2 例及以上相同或类似临床症状的严重疑似预防接种异常反应；或短时间内同一接种单位的同种疫苗受种者中，发生相同或类似临床症状的非严重疑似预防接种异常反应明显增多
预防接种不良反应	Adverse Reaction Following Immunization 或 Vaccine Reaction Following Immunization	合格的疫苗在实施规范接种后，发生的与预防接种目的无关或意外的有害反应，包括一般反应和异常反应

续表

名称	英文名称	定义
一般反应	Common Adverse Reaction 或 Common Vaccine Reaction	在预防接种后发生的,由疫苗本身所固有的特性引起的,对机体只会造成一过性生理功能障碍的反应,主要有发热和局部红肿,同时可能伴有全身不适、倦怠、食欲不振、乏力等综合症状
异常反应	Rare Adverse Reaction 或 Rare Vaccine Reaction	合格的疫苗在实施规范接种过程中或者实施规范接种后造成受种者机体组织器官、功能损害,相关各方均无过错的药品不良反应。异常反应是由疫苗本身所固有的特性引起的相对罕见、严重的不良反应,与疫苗的毒株、纯度、生产工艺、疫苗中的附加物如防腐剂、稳定剂、佐剂等因素有关
严重异常反应	Serious Rare Adverse Reaction 或 Serious Rare Vaccine Reaction	严重疑似预防接种异常反应中诊断为异常反应者。可能的严重异常反应包括过敏性休克、过敏性喉头水肿、过敏性紫癜、血小板减少性紫癜、局部过敏坏死反应(Arthus 反应)、热性惊厥、癫痫、臂丛神经炎、多发性神经炎、格林巴利综合征、脑病、脑炎和脑膜炎、疫苗相关麻痹型脊髓灰质炎、卡介苗骨髓炎、全身播散性卡介苗感染等
疫苗质量事故	Vaccine Quality Event	由于疫苗质量不合格,接种后造成受种者机体组织器官、功能损害。疫苗质量不合格是指疫苗毒株、纯度、生产工艺、疫苗中的附加物、外源性因子、疫苗出厂前检定等不符合国家规定的疫苗生产规范或标准
接种事故	Program Error	由于在预防接种实施过程中违反预防接种工作规范、免疫程序、疫苗使用指导原则、接种方案,造成受种者机体组织器官、功能损害
偶合症	Coincidental Event	受种者在接种时正处于某种疾病的潜伏期或者前驱期,接种后巧合发病。偶合症不是由疫苗的固有性质引起的
心因性反应	Psychogenic Reaction 或 Injection Reaction	在预防接种实施过程中或接种后因受种者心理因素发生的个体或者群体的反应。心因性反应不是由疫苗的固有性质引起的

续表

名称	英文名称	定义
疑似预防接种异常反应监测	Surveillance of Adverse Event Following Immunization	有计划、连续、系统地收集、整理、分析和解释疑似预防接种异常反应发生及其影响因素的相关数据,并将所获得的信息及时发送、反馈给相关机构和人员,用于疑似预防接种异常反应控制策略和措施的制定、调整和评价
药品不良反应	Adverse Drug Reaction	合格药品在正常用法用量下出现的与用药目的无关的或意外的有害反应
突发公共卫生事件	Public Health Emergency Event	突然发生,造成或者可能造成社会公众健康严重损害的重大传染病疫情、群体性不明原因疾病、重大食物和职业中毒以及其他严重影响公众健康的事件

附录十七：卫生部关于医疗机构不配合医疗事故技术鉴定所应承担的责任的批复

黑龙江省卫生厅：

你厅《关于如何认定不配合医疗事故技术鉴定方事故等级和责任程度的请示》(黑卫医发〔2004〕606 号)收悉。经研究，现对医疗机构不配合医疗事故技术鉴定所应承担的责任问题答复如下：

一、医疗机构违反《医疗事故处理条例》的有关规定，不如实提供相关材料或不配合相关调查，导致医疗事故技术鉴定不能进行的，应当承担医疗事故责任。患者向卫生行政部门提出判定医疗事故等级及责任程度请求的，卫生行政部门可以委托医学会按照《医疗事故分级标准(试行)》，对患者人身损害的后果进行等级判定，若二级、三级医疗事故无法判定等级的，按同级甲等定。责任程度按照完全责任判定。

二、医疗机构无故不参加随机抽取专家库专家的，由负责组织医疗事故技术鉴定工作的医学会向患者说明情况，经患者同意后，由患者和医学会按照有关规定随机抽取鉴定专家进行鉴定。

三、医疗机构有上述情形之一，而对判定或者鉴定结论不服，提出医疗事故技术鉴定或者再次鉴定申请的，卫生行政部门不予受理。

此复。

二○○五年一月二十一日

图书在版编目(CIP)数据

医患纠纷解决机制与立法研究 / 杜志淳等著. -- 北京 : 法律出版社, 2019
ISBN 978 - 7 - 5197 - 3585 - 2

Ⅰ. ①医… Ⅱ. ①杜… Ⅲ. ①医疗纠纷 - 调解(诉讼法) - 研究 - 中国 Ⅳ. ①D922.164

中国版本图书馆 CIP 数据核字(2019)第 122752 号

医患纠纷解决机制与立法研究
YIHUAN JIUFEN JIEJUE JIZHI YU LIFA YANJIU

杜志淳 洪冬英 孙大明 等著

策划编辑 沈小英
责任编辑 沈小英
刘 莹
装帧设计 李 瞻

出版 法律出版社
总发行 中国法律图书有限公司
经销 新华书店
印刷 北京虎彩文化传播有限公司
责任校对 李景美
责任印制 吕亚莉

编辑统筹 法治与经济出版分社
开本 710 毫米 × 1000 毫米 1/16
印张 22
字数 450 千
版本 2019 年 9 月第 1 版
印次 2019 年 9 月第 1 次印刷

法律出版社/北京市丰台区莲花池西里 7 号(100073)
网址/www.lawpress.com.cn
投稿邮箱/info@lawpress.com.cn
举报维权邮箱/jbwq@lawpress.com.cn
销售热线/400 - 660 - 8393
咨询电话/010 - 63939796

中国法律图书有限公司/北京市丰台区莲花池西里 7 号(100073)
全国各地中法图分、子公司销售电话:
统一销售客服/400 - 660 - 8393/6393
第一法律书店/010 - 83938432/8433
西安分公司/029 - 85330678
重庆分公司/023 - 67453036
上海分公司/021 - 62071639/1636
深圳分公司/0755 - 83072995

书号:ISBN 978 - 7 - 5197 - 3585 - 2
定价:78.00 元